顧頡剛全集

顧頡剛日記

卷 十 一

中 華 書 局

一九六八年

一九六八年一月

一月一號星期一（十二月初二）

將《我在解放後所犯的錯誤》一章重寫，近四千字。

將《我對魯迅先生犯下的罪行》鈔出，約二千字。又將《我和反動派朱家驊的關係》修改一過。看報。

看《古史辨》第七冊。服藥二次，十一時後眠，上午四時醒。良久，又朦朧，七時醒。

今日左手五指俱覺麻木。

得啟鏗信，悉堪兒就醫後，醫囑休息一星期，現在頭已不暈，惟白天僅彼一人在家，悶得慌耳。

《人民日報》等元旦社論：《迎接無產階級文化大革命的全面勝利》：第一，更加廣泛和深入地開展活學活用毛澤東思想的偉大群衆運動。新的一年將是幾萬萬革命人民緊緊掌握毛澤東思想去奪取新的偉大勝利的第一年。第二，要繼續開展革命的大批判，促進和鞏固革命的大聯合和革命的三結合，深入開展各單位、各部門的鬥、批、改。第三，整頓黨的組織，加強黨的建設。第四，進一步貫徹執行毛主席關於"擁軍愛民"的偉大號召，大力加強軍民團結。第五，抓革命，促生產，促工作，促戰備。

一月二號星期二（十二月初三）

八時半到所，十一時歸。鈔檢討二千四百字。楊向奎來。送年表與桂瓊英，請轉楊升南。

上床休息一小時。起，看《古史辨》第七冊。續鈔檢討一千七百字。讀《毛主席論教育革命》。

九時半服藥眠。翌晨五時三刻醒。良久又朦朧，七時醒。

潘嫂謂予眼赤，蓋數日來趕作檢討太緊所致，即眼充血也。

今日歸來大風，車極難踏，因與王明德約定，在冬季內每一接送付與一元。

我的疾病

（1）眼花愈甚，眼前似能張紗幕。

（2）失眠疾用藥量愈多，非三種藥同服即難成眠，常靠在沙發上睡乃得入夢。

（3）舌苔厚膩，不食亦不覺餓。

（4）糖尿病自服 D860 後較愈，然食米飯或麪饃後，尿糖仍爲 2—3 加號，血糖曾高至 190（入醫院時爲 159），酮體間或發現，4 月中曾暈倒一次。永遠口渴。

（5）因消化系統不良，時常放屁，有時極響，有如放爆竹。大便或乾結，或稀，稀即帶粘沫，有時只拉沫，無糞，甚懼降結腸氣囊腫又發。

（6）下午腿及足即腫，入夜更甚，有時睡了一覺還是不消。如終日臥床，即不腫。

（7）氣管炎終年不止，多咳多痰，有時打嚏。

（8）易流汗，不能行一里以上，畏夏過於畏冬。

自今年一月三日至六月廿五日之日記，全爲靜秋燒去。

一九六八年六月

六月廿六日星期三（六月初一廿一日　夏至）

晨，拉粘沫，無糞。腿腫不全消，臥床讀主席《正確處理人民內部矛盾》。

未成眠。（昨日破例得眠半小時。）仍眠床，看《新編世界史》。進修學院二人來，問李一非在西安活動事，予不能答。看報。

服藥二次，倚沙發眠，自十時至十二時。靜秋扶上床。上午四時醒。又眠，五時半醒。

天氣熱甚，望雨。

六月廿七日星期四（六月初二）

八時，由靜秋伴至北京醫院。讀《語錄》。十時就診，取藥回。血壓 130/90。

未成眠。讀《世界史》，記筆記二則。看報。讀前日報載的青海西寧地區《革命的大批判好得很》。

十時服藥眠，十二時醒。又眠，二時醒。又眠，五時半醒。

今日大便有糞，腿腫較消。

上午雨，氣候轉涼。

六月廿八日星期五（六月初三）

讀昨報《把譚震林搞右傾翻案的反革命理論扔進垃圾箱》（1.“保護老幹部”；2.“階級分析”；3.“黨的領導”；不但有理論，并有行動。此文爲農業部及農業科學院革命派所作，讀此方知去年“二月逆流”的真相）。爲進修學院寫通俗讀物社及李一非事，約三千言。

未成眠。看《世界史》。寫《關于正確處理人民内部矛盾的問題》的讀後感近三千字。

服藥，十時眠。上午一時三刻醒。又眠，四時三刻醒。

今日足腫較好。大便仍有粘沫。尿糖還是高，總有 2—3 加號。多坐則腿腫，時想卧床，看來我的身體已到衰亡的階段了。我没有别的恨，只恨我不能見偉大的無産階級文化大革命尚未到勝利結束的階段。如果能使我挨到那時以後再死，我能把毛澤東思想學得深些，就無恨了。

六月廿九日星期六（六月初四）

早起，修改昨作。五時，湲兒往排隊等挂號。七時，與静秋到工農兵醫院，抽血查血糖（五天後得結果），查尿糖（因空腹，無）。就吴遠大夫診。取 D860 藥。九時半，歸飯。看報。上午大便二次，午飯後又欲便，忍止之。

看《世界史・羅馬》訖。看報，毛澤東思想一結合工農大衆，工農生産處處增量，人和人的關係轉好，文化大革命發生積極推動力真不可估計。

洗浴。看《共産黨宣言》。十時服藥眠，翌晨三時三刻醒，遂未寐。

六月三十日星期日（六月初五）

天氣大熱。將《共産黨宣言》粗看一遍。晨，又拉粘沫。洪兒亦水瀉。

未成眠。讀《宣言》中第一章《資産者和無産者》。看報。足腫，卧床休息。

服藥兩次，十一時後眠，翌晨四時醒。又眠，六時半醒。

今日熱甚，夜有電及風，無雨。

一九六八年七月

七月一日星期一（六月初六）

將《宣言》第二章《無產者和共產黨人》再讀一過，并爲一、二兩章作提要。

未成眠。看《世界史·早期封建社會》。

看電視《沙家浜》（建黨四十七年慶典）。九時半服藥眠，翌晨三時一刻醒。

今日大便，上下午各一次。

七月二日星期二（六月初七）

讀《宣言》第三、四兩章訖。看報。眼花愈甚。腰痛。

未成眠。看《世界年鑑》中的歐洲部分。看報。

院中小孩令靜秋開電視。十時半服藥兩次眠，翌晨四時醒。又眠，六時一刻醒。

七月三日星期三（六月初八）

作《宣言》三、四兩章小題，摘要入册。出，欲理髮，皆以學習停業，乃歸。

未成眠。看《世界史》。

院中小孩又欲看電視，靜秋允之，而堪兒堅不許，乃止。聽廣播。服藥，十時半眠，翌晨二時半醒，遂不寐。

上午大便二次，下午一次，惟不稀。

七月四日星期四（六月初九）

到"立新"理髮。摘録《宣言》第一章訖。

得眠半小時。看《世界史》。

静秋助我洗浴。看報。九時半服藥眠，上午四時醒。又眠，五時半醒。

我已因病而疲甚矣，静秋則更疲于我。

七月五日星期五（六月初十）

摘録《宣言》第二章，未訖。

略一朦朧。二時，與静秋同到工農兵醫院診，以六月廿九日血糖檢查單未得，尋覓逾時迄不得，遲至四時診，開假條。五時取藥歸。看《世界史》。看報。

十時半服藥眠。翌晨五時半醒，又眠，七時醒。

洪兒決報名至内蒙錫林郭勒盟東烏珠穆沁旗參加牧業。

夜電雨。

七月六日星期六（六月十一）

拉粘沫。第二次拉糞。摘鈔《宣言》第二章畢，第三章未畢。

未成眠。看報。潮兒歸。

聽廣播。看《世界史》。服藥，十時後眠。十二時半醒。又服藥眠，六時半醒。

静秋到所領工資未得，以會計科武鬥故。

上午雨，下午晴。

七月七日星期日（六月十二　小暑）

出，遇景蓬。到北海，與元善談。以茶座滿，到景山席地坐。十一時半歸。

飯後眠一小時。看報。看《世界史》。

九時半服藥眠，上午一時半醒。又眠，四時半醒。又眠，四時半醒。又眠，六時半醒。

今日所以得眠多時者，以上午出外散步故。

洪兒同學五人來，勸其勿到內蒙。

七月八日星期一（六月十三）

潮兒返校。堪兒到通縣買木匠工具。予清理屋子。摘鈔《共產黨宣言》訖。大便二次，不稀。

眠一小時半。溫習《矛盾論》一、二章。

看報。服藥二次，十時半眠，上午六時醒。

七月九日星期二（六月十四）

將所鈔《共產黨宣言》作小題目，訖。仍大便二次，不稀。看報。

眠一小時。有人來了解姜又安。鈔《宣言》小題入冊，未畢。溫《矛盾論》第三章。

九時半服藥眠，上午三時醒。又眠，六時醒。

七月十日星期三（六月十五）

拉稀。擦地板。將《宣言》題目鈔入冊中。

眠一小時。有人來問方一民事（中大學生），予絕無所知。看《矛盾論》第三章。

靜秋爲洗浴。服藥二次，十時半眠，上午三時醒。又眠，六時半醒。

七月十一日星期四（六月十六）

以腿腫（右較左爲甚），靜秋令躺一天。上午得眠一小時。大便二次，不稀。

人軟弱無力。看報。

九時服藥眠，上午二時醒，四時醒，六時醒。

七月十二日星期五（六月十七）

大便二次，不稀。到北京醫院，挂神經科號，上午已滿。到"瑞金"修面。步歸。看報。

未成眠。三時，到北京醫院，就女醫曲以蘭。取藥。乘十一路車歸。熱甚。

九時至十時，服藥二次眠。上午三時醒。又眠，六時醒。

七月十三日星期六（六月十八）晨雨

上午，拉稀三次。疲甚，臥床，眠一小時。看報。

未成眠。鈔斯大林《辯證唯物主義與歷史唯物主義》入册。潮兒歸。看《矛盾論》。

與静秋口角。服藥二次，十時半眠，翌晨六時醒。

七月十四日星期日（六月十九）

續鈔斯大林文。大便二次，不稀。

未成眠。又拉一次，不知何以如此多泄。腿腫甚，臥床。

又與静秋吵。服藥二次，十時半後眠，翌晨五時醒。又眠，七時醒。潮兒返校。

七月十五日星期一（六月二十）

以懲于昨日多寫字腿腫，今日倚床看《聯共黨史》第一章。拉粘沫。

未成眠。讀《矛盾論》。

服藥二次，十一時眠，上午三時半醒。又眠，六時半醒。

七月十六日星期二（六月廿一）上午雨

大便乾結。看《聯共黨史》第二章，鈔黨史中各名詞之詮釋文。讀《矛盾論》。

得眠半小時。看《甲骨學商史編》。

十時服藥二次眠，翌晨五時三刻醒。以天涼，夜起便溺至四次。

七月十七日星期三（六月廿二）

擦地板。與靜秋同到工農兵醫院，就趙大夫診。九時往，十一時歸。看報。

得眠一小時。讀《矛盾論》。看報。

靜秋為洗浴。服藥，十時後眠，上午一時半醒。二時又服藥，二時半眠，六時醒。

七月十八日星期四（六月廿三）

擦地板，憊甚。讀《矛盾論》。看報。

眠近一小時。讀《聯共黨史》第三章訖。看報。

服藥二次，十時後眠，上午二時醒。良久又眠，五時三刻醒。

七月十九日星期五（六月廿四　初伏始）

聽廣播。近日大便又乾結，服大黃丸下之，一日下便至三次。讀《矛盾論》。讀《聯共黨史》第四章訖。

未成眠。堪兒報名于呼倫貝爾盟之東南莫力達瓦達斡爾族自治旗。看報。

服藥二次，十時後眠，翌晨四時醒。又眠，六時半醒。

七月二十日星期六（六月廿五）

聽廣播。到寶泉堂理髮。蘇州醫學院派人來了解徐女師職員徐洪貞事，靜秋答之。看報。

　　未成眠。地理研究所來二人，詢問郭敬輝事。

　　服藥三次，十二時後眠，上午四時醒。又眠，七時醒。

七月廿一日星期日（六月廿六）

　　到景山，晤元善，到北海，十一時半歸。

　　得眠半小時。看報。看魯迅譯果戈理《死魂靈》。

　　靜秋助予浴。服藥二次，十時半眠，翌晨六時醒。

　　今日大便，上午一次，下午兩次。

七月廿二日星期一（六月廿七）雨，下午停

　　高級黨校二人來，了解李一非事。大便二次。看《死魂靈》。聽廣播（毛主席説大學止辦理工科，使教育與生産勞動相結合）。擦地板。

　　眠一小時。爲交代郭敬輝事，寫禹貢學會歷史，向地理研究所報告。

　　服藥二次，十時半後眠，翌晨六時半醒。

七月廿三日星期二（六月廿八）

　　拉三次，不稀。鈔關于郭敬輝的報告。

　　眠半小時。農業研究院蘇州陳君來，調查段繩武的西北考察團及張維城事。看《死魂靈》。

　　服藥二次，夜十一時眠，四時醒。又眠，六時半醒。

七月廿四日星期三（六月廿九）

　　看《死魂靈》。南京航空學院二人來，訪問蘭大風潮及費耀普事，當即寫出 1,200 字交與。

未成眠。將《死魂靈》第一部看畢。

洪兒爲予洗浴。服藥二次，十一時眠。上午一時三刻醒，三時半醒，五時半醒。

今日悶熱甚，流汗不止。

七月廿五日星期四（七月初一）

拉粘沫。到北京醫院挂內科號（182），十時就女醫金玉如診。血壓 130/90。取藥，十一時歸。

眠半小時。郵電部二人來，問通俗社林恒非事。又拉一次。看《死魂靈》第二部訖。

服藥，十時眠，上午一時半醒。又眠，五時半醒。

以晚上雨，較涼。

七月廿六日星期五（七月初二）

北師大人來訪問鍾敬文、陳秋帆事。爲農業研究院作《我和段繩武的關係以及我和他辦西北考察團的經過》。

未成眠。爲郵電部作《我辦理通俗讀物編刊社的經過》，未完。今日約寫五千字，右臂痛了。

休息。十時半服藥眠，翌晨五時半醒。

上下午大便各一次。

七月廿七日星期六（七月初三）下午六時雨

鈔《段繩武》文訖，共3，200字。擦地板。

未成眠。看《長城》。到"春風"修面，那個最喜歡説話的理髮師不説話了。歸，看報。

服藥二次，十時許眠。翌晨一時半醒、五時醒、七時醒。

今日大便二次。

七月廿八日星期日（七月初四）雨，竟日小雨

晨大便二次。右臂仍痛。改前日所作《通俗讀物社》文，并續作完，終日。天津河北省幹部補修大學兩人來詢卜蕙裳事。

潮兒回。未成眠。

服藥二次，十時半眠，翌晨五時醒，又眠，六時半醒。

今日以寫作過多，腿又腫。大便，上午二次，下午一次，大約受寒了。

七月廿九日星期一（七月初五　入中伏）陰

潮兒晨返校。安徽兩人來，訪問通俗讀物社及孫祥麟（即劉振東）的事。草通俗社文畢。

未成眠。依靜秋意，將《段繩武》一文重寫，未畢。

服藥，十一時後眠，上午二時半、五時半、六時半醒。

今日大便上下午各一次。

七月三十日星期二（七月初六）晴

看毛主席 7.3，7.24，7.28 指示，爲禁止武鬥。大便二次。

將《段繩武》一文改鈔訖，2,600 字。重寫《通俗社》文，分段，未畢。

服藥二次，十時後眠。十二時醒，又眠，五時醒。

腿腫。

七月卅一日星期三（七月初七）

續寫《通俗社》文訖。洪兒已批准到內蒙錫林郭勒盟牧區工作，八月五日成行。靜秋聞之，悲喜交集，爲之大哭。

修改所作。

靜秋爲予洗浴。服藥二次，十一時眠，翌晨五時半醒。

一九六八年八月

八月一日星期四（七月初八　建軍節）

　　謄清所作，寫五千字，并再修改。潮兒返家，助洪兒整理衣物。未成眠。所中蔡君來，啓封取箱籠。

　　服藥，十一時眠，翌晨五時半醒。

　　今日上午大便二次，下午一次，不稀。

八月二日星期五（七月初九）

　　早，拉稀。到北京醫院挂號，出，到“瑞金”理髮，回醫院，就女醫沈大夫診。血壓140/80。十時半，取藥歸。急鈔《通俗社》文三千餘字。

　　洪兒同學四五人來，助其整行裝。地理研究所二人來，再問郭敬輝事。寫郵電部（問林恒非）、安徽某機關（問孫祥麟）兩函。將所鈔稿先送三分之一。

　　服藥，十一時眠，翌晨三時廿分醒，迷朦到五時，起。

　　上午又拉一次，下午拉一次，不稀，服黃連素。

八月三日星期六（七月初十）

　　早拉稀，服藥。將所鈔《通俗社》文兩份統看一過。潮兒爲送信。北師大二人來訪問王真、白壽彝、張鴻翔，并深刻給予我教育。

　　服藥，午後得眠半小時。爲北師大寫資料2,800字。

　　服藥，十一時眠，翌晨六時醒。

　　上、下午各拉一次，不稀。

八月四日星期日（七月十一）

早拉稀一次。到勞動人民公園，與元善談，十二時歸。洪兒早出，到頤和園照相，晚歸。

未成眠。草思想匯報 1,000 字。草向街道登記國民黨報告。又大便一次。

夜，爲洪兒將于明日長行，感想萬端，不能成睡，服藥三次，于十二時眠，翌晨六時醒。

八月五日星期一（七月十二）

七時，洪兒離家，予送至家門口，静秋、潮、湲、堪皆送至永定門火車站。擦地板，整理桌子，歷一小時半。十一時，静秋等歸，言若干行者送者皆哭，惟洪兒不哭。

潮兒返校。我將思想匯報重鈔兩次，尚不愜意。

服藥，十時眠，三時醒。又眠，五時醒。

今日大便上午二次，下午一次。腿大腫。

八月六日星期二（七月十三）晨大雨，下午晴

湲兒五時出，爲我挂號。八時，静秋伴我到工農兵醫院驗血、驗尿，就女醫吳大夫診，開假條。到米市大街買食物。十時半歸。疲憊。鈔改匯報訖，2,400 字。

未成眠。大便二次，服藥。魯迅大學來人問陸侃如、馮沅君事。續作爲北師大詢問王真、白壽彝、張鴻翔等事，屬稿訖。

服藥兩次，十時半後眠，翌晨四時醒。

八月七日星期三（七月十四）上午陰

將昨稿重作訖。續鈔郵電部問通俗社事。青島 37 中問郭錦蕙、劉鴻賓事。

未成眠。寫得臂痛甚。精神緊張。續鈔《通俗社》文。

十時服藥眠，上午二時半醒，遂起。

上下午各便一次。

八月八日星期四（七月十五　入末伏）

上午三時，作《通俗社》文總結，即鈔清。續鈔《通俗社》文。農業研究院二人來，取《段繩武》文，給予啓發。續鈔《通俗社》文（一份給郵電部，一份給安徽）。

九時半，服藥眠，翌晨三時半醒，遂起。

今日連續工作十五小時，腿腫甚。

今日起，湲兒住校學習。

八月九日星期五（七月十六）

晨拉粘沫。鈔向北師大交代王真、白壽彝等事的文訖。九時，北師大三人來，談王真爲叛徒事。將《通俗社》二篇看一過，送郵電部及安徽來人。

未成眠。開始寫街道報告。疲甚，臂痛甚，休息。拉一次，雖成條，但有粘沫。

静秋助我洗浴。今年夏凉，雖在伏中，已不流汗。静秋爲驗尿，仍有糖二。服藥兩次，十時半眠，翌晨五時半醒。又眠，六時半醒。

聞北師大人言，王真三進二出，且在《天山月刊》上公然罵過黨，已定爲叛徒。又趙紀彬已定爲大叛徒，聞此震驚。

八月十日星期六（七月十七）

早，拉一次，仍爲粘沫。草向街道交代七千字，待改。

湲兒自校歸。

服藥二次，十時半後眠。十二時半醒。又眠，四時半醒。

今日共拉四次，大概昨天洗浴受寒了，疲甚。

今日静秋到所，取生活費 100 元，洪兒出門補助 30 元，知道我亦 20 元，無營養費。

八月十一日星期日（七月十八）

潮兒歸。静、潮、湲三人鈔我的《通俗社》一文訖，加以批評。予鈔昨作，未完。

晚飯後湲兒返校。九時半服藥眠，上午一時五十分醒，遂起。

潮兒頭脚均腫，可見其勞。

湲兒眼爆出，當是甲狀腺病；又心跳，脉搏速度不正常，60～100，出虛汗。但正當運動中，不便看病。

八月十二日星期一（七月十九）上午雨

潮兒返校。予作《通俗社》文後記 1,000 字（述王真等爲叛徒事），鈔兩份，由静秋送所。鈔向街道交代訖，約 5,800 字。

午後出，理髮。到北京醫院取藥。五時歸，静與商量改寫街道交代。

九時服藥眠。十時半即醒。起洗足，吃饅頭，并再服藥，十一時半由静拍睡，翌晨五時半醒。

堪兒亦批准到内蒙。

八月十三日星期二（七月二十）

昨雨後天涼，咳，多痰。爲北師大寫《我與朱家驊的關係》4,400 字，又《我與王真的關係（續）》1,600 字。潮兒歸，爲堪兒製衣，備行裝。

未成眠。

湲兒自校歸，爲堪兒整裝。服藥二次，十一時半後眠，翌晨五時半醒。

今日大便二次。

爲静教育我，晚飯分二次吃。

八月十四日星期三（七月廿一）

晨拉一次，仍有粘沫。北師大二人來，問白壽彝事，自九時至十二時。

略一朦朧。鈔向街道交代書，未畢。

腿腫，臥床。九時半服藥眠，十二時醒。又眠，四時醒。

洪兒來信，悉她走了四天到達東烏旗，經沙漠時車頗顛簸。此信因托司機帶發，故特快，僅六天。

八月十五日星期四（七月廿二）

續鈔街道交代書，鈔畢，共4,700字，送乾麵胡同居民委員會季主任處，并打手印。天津二人來，調查傅安華事，即爲寫資料，未畢。

未成眠。下午三時，到工農兵醫院，由姚大夫診，血壓175/90，高了。驗尿糖竟爲四個加號，一個酮體，與一月入院時相同了。静秋來，爲取藥，五時歸。眠床休息。

服藥二次，十一時眠。翌晨四時醒。又眠，五時半醒。

實在這個月裏寫資料太多，這都是從前好出風頭，因而有號召力的自然結果。走路搖搖欲倒，時時出虛汗，恐不久于人間了。

姚大夫出證明書，請訪問者照顧我的休息。

上午大便二次。

八月十六日星期五（七月廿三）

續寫傅安華、趙儷生事，訖。天津二人來取，并續有詢問。半導體研究所二人來，詢問林劍華事。

未成眠。爲北師大寫白壽彝事 2,000 餘字。

服藥兩次，十一時後爲靜秋拍睡，翌晨五時半醒。又眠，六時半醒。

頭暈體軟，活像徵蘭、履安二人臨終前數月的景象，我真要倒下了！

今日大便上下午各一次。

八月十七日星期六（七月廿四　末伏止）

北師大人來，令重寫王真事，説明通俗社自接受朱家驊補助後即成爲 C. C. 特務機關，當即起草，鈔清，由他帶回。因過度緊張，小便頻數。非如此痛下針砭，決不能改變立場。

續寫白壽彝事，未畢。看報。靜秋爲檢查小便，仍有尿糖三個，或係今日吃麵條之故。

服藥，十時半眠，上午二時半醒。良久眠，四時醒。良久眠，六時醒。

腿上有紅塊發生，既癢且痛，昨塗紫藥水于左腿。今日右腿復生，不識是何症象。我的身體，簡直百孔千瘡。

每夜醒來，頸間濕漉漉的，可見盜汗之多，此亦虛也。每夜服安眠藥，眠爾通、速可眠、水合氯醛，一時同服，而睡眠猶不能佳，一如蓮蓬梗之斷續，可嘆！

八月十八日星期日（七月廿五）終日雨，午甚大

上午大便二次。看報。終日臥床，一經鬆懈，頭也暈了，脚也無力了，好似脚底有一塊海綿似的。

堪兒到木蘭處辭行，直至夜十時方歸。爲堪兒寫姓名在衣領上。

十時，服藥眠。上午一時醒。靜秋與潮、湲二人尚在爲堪兒製衣。二時，她們就睡。予再服藥，眠，四時醒。又朦朧至五時。

八月十九日星期一（七月廿六）

續寫《白壽彝》一文畢，共8,000字（今日寫2,800）。

大便二次。

未成眠。寫評白壽彝文，未脫稿。臥床，看《中國詩歌選》。洪、湲同學五人來，留飯。堪兒將箱子鋪蓋送學校，予爲寫布條。

十時服藥眠，翌晨四時醒。

今日洗脚，自顧腿上血管、骨頭盡已露出，活像吾父及履安垂死之年，自知必不永矣。

一動即喘，即流虛汗。

八月二十日星期二（七月廿七）

重作評白壽彝文，并鈔清，全文1,200字。北師大人來，即交之，更書一紙，說明白壽彝與朱家驊的關係，北師大方面的訪問告一結束。

臥床休息。看《古代詩歌選》。看報。脚底似着海綿，步行搖搖，龍鍾矣！

九時半服藥眠，十一時半醒。又服藥眠，三時醒。又眠，五時半醒。

八月廿一日星期三（七月廿八）

脚上仍續生紅斑作癢，塗以紫藥水。近日天較涼，予痰咳又不絕。大便二次。草《我的思想的反動實質》一篇，爲思想匯報第二篇。看報。

下午一時四十分，堪兒離家，赴內蒙。此兒因是獨生子，從小驕縱，作事有頭無尾，其室中物一味亂攤，從不整理，成爲"大少爺"，幸生毛澤東時代，使得在邊疆集體中鍛煉。甚望其以實踐改舊習也。堪兒出門時哭，在站時亦哭，殊無洪兒果毅之氣。四時半車開。靜、潮、湲皆往送。今日行者七百人，送者近萬人。予在家從事清潔工作。讀《古代詩歌選》。看報。

潮兒返校。静秋迫予搬入東間住，予願住中屋堪兒原榻，以予睡眠最難，不欲與人同住一間也。吵鬧之後，神經緊張，兩次服藥，至十一時後始眠，三時醒，又眠，六時醒。耳鳴甚。

昨夜，61 號外院住的路鵬飛以歷史反革命分子被捕。

1968，8，20，報載波蘭共產黨宣言，斥哥穆爾卡政權爲復辟資本主義。東歐蘇修之僕從國革命號角響了。

1968，8，21，報載福建革命委員會成立。

吃、撒、眠爲人生健康三大要素，而予三項皆差，故日益衰老。分列如下：

吃：

（1）胃呆，不食亦不餓，看見肉，就想吐。

（2）給予吃，亦能吃，但只是盡義務，不感覺滋味。

（3）舌苔厚膩，即消化不良之證。

（4）放屁多，且響，往往在飯桌前放，飯後更多。

撒：

（1）不正常，有時乾結，有時拉稀。

（2）初起床時，往往拉粘沫，無糞。

（3）以糖尿故，口渴，多飲水，故小便多，但亦有時少。

眠：

（1）安眠藥，每晚必三種，少則無效。

（2）有時雖服安眠藥，但仍愈睡愈醒，不得不再起服藥。

（3）服安眠藥，得眠時間亦久暫不定。有時上午一、二時醒後即不能睡，耿耿到曉。

八月廿二日星期四（七月廿九）

鈔昨作思想匯報訖，送静秋覽。

到"人民"理髮。到北京醫院取藥，量血壓爲 140/80，又恢復正常了。遇梅汝璈、陸殿棟，略談病況。四時半歸，看報。静秋評，此文輕描淡寫，不可用。

洗浴，静、湲助。九時半服藥，開始在中間堪兒床上睡。翌晨二時三刻醒。約四時復睡，六時醒。

1968，8，22《參考消息》載蘇軍開進捷克。

八月廿三日星期五（七月三十　處暑）

大便二次，後一次稀。重寫思想匯報，題爲《我認識了王真、白壽彝，也就認識了自己》，1，200餘字。

略朦朧。鈔上午文，覺頭暈、心跳、出虛汗，遂停止。爲静秋搔背，知道她的瘦更甚于我，簡直是皮包骨頭。她一身酸軟，若大病之將來，亦與予同。看報。讀《人民日報》社論論蘇修進攻捷克事。

湲兒自校取回鋪蓋。服安眠藥兩次，仍不能睡，起坐沙發中乃睡。上午三時醒，移臥床，六時醒。

八月廿四日星期六（閏七月初一）

大便二次。重寫昨文，未畢。

略一朦朧。外交部二人來，訪問楊公素（佘貽澤）事。

十時，服藥倚沙發眠，上午二時醒，就床眠，四時醒。又眠，六時醒。

身上瘡腫處甚多，將無爲皮膚癌歟？

八月廿五日星期日（閏七月初二）

鈔思想匯報訖，共2，700字。到景山，晤元善，乘五路車到陶然亭長談。十二時歸。潮兒回，飯後即返校。

未成眠。鈔思想匯報入冊。

張燕多、崔藝新來。聽廣播毛主席最新指示，工人長期駐學校指導改革及姚文元文。睡眠同昨。

元善鼓勵我提高勇氣，迎接鬥批，勿自餒、自憐。

八月廿六日星期一（閏七月初三）

七時，到工農兵醫院，就皮膚科大夫王家斌診，知皮膚發癢及紅、潰是血糖作怪，給塗藥。九時歸，疲甚，眠床。

未成眠。臥看牛運震《詩志》，藉以鬆懈緊張。

八時半服藥，至十時半尚未能入睡，再服藥得眠。上午二時醒，就床眠，至七時乃醒。

糖尿病忌精神緊張激動，而訪問者疊至，使我精神過度緊張，結果不但血壓增高，且成皮膚潰爛之疾，可奈何！

八月廿七日星期二（閏七月初四）

八時，由靜秋伴赴工農兵醫院，抽血，驗尿（無糖），就女醫馮大夫診，血壓爲120/70，從來未有如此低。開四環素等藥。歸，臥床看報。自珍甥媳胡庭槐夫人崔同志來，問近況，留飯。

未成眠。續看《詩志》。

十時服藥眠，上午二時半醒。移臥床上，四時半醒。又眠，六時醒。

予不能睡之故，倘以吃鷄蛋太多，促血管更硬化乎？

八月廿八日星期三（閏七月初五）

讀《毛選》一卷文三篇。聽廣播，悉廣西僮族自治區已於廿六日成立革委會，主任爲韋國清。

潮兒歸。看《詩志》至《小雅》訖。

洗浴，静、湲助。十時服藥眠，十二時半醒。移臥床，三時半醒，朦朧至五時。

予瘡今日突多，屁股上亦有，至不能平睡，大苦。

得洪兒十七日來信，凡在道十一日，詳述阿拉坦公社巴達拉呼大隊事，北京去之學生，男女各十五人，分住六個蒙古包，決心安家落戶，或將遷胡勒圖諾爾。

八月廿九日星期四（閏七月初六）

作遺囑，未完，爲靜秋搶去，并指斥我過。腿上、頸間、腹部仍有新出的瘡頭，不住地敷藥。

華東師範學院二人來，訪問梅公毅事。劉憲子來，看洪兒與彼書，她將于明日赴西雙版納橡膠場工作。看《詩志》至《大雅》。

九時服藥眠，上午三時醒。天明後又眠，六時半醒。

八月三十日星期五（閏七月初七）

鈔毛主席最新指示四則。復旦來人，詢問郭紹虞與周作人關係。看潮、湲兩兒處理書。劉憲子等未走成，將待分發。

潮兒午飯後返校。到"立新"修面。到北京醫院，就許大夫取藥。讀老三篇。四時半歸，看報。

九時，服藥眠，上午二時一刻醒。遂待旦。

八月卅一日星期六（閏七月初八）

大便二次。外交部二人來，看其所寫余貽澤資料，略改數字，簽名交之。看恩格斯《暴力在歷史上所起的作用》。看報。

服眠爾通三粒，仍未成眠。看《紅旗》雜志今年第二期。

服工農兵醫院之水合氯醛，以太淡，不成眠。十時，起服北京醫院者，乃眠。翌晨五時半醒。

　　四環素盡矣，仍有新頭爆出，可奈何！

　　天凉，降至 17 度，常咳出濃痰，人愈疲乏。

一九六八年九月

九月一日星期日（閏七月初九）

　　晨，拉稀。疲軟無力。後又拉二次，成條。在床得眠半小時，昨服藥過多故也。看陳伯達闡述毛澤東思想文字。

　　二時半，與靜、湲到紅星，看毛主席接見外賓及本國部隊代表電影。

　　續看《紅旗》二期。服藥二次，十時眠，翌晨四時半醒。

　　今日鼠出瘡頭甚多，屢屢以藥敷之，不勝其癢。

九月二日星期一（閏七月初十）

　　帶着昏沈的頭腦寫《我必須趕快用毛澤東思想改造自己》約二千字，持示靜秋，不以爲然。

　　邵恒秋來。看抗戰前之通俗讀物。

　　與靜秋口角。十時服重藥眠，翌晨四時醒。天明時又一朦朧。

　　今日瘡頭仍多，尿道內微微作痛，得非尿道炎乎？

九月三日星期二（閏七月十一）

　　湲兒往工農兵醫院挂號。九時半，靜秋偕予往，就吳遠大夫診，仍服四環素。歸，看報。

　　續看抗戰前之通俗讀物。

　　十時服藥眠，上午二時醒。又眠，五時半醒。起大便。

　　今日瘡癤四肢仍多發，加以咳疾，精神益不支。

得堪兒來信，悉已分入烏爾科公社向陽大隊，正蓋房，作木工。

九月四日星期三（閏七月十二）

大便二次，稀。看洪兒在校時小組日記，知其用毛澤東思想鍛煉自己已久，故能投向牧區，不怕艱難困苦。

讀陳伯達文。偶寫數字，便覺心跳。

静秋爲浴。十時服藥，倚沙發眠。静秋扶至床，又醒。再服藥，十時三刻眠。上午二時醒，五時醒，六時半醒。

我近來出虛汗太多，有時注意力一經集中，汗就进出，自知此體已衰極。

九月五日星期四（閏七月十三）

看陳伯達論"厚今薄古"等文字。

南京師範學院來人詢問吳安真家世是否地主，由静秋代書一紙。看《古代詩歌選》。

服藥二次，十時半眠，上午三時醒。又眠，五時醒，朦朧至六時。

上下午大便各一次。瘡癗新頭爆出不少。舌苔前端較薄，不甚覺渴。

静自得堪兒來書後，心定了，可是疲憊得不成樣子。

九月六日星期五（閏七月十四）

續看陳伯達文。寫自珍信。静到所取生活費 100 元。看報。

到"立新"理髮。到北京醫院，就皮膚科金大夫診，又就內科王大夫（女）診，取藥歸。塗藥。

聽廣播，全國除臺灣省外所有省、市、自治區都成立革命委員會。聞者狂歡，爆竹聲四起，群衆上街游行。十時服藥眠，上午三時一刻醒，起大便，遂待旦。

　　秋風起，天驟涼，然予出汗自若也。

九月七日星期六（閏七月十五　白露）

　　晨又大便，有粘沫，服藥。看報。

　　夜十時，潮兒歸，以參加游行及開會故。予服藥三次乃眠，翌晨六時醒。

　　睡之難亦以糖尿病故。

　　今日之報，不但西藏、新疆革命委員會成立爲可喜也，而且日本、意大利、波蘭之共產黨的一部分脫離原來修正主義的羈絆，另立馬恩列斯毛之共產黨，更爲可喜，覺得世界革命已爲期不遠。

九月八日星期日（閏七月十六）

　　大便仍有粘沫。九時到勞動人民公園，與元善茗談，予辦通俗讀物，不能就全部看而只能就局部看，不能就長久看而只能在一時看，所以走進了反動的圈子，不能與革命相結合。今天受到批評是應該的。十二時歸。

　　眠半小時，此自然的睡眠爲予久所未有。陳伯達文續看。

　　潮兒于晚飯後返校，以農機院已由工人階級接管，不能遲到也。夜頗思睡，但服藥後反清醒，且流虛汗，自九時上床，至十時半迄不成眠，思再服藥，以革命思想抑止之。約十一時成眠，翌晨六時醒。

九月九日星期一（閏七月十七）

　　腿上續出新瘡頭，屢次敷藥。讀毛主席老三篇及《延安文藝座談會講話》。眠床，得眠約半小時。

　　看郭沫若《殷契粹編》。

服藥後不成眠，至十二時再服藥乃眠，翌晨七時醒。

時流虛汗。昨今兩日均上下午大便各一次，不稀。

九月十日星期二（閏七月十八）

瘡頭仍多。咳多濃痰。上午大便三次，不稀。服藥。倚沙發得眠約半小時。看報。看《聖經是怎樣一部書》（蘇聯雅羅斯拉夫斯基著，譚善余譯），對治古史大有啓發。惜病中不能作札記耳。

十時服藥，靠沙發眠，十一時一刻即醒。服藥兩次均無效。至四時後乃得眠，六時即醒。

湲兒昨晚心跳，今日即發燒，臥床。一家三人如皆病倒，將無法吃飯矣。

九月十一日星期三（閏七月十九）

因昨睡太壞，精神極壞。讀老三篇及英文《爲人民服務》。續看《聖經是怎樣一部書》。

五時，步至王府井買藥，疲甚，流虛汗，雇車歸。

十時後服藥眠，翌晨五時醒。

上下午各大便一次。

湲兒燒退。

九月十二日星期四（閏七月二十）

大便二次。接洪兒九月一日信，悉正在向東流動中，遇電，風雨浸衣骨更硬，精神力量戰勝一切。喝奶茶已慣，勤洗頭、洗衣、洗碗，使蒙人向她們學習。馬尚未騎慣。正在學蒙語。走場的目的地是胡勒圖諾爾，要走卅天（以放羊故行不快），共行五百餘里。要到明年這時才回東烏旗阿拉坦公社。邊防站長對她們説："你們是不拿槍的民兵，打起仗來，你們要武裝。"和她們一起走場的有

24 户人家，其中 6、7 户是牧主、富牧，階級鬥爭蓋子尚須揭開，
肅清烏蘭夫的流毒。班車四天去一次，但有時不準能到。

　　午後倦，但仍未入睡，朦朧半小時。静秋爲浴。

　　服藥四次，十二時後由静秋拍睡。

　　　昨晚廣播《人民日報》社論《關于知識分子再教育問題》
後，街道鑼鼓、爆竹聲不絶。今日讀報，倍感温暖。我輩受舊教
育之毒害過深，必須逐事逐步加以清除，非一下子即可清掃也。

九月十三日星期五（閏七月廿一）

　　大便二次。續看《聖經是怎樣一部書》。上海師範學院女同志
二人來，調查魏建猷事，頗使予激動，由静秋代書一紙與之。

　　未成眠。大便二次，後一次稀。看報。

　　九時半服藥眠，翌晨五時醒。

九月十四日星期六（閏七月廿二）

　　晨拉稀。静秋伴往工農兵醫院，化驗，係腸炎。由急診室診。
血壓爲 150/90，稍高。歸，大便一次，正常。

　　得眠一小時。看《紅旗》第三期，對《赤脚醫生》一文特別
感動。又拉一次。敷股上瘡藥。

　　潮兒自校歸。服藥兩次，十一時半眠，翌晨五時醒。又眠，七
時半醒。

九月十五日星期日（閏七月廿三）

　　元善來。看《聖經是怎樣一部書》本文訖。看報。

　　得眠約一小時。看報。

　　潮兒晚飯後返校。十時服藥眠，上午三時醒。又眠，五時半醒。

　　　上、下午各拉一次，首次稀。日來予小便黄色帶赤，不知何

病。腿上瘡較好，但晚上兩足又腫。

九月十六日星期一（閏七月廿四）

晨，水瀉。慢性腸炎，不容易好。到北京醫院，先挂皮膚科號，由女醫李大夫診，仍取上次藥。再挂內科號，由女醫蔣大夫診，取藥。待診時讀老三篇三遍。又到"瑞金"理髮。十二時歸。

得眠一小時許。大便又兩次，後一次稀。看報。

聽廣播。服藥兩次，十時半倚沙發眠。上午二時醒，就床眠，六時半醒。

九月十七日星期二（閏七月廿五）大雨，晝晦

晨，拉稀。看《學習十六條手册》訖。看報。

常出虛汗，疲勞。讀老三篇兩遍。

服藥迄不能眠，再服藥眠，上午二時醒。又眠，六時醒。

上下午拉三次。

九月十八日星期三（閏七月廿六）終日陰

讀老三篇，兼讀英文本。

上海復旦大學二人來，詢問趙景深、婁子匡、鍾敬文等事。又化工部二人來，詢問王碩輔姨丈在敵僞時代事，予未能答。看報。

九時服藥，迄十一時仍不能眠，再服藥得眠，上午三時醒。又眠，七時醒。

今日上下午拉三次，惟中次不稀。

九月十九日星期四（閏七月廿七）陰間晴，仍寒

爲復旦寫歌謠研究會——民俗學會——民間文藝研究會斷續進行的事實約2,000字。看報。

眠近一小時。看郭沫若《卜辭通纂》。看報。

九時半服藥眠。上午四時醒，又拉一次。又眠，六時半醒。

上午拉一次，下午拉二次，均稀。疲甚。

九月二十日星期五（閏七月廿八）

晨起，又拉粘沫。早飯後又拉一次，屎。湲兒抱病爲予挂號。九時，與静秋同往工農兵醫院，由男王大夫診。屎内有白血球、紅血球及蟲卵等。服 S. G. 片止之。

得眠一小時。復旦來人，將予所寫趙景深、鍾敬文、李福親、婁子匡的事實取去。大便二次。

十時服藥眠，上午四時醒，又拉一次。再眠，六時半醒。

九月廿一日星期六（閏七月廿九）晴

上午拉二次，一次有糞。寫元善信。讀《新民主主義論》未畢。

未能成眠，服藥，眠約半小時。看報。下午至夜，拉三次，惟一次有糞。潮兒歸。

九時半服藥眠，以藥少，十一時半即醒。又服藥眠，六時半醒。

九月廿二日星期日（八月初一）

大便二次，一次有糞，惟粘沫仍多。得洪兒信，悉她騎馬已慣，與韓璐合騎一匹。看報。

大便三次，惟一次有糞。元善來視疾。

九時許服藥眠，十二時醒，三時醒，六時半醒。

九月廿三日星期一（八月初二　秋分）

潮兒返校。早下便有血，殆結腸氣囊腫復發乎？此病淹纏已十年，值此看病不易之際，不知將何以存活？讀老三篇。

大便兩次，一次有糞。看《聖經是怎樣一部書》。

九時服藥眠，翌晨五時醒。又眠，六時半醒。

九月廿四日星期二（八月初三）

早大便，無血，有粘沫，糞成條。聽廣播。讀《在延安文藝座談會上的講話》。看《聖經是怎樣一部書》。

服藥，眠約半小時。

九時服藥眠，十二時即醒。再服藥，六時半醒。

得堪兒第二信，知其作農活，六時即起，六時半上工，中午休息，日入而歸，晚八、九時即眠，其生活已正常，靜秋得此，心爲慰悦。

九月廿五日星期三（八月初四）

早大便，無血。右腿上新起一瘡。讀《延安文藝座談會上的講話》訖。讀《聖經是怎樣一部書》。

以突受刺激，午後不能眠。

服藥後亦不能眠，再服藥，十時半眠，十二時即醒。又服藥，眠，五時醒。

靜秋疲極而病。她瘦甚。

九月廿六日星期四（八月初五）

與靜秋同出，她到北京醫院看病（大約是肝氣），我到"瑞金"理髮。歸，看報。

未成眠。到王姨母處視疾。到北京醫院取藥。歸，汗出如瀋，連這一點路都不能走，我真衰極了。遇馮大夫。

靜秋教訓我。服藥二次，十時眠，上午四時醒。又眠，六時半醒。

九月廿七日星期五（八月初六）

寫思想檢討。讀《論聯合政府》。

未成眠。所中雍君等二人來，令我于 9，29—10，1 不得外出，又言所中有問題的十餘人已均集中在禮堂，我以病，得在家。聞之怵惕。元善來，出示所編《列寧年譜》。

看元善所著。服藥，十時半眠，翌晨六時醒。

九月廿八日星期六（八月初七）

晨小便時大便即流出，易褲。鈔《列寧年譜》，未畢。

服藥，眠一小時許。

服藥，九時半眠，上午四時醒。又眠，六時半醒。

九月廿九日星期日（八月初八）

鈔《列寧年譜》訖，凡七千字。讀《毛選》文四篇。街道主任來，命我在三日內不得外出。所中來人，取電視機去，并打開書庫門，取出生爐用具。

看魯迅所譯《毀滅》，未畢。元善來取《列寧年譜》。

服藥兩次，十時後眠，翌晨六時一刻醒。

九月三十日星期一（八月初九）

左腿上又起瘡數處。大便一次，稀。潮兒自校歸。看魯迅譯蘇聯 A. 法捷耶夫《毀滅》畢，續看他所譯雅各武萊夫《十月》，未畢。

午前服藥，午後得寐約半小時。

服藥二次，約十一時眠，翌晨五時醒。又眠，六時半醒。

湲兒疑病甲狀腺腫，今日空腹到北京醫院驗之，知是正常。

今晨六時，靜秋出大門，見居民委員會門外有廿餘人（有男有女）鞠躬，向毛主席請罪。依交代歷史，予亦當往，而未召者，當以年老多病之故。四日來所受刺激過深，決心用實際行動改造自己。

街道通知，有何客來須報告，此後元善當不敢來，我日益孤立，至此方感群眾威力之大。

聞堪兒所在之烏爾科公社，地廣人稀，而又土壤肥沃，每人可分百畝，養活五口人不費大力。各種蔬菜亦均有，且交通便利，風景佳美。倘我他日得以退休，甚願往住，終我餘年。

張難先年 95，李燭塵年 87，并于日來在京逝世。我安得有他們年齡，使我在學習馬克思主義和毛澤東思想之後好好地研究中國歷史？

我國無產階級文化大革命，不但改造了我國每一個人的面貌和精神，而且喚醒了全世界的青年，推動了全世界的革命，成爲一個世界史上劃時代的運動。如果沒有毛主席的高瞻遠矚，是不會有這樣的成果的。

苗族——山區部族，散布在泰、緬、柬、老撾、越南的廣大地區，今爲人民武裝中占有力量。

一九六八年十月

十月一日星期二（八月初十）

從今日起，立志精讀《毛選》，兼作筆記，主于自我批評。讀《中國社會各階級的分析》，寫筆記七面，擬改題《國慶節讀毛選第一篇》，送所，作思想匯報。

未成眠。看魯迅譯蘇聯 A. 雅各武萊夫《十月》畢。立《近代史事編年》册，在讀《毛選》時隨時録記。惜我所集近代資料已多不存也。

服藥，十時半眠，翌晨五時醒、六時醒。

十月二日星期三（八月十一）

拉稀二次。讀《湖南農民運動考察報告》，記筆記八面。

未成眠，起爲腿瘡擦藥。讀《中國的紅色政權爲什麽能够存在》。服藥三次乃成眠。

　　湲兒以我故，國慶節游行不能参加，心中苦悶，擬到堪兒處插隊，已發信。

十月三日星期四（八月十二）

早拉稀一次。以昨夜睡不好，頭昏。看《毛選》三卷。

未成眠。翻魯迅《壁下譯叢》。讀《關于若干歷史問題的决議》訖。

服藥二次（實三次量），十一時眠，翌晨五時醒，朦朧至六時半。

十月四日星期五（八月十三）

湲兒爲挂號。潮兒返校。七時半，與静秋同到工農兵醫院，抽血、驗尿、糞。由張海峰大夫診，血壓 150/80，糞有蟲卵，尿無糖，出請假條，暫准休息一月。十時歸，讀《毛選》一卷。

未成眠。西北農學院三人來，訪問辛樹幟、楊浪明事，甚久。

看報，讀語録。看洪兒第四次來信。九時服藥，至十時半仍不能眠，再服藥，十一時後入睡，翌晨七時醒。

　　近日睡眠愈來愈難，服藥亦愈多（自九月廿九日起，已六天），這怎樣辦？又上午在醫院驗尿無糖，而晚由静秋驗，則兩次皆有糖，且甚多，爲 3—4 加號。這也不是好事。

十月五日星期六（八月十四）陰雨

晨起頭暈，不能看書，只得擦地板。看報。

午飯前後服藥，得眠兩小時，精神振作了，寫《我和辛樹幟的關係》，未畢。

看報，讀毛主席幹部下放的最新語錄。潮兒歸。夜飯前後服藥，九時半眠，翌晨三時醒。又眠，五時三刻醒。即此可知臨睡服藥不如臨飯服藥。

十月六日星期日（八月十五　中秋）終日雨

寫《我和楊浪明的關係》及《關于水經注疏的事件》。又將《我和辛樹幟的關係》寫畢，三共 6,000 餘字。

潮、湲與靜秋合裝煤爐管。五時，與潮兒同到"紅星"看電影，1. 剛果（布）人在中國學習紡織及歌舞，2. 紅燈記鋼琴合奏（殷承宗彈，錢浩梁、劉長瑜唱）。

十時服藥眠，上午三時咳醒。又朦朧至六時。吐痰甚厚。

今日晨、午、晚各拉稀一次。

十月七日星期一（八月十六）晴

早，仍拉稀。將爲西北農學院所寫三篇重看一遍。擦地板。

西農二人來，將材料略作補充，交與。讀《中國革命戰爭的戰略問題》訖。

靜、湲到鼓樓中學，聽報告呼盟達旗情況。溫習《語錄》。十時服藥眠，翌晨六時醒。

十月八日星期二（八月十七　寒露）陰雨

右腿又生一瘡。大便溏薄。讀《中國共產黨在抗日時期的任務》、《關于蔣介石聲明的聲明》。

讀《實踐論》、《矛盾論》。

服藥二次，十一時眠，翌晨六時醒。

韓璐母來。

十月九日星期三（八月十八）晴

拉稀四次。讀《語錄》中階級鬥爭部分。重讀《實踐論》、《矛盾論》。

未成眠。

服藥，約十一時眠。上午二時醒，五時醒。

堪兒致小榮信，說近日農忙，上午三時即起工作。

十月十日星期四（八月十九）

以昨服藥故，今日大便已正常。到"人民"理髮。讀《毛選》第二卷前四篇。

看報。大便又一次。

服藥二次，十一時眠。上午二時醒。又眠，六時半醒。

予有四病：失眠，氣管炎，慢性腸炎，糖尿病及其并發症。而失眠最感痛苦，非飲水合氯醛便不能睡。

十月十一日星期五（八月二十）

與靜秋同到米市大街服裝店量製冬衣。讀《毛選》二卷四篇。

未成眠。看報。華東科學院人來，詢問劉力行（劉紹閩）事，他是北大史學系 1936 年畢業生，予實無知，但介紹他到天津扶輪中學教書。

服藥二次，十時半眠，上午二時醒。以咳，良久又眠，六時半醒。

十月十二日星期六（八月廿一）

讀《論持久戰》半篇，記筆記二則。

看報。

劉俊生等來，開後屋取爐管拐子。服藥，十時眠，早二時醒，不復成眠，朦朧達曉。

睡眠如此難，當以大腦動脉硬化之故。

今日大便三次，末次稀，當因近日天寒故，即服藥。

十月十三日星期日（八月廿二）

潮兒自校歸。與湲兒同裝爐管訖，并移動室內傢具，使生火後予得入寢東屋。點讀《論持久戰》訖，記筆記一則。大便三次，稀，急服藥止之。

看《斯大林論批評與自我批評》。

服藥二次，十時眠，上午三時半醒。又眠，六時醒。

雖睡好，然服藥過多矣。

天尚不冷（15度左右），而予左足已冷如冰，不知今冬如何度過。耳益聾，静秋低語輒不聞。

十月十四日星期一（八月廿三）

早拉血，即由湲兒往挂號。潮兒返校。静秋到所坦白私啓封事，受斥。讀《毛選》文二篇。

與静秋同到工農兵醫院，受康大夫診，尿糖4加號，血糖136。四時歸。讀《毛選》文二篇。

六時半，劉俊生等二人來，將撕破之封條重封，并斥責我夫婦。夜，不能成眠，服多量藥，十一時眠，翌晨六時醒。

湲兒校今日開學。

十月十五日星期二（八月廿四）

以昨夜眠不佳，頭暈。點讀《毛選》四篇。作自我批判，未畢。

未成眠。河北師範學院二人來，詢問王樹民事。因他在成都時參加我所辦的中國邊疆學會，因窮問該會事，并問是反動組織抑是進步組織。我答有未當，客去後靜秋與湲兒交詈予，靜秋且批我頰，我憤而未進晚餐。

分三次服藥，十時三刻眠，翌晨四時醒。以咳，朦朧至六時醒。

大便一次，乾結。

十月十六日星期三（八月廿五）

點讀《毛選》兩篇。新農大人來，續問王毓瑚事，爲寫交代材料一紙。居民委員會人伴來。寫思想匯報兩篇。

看報，讀《吸收無產階級的新鮮血液》文兩遍。

仍分三次服藥，十時眠，上午二時醒，以咳，不安眠。朦朧至六時醒。

終日不下大便，腹中悶甚。

十月十七日星期四（八月廿六）

重寫《我的嚴重的政治罪行》。下便，乾結。

夜，服藥，十時眠。上午二時半醒。咳，未即睡，朦朧至六時半醒。

兩目若有翳，視小字難，又出一衰狀。從今年起，耳聾眼花，這有兩個原因，一個是自己身體內部的變化問題，到了這樣年齡，自然應該受這個規律的支配。一個是運動中的大風大浪，觸動了我的靈魂，精神永遠在緊張狀態中，也推進了我的衰老，但這是社會發展的必然規律，我也應當接受。

昨得堪兒長信，知其正在生產鬥爭與階級鬥争中鍛煉，他能適應彼地生活，不疲勞地從事收割，和貧下中農談心，準備制裁壞人。又知其地已下雪，蘇聯修正主義者正在邊界挑釁。今日得洪兒信，知其走了一個月，已達胡勒圖諾爾，此地住一個月又須轉移。渠已略通蒙語，與貧下中牧談話，又能騎馬。聞錫林郭勒盟擬築一鐵路，通呼倫貝爾盟。若是則與堪兒可往還矣。

十月十八日星期五（八月廿七）

寫《我的剝削行爲》，易稿三次。

未成眠。大便二次，有粘沫。薛、李二人來，取予筆記及稿件去，告以學部明晨鬥予。劉俊生來重封門。看報，蘇聯已有"斯大林小組"，批判赫魯曉夫及勃列日涅夫的反動路綫。

八時半，服多量藥眠，十時即醒。又服藥眠，上午四時醒。咳，矇矓至五時起。

十月十九日星期六（八月廿八）

早起，七時半到所，看我與平伯爲革命群衆新貼出之大字報。八時，到二樓，則曩日我所在之辦公室上鎖，不得入。到三樓小禮堂待鬥，有人令予到辦公室坐待。不久，何其芳、俞平伯來。九時半開始鬥争，由文學所、歷史所兩同志狠狠地揭露了平伯與予之罪行。十一時畢。有人從南方來，詢予以黃淑蘭與錢穆關係，因寫一紙與之。

一時歸。看報。與靜秋談改造事。

服藥兩次，十時半眠。上午二時醒。又眠，六時醒。

近日大便不好，早晨只拉一點。

十月二十日星期日（八月廿九）陰雨

讀老三篇，《十六條》。寫思想匯報，未完。看報。潮兒以輸血，未歸。

看魯迅《壁下譯叢》。

九時服藥眠，十二時醒，又服藥眠，六時半醒。

十月廿一日星期一（八月三十）

重寫思想匯報，仍未訖。

略一朦朧。到北京醫院，就崔護士取藥。到"瑞金"理髮。步歸，一身汗。再看《十六條》。看《壁下譯叢》。

十時服藥眠，上午二時醒。又眠，六時醒。

以前小便上午無糖，今上午與下午同有，且至三、四加號，其精神緊張所致乎？

十月廿二日星期二（九月初一）陰雨

摘録《實踐論》畢。擦地板。二軍人來，訪問納忠事。北師大人來，訪問陳繼珉事。

未成眠。寫納忠交代，因及我和朱家驊的關係，文長，未竟。

與靜秋談改造事。九時半，服藥眠。十二時醒、上午二時醒、六時醒。

今日上午、下午、晚上小便含糖均有四個加號，服 D860。

十月廿三日星期三（九月初二　霜降）晴

爲答復訪問納忠事件寫《我和邊疆語文編譯委員會》的交代訖，約 7，500 字。

夜，修改末節，重寫兩次。服藥三次，十一時後得眠。翌晨七時半醒。予夜間真不能做工作，一工作睡眠便如登天之難。

　　報載日本數十萬工人學生舉行反美示威，佐藤政府悍然實行
"反顛覆法"進行鎮壓。看來日本革命已爲期不遠。毛主席的威
力是無窮的，全世界被壓迫人民都將起來打倒壓迫、獲得自由。

十月廿四日星期四（九月初三）晴

　　頭昏。重鈔末一節。

　　訪問納忠者來，續談一小時，取所寫文去。看報。寫姜又安
資料。

　　十時服藥眠，十二時醒。又眠，六時半醒。

　　近日以吃 D860，尿糖較少。

　　在美、蘇壓力下，北越似已同意南越傀儡阮文紹派代表參加
巴黎和談，南越解放陣綫亦參加，成爲四頭（北越、南越、解放
陣綫、美帝）會議。這事在我從前，也會贊成的。但今日接受了
毛澤東思想，知道革命與反革命的分野，革命者必須堅持原則，
則胡志明與解放陣綫之屈服，實爲失去革命戰士之信心與威力，
肯和反革命的阮文紹坐在一條板凳上，犧牲無數人民之生命財
產，僅得此屈辱外交，實爲革命的恥辱。

十月廿五日星期五（九月初四）

　　擦地板。草思想匯報，已成，但自覺不站在階級立場上説話，
尚須重作。

　　静秋伴赴工農兵醫院，由康大夫診。血壓 150/80，尿糖未查，
因爲他説主要查血糖，而上次血糖爲 135，在這等年紀還不算高。
歸，看報。

　　十時服藥眠，十二時即醒。又服藥，眠至六時半。

十月廿六日星期六（九月初五）

　　擦地板。點讀《毛選》四卷四篇。續寫思想匯報，仍未成。

略一朦朧。西北農學院人來，訪問姜又安事。看報。

潮兒返家。十時半，服藥眠。上午四時醒。又眠，六時半醒。

近日尿糖量殊高，使藥粉變黑色。

十月廿七日星期日（九月初六）

點讀《毛選》四卷二篇。將思想匯報《我在被鬥爭之後》改寫好。

看報，工農兵的創造發明全國各處都有，可證毛主席的"卑賤者最聰明，高貴者最愚蠢"語，而資產階級技術"權威"則瞠乎其後，這才是正常的社會發展，剝削階級從此可以消滅了。

十時服藥眠，十二時醒。又眠，六時一刻醒。

十月廿八日星期一（九月初七）

五時半，潮兒返校。她一歸來即在縫衣機前爲別人製衣，歷次皆然。自今日始，我每晨盥洗後即向毛主席請罪，讀老三篇，期于徹底改造思想。點讀《毛選》四卷十篇。

看報。

服藥二次，十一時眠。翌晨五時醒。

　援兒亦欲往內蒙，如成，則十一月十日左右行。此後靜秋家務勞動更重，我當盡力助之。

十月廿九日星期二（九月初八）

援兒五時到工農兵醫院爲予掛號。八時，靜秋伴予往，由鄭女醫師診。到崇文門食堂進早餐。買菜，遇元善夫人。歸，看報。鈔毛主席《大量吸收知識分子》一文。

未成眠。看報。自毛主席發出各條新號召後，各地工農兵大立大破，發明創造，充分發揮力量，推翻走資派與技術"權威"的統治，一片光明景象，始知"工廠中的鬥、批、改"，減少消耗，增加財富，使一窮二白之中國徹底改變爲富國，明效若是也。

服藥二次，終夜在半醒狀態中。

今日咳較劇，痰總吐不盡。

十月三十日星期三（九月初九）

到"立新"理髮。重讀《實踐論》，作摘要。

看報。

九時半服藥眠，十二時半醒。以咳，良久未成眠，約四時後又眠，六時半醒。

十月卅一日星期四（九月初十）

鈔《分宜縣下放幹部》新聞報道入冊。復旦五人來，訊禹貢學會、譚其驤、周谷城、周予同等事。

一人來，續詢章巽、吳景敖、東方文化事業委員會事。爲了緊張，小便突多，半日間至八、九次，連來訊者也勸我不要激動。

服藥二次，十一時後眠，上午三時醒。又眠，六時許醒。

一九六八年十一月

十一月一日星期五（九月十一）

靜秋爲予到北京醫院取藥。終日寫《禹貢學會的始末》五千餘字。

得眠一小時。小周來收電費。看報。湲兒隨校赴津，參觀三條石展覽會，未歸。

聽廣播中共八屆十二次大會公報二次，徹夜爆竹聲不絕。十時服藥眠，上午一時三刻醒。咳，服藥，又眠，六時一刻醒。

十一月二日星期六（九月十二）陰

晨，拉稀三次，即服藥。中山大學人來，訊商承祚事迹，歷上、下午。

湲兒午後自津歸。

服藥二次，十時眠，上午一時半醒。服咳嗽藥水，良久乃眠，六時半醒。

美帝正式拋出"停炸"大騙局，約翰遜宣布"一日起停止對越北方的一切轟擊"。

十一月三日星期日（九月十三）陰，下午轉晴

數日來寫的是：

一，禹貢學會的始末：

　1. 我辦禹貢的遠因

　2. 我辦禹貢的近因

　3.《禹貢》半月刊的出版

　4. 譚其驤赴廣州後的禹貢

　5. 中英庚款的補助及禹貢學會的解散

　6. 禹貢學會的餘波

　7. 總結

二，我和周予同的關係

三，我和周谷城的關係

四，我和章巽的關係

五，我和吳景敖的關係

六，我所知道的東方文化事業委員會

七，文化大革命開始後我與上海的通訊事件

夜，九時半服藥眠，十二時半醒，服咳藥。良久又眠，六時醒。

十一月四日星期一（九月十四）陰轉晴

早起，將《禹貢學會》的總結寫成。將七篇通看一遍。摘錄入冊。又寫《我和譚其驤的後期關係》。羅琨同一人來，詢問中行公司事。

復旦人來，囑我再寫補遺二則。又勸我改造思想，首須打破沾沾自喜的過去成績，只有勇敢地破舊，才能真正立新。其勸我不要自負，與元善言同，至可感謝。此後每日當三復斯言。看報。

九時半服藥眠，十時半即以咳醒，二時半又醒，服咳藥後，眠至六時半。

十一月五日星期二（九月十五）晴轉陰

寫《我和中行公司的關係》1，800 字；又重鈔一份。

靜秋伴往工農兵醫院，內科主治大夫王君診，以尿糖仍四個加號，准假兩星期。血壓仍 150/80。步歸，累甚，看報。

九時半服藥眠，翌晨四時三刻醒。又眠，六時三刻醒。

十一月六日星期三（九月十六）晴

終日寫《我所知道的商承祚》，約 5,000 字，訖。大便二次。

夜，將連日所寫稿再看一遍。九時半服藥眠，十二時醒。又眠，上午四時醒。又眠，六時半醒。靜秋爲加一被，致今夜咳較好。

十一月七日星期四（九月十七　立冬節）陰，寒流將至

整理飯桌，洗碗、鍋。看《學習愚公移山》。鈔南京長江大橋資料及《中共八屆十二中全會公報》，未迄。中山大學人來，囑爲補充商承祚資料，爲寫 1,800 字。北師大二人來，詢陳秋帆與謝光漢事。

潮兒以送同學上車，歸家宿。九時半服藥，未成眠。十時半再服藥眠。上午四時醒。又眠，七時醒。

十一月八日星期五（九月十八）大風起，驟寒，生火。轉晴

潮兒晨返校。將昨寫商承祚補充資料改寫一頁。中山大學人來，即交與。寫《我在廣州中山大學時的回憶》，未畢。

以天寒，移榻住東屋。晚十時服藥眠。十二時半醒，飲咳藥，四時半又醒，再服咳藥。六時三刻醒。

十一月九日星期六（九月十九）晴

擦馬桶。擦地板。理書桌。續寫《我在中山大學時的回憶》訖，約5,000字。通改一過。

爲待靜、湲二人製衣，十一時服藥眠，上午二時醒。又眠，七時醒。

十一月十日星期日（九月二十）晴

看報。鈔《中共八屆十二中全會公報》訖，讀二過。

潮兒歸。錄《我和中行公司的關係》入册。鈔報一則。

靜、潮、湲製衣至十二時，予不能待，十時服多量藥眠。上午二時半醒、四時半醒、七時醒。

近來每日大便二次，但不稀。

十一月十一日星期一（九月廿一）晴

潮兒六時返校。擦地板。溫《實踐論》，續摘一節。改寫交代文三頁。復旦人來，詢司徒雷登及魏特夫事。北師大二人來，取交代去，並詢劉英士、李長之事。

湲兒開會，十時歸。十時半服藥眠，上午二時醒。又眠，六時半醒。

十一月十二日星期二（九月廿二）晴

整理《中行公司》交代文，寄所中。鈔《人民日報·看蘇修怎樣通過"經互會"對東歐人民進行掠奪和剝削》一文入册。

到"立新"理髮。到王姨母處視疾，并晤大玫。姨母已不能起床，看樣子已不久于人世。

服藥三次，十二時半後眠，翌晨七時醒。

十一月十三日星期三（九月廿三）晴

讀《紀念白求恩》三遍。讀《毛選·丟掉幻想，準備鬥争》以下文五篇。續鈔《經互會》文訖。看報。

湲兒携十二中發表劉少奇罪狀歸，看一過。十時半服藥眠，上午三時醒。又眠，七時醒。

十一月十四日星期四（九月廿四）晴轉陰

溫《實踐論》。某機關人來，訪問邊語會及梅公毅。看報。

倚沙發，眠一小時。寫《我和邊疆語文編譯委員會的關係》一千五百字。

咳甚，兩服安眠藥迄不能眠，直至上午四時静秋起身才朦朧，七時醒。

今年天尚不冷，而我疾已如此，其能久乎！

十一月十五日星期五（九月廿五）晴

將《實踐論》摘録完畢。鈔智利人《馬克思主義的幾個階段》入册。看報。鈔《蘇修是騎在東歐人民頭上的新沙皇》入册。

夜十時服藥。倚床眠，咳少好。上午二時醒。又眠，六時醒、七時醒。

十一月十六日星期六（九月廿六）晴

草《魯迅和我矛盾的總結》，未完。開始節鈔《矛盾論》。看報。助靜秋做飯，整理後屋箱子。

傍晚，潮兒自校歸。夜，靜秋爲予浴。十時服藥眠，上午一時醒。又服藥眠，五時醒。又眠，七時醒。

十一月十七日星期日（九月廿七）晴轉陰

摘鈔《矛盾論》。續鈔斯大林《辯證唯物主義與歷史唯物主義》。夜，服藥二次，十二時眠，翌晨七時醒。

十一月十八日星期一（九月廿八）晴

潮兒返校。工作同昨。鈔《美帝國主義農業危機日益嚴重》文入冊。

夜，服藥二次，十一時半眠，翌晨七時醒。

十一月十九日星期二（九月廿九）晴

到工農兵醫院挂號。到北京醫院取藥。歸，憊甚，若將虛脱，大概由於我出門太少之故。看報。

到工農兵醫院，驗尿，爲"±"，即似有似無，因此女醫鄭淑芳不肯爲我出休息證明。體育學院二人來訪，詢回永和事。

韓璐之母來，送洪兒附寄信。十時半服藥眠，五時醒。又眠，七時半醒。

十一月二十日星期三（十月初一）晴

寫聯絡站信，詢問能否在家事。靜秋往送，適值學部開鬥爭會，未敢送走。寫《回永和和我的關係》二千五百字，重鈔一次。

夜九時服藥眠，上午二時醒。又眠，六時半醒。

今日接洪兒來信，悉其住入下中牧民包中，與之三同，提高其階級覺悟，也同時提高了自己的階級覺悟。彼地氣候已降至零下二十餘度。

　　湲兒昨夜以寫大字報未歸，在校僅眠一小時。故今晚八時即眠。

十一月廿一日星期四（十月初二）陰

　　摘録《矛盾論》。劉俊生來，爲到工農兵醫院接洽我是否應當請假事。人民大學人來，了解馮世五及我的事情，囑寫兩份材料。看報。

　　夜，九時半服藥眠，上午二時醒。又眠，七時醒。

　　近日極易睡，即在白晝，有時亦昏昏欲眠，其殆"老熟"之現象乎？

十一月廿二日星期五（十月初三　小雪節）重陰

　　寫《我和馮世五的關係》約四千字。體育學院兩人來，略作詰問，取回永和資料去。寫《我在燕大八年》，未訖。

　　夜，湲兒未歸，當以布置兩條路綫展覽會故。九時，服藥上床，不能眠。十時半再服藥，仍不能眠。上午一時服藥，乃眠。七時醒。

　　今夜失眠，當以開始服藥較少之故，我想減藥量，竟無此可能，奈何！

十一月廿三日星期六（十月初四）晴

　　頭暈，以昨夜服藥超量故。續寫《我在燕大八年》，約五千字，尚未畢。

　　晚潮兒自校歸。湲兒仍住校。十一時服藥眠，上午二時醒。四時後復眠，七時醒。

十一月廿四日星期日（十月初五）晴轉重陰

寫《我在燕大八年》訖，8,000 餘字。又將今在北京之燕大師生開一名單，共 30 人。

湲兒歸取被，即去。

聽廣播。夜十時半服藥眠，十二時半醒，三時又醒，七時醒。

十一月廿五日星期一（十月初六）晨大霧，轉晴

到"立新"理髮。記筆記三則。

河南科學院歷史所二人來，詢問趙豐田及技術觀摩社事。天津二人來，詢問王欣若及通俗讀物社事，當面寫資料 2,000 餘字，不滿意，尚須來。

聽廣播毛主席七屆二中全會報告及《認真學習兩條路綫鬥爭的歷史》。十時服藥眠，十一時醒，一時醒，三時醒，六時醒。

十一月廿六日星期二（十月初七）陰

中山大學人來，囑我補充對于商承祚交代及鄭德坤事，即寫 2,000 字與之。濟南二人來，詢問我在齊魯大學辦國學研究所及邊疆學會事。作《關于燕京大學的幾件事》（1. 哈佛燕京學社；2. 技術觀摩社；3. 趙豐田與魏特夫），未完。

夜聽廣播。九時服藥眠，上午二時醒。至四時半後又眠，六時半醒。

十一月廿七日星期三（十月初八）晴

寫《關於燕大的幾件事》訖，約 5,000 字。河北師院三人來，詢問王樹民及禹貢學會、邊疆學會事。看報。

夜九時半服藥眠，上午一時醒，三時醒，五時醒。

十一月廿八日星期四（十月初九）晴

寫《從禹貢學會到中國邊疆學會》（爲河北師院寫，注重王樹民事），未完。讀《毛選》四卷四篇。得洪兒來信，知其從事畜牧情形，臉已因寒而凍。

夜，張燕多因將下放山西運城，來與靜秋長談。十時半服藥眠，十二時半醒，又服藥，三時半醒，五時半醒，七時醒。

今日徐特立先生逝世，年91。

十一月廿九日星期五（十月初十）晴

上海二人來詢華汝成及《從猿到人》挂圖事。西北大學來詢宋漢濯事。續寫《從禹貢學會到中國邊疆學會》，仍未畢。水電學院三人來，詢齊大國學研究所及姚漢元事，當即寫數百字與之。

夜七時半服藥眠，九時半醒，十一時半醒，三時醒。五時醒，遂起床。

曉夢祖父坐會遠堂上看報，予在堂下雪中，以大棒撥雪書"我心照日"四字。

十一月三十日星期六（十月十一）晴，晨霧

七時，與靜秋到工農兵醫院。八時，抽血。到食堂進點。回院，驗尿，無糖。量血壓 130/80。取藥，歸。南京來人訪問羅根澤夫人張曼漪事，當面寫數百字與之。

夜，潮兒自校歸。十一時服藥眠，上午一時醒，三時醒，六時醒。

近來我一走動或一勞作，甚至吃一頓，即便作喘，須休息一個時候方平。

小便次數頻數，每一灌水壺，條件反射，不可復忍。夜間屢

醒，即以便急故，一夜醒三四次，即小便多少次，此亦增加我失眠之一因。

看來，我的肺和腎都衰了，只爲心與胃尚好，故尚能勉强撑下耳。

一九六八年十二月

十二月一日星期日（十月十二）晴，晨霧

早，湲兒自校歸。寫《從禹貢學會到中國邊疆學會》訖，共萬餘字，統看一過。看報。

午後覺倦，磕睡。

十時服藥眠，一時以咳醒。又服藥，眠至五時半醒。

十二月二日星期一（十月十三）晴

五時，潮兒返校。到所，將趙豐田、王樹民兩份交代送至聯絡站。訪劉俊生，不遇，某君囑歸。以行動較多，歸後喘甚，休息。看報。

讀《紅旗》第五期。讀《毛選》四卷三篇。

湲兒歸，洗床單，換被，明日起將長期住校。十時服藥眠，十二時醒。又眠，五時半醒。

十二月三日星期二（十月十四）陰，下午晴

鈔毛主席最新語錄入册。蘭州來人詢馮繩武及中國邊疆學會蘭州分會事，即書五百字與之，并及谷苞、吳均、李得賢、楊質夫事。看報，聽廣播。

夜九時服藥眠，十二時醒，上午二時醒。久不能寐。四時又眠，五時半醒。早起。

夜中小便多，故屢醒。

十二月四日星期三（十月十五）晴

八時到所，入 110 室學習，由熊德基領導。九時參加勞動，掃地，氣喘大作，先退。上樓，訪薛君，并晤劉俊生。

地理研究所二人來，第三次訪問郭敬輝事，予仍以前事答之。看報。

九時服藥眠，一時四十分醒。又眠，四時醒。又眠，五時半醒，六時起。

今天一走，脚底也痛了。

學習：1. 向毛主席、林副主席致敬；2. 高唱"東方紅"；3. 背毛主席最新語録；4. 讀老三篇；5. 不定（或讀語録，或背語録前言）。

十二月五日星期四（十月十六）陰，夜雨

七時三刻，到所。學習後，以天陰及喘未勞動。向辦公室請假，囑到醫院取一證明。因至工農兵醫院，驗得氣喘係支氣管炎。歸，受静秋責。

蘭大人又來，謂已見予日記，1948 年 7 月，邊疆學會甘肅分會成立，推予爲理事長，此蓋李得賢發展馬步芳勢力于甘肅之陰謀，余以未參加籌備，成立後又未作事，遂忘記，因又寫一紙作補充。

八時服藥眠，九時半以咳醒。又眠，翌晨五時半起。

十二月六日星期五（十月十七）陰轉晴

七時半以第一人到所，門尚未開。學習。送醫院證明書，未見人。取工資。續寫《我毒害青年和欺騙社會的罪行》未畢。十二時歸。

飯後上床，未成眠。看報。與静秋同學習老三篇，讀三遍。

九時服藥，以咳故未成眠，十時再服藥，得眠，上午二時半醒。又眠，六時醒。

十二月七日星期六（十月十八　大雪節）晴

七時五十分到所。學習。商組長，理書一架，毓銓止之，謂恐淆亂別人稿子。又喘。歸，又喘。

看報。理髮。

潮、湲歸。静秋助予浴。十時服藥眠，上午二時半醒。又眠，六時醒。

十二月八日星期日（十月十九）陰

翻《管子》，記筆記數則。

午後覺倦，眠二小時。看報。

九時服藥眠，十二時醒。又眠，四時醒，六時醒。

十二月九日星期一（十月二十）陰，下午晴

潮、湲返校。到所，學習。讀《矛盾論》。姚家積來，讓座。

某處二人來，訪問僞中大師生所組織之西北建設協會事，牽涉予與胡煥庸、劉起釪、蔡守堃等，予已忘記。看報。

湲兒歸。八時半服藥眠，十時一刻醒。又眠，上午四時醒，六時醒。

十二月十日星期二（十月廿一）陰

湲兒返校。到所，學習。點讀《矛盾論》。

眠一小時。看報。

八時半服藥眠，十二時醒、四時醒、六時醒。

十二月十一日星期三（十月廿二）晴

到所，學習。點讀《矛盾論》訖。

眠近一小時。看報。

湲兒歸。與靜秋同讀老三篇。不知何故，服藥三次，十一時得眠，翌晨七時，靜秋叫醒。

十二月十二日星期四（十月廿三）陰，寒

湲兒返校。到所，學習。讀《實踐論》。山東四人來，詢予以關則棟事，予不知。又詢牟潤孫、錢穆、郭紹虞、余元盦等事。

眠二小時。與靜秋同讀林副主席《毛主席語錄再版前言》，未熟。

九時半服藥眠，十二時醒。又服藥眠，上午六時醒。

十二月十三日星期五（十月廿四）大雪，下午晴

冒雪出門，靜秋送上車。到所，學習。左目發炎。讀《實踐論》。"星火"來致訓，每人談思想。

眠一小時。與靜秋同讀《再版前言》。洪兒同學生慧將赴原平，來辭行。

九時半服藥，十時半再服藥眠，翌晨六時醒。

十二月十四日星期六（十月廿五）陰

在雪地上行，到所，學習。讀《實踐論》訖。訪問人來，詢陳萬里住址。

眠一小時半。看報。讀《再版前言》。

湲兒歸。十時半，潮兒送同學上車站後歸。十時服藥眠，上午二時醒。又眠，六時醒。

十二月十五日星期日（十月廿六）晴

整日寫《一生罪行檢討》約 4,000 字。

眠兩小時。

十時服藥眠，翌晨六時醒。

十二月十六日星期一（十月廿七）晴

到所，學習。續寫檢討，仍不愜意，未定稿。湲兒返校。

眠一小時。看報。

十時服藥眠，翌晨六時半醒。

十二月十七日星期二（十月廿八）晴

到所，學習。重寫檢討，未畢。

眠一小時半。潮兒買到十字布後返校。甘肅農業廳周丕炯來，了解邊疆學會蘭州分會及金元濟事。

十二月十八日星期三（十月廿九）晴

在家寫檢討。長沙師範學院來人詢問董爽秋，即寫一紙與之。地理研究所二人來，第四次問郭敬輝事。重草檢討略畢。

夜八時服藥，以咳不成眠，十時又服藥眠。翌晨上午四時醒，朦朧到六時。

十二月十九日星期四（十月三十）大霧、陰霾、霰、雨木冰

到所，學習。南京大學二人來，詢問柯象峯，即書二紙與之。鈔寫檢討 2,000 餘字。周丕炯來，約定星期六晚來取件。

眠一小時許。看報。湲兒歸。看其帶歸給出路文件。

以咳，服藥兩次，十一時半眠，翌晨六時半醒。

堪兒來信，告湲可于明春到彼地。

十二月二十日星期五（十一月初一）晴

湲兒返校。寫《中國邊疆學會的始末》5,000 餘字。

北大人來，詢問鄧廣銘事，囑于一旬內寫交代。看報。

九時服藥眠，翌晨四時醒。又眠，六時醒。

十二月廿一日星期六（十一月初二　冬至節）晴

將《中國邊疆學會的始末》再看一過。續寫檢討，把解放後罪行列出，成初稿。周丕炯來，將《邊疆學會》一篇取去。湲兒自校歸。

八時服藥，未成眠，十時服藥眠，十二時以咳醒。服咳藥眠，六時半醒。

今晚聽廣播，毛主席又有對青年下鄉的指示。

十二月廿二日星期日（十一月初三）晴

終日鈔檢討訖，連昨共 7,000 字，但又覺不滿，須重寫。修改至夜十一時。

服藥眠，翌晨六時醒。

十二月廿三日星期一（十一月初四）晴

得訊，工人宣傳隊及解放軍于今日進所，故八時到所，至下午三時，宣傳隊至。在所鈔檢討 4,400 字，擬鄧廣銘事提綱。

午，剛主給一餅充飢，以我輩被揪之人不許外出也。歸，氣喘甚。

服藥三次，十一時眠，翌晨五時醒。又眠，七時醒，急起。

十二月廿四日星期二（十一月初五）晴

八時到所學習，遲三分鐘。將檢討鈔完，名《我在五十年中的罪行》，共 7,000 餘字。

眠一小時半。看報。

八時半眠，十二時半醒，五時醒，六時起。

十二月廿五日星期三（十一月初六）陰

七時半到所。學習。將《我在五十年中的罪行》復看一過，重鈔兩紙，送至辦公室。

未成眠。到"東風"理髮。到國藥店買利眠寧。歸，看報。大便二次。

服藥三次，約十一時成眠，翌晨六時醒。

十二月廿六日星期四（十一月初七　毛主席七十五歲誕辰）晴

到所，學習。寫鄧廣銘資料。

眠一小時半。與堪兒談呼盟狀況。静秋爲予浴。看報。

湲兒歸。服藥三次，十一時後眠。上午二時、四時、五時醒。

大便二次，後一次稀。

十二月廿七日星期五（十一月初八）晴

到所，學習。將學習室移至北墻下木工屋内，予無力幫忙。

眠一小時。重寫《我與鄧廣銘的關係》。静秋出席居民委員會，爲動員兒女下鄉事。大便二次。看報。湲兒歸。

九時服藥眠，上午二時、四時、六時醒。

十二月廿八日星期六（十一月初九）陰、小雪

到所，學習。準備寫鄧廣銘資料，而北京方面來訪僞中大黨派及劉起釪等事迹，南京大學又來訪陳中凡事迹，迄難動筆。

眠一小時。寫《我與鄧廣銘的關係》，未畢。堪兒到潮兒校，

與之同歸。看報。大便二次。街道又開會，號召青年下鄉，靜秋赴會。

聽廣播，知我國又發放新型氫彈。服藥二次，十一時後眠，翌晨六時醒。

十二月廿九日星期日（十一月初十）雪，下午大雪

到所，學習。劉俊生來，囑我上下午均上班。寫《我與鄧廣銘的關係》畢，約 5,000 字。

歸家，飯後仍到所。寫思想匯報，未成。五時半歸。

八時服藥眠，十二時半醒。又眠，四時醒。

十二月三十日星期一（十一月十一）雪，轉晴，雪成冰，路滑

乘車，到所。學習"新型氫彈"。劉俊生及"星火"領導人來訓話。湖北陽新縣來二人訪問顧德泰及其全家與親戚。

在所吃飯。一時半，又續談德泰家事。五時畢。上海師院人來，訪問張家駒事。六時畢，回室取物則已上鎖。

七時歸。八時，湲兒歸。看報。九時，服藥三次乃眠，時已十一時。二時半醒，六時三刻醒。

十二月卅一日星期二（十一月十二）陰

到所，學習。助謝家生爐。鈔思想匯報，至下午訖。

午飯後略磕睡。將匯報交劉俊生。草偶中大資料。歸後憊甚。

八時就床，十時服藥眠。上午二時醒、六時醒、七時醒。

毛主席在八屆擴大的十二中全會上的講話，我看到了。我深深感到文化革命是太偉大了，像毛主席在七屆二中全會上講的，奪取全國勝利，這只是萬里長征走完了第一步，今後的路途更長，任務

更艱巨。文化革命首先是一場政治革命，把我們黨和國家的權力牢牢掌握在以毛主席爲首的無產階級司令部手裏，然後，無產階級占領上層建築各個領域，建立對這些領域的無產階級專政。毛主席在這個講話裏提到了對資產階級學術權威的改革問題。我自然地就想到咱家，的確，文化革命對咱家的觸動是很大的，也是非有這個"革命的暴力"不能摧垮這個頑固的堡壘的。爸爸的頑固思想堅持一天，就要受到革命群衆的批判，這是完全應當的，這是與鞏固無產階級專政有利的。我們出身于這個家庭，但是只要緊跟着毛主席，下定決心改造自己，就有光明的前途，媽媽也是這樣。總之，要跟上時代。

（1968，12，12，洪兒來信）

同學習者十三人：

熊德基（組長）　酈家駒　朱家源　謝國楨　王毓銓　高志辛
姚家積　謝家　孫毓棠　王竹樓　盧善焕　工人高

我的五十年中的罪行

甲，在舊社會

（1）1917年接近胡適，從此追隨他，反對李大釗搞革命。

（2）魯迅反對胡適，連帶反對我。1926年，他爲了反對厦大校長林文慶及我而離開厦大。1927年，又爲我離開中山大學，這事有朱家驊和傅斯年的用意。

（3）魯迅在武漢《中央日報》說我"反對民黨"，我要和他在法庭對質，其實我在日記裏寫着"清黨救了我"，即是反對民黨的鐵證。

（4）我爲了在中山大學太忙，進了美帝文化侵略的燕京大學，做了洋奴。

（5）在燕大抗日會內辦通俗讀物編刊社，受軍閥宋哲元所收買，爲進入國民黨的開端。

（6） 爲了陳立夫要封通俗社的門，求救于朱家驊，受國民黨中央政權所收買，加入國民黨。

（7） 朱家驊以英庚款補助禹貢學會。

（8） 與段承澤合辦西北考察團，爲國民黨開發西北作宣傳。

（9） 英庚款會派我爲補助西北教育設計委員，擴大了國民黨在西北的影響。

（10） 在成都辦中國邊疆學會，爲美帝反英帝。1948 年，又做邊會甘肅分會理事長。

（11） 1941 年，朱家驊招至重慶，辦《文史雜志》及邊疆語文編譯委員會。

（12） 爲朱家驊是中統頭子，我脫離他，并舉韓儒林自代，但因韓病不能來，我每星期去一天。

（13） 朱家驊嗾使工礦、大學兩黨部向蔣匪獻九鼎，我爲作銘文，受了許多人的反對，我在蔣匪兼任中大校長前夕離開該校。

（14） 與金擎宇合辦中國史地圖表編纂社，實做商人，因此又與教育、內政兩部發生關係。以後到上海，又被五聯推爲代表，請蔣匪批准印國定本教科書。

（15） 1946 年，南京大專院校學生發動反飢餓運動，我受朱家驊之囑，向中央社發言，打擊革命。

（16） 參加蔣匪僞制憲國民大會，列名于社會賢達，簽名僞憲法。

（17） 朱家驊給一億元，續辦通俗讀物，即在社會教育學院中辦民眾讀物社，由王澤民主其事，但由我出名。1948 年，我見蔣匪，請將此項刊物銷向軍隊。

（18） 1943 年，陳立夫令黎東方發起中國史學會，以抵抗延安的中國史學會。1948 年，C. C. 系的勝利出版公司囑作《當代中國史學》，表揚蔣匪統治下的學術成就。

乙，在新社會

（1）在學習會上人到心不到，思想開小差，逃避學習，抗拒改造。

（2）土地改革時期，鎮壓惡霸地主，其中有些有一技之長的，我懷疑打擊面過廣。

（3）抗美援朝時，我懷疑我國立國才一年，力量積絫不厚，不可能和有强大武器和經濟力的美帝抗衡。

（4）國民黨丟下的經濟爛攤子不易收拾，我懷疑黨的經濟政策是海上三神山。

（5）誤認黨對知識分子不够重視，不給予充分自由，和右派分子一鼻孔出氣。我不認識這是工農兵的時代，資產階級知識分子已不可能統治了。

（6）對俞平伯《紅樓夢》研究的批判以爲是"圍勦"，使人受不了。

（7）胡適在臺灣説我和朱光潛批判胡適是共産黨逼出來的假檢討，我把這條貼上日記，表明我和這大反動頭子有同情。

（8）妻兄張雁秋在鎮反運動中登記後被捕，我爲他到處營救，鳴冤叫屈。

（9）在全國政協中，每次提案，請設一全國性的圖書館。1964年又請立古籍研究所。

（10）在潘梓年主持的學部中心小組學習會上，提議辦俱樂部。開研究先秦史的書單，列未出版的著作，爲封建文化延長壽命。

（11）1964年請求領導改修房屋，費一萬餘元，擴大三大差別，違背毛主席節約鬧革命的指示。

（12）文化大革命中，亂鈔街上大字報入日記，突出了陰暗面。

　　自我批判（大潑冷水）

我的思想一貫右傾，本是國民黨的一路貨色，不過到了1936

年才履行入黨的手續而已。退黨後仍是國民黨。反動的本質決定了反動的思想，反動的思想決定了反動的行爲。

名流、學者、大師，實質是精神貴族、剝削階級！自以爲是，好爲人師，非科學態度。

不分敵我，不擇手段，以我爲中心，一切沒有原則，自由主義發展到極點。

業務挂帥，技術第一，這是劉少奇路綫，而我却早已響應了他。我的一套體系必須砸爛。

事業心强，一做就要擴大，自己財力不足，就要向外求乞，這樣地堅持下去。過時——不識時務。

總想脫離政治而專搞業務，對于政治毫不了解，也不求了解。因此走上反動路綫而不自覺。

求名得名：編刊物、寫文章、編教科書、當教授，不怕出風頭。有此"盛名"，反動分子就來利用我了。我是附屬于帝國主義、軍閥、官僚的反動知識界。

清高，自由主義，只要社會主義爲我服務，不想我爲社會主義服務。軟弱、妥協性、不敢決裂。

拿了四十年的高工資，養成了做官當老爺的習慣。個人奮鬥。主觀主義、虛無主義、武斷。

沒有整體觀念，沒有組織紀律性。

吃了人民的飯，專想做自己的事，要使自己傳名百代。最缺少的是階級教育。

在基本改變人生觀之前，對于自己的反動思想是不會認識的。

我成爲御用學者的原因

我努力造成自己的名譽，撈取國民黨反動派的拉攏，以此爲國民黨服務的資本。這是不自覺的客觀效果。國民黨拉攏我，并不是

真要我做事，而是要我披着學者的外衣在文化方面爲他們服務，我
順從了。

一九六九年

一九六九年一月

一月一日星期三（十一月十三）晴，寒

看報。看《劉少奇罪行》。潮兒歸。讀《用毛澤東思想統帥一切》。

夜十時服藥眠，上午二時、四時、七時醒。

一月二日星期四（十一月十四）晴，寒（白天零下6℃，夜零下13℃）

再讀《用毛澤東思想統帥一切》。草《抗戰時期的偽中大》，略畢。靜秋到王明德家接洽車。

夜十時服藥眠，上午三時半醒、五時半醒。

一月三日星期五（十一月十五）晴，寒（夜寒至零下17℃）

乘王明德車到所。學習。寫《抗戰時期的偽中大》畢，4,000字。

午後眠半小時。

夜歸，疲甚。九時許服藥眠，上午三時醒，六時醒。

痰多，咳甚。靜秋亦以傷風聲啞。

一月四日星期六（十一月十六）晴

到所，學習。掃地。將昨作重看一遍，交劉俊生。二人來，訪問姜又安現在情況。

眠近一小時。草思想匯報。劉俊生來談。領生活費。歸，車擠甚。

林樾來，與靜秋、湲兒談邊事至十時去。十時半服藥眠，上午三時、五時、七時醒。

一月五日星期日（十一月十七）晴

潮兒歸。終日寫思想匯報，易稿三次，僅得 500 字。

倚床睡一小時。

以潮兒製衣，不能熄燈，服藥三次，十一時眠，上午三時、五時醒。六時半起。

一月六日星期一（十一月十八）晴，風

到所，學習。安福縣二人來，詢問西北考察團事，用原珠筆寫複寫紙，甚不便。下午四時來取，不滿意，囑重寫。

午後眠近一小時。

夜，以與靜秋勃谿，服藥三次，上午一時半眠。

一月七日星期二（十一月十九）晴

廣州二人來，詢問商承祚、許崇清事。學習。終日重寫《西北考察團》，近 4,000 字。換出入證。工人解放軍來訓話。

夜九時服藥眠，晨六時醒。

一月八日星期三（十一月二十）晴

從今日起，每天朝請示，晚匯報。讀元旦社論，談讀後感，劉

俊生、工人、解放軍參加。

劉俊生講其血淚仇的家史。將《西北考察團》文畢，四千字，送外調室。二人來，詢哈佛燕京社事。歸，看報。看填表。

十時半服藥眠，上午二時醒，五時半醒。

一月九日星期四（十一月廿一　三九始）陰

到所學習。聽朱家源、高志辛談自己歷史。填履歷表訖。寫《哈佛燕京學社及其他》3,000餘字。

夜歸，疲甚，滿身汗。夜服藥兩次，十一時後眠，上午四時醒。

一月十日星期五（十一月廿二）陰，風

修補履歷表訖。學習。聽老高談歷史。西安二人來，詢西北考察團事，即寫800字與之。修改《哈燕社》文訖。草匯報《魯迅與我的兩條路綫鬥爭》略訖。

歸，疲甚。八時半服藥上床，未即眠。十一時再服藥，乃得眠。上午一時醒。又眠，五時醒。

一月十一日星期六（十一月廿三）陰，風

學習。予發言。

得眠一小時。西安來二人，詢邊疆學會事。西北農學院來一人詢姜義安事。公共車過擠，乘人力車歸，便不喘。

爲了寫姜義安一家的情況，起一草稿，至十二時乃眠。三時醒，五時醒，七時醒。

今日靜秋到派出所，爲湲兒遷出戶口，湲兒決與堪兒同到莫旗插隊，在廿一日前到。

大便二次。

一月十二日星期日（十一月廿四）晴

到"人民"理髮。寫姜義安全家歷史及戈湘嵐到西農事，約3,500字。寫思想匯報具草。張燕多來。

服藥兩次，十二時眠。上午六時醒。

大便二次。

一月十三日星期一（十一月廿五）晴，風

到所，學習。鈔思想匯報，匆忙，奪字多。聽熊德基自述，予疲甚，打磕睡。

午後又磕睡。外調人來，詢西北文化協會事，予不知，又詢邊疆學會及辛樹幟事。讀《中共八屆十二次中委會公報》及《用毛澤東思想統帥一切》。潮兒爲湲兒製衣，請假歸。

八時半服藥，以疲甚得眠，十二時半醒、六時一刻醒。

腿腫又發。大便二次。

一月十四日星期二（十一月廿六）晴

到所。將《哈燕社》文靜秋所鈔本復看一遍，送外調室。外地來人詢問禹貢學會及蘇信宸事。

一時有二人續問西北考察團事。三時半，解放軍二人來問通俗讀物社事。

歸，疲甚，但不能眠，服藥三次，至上午三時後始眠，五時半醒，又朦朧至六時。

一月十五日星期三（十一月廿七）晴

到所，早請示。寫請假半天條。到接待室寫《禹貢學會》訖，交翟同志。又寫《西北考察團的補充》，未畢。

眠一小時。

八時半服藥，由靜秋拍眠，十二時醒，六時一刻醒。

近日飯量不佳，減半。

一月十六日星期四（十一月廿八）陰，風

到所，早請示。寫請假半天條。到接待室，將《關于西北考察團的補充》寫訖。二人來，詢問47年僞教育部辦第二期留學生訓練班時予講話的事，未能答。午回本隊，聞下星期一起全體人員將集中住所學習的事，予有失眠及吃飯等事，心甚憂之。

眠半小時。老雍來。草答詢問二事，未成。歸，商集中住所事。

九時半，服藥二次眠，十二時一刻醒，遂不成眠，大咳。五時半起。

一月十七日星期五（十一月廿九）陰

草致領導函，請仍住家，以便治糖尿病。寫《關于兩個訓練團的會》畢，約800字。寫《通俗讀物社的幾件事》，約4,000字，訖。

飯量愈少，午餐主食僅一兩。

十分疲憊，臨眠一量口表，爲37.3℃。服藥三次，十二時後眠，翌晨五時醒。

一月十八日星期六（十二月初一　四九第一天）

有熱，湲兒到工農兵醫院挂號。八時半，靜秋伴予往，則熱度已高至38.2℃。就李心均診。出，遇魏明經。雇車歸。爲蘇信宸事，訪問者再來，加增若干字。頭熱、鼻熱甚。臥床。今冬不冷，而犯流感者甚多，則以室內與室外之差距過大也。此次僅給假三天，勢必長跑醫院。特全身軟弱，不能移步爲苦耳。

　　工農兵醫院證明書

顧頡剛

　　一，發燒 38.2℃，上感

　　二，糖尿病（尿糖＋＋＋＋）

　　三，高血壓（BP 180/96）

建議休息叄天。以後工作學習由單位適當斟情安排。

　　　　　　　　　　　1969.1.18　醫師　李心均

一月十九日星期日（十二月初二）

　　終日臥床，熱高。靜秋送醫院證明書至所，晤熊德基。兩日不下便，悶甚。昨服大黃丸後，今晚得一暢通。

一月二十日星期一（十二月初三　大寒節）

　　以熱度過高（38.9℃），靜秋、湲兒伴往醫院，看急診。透視，知尚非肺炎。打青黴素第一針。解放軍田君來，詢通俗社事，即以前日所寫稿與之。

一月廿一日星期二（十二月初四）

　　靜秋伴到醫院，打第二針。甘肅二人來，詢蘭大邊疆學會事。由靜秋代寫證明一紙。

一月廿二日星期三（十二月初五）

　　到醫院，打第三針，湲兒偕。熱未退盡。甘肅二人來，對邊會事續有詢問，靜秋再書一紙。二人來，詢楊成志事，未令寫資料。

一月廿三日星期四（十二月初六）

　　熱退，但痰咳如舊，仍眠床。靜秋伴至醫院診，給假兩天，送劉俊生。華東師大人來，詢李平心事。

一月廿四日星期五（十二月初七）

起身後無力，仍臥床。總寫一星期來日記。

病前已多日不餓，病中食更少，所以無氣力。

一月廿五日星期六（十二月初八）

臥床。五時，湲兒到車站買票，下午將樟木箱送去。

一月廿六日星期日（十二月初九）雪

臥床。湲兒有燒五分。予依然吃不下飯。大便又兩天未通了。

一月廿七日星期一（十二月初十　五九第一天）雪，寒

七時一刻，乘王明德車到所。尋歷史所辦公室（六樓樓下）繳假條，并請不住入。參加學習。北師大人來，囑寫王真與予簡單關係。又西北某機關人來，詢段克興與邊語會事。食涼飯。

寫予與王真關係，畢。寫段克興，未畢，又覺不舒。停寫，看報。挨至五時半，歸。試表，得 37.4℃，溫度不高，然而勞累一天，畢竟復發了。

早眠。翌晨五時醒。

一月廿八日星期二（十二月十一）晴轉陰，又轉晴

六時，湲、堪赴內蒙。湲兒無燒，但心跳一分鐘 80 餘。靜、潮及生敏等送上站。靜到所，向解放軍洽予病。潮兒返校。寫段克興事訖。北師大人來，取王真一稿。

眠兩小時。飯依然吃不多。

九時服藥眠，上午三時醒，六時醒。

　　堪兒于上月廿六日歸，住一個月。

一月廿九日星期三（十二月十二）陰

　　終日臥床。看《關於國際共產主義運動總路綫的論戰》。

　　眠二小時。

　　十時服藥眠，翌晨三時、六時醒。

一月三十日星期四（十二月十三）陰

　　臥床。秦姓女子來，取段克興資料去，并談。

　　眠近三小時。

　　十一時半服藥眠，翌晨六時醒。

一月卅一日星期五（十二月十四）晴

　　起身後憊甚。湲、堪兩兒計當于今日到，不知病愈否，甚念之。郎津晶來，代發電。山東大學兩人來，詢陸侃如事。

　　眠一小時。尿糖4加號，日夜如此。

　　八時，得湲、堪到莫旗電。失眠，服藥三次，上午二時半後方眠。翌晨七時醒。

　　我的病：

　　1. 不想吃東西。

　　2. 渾身無力。

　　3. 一冒寒，即咳嗽多痰（此爲時令病，天暖當自愈）。

　　4. 有時高温，有時低温。

　　5. 尿糖時多時少（累、病則多，吃米麵則多）。

　　（總之，不能累，不能受寒）

我的真病：1，飯量日減。2，一累一寒即有低溫。3，尿糖多，D860 無效。

一九六九年二月

二月一日星期六（十二月十五）晴

静出寄信與藥給湲、堪。李佳來。

静伴到"人民"理髮。歸，即有低溫。

十時服藥眠，翌晨六時醒。

大便早晚兩次。

二月二日星期日（十二月十六）雪

潮兒自校歸。看八屆十二中記錄。看陳伯達《中國四大家族》。

服藥兩次，十一時眠。翌晨五時醒。

大便早晚兩次。

（熊迪之卒）

二月三日星期一（十二月十七）雪，下午晴

潮兒早起爲我到工農兵醫院挂號。歸，返校。九時半，静伴予至醫院，待至十一時，始就李心均診。渠不肯開支氣管炎及低燒證明。十二時歸，試表仍有低溫。

木蘭來，留飯宿。西安一人來，訊問通俗讀物社及甄某事，由予口述。

九時服藥眠。翌晨四時半醒。

二月四日星期二（十二月十八）晴

静與予爭執，氣得胃痛。體弱無力，足冷，仍就床，學習語錄

及老三篇。

北師大二人來，訪西北考察團事。去後，靜與我談此事本質。

服藥兩次，十一時眠，翌晨六時半醒。

二月五日星期三（十二月十九　六九第一天）晴

口述西北考察團事，由靜筆錄，自看一遍。

看林彪副主席在中央政治局擴大會議上的講話（1966，5，18）。

十時服藥眠，十二時醒。再服藥無效，約上午三時後復眠，七時醒。

二月六日星期四（十二月二十）晴

靜與予又爭執。讀北京工業大學宣傳隊《急躁、坐等，還是促進？——如何正確看待知識分子》一文。北京部隊二人來，詢問張雁秋事，書二紙與之。

中華書局二人來，詢劉起釪事。青島二人來，詢中國邊疆學會事，并劉恩蘭、徐益棠。接湲、堪來信，湲傷風未愈。

十時服藥眠，上午四時醒。又眠，六時半醒。

二月七日星期五（十二月廿一）晴

看林副主席去年九月發言。口述邊疆學會事，靜代寫。靜又與予打架。

眠一小時半。看報。

服藥兩次，十一時半眠，上午四時醒。又眠，八時半醒。

二月八日星期六（十二月廿二）晴

左目發炎，已多日，而今日爲甚，竟張不開。上午驗尿糖仍4加號。寫《中國邊疆學會的經過》。蔣力來還書。張澤咸來，知學部各所已大聯合，成立革委會。寫《我所知道的錢南揚》，600 字。

九時半服藥眠，上午一時醒，四時醒，七時醒。

二月九日星期日（十二月廿三）晴

潮兒自校歸。見食即飽，奈何！寫《我和劉起釪的關係》3,000 字。崔藝新來。劉郁平來算電費。潮兒到王明德處雇車。

服藥兩次，十時許眠，上午二時醒。又眠，四時醒、六時醒，遂起。

二月十日星期一（十二月廿四）晴

七時三刻，乘車到所，學習。看林副主席 1966，10，25 在中央工作會議上的講話、陳伯達 1966，10，16 在中央工作會議上的講話。一頓午飯分四次吃，尚未盡。

午後略打磕睡。五時半歸。爲青島來訪者改靜秋所鈔的《中國邊疆學會始末》。

服藥二次，十時後眠，上午二時、四時、六時醒。

二月十一日星期二（十二月廿五）陰

潮兒返校。到所，將《中國邊疆學會始末》再看一遍，送接待室翟君。將《我和劉起釪的關係》修改一過。看新印《毛主席語錄》二册（1，關于階級鬥爭和對敵鬥爭的方針、政策；2，關于知識分子問題）。

午後略打盹。

九時服藥，十時又服，眠，上午二時、四時、六時半醒。

二月十二日星期三（十二月廿六）陰

到所，學習。爲青島來人寫《我和朱家驊的關係》約 4,000 字。

寫《中國邊疆學會始末》（補）700 字，述及陶峙岳、李鴻音、沈遵晦、周昆田等人。

夜，服藥二次，十一時眠，四時醒，七時醒。

二月十三日星期四（十二月廿七）陰寒

到所學習。將《我和劉起釪的關係》靜秋寫本再看一遍，改錯字，蓋章。連同《我和朱家驊的關係》等送接待室。地圖出版社二人來，詢大中國圖書局及金振宇、擎宇事。

開始寫自身交代。一頓午飯分兩次吃（11：30，3：30）。

八時半服藥眠，十二時、三時、六時醒。潮兒十一時歸。

　得湲兒信，知鼻炎未愈。

二月十四日星期五（十二月廿八　七九第一天）陰寒

到所學習毛主席論知識分子。解放軍二人來，聽各人自我批判，至午飯。

續作自我檢討。木蘭來，留飯。

八時半服藥眠，十二時、二時、四時醒，五時半起。

二月十五日星期六（十二月廿九）陰寒

到所學習。寫解放前後經濟情況 2,800 字。

看艾思奇著《對于胡適實用主義的批判》。以騰房屋，停止工作。自明日起接連放假五天（連兩星期日，自二十一日連工作 9 天）。

潮兒歸。十時服藥眠，二時、四時、六時醒。

二月十六日星期日（十二月三十）晴

晨，啓鏗一家來，與國光玩。

眠一小時許。將我的事實重作一年表。

八時，全家七人合向毛主席作匯報。聞熊迪之死耗（墜床而卒）。九時服藥眠，十二時、四時、六時醒。八時起。

二月十七日星期一（己酉春節　予77虛歲始）陰

早飯後全家向毛主席請示。看艾思奇評胡適書。

夜匯報。服藥兩次，十時眠。十二時、二時、四時各起小便一次，四時後遂不眠待旦，又小便二次，何其頻也？

口渴甚，然尿糖不多。

二月十八日星期二（正月初二）陰轉晴

同作請示。上午，啓鏗歸。

下午，木蘭、國光、縷歸。潮兒送之至中關村。看艾思奇《胡適實用主義批判》訖。生敏來。

九時半服藥眠，十二時、二時、四時、六時醒。

家中無小孩，固嫌清靜，但有了兩個小孩，又多出許多麻煩了。已經三天了，尚未做學習班中應做的工作。

大便二次。

二月十九日星期三（正月初三　雨水節）陰，晚雪

寫家庭經濟情況表。

草思想匯報。

靜、潮爲予洗浴。九時半服藥眠，十二時、三時、六時醒（以三小時爲一單位）。

二月二十日星期四（正月初四）雪，下午停

打格子。重草匯報。到"人民"理髮。靜伴行，爲地滑故。

將匯報鈔清，1,500字。看報。

爲縫衣故，九時許服藥上床，但因未滅燈，稍眠即醒。再服藥眠，十二時醒。眠至六時半起。

二月廿一日星期五（正月初五）晴轉暖

到所，學習一時半。外調者來，詢伍蠹甫的事，我才知道他是復旦國民黨區分部的書記。當即書二紙與之。又一外調者來，詢問史念海編輯《西北研究》的時期與職務，亦書二紙，證是 1938 ~ 41 三年中的事。又續寫史念海參加禹貢學會、《文史雜志》、《文訊月刊》的情況三紙。

夜九時半服藥眠，十二時、四時醒。五時半起。

二月廿二日星期六（正月初六）昨夜起大雪，今日又終日雪

到所，學習昨《人民日報》社論《奪取工業戰綫的新勝利》，盡半日。

開始寫交代，得四頁。午飯仍分兩次吃。雪後路滑，走路十分小心。

九時半服藥眠，十二時半、四時半醒。六時起。

二月廿三日星期日（正月初七　八九第一天）雪，寒甚，零下十三度

到所，學習。青島調查中國邊疆學會的兩人又來，我始知朱家驊、陳立夫、孔祥熙等都是會中的名譽理事長，這是黃奮生玩的把戲，現在都要我負責。修改昨所書的交代兩節。爲青島方面寫資料四紙。潮兒返校。

夜，與靜秋吵。失眠，服藥二次，十一時半眠，二時醒，六時醒。

今日大便兩次。

二月廿四日星期一（正月初八）晴，寒甚

到所學習。爲青島來人寫《中國邊疆學會的經過》四頁，約2,400字。

打盹半小時。與德基談。看艾思奇書。

八時半服藥眠，十二時、二時、五時、六時醒。

潮兒爲堪兒到昌平買棉鞋，未歸宿。

二月廿五日星期二（正月初九）晴，寒甚，漸轉暖

到所，學習。工人、解放軍五人來，讀清華清理階級隊伍報告，學習，予發言。

打盹半小時。工人、解放軍四人來，繼續學習清華報告。潮兒到通縣，爲堪兒買鞋不得，爲我買蛋。歸，夜飯後返校。

靜看予邊會交代，怒，與予吵。十時半服藥眠，十二時半、四時半、六時醒。

二月廿六日星期三（正月初十）昨夜仍雪，今晨未止，終日小雪

到所，學習。工、軍人來，本班每人暢談昨清華報告體會。予以未參加昨夜再讀，未發言。草發言稿。

夜，重鈔《關于邊疆學會問題》一節，至十一時許始服藥眠，四時醒，六時醒。

寧國重來，取帶給湲、堪物。

大便二次。

二月廿七日星期四（正月十一）晴

到所，學習。工、軍人來，予發言。補鈔《陳立夫與我關係》一節，交接待室。北大兩女生來，詢欒植新、容媛事，即告之，由彼寫，予簽名。十二時下樓。

續開會，自一時至二時，討論給生活、爭取出路兩問題。蘭州二人來，詢邊疆學會新疆分會及偽中央政治學校在重慶何處的問題，予茫然不能答。

草兩問題的解答，至十二時眠，四時醒，六時醒。

二月廿八日星期五（正月十二）晴

到所，學習。修改昨晚所草文。工、軍來，聽我們對于兩問題的感想，一整天。

三時後，批判我與熊德基兩人的錯誤，至五時半。

整理被批判的資料，并鈔寫，至上午一時廿分始就眠，四時四十分醒。五時許起。

一九六九年三月

三月一日星期六（正月十三）晴，暖

續鈔二頁，携至所，再鈔二頁，共 3,600 字，交領導。班中開會，討論自遷編目室後的學習情況。一整天。

寫《禹貢學會的情況》兩份，約 3,000 字。定下星期散班，和群衆見面。歸，疲甚。

九時服藥眠，起溺兩次，八時起。

三月二日星期日（正月十四）夜雪

潮兒歸。看清華報告，摘鈔入册。

眠一小時。起作思想匯報，起兩次稿，即謄正。

九時許服藥眠，上午一時醒，五時醒，六時醒，即起。

雪深約五寸。

三月三日星期一（正月十五）晨，仍雪。午晴，雪化，走路難

冒雪到所。看《新民主主義論》。

與剛主、毓銓遷至本樓201號，與原組同人分開。蘇修邊防軍昨日上午九時侵入我黑龍江省珍寶島，開槍開炮，打死打傷我邊防戰士多名，我外交部向蘇使館提出嚴重抗議，學部工宣隊在席棚開會抗議，謝濟囑我往聽。蘇修此舉，當是以反華向尼克松討好，然以損人始，必以害己終也。

九時半服藥，一夜溺四次，六時醒。

予所插為三連一排一班。

三月四日星期二（正月十六）晴

與第一排同學習。某君來，指示學習，除《語錄》外，又讀《丟掉幻想，準備鬥爭》及《別了，司徒雷登》。

眠一小時。又讀《毛選》三篇。開會，討論蘇修侵珍寶島事，至五時，林永匡主席。

歸，疲甚。服藥兩次，九時眠，上午三時五十分醒。四時起。中夜竟未起溺。

三月五日星期三（正月十七　九九第一天）陰

草《我的罪行》畢。到所，學習。鈔晨作文，約2,000字。

眠一小時。續看《新民主主義論》。開會，以討論大批判潘、劉、侯、尹事，我等四人退席。讀《語錄》。六時歸。

服藥二次，九時半眠，溺二次，六時醒。

三月六日星期四（正月十八　驚蟄節）晴

到所，學習。讀《將革命進行到底》。重鈔昨作。

眠一小時。訪問者來，問張孜事。四時，開會學習。因討論我

等，退至德基室。楊升南來談爭取出路事。

九時服藥眠。翌晨六時醒。

足腫，當以太累故。

得湲兒信，靜以其有消極意味，甚不快。

三月七日星期五（正月十九）晴

到所，學習。到席棚外開會，鬥爭走資派劉導生。

眠近兩小時。開會，討論批判尹達事。

潮兒以游行歸，夜餐後返校。九時半服藥眠，翌晨六時醒。

三月八日星期六（正月二十）陰，有小雪

到所，學習，開會討論侯外廬事。

略一朦朧。一時半排隊至小禮堂，聽歷史所、文學所、民族所、世界歷史所大批判劉導生。

失眠，服藥三次，十二時半方成眠，當是今日參加批判，神經振奮之故。翌晨，七時醒。

三月九日星期日（正月廿一）晴

理書物。到“革命”理髮。曲沃二人來，訪問姜又安之同事的事。

眠二小時。讀《論政策》。

九時服藥眠，十二時、五時、六時醒。

三月十日星期一（正月廿二）陰，大雪

到所，學習。謝濟來，談活思想，命寫批判尹達大字報。

打旽一小時許。將評尹達文鈔完，約 1,200 字，與謝濟看。取紙，摺之。

歸，即寫大字報，至十一時許服藥眠。翌晨五時醒。

三月十一日星期二（正月廿三）雪，下午晴

寫大字報訖，匆匆上車，到所已遲一刻鐘。將大字報復看一過。重鈔大字報兩份。有人來訪問高玉舜。將大字報稿交李學勤。開會討論蘇修挑釁事。

九時半服藥眠，十二時、四時、六時醒。夜溺恒忍不住，不但淋漓滿地，而且褲床俱濕，想見膀胱有病。

三月十二日星期三（正月廿四）晴

到所學習，開會討論兩條路綫。

飯後，同人到蘇修使館繼續示威（蘇修打破我駐蘇使館窗戶）。予遍覽二號樓上下大字報。到隔壁唐同志處開會，同往者德基、剛主、毓銓，予大字報爲所不滿，牽涉到 62 年日記，予未能詳辯。到一樓附近看關於何其芳之大字報。

九時半服藥眠，十一時半、三時半、五時半醒。

三月十三日星期四（正月廿五　九九畢）晴

到所，到小禮堂參加批判尹達走修正主義路綫大會，每人發言都牽涉予，尤以 62 年日記激衆怒，命予站出低頭，予欲辯，未許，天乎冤哉！

飯後，所中同人又到蘇使館示威，予打盹半小時許。將前寫《罪行》整理。

潮兒以參加游行歸，晚飯後去。她在校中已找得對象，但靜秋意不謂然，言之流涕。九時半服藥眠，十二時、四時、六時醒。

三月十四日星期五（正月廿六）陰

八時，到工農兵醫院，就高大夫抽血，又驗尿。就一女大夫診，血壓不高。歸，進早餐。整理《罪行》。

到所，參加小會。有兩人來，調查卜蕙蓀事，即書二紙與之。又有二人來，調查孫永慶在齊大研究所事，予對此人毫無印象，即書當時國學研究所情況與之。又一女子來詢朱光潛及中訓團事。

九時半服藥眠，十一時半、四時半、六時醒。

三月十五日星期六（正月廿七）雪，午後晴

到所，學習昨毛主席最新指示。開會，討論總結經驗及本所兩條路綫事，面詢尹達。

眠一小時許。續開會到六時。

潮兒歸，述與牛俊奇締姻事，靜秋不願，屢哭。夜，服藥四次，十二時半眠，翌晨七時醒。

三月十六日星期日（正月廿八）晴

寫關于朱光潛事三份訖。

眠一小時許。聽廣播，知昨日蘇修又炮攻珍寶島，我有死亡。草思想匯報，未訖。

靜秋爲洗浴。服藥二次，十時半眠，翌晨四時、六時醒。

三月十七日星期一（正月廿九）晴

潮兒返校。上、下午均開會，批判尹達。重鈔朱光潛材料交接待室。工宣隊來，推定勤務組楊升南、謝濟等五人。

服藥二次，十時後眠，上午四時、六時醒。

三月十八日星期二（二月初一）陰雨

開會，討論尹達的科研路綫與培幹路綫，田昌五論予不合事

實，予起答辯，楊升南不令終語。

眠一小時。二人來訪張瑋瑛。看林副主席在中央工作會議上的講話。歸後，與靜秋談，她垂涕而道，使我覺得辯論之非。

十時服藥眠，上午五時醒，六時一刻起。

三月十九日星期三（二月初二）濛濛雨

到所學習。寫《禹貢學會與張瑋瑛》四紙。

到大禮堂，出席歡送工人階級（十八人）大會，三時畢。看陳伯達《批判接受》文。四時，開小組會，討論批尹達事，工人同志來發言。歸，木蘭來，宿。

服藥二次，十二時眠，翌晨六時醒。

三月二十日星期四（二月初三）陰，下午七級風

到所學習。續批尹達。

眠一小時。看大字報。有人令予寫大字報，寫一張，即鈔正交學勤。歸，國光來伴靜秋。

九時服藥眠，十二時醒。又服藥眠，六時醒。

三月廿一日星期五（二月初四）晴，風

到所，參加三連一排徹底批判尹達推行反革命修正主義路綫罪行會。自八時至十一時半。

眠一小時半。開會，論上午會，并評予大字報爲毒草，予伏罪。木蘭來視國光，住。

十時服藥眠，上午四時醒，六時醒。

三月廿二日星期六（二月初五）晴

到所，學習。解放軍來開會，囑每人無所顧忌地批尹達，點予

名。謝濟到熊德基室，爲予四人開會。

看大字報兩小時。開會。歸，木蘭來，飯後去。潮兒歸。

十時服藥眠，上午四時醒，六時醒。

三月廿三日星期日（二月初六）晴，暖

步至東單，到“革命”理髮。牛君來。木蘭來。

木蘭携國光回。牛君飯後歸。予草大字報評尹達，三易稿未成。

十時服藥眠，上午四時醒。又眠，六時醒。

三月廿四日星期一（二月初七）晴，暖

潮兒返校。到所，排隊到大門口，歡迎新工宣隊，到席棚開歡迎會。上樓開小組。

看大字報。重改昨作。新來工人到本班開會。某人來調查劉起釪事。

潮偕牛同來，借照相機。潮在家宿。重草昨作。十一時服藥，二次，迄不成眠。上午二時再服藥，乃眠。六時醒。

靜秋仍時哭。

三月廿五日星期二（二月初八）晴

到所學習《新民主主義論》。學部工宣隊鄭君來，長談二小時許。

得眠一小時許。外訪人來，調查劉起釪。

寫大字報，至十一時乃眠。服藥量多，四時、六時醒。

三月廿六日星期三（二月初九）晴，下午風

到大禮堂，聽批判尹達。外訪一人來，調查朱家驊。

又一人來，調查劉起釪。鈔批判尹達大字報訖，不愜意，擬

重寫。

八時半服藥眠，上午一時半醒。又眠，六時醒。

日來腿腫，疲甚矣。

三月廿七日星期四（二月初十）陰

到所，重鈔大字報，增入若干，凡四大張。外訪人來，調查吳樹德、馮漢鏞等。

静大不以我寫大字報爲然，又須重寫。十時服藥眠，上午一時半醒，六時醒。

三月廿八日星期五（二月十一）晨大雪，旋止

到所學習，讀延安文藝座談會主席發言。有人來詢姚薇元事，知他在貴州大學。

整個下午，本班批尹達。

歸，重寫大字報，鈔上大紙，直至上午一時方服重藥就眠。三時一刻醒，六時醒。

三月廿九日星期六（二月十二）大風

到所學習，繳大學報。將大字報底稿再鈔一份，送李學勤。讀延安文藝座談會文畢。

倚座眠一小時。看大字報，記誣言三則。潮兒歸。

以受誣故，不成眠，服藥三次。十二時眠，晨七時醒。

三月三十日星期日（二月十三）

牛俊奇來，晚歸。草思想匯報，以不合格作廢。

服安眠藥兩次，十時後成眠，十二時即醒。又服藥，早六時醒。

三月卅一日星期一（二月十四）陰

到所學習，讀《將革命進行到底》。聽談潘、吳反黨事。

看大字報二小時。續開會論潘、吳事。

八時半服藥眠。十時、十二時、三時、六時醒。

今日下午五時中共開九大。

對以前的錯誤一定要揭發，不講情面，要以科學的態度分析批判過去的壞東西，以便使後來的工作慎重些，做得好些，這就是懲前毖後的意思。

我是于 1954 年秋天到歷史第一所工作的，其時本所研究人員只有尹達、張德鈞和我三個人。照規矩，每星期六下午開政治學習會一次。可是尹達雖居副所長（實際的所長）之位，却從不曾到會領導過學習，甚至 1955 年肅反運動中，也不曾來領導過一次，這真是"做官當老爺"的官僚作風！他曾對我說："我是一個懶人！"一個共產黨的高級幹部，負有一個學術機關的全部責任，竟把"懶"字自鳴得意，這是什麼心理？這豈非從根本上違反毛主席的"反對自由主義"？

我自己是一個國民黨的殘渣餘孽，解放後又不曾把自己的反動的世界觀改造好，一出口就放毒，尹達不要我和本所青年同志接近，我自知咎有應得，決不怨尹達。但尹達從不曾在正面給我以社會主義的教育，引導我接受毛澤東思想，鼓勵我爲人民服務，却專用冷嘲熱諷的口吻來挖苦我，如說："你解放後住在上海，是在等候蔣介石反攻大陸。現在看着蔣介石反攻不成了，你才肯來北京。"按我自從抗戰勝利後即在上海工作，并非始于解放；歷史所要我來，我即離滬到京，事實具在，和蔣介石有何關係？而且我如對蔣匪有所留戀，早可跟他同到臺灣；即使上海的工作一時放不下手，而在 1951 年以前，上海臺灣間的航路照常通行，何以在這兩年之內，我始終不去臺灣，却在上海等着蔣匪打進來呢？尹達一向自命爲深通辯證唯物論的，難道對于這般初級的形式邏輯反而弄不清楚了嗎？

1956 年，我參加中國民主促進會後，常和該會秘書長徐伯昕談心。我的心頭對于尹達既有一些疙瘩，就向他傾吐出來。徐伯昕啓發我，教我每星期到尹達處談一次話，爭取尹達逐漸了解我，對我有所幫助。我聽他的話，往見尹達，希望從此靠攏他。哪知他竟決絕地對我説："我没有這功夫！"一句話把我擋了回來。這和毛主席所一再教導的對舊知識分子的團結、改造、使用的政策不是距離的太遠了嗎？

1957—58 年的反右整風運動，觸動了我的靈魂，因爲許多右派分子是我的熟朋友，有相同的思想意識。我在民進裏學習之後，深有體會，知道自己是漏網之魚，應當努力改造。當時請求尹達，許我到社會主義學院脱產學習一年，俾得改過自新；承他面允。我即把這事報告全國政協和民進，由兩機關向社會主義學院介紹，辦妥了手續。哪知我正打好鋪蓋、準備上車的時候，突然接到民進的電話，説尹達不許可，這事吹了。我的一肚子熱忱受到這冰冷的打擊，萬分失望。當即到尹達處面詢變卦的原因，他説："關于你的事情，我都請示上級。上級説：'顧頡剛年紀大了，不必學習了。而且他整理《尚書》，業務也很要緊，這事作罷了吧！'"我既不能專心學習，尹達又把我的業務轉給中華書局領導，而該局實際上是由舊中宣部閻王周揚領導的，他要把這書作爲整理古典的一個樣板，一意把它推向"大、洋、古"方面去，以致我送稿一次就被該局退回修改一次，達到了煩瑣哲學的頂峰。到今尚未定稿，却已成爲廢料了！至于尹達所謂"上級"，我不知道是潘梓年、劉導生、還是陸定一、周揚，反正都是修正主義走資派。尹達既知道我思想陳舊，不合于社會主義的要求，而偏不讓我學習改造，走毛主席的革命路綫，反而順從"上級"的反動指示，挫傷我的積極性，把我的業務挂在叛徒、內奸、工賊劉少奇的大黑綫之下，既耗廢了國家的工資，又虛擲了我的工作時間，他的居心就不言而喻了。

關于我要求修改住房的事，這是我只顧自己方便，違背社會主義利益的資産階級行爲。1963 年，曾經學部派人看過，認爲不好修。1964 年，建國門外宿舍建成後，學部要我搬進去，雖然裝不下我的書物，我欣然應諾。我要求容許我處理一部分書，後來學部回答我説："尹所長已爲你決定修改原住房子了。"翟福辰也來説："這是尹所長的好意，他特地向學部請准的。"這件事雖是得到雙重領導的批准，但浪費了國家萬元以上的資財，擴大了與工農兵的三大差别，我自己確是犯了大錯，可是我不知道尹達對這件事的政治目的何在？他一定懂得毛主席的"節約鬧革命"的偉大真理的，爲什麽竟肯爲我這樣地賣力呢？

我一生罪行纍纍，但自入本所後尹達對我不加教育，不予改造，一任自然地讓我作爲社會主義道路上的一塊絆脚石，這是一件真實的事情。經過這次無産階級文化大革命，通過革命群衆的教育，對毛澤東思想有了初步的認識，我是一個被管制的人，本來没有寫大字報的權利，但當本所對尹達大批判之際，我也遏不住對尹達的反感，我覺得有揭發他罪行的責任，所以我寫出這些話。如果我説的有錯誤，我甘願接受革命群衆的批判，幫我更多地認識罪過。

一九六九年四月

四月一日（缺）

四月二日星期三（二月十六）陰寒，風七級

到所學習。讀《將革命進行到底》，陳伯達《厚古薄今》、《批判繼承……》。寫思想匯報。

看大字報一小時半。開班會，續論潘、吳罪行。靜到街道學習。

八時半服藥眠，九時半、十一時、一時、三時、六時醒。

全國慶祝。

四月三日星期四（二月十七）陰寒，風七級

到所學習。楊升南囑寫《燕大抗日會及容庚所出〈火把〉及組織"十人團"事》，三頁。拉稀二次。

郝、邢二同志來談。續開會批判潘、吳罪行。

八時半服藥眠，十時醒。又服藥眠，上午四時醒，六時醒。

四月四日星期五（二月十八）晴，風

到所學習。開會討論批判潘、吳事，予瞌睡，爲解放軍所呵。領薪。

看大字報一小時。草批潘梓年大字報，未鈔畢。開會，討論輸血事。

服藥二次。十一時後眠，翌晨六時半醒。

四月五日星期六（二月十九）陰，風

到小禮堂，開"憤怒聲討潘吳反革命集團的滔天罪行會"，終日。

看大字報一小時，略一朦朧。

潮兒歸。靜爲我洗浴。服藥二次，十二時眠。翌晨六時半醒。

四月六日星期日（二月二十）晴

鈔改思想匯報3,000字。到燈市口理髮，購文具。走這一點路已覺疲倦，予真衰矣。

眠一小時。重草思想匯報。

　　静爲洗浴。服藥二次，十一時眠，翌晨六時醒。

　　張治中死，年 79。

　　張治中遺書（1969，4，10《人民日報》）（下略）

四月七日星期一（二月廿一）大風，七級

　　潮兒返校。到所，至大飯廳，開會，聽郭隊長發動“清理階級隊伍”報告。回室，討論。

　　眠一小時。草大字報，未愜意。夜中改之。

　　失眠，服藥二次，十二時後眠，上午六時醒。

四月八日星期二（二月廿二）晴，風漸小

　　到所學習。鈔大字報訖。討論清理階級隊伍終日。外調來，訪問陳宣錚事，未寫畢。決心書未貼出。到德基室開會，孟祥才主，四人述過去事。

　　夜服藥兩次。十二時眠，翌晨六時醒。

四月九日星期三（二月廿三）晴

　　到所學習，開會討論克服派性，一天。

　　看大字報半小時。將陳宣錚交代事寫畢送外調室。決心書貼出。

　　服藥二次，十時眠，翌晨六時醒。

　　　氣管炎作，聲啞，疲甚。

四月十日星期四（二月廿四）晴

　　到所，遇伯祥、厚宣。學習。二人來，詢鄭天挺事，書一紙與之。聽李學勤自訴。林排長來，申斥我曹。寫請假條，交謝濟，乞假半天。整理罪行資料，鈔十片。

夜服藥三次，十時半眠，翌晨六時醒。

李始花。

四月十一日星期五（二月廿五）晴，暖

到所學習《將革命進行到底》。八時半，到樓下，參加鬥潘梓年大會，至十二時。今日會上述潘雙周座談會爲“神仙會”，稱予爲“國民黨政客”。

眠一小時。開學習會。潮兒歸，飯後去。

九時眠，翌晨六時醒。

四月十二日星期六（二月廿六日）晴，熱25℃

到所，參加潘梓年批鬥大會，控訴其反黨、反國、反軍之罪。十二時散。

二時，到三號樓訪指揮部鄭同志，商寫一生罪行事。開會。四時，指揮部二人來，指定203室爲予寫作地。六時，作匯報。六時半歸。潮兒與牛俊奇來。

九時服藥眠，半夜溺濕褲。翌晨六時半醒。

得洪兒信，湲兒信。

四月十三日星期日（二月廿七）陰

俊奇來，終日拆爐子。鈔思想匯報（鬥潘梓年……）兩次，約6,000字。

眠二小時。

九時服藥眠，上午四時醒，又尿褲。再眠，六時醒。

終日咳。無精神。

四月十四日星期一（二月廿八）陰

潮兒返校。到所學習。九時起，到 203 室寫作，鈔決心書。寫平生事迹。

眠二小時。二人來，詢李爲衡事。續寫平生事迹。

服藥三次，十二時眠，翌晨六時醒。静爲改文，至十二時半眠。

四月十五日星期二（二月廿九）

續鈔匯報，仍未定稿。

四月十六日星期三（二月三十）晴

到所學習。鈔匯報竟日，3,200 字，即送三樓，遇邢同志，找金同志不得。

夜，八時半服藥眠，翌晨四時醒，六時醒。

四月十七日星期四（三月初一）陰

草《我與朱家驊的關係》。以同人寫大字報退出。看大字報。到金同志處。

下午開會，準備批判熊德基。苑同志來，到他房内，談對于批判的態度。

四月十八日星期五（三月初二）晴

到所，學習。唐文基招我及剛主、毓銓開會，商討工作。

看大字報。遇尹達、楊超。鈔《我的家世》畢。作《我加入社會黨》。

腿腫，足心麻。八時即眠，翌晨不能走。只得就醫，并休息一天。

四月十九日星期六（三月初三）晴

静伴至工農兵醫院，九時往，待至十二時始診。遇尹達。

眠二小時。草邊疆學會甘肅分會的回憶。潮兒歸。

八時服藥眠，每二小時醒一次，小便一次。七時起。小牛已來，爲我家勞動竟日。寫謝濟請假信。

四月二十日星期日（三月初四　穀雨節）小雨

到八面槽理髮。鈔《我加入社會黨》，畢。鈔匯報李址麟事，訖。史先聲來。

眠兩小時。

十時服藥眠，翌晨四時醒，六時醒。

四月廿一日星期一（三月初五）晴

到所學習。到熊德基室，由某君領導，五人學習。

看大字報一小時許。修改《我依附了胡適》。二人來訪，問姜亮夫事，即書二紙與之。二女來訪，問馮家昇及禹貢學會事，二小時。歸，與靜談。

服藥二次，十時眠，翌晨四時醒，五時醒。

四月廿二日星期二（三月初六）雨

到所學習。唐文基領導，討論半天。

到傳達室寫《我依附了胡適》1,600 字。

九時半服藥眠。翌晨五時醒，即起預備學習發言。

四月廿三日星期三（三月初七）晴

出，遇伯祥。到所學習，又討論半天。有二人來，詢方白事。將《邊疆學會甘肅分會》靜所鈔文改正送外調室。

寫《我對于魯迅先生犯下的罪行》。

失眠，服藥三次，上午一時半眠，六時醒。

四月廿四日星期四（三月初八）晴

到所，在大組中學習。聽南口機車廠報告。寫魏應麒資料。

眠近一小時。到收發室，寫《我和大反動分子胡適的關係》，1,500字。李學勤、唐宇元來，訓我。將所寫稿送接待室。

八時半眠，十二時半醒。聽廣播，九大勝利閉幕。三時又眠，七時醒。

四月廿五日星期五（三月初九）晴

到所，寫《我和馮家昇的關係》1,500字，即鈔清。

眠一小時。草《我和朱家驊的初期關係》及《我在燕大八年》。老王病血壓高，老周代之。

八時半服藥眠，上午一時醒，四時醒，五時醒。

四月廿六日星期六（三月初十）晴，暖

到所學習，讀九大公報。有二人來，詢問閻逸民事，兼及李一非、黃警頑等。有一人來，詢李得賢事，并問孫桂恩，則我不知。

眠近一小時。草《在燕大八年》訖。五時，謝濟囑出，在門口待車，至六時始歸。遇汪奠基。

潮、牛來，靜哭，二人亦哭，刺戟予不能睡，服藥三次，至上午一時始眠。八時醒，牛已來。

四月廿七日星期日（三月十一）晴

木蘭來。整理舊寫資料。九時，與靜同到紅星，看《新沙皇侵略珍寶島》電影。

眠二小時。

十時服藥眠，十二時醒，朦朧至二時，吃點，約四時復眠，六時醒。潮兒以慶祝九大勝利閉幕，上午三時歸家。

四月廿八日星期一（三月十二）晴，熱

到所，學習九大公報，林副主席報告。有二人來問商務書館程某事，予茫然不知。

到院中散步。仍學習林副主席報告。

八時眠，竟未服藥，翌晨五時醒。

四月廿九日星期二（三月十三）晴，熱

到所學習。到席棚慶祝九大勝利閉幕。還室，又學習。

未成眠。看《魯迅論文學革命》。歸，靜出學習。

予八時服藥眠。九時靜歸，予醒，遂不能熟睡，朦朧到曉。

四月三十日星期三（三月十四）晴，熱

到所學習。大掃除，予參加輕者，然亦疲甚，足底痛。

十二時半，到席棚，參加慶祝五一國際勞動節大會，看學部所轄各所表演慶祝九大節目，五時半散會，即歸。潮偕牛來。

予與靜同到紅星，看九大開幕電影，見毛主席雄姿，又聞其教誨。八時三刻往，九時半歸。十時半服藥眠，上午三時醒。又眠，七時醒。

　　甘肅外調所詢邊會甘分會事

1. 甘肅分會發起、籌備的經過怎樣？
2. 甘肅分會的組織綱領是什麼？組織機構怎樣？
3. 甘肅分會的活動經費來源是什麼？有什麼活動，政治傾向？
4. 甘肅分會是怎樣與甘肅西北的反動政府聯繫的？

5. 怎樣發展組織的？發展會員的標準是什麼？經過什麼手續？

6. 蘭大、師院有哪些人參加？

7. 《西北邊疆》徵稿範圍是什麼？稿費怎樣支付的？稿件政治內容是什麼？

　　我的罪惡史（綱要）

1. 我的家世

2. 加入社會黨

3. 我接近了胡適（反對李大釗、魯迅）

4. 我得罪了魯迅先生

5. 我和朱家驊的關係

6. 我在燕大八年（通俗讀物社，禹貢學會，西北考察團）

7. 我在甘肅、青海

8. 我在昆明、成都

9. 我在重慶

10. 我在上海、蘇州

11. 我到歷史研究所

12. 我在政協和民進

13. 我訓練資產階級的青年

14. 一生的總結

　　我的罪惡史

1. 我的家世　　　　　　　　　　2 頁　　4. 21 交

2. 我加入了江亢虎的社會黨　　　4 頁　　4. 21 交

3. 我和大反動分子胡適的關係　　3 頁　　4. 24 交

4. 我在北大六年中　　　　　　　4 頁　　5. 6 交

5. 我對于魯迅先生的罪行　　　　6 頁　　5. 6 交

一九六九年五月

五月一日星期四（三月十五）晴

終日讀林副主席在九大之政治報告。潮兒同學瞿君來，同飯。

靜為予浴。夜，望焰火。瞿君去，牛留宿。失眠，服藥四次，上午一時後眠，六時醒。

五月二日星期五（三月十六）陰，小雨

到所學習林副主席報告兩節。

打盹一小時。乘老曹車回。略寫讀報告意見。

九時服藥眠，翌晨五時醒。

五月三日星期六（三月十七）晴

到所學習。改七時半始，予遲到半小時。繼續學習報告第二段，予發言，為田昌五、步近智諸君所駁，以予但言他人腐蝕我，不言自己有反動本質也。此後當以此為誡。

寫《我在北大六年中》一千六百字。重寫昨所書發言稿。六時半歸。

服藥兩次，十時由靜拍眠，翌晨七時醒。

五月四日星期日（三月十八）晴

到巷口"人民"理髮。鈔《我對魯迅先生犯下的罪行》畢，

2,400 字。草思想匯報。

　　夜，聽廣播。十一時，由靜拍睡，翌晨五時半醒。

五月五日星期一（三月十九）晴，大風

　　老王血壓高病愈，仍由他拉，七時二十分到所。七時半起，學習毛主席《五四運動》及《人民日報・五四運動五十年》。重討論林副主席九大政治報告第一段，未畢。十一時半散。晤厚宣，血壓仍高 220°。

　　鈔昨作思想匯報，送接待室。重作《我在北大六年中》。領工資，晤王振亭會計。

　　與靜商改所作，十二時服藥眠，靜拍。二時半醒。食餅乾。又眠，四時半醒。又眠，六時醒。

五月六日星期二（三月二十　立夏節）晴

　　到所開會，聽尹達自白。

　　下午續述。尹達退後，入其室，坐待會散。文學所兩女同志來詢俞平伯事迹。

　　服藥二次，十一時眠，四時醒。又眠，六時醒。

五月七日星期三（三月廿一）晴

　　到所開會，聽評尹達昨發言。

　　重寫《我開始勾結大反動頭子朱家驊》。到院醫室，請尚女大夫診，知血壓爲 170/110，實高了，取藥歸。重寫《我在燕大八年》未完。

　　九時半服藥眠，十一時三刻醒。失眠，食餅乾無效，竟張目到曉。

五月八日星期四（三月廿二　我七十六歲足）晴熱

由静代寫信請假，由老王送去。予乘老王車到工農兵醫院，由女醫師解大夫診，血壓爲 160/90，何與昨日如此不同也？静來，即同歸。

眠一小時半。續寫《我在燕大》，未畢。工宣隊解放軍二人來，詢問去年被抄事，記錄數目。

服多量藥眠，翌晨五時三刻醒。

五月九日星期五（三月廿三　我七十七虛歲生辰）晴熱

到所學習，與謝濟商中午睡床事。學習，聽工人李同志講。到接待室，告工宣隊 66 年獻出古物四事。二人來，詢通俗讀物社蘭州分社事，由彼寫出，我簽字。

倚椅眠一小時。鈔《我開始勾結反動頭子朱家驊》千餘字，未畢。看新貼大字報。林永匡及解放軍同志致訓。

看報。服藥二次，十一時半眠。翌晨六時廿分醒。

五月十日星期六（三月廿四）上午小雨，略涼

携小鋪蓋到所。所中以書架爲床，予與剛主、毓銓連床，午眠一小時半。

看陸戰武《憶苦思甜》。看《紅旗》第五期。看《毛選》三卷。五時半歸。

九時半眠，十二時醒。又眠，六時半醒。

五月十一日星期日（三月廿五）小雨

晨，潮兒歸。讀陸戰武報告，摘要，寫思想匯報。

眠一小時半。牛俊奇來，飯後去。鈔《勾結朱家驊》一章訖。

十一時服藥眠，上午五時醒。又眠，六時醒。

五月十二日星期一 （三月廿六） 晴

潮兒返校。到所，學習陸戰武報告，予與剛主受林永匡點名。有人來，爲寫陳宣錚事實。解放軍祝同志與予談學習事。

眠一小時。到尹達室，寫《我視察西北和發起中國邊疆學會》，初稿畢。静秋發燒。看洪兒信。

九時半眠，十二時醒。又眠，六時醒。

五月十三日星期二 （三月廿七） 陰

予亦傷風咳嗽。到所學習，聽各革命同志談在運動中兩派相鬥事。李、林來致訓。

未成眠。到熊德基室開小會，適駐所解放軍及彭邦炯招我到接待室，質問我一生罪惡行爲，極嚴厲。杭州大學人來，調查沈文倬事。静熱退。

十時服藥眠，上午二時醒。又眠，五時三刻醒。

五月十四日星期三 （三月廿八） 小晴

到所學習。天天讀後，謝濟令到收發室内寫材料，鈔《在燕大八年》，下午鈔畢。

仍未成眠。補邊會甘肅分會一則。寫《我進了魔窟——重慶》，未畢。

潮兒歸。失眠，服藥二次，十二時後眠，翌晨五時半醒。

五月十五日星期四 （三月廿九） 晴熱

潮兒返校。到所學習。參加批判東光大會。到保健室取藥，遇楊品泉。量血壓爲150/85，不高。但兩腿腫，此係氣虚，西醫無術可治。

服安眠藥，得眠一小時許。打鼾，使別人不能安睡。到傳達室，寫調查西北及發起邊疆學會事，未畢。到文淵閣買稿紙。

九時登床，服藥三次，至十二時後方眠，翌晨六時醒。

五月十六日星期五（四月初一）晴，風

到所學習。聽工人李、解放軍劉致訓，從下星期起將加嚴組織，運動入高潮。鈔邊會文畢。寫請假一天信交謝濟。

服藥，得眠近二小時。到傳達室，草《我與蔣匪的關係》。

服藥兩次，十一時後眠，翌晨五時醒。

五月十七日星期六（四月初二）晴

靜五時爲予到工農兵醫院掛號。予六時半到北京醫院掛號，立待甚久。到醫院，遇靜。出，吃燒餅、豆漿。到中醫部，由陸石如大夫診，知脾、腎交虧，宜服黃蓍等藥物，但市上缺，須覓。到神經內科診，得 Seconal 等藥。又到北京醫院內科診，得 Amytal 等藥。到"革命"理髮。歸，疲勞甚，休息。

朦朧一小時。靜爲我洗浴。潮兒偕俊奇來。寫《我與蔣介石的關係》，未畢。

服諸藥，仍不得眠，潮兒爲椎拍，亦無效。服藥多種，十一時後眠，翌晨七時醒。

今日大便三次，但不甚稀。今日在兩醫院查血壓，爲 110/70，何變之驟？何降之多？醫師言，血壓低亦不好。

五月十八日星期日（四月初三）晴，風

鎮日在家，寫予與蔣匪及朱家驊的關係，約五千字，初稿訖。與俊奇談。

夜，服藥三次，十一時半後眠，上午四時醒。又眠，六時醒。

五月十九日星期一（四月初四）晴

潮、俊返校。到所，與熊、謝、王同到尹達室學習九大報告。

得眠一小時。同解放軍白同志談，應還人民文學出版社《孟姜女》稿費 300 元，予囑其向雍同志取。寫《我在舊社會中認識的軍政人員》，未畢。

服藥二次，十一時眠，翌晨六時醒。

五月二十日星期二（四月初五）晴

到所學習，讀《團結是勝利的保證》等文，解放軍劉同志談中國富强，時代大好。

眠一小時。到一號樓看俞平伯之大字報。又在尹達室開會，由孟祥才、唐宇元談尹、熊、謝、王及予交代事。外調二人來，詢張錫君事。

服藥二次，十一時半眠，翌晨六時醒。

五月廿一日星期三（四月初六　小滿節）晴熱

到所學習。到尹達室，續讀九大報告。解放軍白同志招往談，彭邦炯偕，知《孟姜女》稿取人民文學社七百元。

看批判俞平伯之大字報訖，還臥，未成眠。林永匡來談。將《我所認識的反動政權下之軍政界人》寫畢，作修改。寫大中國及張錫君事，二頁。歸，貴陽啞女龍通玉、范筑玲來，自明所介，將至復縣針治，留宿我家，與之筆談。

十時服藥多種眠，翌晨六時醒。

五月廿二日星期四（四月初七）晴

參加一排活學活用毛主席講用會，聽李學勤、林永匡等自我批評及胡一雅、步近智等讀決心書。

就床，未成眠。描寫昨日所寫大中國文，送接待室。寫《解放前後我的種種反動行爲》未畢，看新出大字報。

看湲、堪信。服藥無效，徹夜無眠。

　　兩腿兩足一到下午即腫，履地若走地毯。

五月廿三日星期五（四月初八）陰，小雨

寫請假信。到所，讀九大報告。吉林二人來，調查趙夢若及《文史雜志》事。十一時半歸，路遇伯祥。

倚沙發看報，覺倦，得眠半小時。自寫病況。到工農兵醫院，驗尿無糖。就神經科女醫師劉診，量血壓120/80。靜秋來，與之同歸，從東單步行到家，疲累甚，足痛。

飯後與靜同到紅星，看九大四月十四日開全體大會，通過政治報告及修改黨章，及"抓革命，促生產"的電影。服藥兩次，約十一時成眠，翌晨三時三刻醒。又眠，五時醒。

龍、范二人赴復縣治療。

五月廿四日星期六（四月初九）晴

晨，靜爲予到所中請假一天，并出醫院證明書托謝濟代達工宣隊，請其決定是否可予到所半天事。終日鈔《我越陷越深地走上了反動道路》，未畢。

潮兒偕俊奇來。服多量藥，由靜拍眠，但仍早醒。

"希適當給予照顧，稍增加休息。"

五月廿五日星期日（四月初十）陰，晴

鈔昨文畢。

作《我讀林副主席政治報告的感想》，供小字報用，約2,000字，改正後鈔清。

潮兒明日將赴東郊機器修理廠勞動及整風一個月左右，八時半偕俊奇行。予服多種藥，徹夜失眠。

五月廿六日星期一（四月十一）晨雨，後晴

到所，讀我國政府對蘇修聲明。開會，由李師傅致訓，要在五日內結束寫自己罪行資料，過期不坦白，將用掃帚掃灰塵。大家討論，對階級敵人一致持嚴的態度，如不坦白，從嚴處理。十一時半歸。

飯後靠沙發，得眠近二小時。起，將昨文再加修改，重鈔一頁，説明通俗讀物的反動性。補充《我所認識的反動派》。

服藥，十時半眠，翌晨四時半醒。

在病中，許每日上午到班半天，病愈後復舊。

今日拉三次。

五月廿七日星期二（四月十二）晴

到所，七時半携凳下樓，到席棚前，參加"傳達九大精神大會"。爲等人齊，先由我所與解放軍互唱歌。八時半，人齊，由解放軍二同志傳達九大情況及毛主席在三次大會上所發言。我耳已半聾，距講臺又遠，側耳傾聽，注意力過度集中，頓覺頭腦發脹。又在日光下，作噁欲吐。歸後，手顫至不能執箸。用手巾蘸凉水置前額上，仍不能解緊張。

十時半服藥眠，十二時半即醒。覺脚底如絲上抽，起用熱水溫之。二時上床，迄不能睡，耿耿達旦。

今日拉兩次。

五月廿八日星期三（四月十三）晴

寫謝濟信請假。靜先出到醫院挂號，我坐老王車到院，到小堂

吃點。量血壓，爲 160/80，又稍高。遇謝家、楊向奎。出，静赴王府井買物，予到瑞金理髮館理髮。到燈市口國藥店買眠爾通。

服藥，飯後得眠一小時許。鈔《我所認識的反動派》，未畢。俊奇來告渠明日下鄉。木蘭來，應静邀。

今日我將安眠藥早服，居然生效，十時眠，十二時醒。又眠，四時半醒。

今日拉稀三次，不知何時，此病又發多日了。

五月廿九日星期四（四月十四）晴

到所學習。文化部二人來，訊問與王天木的關係。

以服藥故，得眠一小時許。續鈔《我所認識的反動派》，訖。

王宇信、羅琨來，傳達昨日下午學部的落實政策大會一寬一嚴事，并諄囑多交代。服多量藥，十時半成眠，上午四時半醒。又眠，六時半醒。

今日拉三次，仍稀。

五月三十日星期五（四月十五）晨有小雨，晴

到所學習，重學《別矣，司徒雷登》，并討論批判東光、熊德基等人事。到保健室，取黃連素等藥。

服藥，眠一小時許。起，便成條。略寫《我爲帝國主義者服務》。河南二人來，詢問周桂金事，即由我口述，彼記錄。

服藥兩次，十時半眠，一時半醒。又眠，四時半醒。

保健室醫師看我舌苔，既黃且厚，囑我就中醫治療。然在運動中，哪有這工夫，煮藥亦難事。

五月卅一日星期六（四月十六）晴

到所，將前日所寫送接待室。開大小組會，聽李、林兩排長致

訓辭，再寬限一些日子。

服藥，得眠一小時許。寫《我爲美帝國主義服務》起稿訖。潮兒歸。

十時服藥眠，三時一刻醒。又眠，六時醒。

一九六九年六月

六月一日星期日 （四月十七）上午陰，下午晴

鈔昨作，訖。俊奇偕其同學王、董兩君來，留飯，與談。

草思想匯報，訖，即鈔清。

飯後潮兒行，她走後俊奇來，留宿。十時半，服藥三次眠。上午三時半醒。又眠，五時醒。

六月二日星期一 （四月十八）晴

到所，天天讀"團結"各指示。到尹達室，與謝剛主、尹達一起學習《論聯合政府》中團結部分，并九大報告中第八節。林永匡來，以所寫者交與。到保健室，大夫不在，退出。

飯前服藥，得眠近一小時。寫《我一貫地反蘇、反共》二千字，未畢。

服藥二次，十時半後眠，上午二時一刻醒。又眠，六時醒。

六月三日星期二 （四月十九）陰轉晴

到所，天天讀(卅一日《人民日報》記清華事)後，即同寫貼關于東光的大字報而停止學習。到保健室，因人多退出。看些大字報。重讀《論聯合政府》。又出，看關於東光的大字報。解放軍白同志來，囑開親戚名單。歸，知靜秋體不舒，頭暈腦脹，勉强作飯。

服藥，得眠一小時。續寫昨文，訖，共3,200字。

八時半服藥眠，十二時半醒，二時半醒。良久不寐，又眠，六時半醒。

六月四日星期三（四月二十）上午雨，下午晴

遲到五分鐘。天天讀（《南京政府往何處去》）。開會，鬥何兆武（隱匿歷史）。到尹達室，同讀九大報告。

眠一小時許。鈔清昨作，未完，又補入二事。

十時服藥眠，上午二時醒。又眠，六時醒。

六月五日星期四（四月廿一）晴

到所學習。到 102 室，聽革命群眾討論東光應否解放問題。老雍來，到其室，領回 680 元。

服藥，眠一小時許。鈔前日作訖，至八時。

十時服藥眠，上午二時醒。又眠，五時一刻醒。

今日拉稀三次，屁甚多。

六月六日星期五（四月廿二　芒種節）晴

赴所，參加第二次傳達九大精神大會（林副主席、周總理、陳伯達、康生的發言），由某工人報告，自上午七時半至十二時。歸，木蘭偕保姆帶國光及纓兩兒到城治病，在我家住五天。

未成眠。看報。寫《我接觸并補助的一切牛鬼蛇神》二千餘字，未畢。邇來兩目流淚，左目尤甚，或是瞽的預兆。

十時服藥眠，上午三時半醒；又眠，六時醒。

仍拉稀。

六月七日星期六（四月廿三）陰，下午晴

上午到小禮堂，參加"星火"、"衛三紅"兩派團結大會，自

七時半至十一時三刻。四人來，詢問補助西北教育設計委員會事。十二時歸。

一時又到所，開揪鬥反革命分子何兆武大會，自二時半到四時半。會後又由謝濟、步近智等召開五人小組會，囑坦白交代。六時歸。

啟鏗來，潮兒歸，俊奇來，均留宿。服藥二次，十時半眠，上午二時半醒。又眠，六時半醒。

六月八日星期日（四月廿四）晴

到東風浴池理髮。買安眠藥。遇王湜華夫婦。寫《我的親戚和本族》約三千字，略畢。

得眠約一小時。啟鏗回中關村。與牛俊奇談。

服藥三次，十一時後眠，翌晨一時半醒。又眠，五時半醒。

六月九日星期一（四月廿五）晴

潮兒、俊奇各去工廠。到所，參加毛主席最新指示大會，自八時半至九時半。歸，讀《人民日報》社論《高舉九大的團結旗幟，爭取更大的勝利》。

眠一小時許，與靜秋共讀社論。翻陳奇猷書。

九時半服藥眠，上午一時半醒。又眠，五時三刻醒。

六月十日星期二（四月廿六　入霉）陰、風、雨，晚晴

到所，學習幹部政策。到大席棚，聽東光自我批判。訪白同志，晤彭邦炯。回室，聽本組同人討論東光是否應予解放。

得眠一小時半。看報。謝濟、李學勤來告開會。

七時半乘 8 路無軌到所，參加“徹底批鬥何兆武反動思想大會”，九時三刻歸。十時半服藥眠，上午三時醒。又眠，六時半醒。

六月十一日星期三（四月廿七）陰、晴間

八時半到大方家胡同，參加揪鬥反動分子侯外廬大會。十一時歸。看報。

眠二小時。草自述第十四篇《我用經濟主義對資產階級青年作更大的腐蝕》訖，3,200字。

到所，續開會，批判何兆武的反動思想。九時半散。十一時服藥眠，翌晨五時三刻醒。

六月十二日星期四（四月廿八）晴

到所，到小禮堂參加"批鬥反革命修正主義分子侯外廬大會"。未畢，天津二人來訪問卜蕙蓀事，談至十一時半。歸，此二人又來問靜秋以蕙蓀事。俊奇來，同飯。

予得眠兩小時。謝濟來，告星期日所中將開寬嚴大會一整天，囑靜秋同往。看報。寫《我包庇了地主和牛鬼蛇神》未畢。與靜秋到紅星看長江大橋及九大開幕電影。牛俊奇來，留食宿。

十時服藥眠，翌晨四時醒。又眠，五時三刻醒。

近日天熱，開會多，故疲勞易眠，然腰酸則非眠所能療。

木蘭帶兩兒及保姆回中關村。

六月十三日星期五（四月廿九）晴

到所，讀毛主席"論政策"。到三樓，仍未見白同志，遇彭邦炯。聽曹某坦白入三青團罪行。二人來，詢張權中事，爲書一紙。又有二人（文學所）來，詢潘家洵事，亦書一紙與之。

眠二小時。王宇信來，告明日不開大會。寫人民文學出版社信，還《孟姜女》稿費七百元，白所命也。拉二次，不稀。疲憊，當以中午烈日下行車故。

靜因事和我大吵，使我精神興奮，服藥二次，十二時後眠，翌

晨六時醒。

六月十四日星期六（四月三十）晴

到所，三鬥何兆武。白同志偕彭邦炯來，詢予國民參政會、僞制憲國大及三青團評議員事。

午歸，覺疲甚。午後眠二小時，仍不愈，殆中醫所謂"脫力"歟？看報自遣。潮兒自廠歸。

十時服藥眠，上午四時醒。又眠，七時醒。

今日靜到人民文學出版社還《孟姜女》稿費七百元。

六月十五日星期日（五月初一）陰

上午仍疲，早餐後倚沙發眠，十一時醒。午後又眠一小時許，睡得太多了。推求其故，當由于開會太多，精神十分疲勞。六月四日，上午鬥何兆武。六月六日，上午聽傳達九大報告。六月七日，到小禮堂，參加兩派團結大會。下午，又鬥何兆武。六月九日，參加毛主席最新指示大會。六月十日，到席棚，聽東光自我批判。夜，又鬥何兆武。六月十一日，到侯外廬家開揪鬥大會。夜，又鬥何兆武。六月十二日，到小禮堂，參加揪鬥侯外廬大會。此七日中共開會十次，以予年力，俱不勝矣。加以外調內查，更不堪緊張矣。予十分想寫交代，迄無力量，爲之奈何！加以驕陽如火，亦致疲之一因。

夜九時眠，上午四時醒。又眠，六時醒。

六月十六日星期一（五月初二）雨

潮兒返校。到所，聽討論團結與革命事。

眠二小時半。疲仍不解，無力寫作。得洪兒信，知其將遷回原地。與俊奇談。

服藥，九時眠，十二時醒。又眠，四時醒，五時半醒。

予向未如此能睡，今如此，其殆"老熟"乎?

六月十七日星期二（五月初三）上午陰，下午雷雨，晦

到所，討論團結與派性。向白君交收條。潮兒爲買物歸，午飯後去。

眠二小時。寫我的戚屬表訖。静看後不滿意，由彼重寫。

九時半服藥眠，十二時醒。又眠，三時半醒，五時醒，六時半醒，急起。

六月十八日星期三（五月初四）晴

參加本班批判何兆武反動思想會。二人來，囑寫劉朝陽的材料。

帶飯，在所吃。未成眠。出，看關於翁獨健之大字報。到小禮堂，開批鬥侯外廬大會。歸，與俊奇談。

飯後，俊奇返校。失眠，服藥三次，至十二時後始成眠。翌晨七時許尚未醒，静秋作書，交老王爲我請假。

六月十九日星期四（五月初五　端午節）晴

九時起，進早餐，又眠，十二時醒。

二時，與静同到工農兵醫院，血壓 130/90，醫囑休息。歸，鈔親族表，未畢。

十時服藥眠，上午一時、三時、五時、六時醒。

六月二十日星期五（五月初六）晴

到所，遇林永匡。天天讀。八時半，到席棚，開"知識青年上山下鄉動員大會"。

眠一小時半。草親屬表。

九時服藥眠，上午一時、四時、六時醒。

兩腿又如去年一樣，起紅塊。

六月廿一日星期六（五月初七　夏至節）晴

到所，聽何兆武自我批評。畢後全組加以討論。某君詢抄家事。

眠近二小時。鈔親屬表，未畢。俊奇來。潮兒歸。聞韓璐父病腦溢血死，年五十三。

十時服藥眠，翌晨五時、七時醒。

六月廿二日星期日（五月初八）晴

到內務部街理髮。買利眠寧、眠爾通等藥。鈔親屬表訖，共6,000字。在白同志壓力下，得一清理。洗浴。俊奇來。

眠近兩小時。爲靜改，與之爭論，重鈔一頁。

服藥三次，十二時半眠。翌晨七時醒。

六月廿三日星期一（五月初九）晴

潮、奇去。到所，參加"加强革命團結大會"。十一時散，看關於翁獨健、賀麟之大字報。

眠二小時許。重鈔一頁。與靜同讀報。

九時服藥眠，十二時三刻醒。一時半起，重鈔二頁，訖。三時半後又眠，六時三刻醒。

六月廿四日星期二（五月初十）晴，下午風

到所，聽本班討論團結事。將親屬表送至指揮部。

眠一小時半。寫羅偉之事千餘字。龍通玉、范筑玲自復縣歸，治療無效，與筆談。龍以幼子病，定明日即行。十時服藥眠，五時醒，六時半醒。

六月廿五日星期三（五月十一）晴

到席棚，聽馬政委等續談革命團結事。有二人來，詢吳樹德事，寫二紙與之。

眠近兩小時。閱報。寫自明信。

龍、范歸，偕一男電工來，同理物，九時辭別，到車站待車。十時服藥眠，四時醒、六時半醒。

六月廿六日星期四（五月十二）晴

到所，聽李師傅致訓。外調二人來，詢金鵬事。又二人來，詢郭敬事，當即書二紙與之。

木蘭來，贈挂面。飯後未成眠。寫外調金鵬與邊會事三頁。

服藥二次，十一時眠。翌晨六時醒。

六月廿七日星期五（五月十三）晴

到所，開小組會，聽各人對派性的自我批判。

眠二小時。看報。續寫賀次君、羅偉之事，未畢。

服藥二次，十一時眠，翌晨三時、五時、六時醒。

六月廿八日星期六（五月十四）晴

到所，以本組人少，未開會，自讀《毛主席語錄》。李班長令寫外調資料（甘肅邊會），未畢。林永匡來談。

未成眠。續草交代。潮兒歸，静與大吵，俊奇來，勸止。

服藥二次，十二時後眠，翌晨五時、七時醒。

六月廿九日星期日（五月十五）晴

與俊奇、潮兒談。草交代第十四篇《我包庇了一批地主和反革命分子》。

俊奇去，潮兒送之，十一時許方歸。服藥，十二時眠，翌晨六時醒。

六月三十日星期一（五月十六）陰

到所，天天讀後，到小屋續寫甘分會材料，訖。吉林二人來，詢趙夢若事，爲書一紙，對趙夢若入國民黨爲予介紹事，予無此印象，彼不滿意而去。

眠一小時半。續寫《予在解放前後接觸的牛鬼蛇神》千餘字，未畢。

静爲洗浴。十時服藥眠，上午二時半醒。又眠，五時半醒。

一九六九年七月

七月一日星期二（五月十七）

到所，天天讀後到尹達室，與剛主、毓銓等共談自己過失。

眠一小時半。鈔《解放前後我接觸的牛鬼蛇神》初稿訖，6,000餘字。續寫《我在解放後的罪行》，未畢。

九時半服藥眠，上午三時醒，六時醒。

七月二日星期三（五月十八）晴

到所，聽批判派性。

眠一小時半。改昨文訖，静尚有不愜。

静爲洗浴。十時服藥眠，翌晨四時醒，六時醒。

七月三日星期四（五月十九）雨

聽組中議團結辦法。向謝濟請明日假。

眠二小時。鈔昨文二千餘字。

九時眠，十時起服藥，又眠，上午三時醒，五時醒。

潮兒工廠服工滿，昨日還校。今午到家，旋去。

七月四日星期五（五月二十）小雨，陰

六時半，到工農兵醫院，静及王芹白先在。七時半抽血。與静到小食堂進早餐。静赴街道會。予到北京醫院挂號。到"鼎新"理髮。十一時，到工農兵醫院神經科診，取藥。又到北京醫院診，取藥。

眠兩小時半。腿、臂俱生瘡，紅而癢。鈔《解放前後我所接納的牛鬼蛇神》四頁。

九時服藥眠，上午二時半醒。又眠，五時醒。

七月五日星期六（五月廿一）陰，小雨

到所，討論用毛澤東思想改造自己，勿被動。李師傅來。到會計科領工資，翟福辰態度不好。上海來二人，詢黃英事。街道借席棚開會，鬥少年流氓若干人。

木蘭來，飯後去。午後眠兩小時半。續鈔昨文四頁。潮兒、小牛同來。

九時，未服藥眠，上午二時醒。服藥，四時眠，六時醒。

七月六日星期日（五月廿二）陰雨

終日鈔 14、15 兩篇，均 6,000 字。

以小牛、潮兒談話久，予不能睡。服藥三次，十二時後眠，翌晨頭暈，竟不能起。静為予請假。

七月七日星期一（五月廿三）陰雨

牛、潮行。予頭暈，十時又眠，十二時醒。

將 14、15 兩篇選其應改的鈔 2,000 字。一坐半天，腿即腫。

九時半服藥眠，翌晨二時半醒。又眠，六時醒。

七月八日星期二（五月廿四）陰

到所，天天讀後，自讀林副主席九大政治報告。與謝濟談，將昨鈔兩篇交之。看陸峻嶺大字報。

眠近兩小時。寫《解放後在滬五年》千餘字。

十時服藥眠，上午二時醒。又眠，六時醒。

七月九日星期三（五月廿五）雨

到所，天天讀後自看林副主席政治報告。席棚鬥小偷。

眠二小時。續寫昨文，未畢。

九時半服藥眠，上午二時半醒。良久又眠，六時醒。

七月十日星期四（五月廿六）大雨

到所，天天讀後，到尹達室，與郭守義談。

未成眠。到北京醫院，下午停診。到工農兵醫院皮膚科診，取藥歸。遇張知行。易衣。看報。

八時眠，十一時半醒。又服藥眠，三時半醒。又眠，五時半醒。

　　靜秋爲兒輩買物，在百貨大樓中，爲人挖去錢包，內有 20 餘元，及購貨證等。聞市上小竊甚多，有組織。

七月十一日星期五（五月廿七）陰

到所，到大禮堂聽郭同志報告，要繼續革命。還組，討論繼續革命。

又去，在本班開大會，批判王毓銓托派罪行。出，金同志囑出席今晚大會，予以不勝疲勞，辭之。歸，張知行來。

服藥三次（以静秋到街道開會，歸時予在眠中醒來，遂不能睡），十二時後眠，五時三刻醒。

七月十二日星期六（五月廿八）晴，有小雨

到所，開本班會。林永匡責予，昨夜不到會（開會鬥陸峻嶺、姚家積）。昨夜未到會的，尚有胡厚宣、馬雍兩人。到尹達室，由解放軍某同志來，令講語録，與剛主、德基、毓銓俱。

曹君來，囑到所開會。及往，乃知是"批鬥舊歷史所反革命修正主義走資派招降納叛罪行大會"，鬥尹達、侯外廬、熊德基、酈家駒四人。會後復至尹達室，由解放軍令寫舊歷史所事。潮兒歸，小牛來。

九時半服藥，住入西室，即眠。十二時半醒。又眠，五時半醒。

兩腿紅斑多且癢，似較去年爲甚。

七月十三日星期日（五月廿九）晴

終日寫昨會觀感，易稿一次。

眠三小時。

静爲洗浴，失眠，服藥三次，十一時後眠，上午四時醒。又眠，六時醒。

七月十四日星期一（六月初一　初伏始）下午大雨

到所，天天讀後，到小室内鈔清《在批判舊歷史所反革命修正主義招降納叛組織路綫上對我的啓發》，共三頁。

眠兩小時半。寫《我在解放後的罪行》1,500 字。

九時服藥眠，上午五時醒。又眠，六時醒。

静秋發燒38.7℃，瀉六次。

七月十五日星期二（六月初二）晴熱，大雨

王宇信來，告上午開大會，囑靜亦去。寫潮兒信，囑歸。到所，移凳席棚，開"坦白從寬抗拒從嚴大會"，以歷史所陸峻嶺（寬）、近代史所劉壽林（嚴）爲例，自八時至十時半。靜來，她參加家屬會。予參加本排會，歸後靜久久不返，疑其因病暈倒，去米市大街候之。十二時半，靜始到，歸家飯。

予二時到所，到小禮堂，參加全所批判會。還組，又批判，三人論及予。六時散。歸家後大雨且下雹。潮兒歸。

服藥二次，十一時半眠，上午三時醒，五時醒。

近代史所來問羅爾綱事。

七月十六日星期三（六月初三）晴

到所，天天讀後到小室寫自我批判，未畢。解放軍二人招至尹達室，談對於昨會的觀感。小牛來。

未成眠，寫《我在解放後的罪行》二紙。溫老師來，韓璐之母來，均爲其子女事。

服藥三次，十二時眠，翌晨六時醒。

七月十七日星期四（六月初四）陰

天天讀後，全排開會，要整飭紀律。我每天中午回去時須問林永匡，下午要來否。與永匡、剛主談。看《矛盾論》。

朦朧半小時。寫《我在新社會中的罪行》訖，共 3,200 字。

失眠，服藥四次，十二時眠，五時醒。

七月十八日星期五（六月初五）晴熱，地震

到所，參與批判何兆武反動思想大會。讀毛主席七屆二中報告。

又到所，到樓下彭邦炯室，被詢歷年所行各事及日記中所載予

與往來之人及其近況。

九時半服藥眠，翌晨五時醒。

七月十九日星期六（六月初六）上午晴，下午陰、風、欲雨

潮兒爲我到醫院取藥。到所，到小禮堂，參加"批鬥何兆武大會"。重寫昨日交代諸人，未畢。

再到所，讀毛主席對于文化大革命的指示。到大聯委，被詢予與俞平伯的各方面關係。天將雨，五時半歸。小牛來。

失眠，服藥四次，迄未成眠。翌晨四時寫文。

七月二十日星期日（六月初七）上午大雨，下午陰

四時起，寫《我與俞平伯的關係》4,000 字。下午鈔清。

潮兒同學王、董、張、韓四人，與我談四小時，談我的一生的工作和罪行，他們晚飯後去。

服多量安眠藥，得一夜好眠。

七月廿一日星期一（六月初八）陰

潮、牛返校。到所，將《我和俞平伯的關係》一篇交蕭良瓊。又寫大聯委從我日記鈔出的人名作注。又將《我與王真、李一非的關係》、《我和新亞細亞學會》、《我所知道的勵志社》三篇寫出，交大聯委。

略一朦朧。鈔《我在解放後所犯的罪行》未畢。

仍不易入眠，服多量藥，于十一時後眠，翌晨五時醒。

七月廿二日星期二（六月初九）陰熱，下午雨

靜秋仍病，托老王買菜。到所，天天讀後，李學勤招談我的日記與筆記。補寫一段入《解放後的罪行》。

朦朧半小時。福建二人來，詢劉及辰事。李學勤、羅琨及二人來，打開後屋，找我資料。鈔《我在解放後的罪行》訖，3,600字。

十一時，服藥二次眠，翌晨五時起。

七月廿三日星期三（六月初十）上午晴，下午小雨

到所，天天讀後，讀毛主席對文化革命語錄，看新貼俞平伯、羅爾綱及予之大字報。潮兒歸。木蘭來。

未成眠。二時半到所，在大席棚參加批判俞平伯、羅爾綱大會，六時散。帶飯吃。

開組會，批判我，周自強、羅琨、楊向奎等發言。十時歸，十一時服藥眠。上午三時醒，遂不能寐。

七月廿四日星期四（六月十一　中伏始）晴

到所，開批鬥侯外廬會，一班、三班人參加，約五十餘人，甚劇烈。

飯後服藥亦不能成眠，真震動我的靈魂了。看報及毛主席文。

七時到所，車中遇吳作人。開落實黨的政策大會，解放東光。九時散。洪兒兩個月無信來，靜念之成疾，今晚得其信，大喜。夏延來，予未見。吃西瓜。十一時許服藥眠，翌晨四時醒。又眠，五時醒。

七月廿五日星期五（六月十二）陰熱

到所，天天讀後看大字報。遵羅琨囑，開解放後所作文目錄。姚同志來談。聽讀本班紀念七・二七工宣隊進入清華大學的周年向工宣隊致敬信。

服藥，眠三小時。看報。看《珍寶島軍民訪問記》。

靜秋爲予浴。李佳弟二人來。十時服藥眠，翌晨五時醒。

七月廿六日星期六 （六月十三）陰，晴，熱

到小禮堂，參加批鬥侯外廬大會。

歸飯後又到所，參加"紀念七·二七壹周年大會"，聽工、軍宣傳隊報告工、軍登上清華大學上層建築鬥、批、改的經過，自一時半至四時。回組，讀報。五時半歸。潘美君自雲南回京治病。

小牛來。十一時服藥眠，翌晨五時醒。

天大熱，一日參加兩大會，甚感疲勞。

七月廿七日星期日 （六月十四）陰

終日寫思想匯報，紀念工、軍宣傳隊登上上層建築鬥批改的舞臺一周年，自述改造決心，1,500 字。潘美君、沈小干來，留飯。

未成眠。看《古史辨》。腿腫。

服藥兩次，十一時後眠。翌晨四時三刻醒，朦朧至五時半。

七月廿八日星期一 （六月十五）陰，夜雨

潮、牛返校。小組會討論七·二七工軍開入清華大學的意義。

服藥，未成眠。看《古史辨》，靜秋禁止之。到巷口理髮，遇馮大夫。看陳伯達文。

服藥兩次，十一時半後眠，翌晨五時醒。

貓病多日，今晚走失。

七月廿九日星期二 （六月十六）終日大雨，晚晴

到所，天天讀後，讀最高指示。

未能眠，看報。看學習材料。爲下雨着急，神經緊張，小便多次。

七時出，乘八路車到所，參加活學活用毛主席思想講用會，聽孟祥才等發言，十時散。出乘車，以人多，幾不能起，賴胡一雅扶

之下車。静秋在站已待一小時矣。歸，静爲擦身。十一時服藥眠，翌晨四時半醒。

范文瀾病卒。

七月三十日星期三（六月十七）

到所，天天讀後，聽王毓銓第三次檢討。又開小組會，討論王毓銓態度。

未成眠，連日開會，緊張已甚，怔忡症又發，手顫。看報。

服三種藥，十時成眠，十二時醒。坐沙發上，得眠，三時醒。又睡床，静拍之，得眠，五時醒。

理抽屉。

大便二次。

七月卅一日星期四（六月十八）陰

天天讀後，寫《禹貢學會概述》。在所内午飯。讀最高指示。

到小禮堂，開批鬥侯外廬大會，聽田昌五等發言，五時後散。歸，看報。

服静到北京醫院所取藥，得眠。翌晨五時醒。

六九、七、六，洪兒來信説：

> 爸爸有點進步，我也高興。我記得前幾年郭沫若有篇講話，説到如自己的思想改造，説要打起仗來，爭取扔幾個手榴彈消滅敵人。當時爸爸看了還笑話他。當然思想轉變有個過程，有些話説了也不一定能辦到，但起碼反映了人家思想感情有一個轉變。這次媽媽説爸爸對自己的認識有提高，説可惜老了，不能去接受貧下中農的再教育了。爸爸果能説出這種話，那我覺得這也是頭腦裏思想感情有了變化才説出來

的。希望爸爸誠心誠意接受群衆的批判，年齡老了，幹不了什麽太多的事，但有了認識也是好的，起碼不做人家的包袱和絆脚石了。

　　我最近學了《毛主席論教育革命》裏的一段："我們必須尊重自己的歷史，决不能割斷歷史，但是這種尊重，是給歷史以一定的科學的地位，是尊重歷史的辯證法的發展，而不是頌古非今，不是贊揚任何封建的毒素。對于人民群衆和青年學生，主要的不是引導他們向後看，而是引導他們向前看。"（《新民主主義論》）想爸爸也學習過，不要一提起你的研究的東西，就那麽神聖不可犯的，那麽頑固的態度。歷史當然不可不搞，但要沿着毛主席指的路子去搞！對于一切不利于鞏固無産階級的上層建築的意識形態，就是要批判，要破壞，由無産階級按自己的意志建設新的。爸爸要想得通，要服氣，那還是能爲在改革上層建築的工作中出點力的。

　　我看了這封信很感興奮，我知道只要念念不忘緊跟着毛主席和無産階級走，我還可以在新中國的大好時代裏不做一個廢物。

六九、七、五，瑗兒來信説：

　　看到爸爸有進步，我很是高興。毛主席的政策太英明了。爸爸應該永遠記住毛主席、黨和人民挽救你的恩情，爭取回到人民隊伍中來，立功贖罪。

一九六九年八月

八月一日星期五（六月十九）雨

　　到所，天天讀後，到席棚，開慶祝八一建軍節會。回室，復討論。讀毛主席最新指示。到保健室，量血壓 148/90。歸時，靜在北京醫院看病尚未歸。自做飯。十二時半靜歸，知醫師定爲腎炎。

一時半飯。吃藥眠二小時。起寫《中國邊疆學會》，草稿未畢。

九時半服藥眠，上午一時半醒。又眠，五時半醒。

八月二日星期六（六月二十）雨，晚晴

開"徹底批判托派分子王毓銓大會"。午歸，急做飯（靜到中關村視木蘭病去了）。

一時半又到所，寫認罪書，連草稿 4,000 字，即交去。潮兒歸。

九時半服藥眠，上午三時醒。又眠，五時醒。

八月三日星期日（六月廿一）陰

終日在家，寫《禹貢學會簡史》、《中國邊疆學會簡史》訖，約 7,000 字。

俊奇來，與談。

十時服藥眠，上午四時醒。又眠，六時靜叫醒。

八月四日星期一（六月廿二）晴

潮、牛返校。猫歸。天天讀後，由宣傳隊兩楊同志致訓。成都人來，詢問齊大校刊書記陳希三事，予全無印象，寫一紙與之。送《禹貢簡史》與林班長。

服藥，朦朧一小時。看報。看《古史辨》中予所作文。將《邊疆學會簡史》重鈔兩頁。

九時服藥眠，翌晨五時醒。又朦朧一小時起。

八月五日星期二（六月廿三）晴

到所，天天讀（最高指示）。到大批判資料室，將《邊疆學會

《史》交出。到尹達屋内讀最高指示，早退一分鐘，作檢討。

服藥，眠一小時。爲到醫院事，寫林永匡信。看報。

九時半服藥眠，上午二時半醒。又眠，五時半醒。

八月六日星期三（六月廿四）晴，陰

到所，天天讀後，解放軍劉同志招談話，歷二小時許。大批判資料室人招詢《文史雜志》、《民衆周刊》、《大衆知識》事。歸飯。

眠半小時許。乘八路無軌到所，寫各雜志事交資料室。讀毛主席著作五篇。歸車擠甚。看報。吃桃。

服藥二次，十時眠，上午二時半醒。又眠，六時半醒。

八月七日星期四（六月廿五）陰，寒，有小雨

天天讀後，本班開會，批判何兆武的檢討書，并及於予之檢查書。

未成眠。二時再到所，重作檢討未畢，參加組會，批判舊歷史所，予又受周自强等之責。予真痛苦矣，倘能即此改造乎？七時歸。

九時服藥眠，上午一時半醒。又眠，五時醒。

八月八日星期五（六月廿六　立秋節）陰

天天讀後到院醫室取藥。南京二人來，訪問韓儒林事迹。帶飯來吃。

寫二次檢討書訖，約1,000字。林班長給我一天假看病。續開組會，討論加强紀律性事。潮歸。

服藥三次，十一時半成眠，翌晨六時醒。

静病爲腎盂炎，經陸石如大夫診，服中藥。

臂、腿之爛，皮膚科大夫謂爲他種病所引起，先打針一星期。

八月九日星期六（六月廿七）陰，午前大雨

潮五時爲我挂號。七時到工農兵醫院，抽血，驗尿（十），量血壓（150/90）。取藥。九時到北京醫院挂號得 409 號，吃早點。下大便。看《紅旗》，待至十一時始得診，取藥。冒雨到崇文門，乘六路車，在巷口理髮。十二時半歸。

服藥。朦朧一小時。牛俊奇來。寫《我與韓儒林的關係》，未畢。看報。

服藥，十時眠，上午一時醒。又眠，五時醒。又眠，八時醒。一睡十小時，久所未有矣。

　　此次檢查血糖爲 147，較前爲高。

八月十日星期日（六月廿八）陰

續草《我與韓儒林的關係》訖，謄寫未訖。

午，連長金同志來。服藥，得眠二小時。俊奇到前門地下鐵道勞動一天，晚歸。

十時服藥眠，三時醒。又眠，六時醒。

八月十一日星期一（六月廿九）上午大雨，下午陰

到所，天天讀後，續鈔《我與韓儒林的關係》訖，約 7,000字。盧同志招往談話，問予與妻子匡、戴季陶等人的關係。

歸，校復寫兩文。略一朦朧。南京大學人來取稿。草《我和妻子匡的關係》。

九時半，服藥眠，翌晨三時半醒。又眠，六時醒。

八月十二日星期二（六月三十）晴

到席棚，批鬥侯外廬學術之反動性質。

服藥眠一小時許。看報。

飯後出，遇吳作人。到小禮堂，聽何兆武作檢討。十時歸，浴。十一時服重藥眠，翌晨五時半醒。

八月十三日星期三（七月初一　末伏始）晴

到席棚，聽老紅軍張清講二萬五千里長征及張思德故事，自七時半至十二時半。帶飯吃。

靠椅朦朧一小時。二時半，天天讀，三時散。林班長囑回家，予以車未來，到王姨母處問疾，談至五時半。步行到學部門口，待車來。潮歸。

十時服藥眠，上午一時醒。又眠，五時醒。

八月十四日星期四（七月初二）晴

在 101 室批鬥侯外廬反動學術思想。

帶飯吃，在椅上朦朧約一小時。寫答本所宣傳部詢問僞國大工作人員王永濤事訖。開會，聽王毓銓自述罪行。看批金岳霖大字報。到保健室取藥。到尹達室，寫《我與戴季陶之關係》。歸，知木蘭以宮外孕出血太多，入積水潭醫院，靜往視，潮往陪夜。

九時半服藥眠，上午三時醒。又眠，五時半醒。

八月十五日星期五（七月初三）晴

到所，天天讀後，到熊德基室坐。回 101 室，參加解放王毓銓大會，以其儘量坦白，徹底認罪，且自美回國有愛國意義也。帶飯吃。

鈔我與戴季陶、妻子匡、老百姓社、國防月刊社、西北通訊社的關係，共 6,000 餘字。歸，疲甚，且腿腫，臥床休息。

九時服藥，至十時未成眠，乃坐沙發上成眠，上午三時醒，就床眠。七時醒。

八月十六日星期六（七月初四）上午大雨，下午陰

起床後毫無氣力。看報，細讀《唯生產力論》，知革命與反革命之分界。如此年齡，真不堪努力矣。今日上午不去，係林班長所囑，幸得此半天休息。

下午往開會，討論團結公約。到尹達室讀語錄。

晚歸，潮、牛來。看報。服藥二次，十一時後眠，翌晨七時醒。

八月十七日星期日（七月初五）陰

睡二小時。鄧世明、劉文芝夫婦携其女劉小琳來，留飯。

飯後又睡二小時。自以爲休息矣，乃至晚又腿腫。看《古史辨》。

服藥二次，十一時眠，翌晨六時半醒。

予每晚必服水合氯醛乃能睡，倘一旦失效，將如之何？

靜操勞過度，陰道作痛，眼睛無神。

八月十八日星期一（七月初六）晴，有涼意

天天讀後，到尹達室自學。今日在學部門口遇伯祥，予告以每晚腿腫狀，渠謂此係心臟病。意者予將不久于人世乎？年已到此，聽之而已。午歸飯。

四時到所，有二訪問袁家驊之人，來問我 46 年到南京見胡適談何語，我不記，已而彼言打電報給毛主席，我乃省悟，謂胡曾與密謀發電，勸其和平解決也。胡久與我有芥蒂，他有事決不會謀及我，因告以曾在報上見此電，彼等乃去。至大聯委姚深處，問我所以得名之故及我與外國學者之關係等事。潮兒歸。

十時，服藥二次眠，翌晨七時醒。

八月十九日星期二（七月初七）晴

八時到美術館，看"毛主席普照大地，及劉少奇欲扼煞毛主席

著作與照片"展覽會，走至第三室，足底痛甚。勉强終場，乘三路無軌歸。

飯後酣眠一小時半。草《我與全國政協及舊統戰部的關係》二千餘字。

十時服藥眠，上午三時醒。四時起鈔昨稿訖。

八月二十日星期三（七月初八）晴，夜雨

到所，林永匡令我出看大字報，知我的頭銜是"反革命分子"及"反共老手"，所言固大抵鈔自《日程》，亦有憑空撰出者，如我爲静、雁二人以 1,500 萬元買選票事。即歸，將昨作修改一過。出理髮。乘八路車到學部門口，换老王車歸。

二時到所，三時至六時半，受一排同志大批判。李師傅、林永匡來致訓。七時歸。

十時服藥眠，上午二時醒，五時醒。

八月廿一日星期四（七月初九）大雨，下午晴

到所，天天讀後，開批判孔家店大會，全班同人出席，批判中心爲予之提倡整理經書，楊向奎、張德鈞之提倡孔、孟思想。

貴陽人來，調查申尚賢（壽生）事，予不知，乃詢彼所投稿之《獨立評論》及風謠學會事，均涉胡適，予爲寫三紙。作《我爲害人民之思想根源》，草四紙。

十時，服藥二次眠。上午四時半醒，又眠，六時半醒。

八月廿二日星期五（七月初十）晴

天天讀後，到外調室送稿，又至批判資料室説明章元善之詩。林永匡令予回，續寫自我批判。再到學部大門，乘老王車歸。

在沙發上朦朧一小時。乘八路車，遇鄭效洵夫人。到所，開批

鬥謝國楨漢奸罪行會。歸看報。

　　服藥二次，十一時眠，翌晨六時醒。

八月廿三日星期六（七月十一　處暑節，末伏終）晴

　　天天讀後，全體勞動。予整理寫大字報之空白紙張，上架。哲學所來詢元胎事。帶飯吃。

　　上床，朦朧至二時半。擦二號樓廊中紙屑及漿糊，站立近二小時，腳痛，還室看報。五時半歸。潮、俊先後至，談予認識前非事。

　　服藥二次，十一時眠，上午一時半醒。又服藥眠，五時醒。

八月廿四日星期日（七月十二）晴

　　寫交代。看清華大學運動改造記。

　　俞澤陽、潘美君來，留飯。

　　熏屋子。在院中坐。聽廣播。服藥兩次，十二時眠。上午四時半，以咳醒，遂不寐。

八月廿五日星期一（七月十三）晴

　　到所，聽廣播《抓緊革命大批判》。山東二人來，詢問許毓峰及齊大事。人民日報社二人來，詢問予聽社論後聯繫自身的感想，蓋以予為歷史方面之典型人物，即此次革命大批判中的對象也。歸後讀報，益覺凜然。

　　寫許毓峰材料五紙，由靜送去。靜為予到醫院取藥。寫讀社論後的感想，未畢。

　　看馬克思傳記。服藥二次，十一時後眠。十二時半醒。服咳嗽藥，又眠，早五時醒。

八月廿六日星期二（七月十四）晴

讀《抓緊革命大批判》。到小禮堂，聽姚家積自我交代，及鬥大漢奸王竹樓。問申尚賢、許毓峰的兩人又來，爲風謠學會補寫一紙。看《魯迅先生怒斥顧頡剛》大字報，心情激動，覺心旌搖搖，如船在漩渦中轉，將掌不住舵，此真觸動靈魂矣。

服藥，未成眠。看報。作《抓緊革命大批判》提要。欲作看大字報後的補充交代，開了一個頭。

看馬克思傳記。服藥，九時半眠，十二時半以咳醒。良久又眠，五時醒。

咳已歷一星期，服藥不愈，奈何！

八月廿七日星期三（七月十五）晴，熱

到所，開全班大會，聽工、軍宣隊李、□兩同志致訓，整飭紀律性，不得隨便請假，小病不必看，開大會要到齊，爲之蕭然。到林永匡處，他説此後我無權管你了，可直接和軍宣隊老袁談。因與袁同志談，得請如舊時。北大二人來，詢問魏建功與説文社事。回組，聽同人自我批判。

倚沙發得眠片刻。看報。寫陳源及魯迅先生事，約三千字，未完。

十時服藥眠，上午三時醒。又眠，五時醒。

八月廿八日星期四（七月十六）晴，陰，悶熱，下午雨

到小禮堂，參加"批鬥美蔣特務分子姚家積大會"，自七時半至十一時半。歸飯。

一時出，到"東單"理髮。到所，覓袁同志不得，由楊升南許予歸。重看本排貼出予之大字報，標題爲"打倒反共老手顧頡剛"，"打倒反革命分子顧頡剛"，其內容爲1，一貫反共；2，裴多芬俱樂部"吳縣同人會"之組織；3，反對人民解放軍。又見尚未貼出

之大字報，爲我所認識之帝國主義分子、大戰犯、大反動分子，其
中有林森、白崇禧、康澤等，謂常相往來，實皆一面之交也。冒雨
往還，衣裳盡濕，固緣天熱，亦由體衰，不意高年，得此揭發。只
得向人民低頭服罪，夫復何言。我壯年時出足風頭，自當有此結算，
書此以志悔艾。洗身，易衣。續作《魯迅在廈門》文訖。潮兒歸。

服藥二次，十一時眠，翌晨四時半醒。

八月廿九日星期五（七月十七）陰，下午雨，晚雷風雨，有雹

到席棚，參加"憶苦思甜大會"，聽國棉三廠工人艾師傅述家
世，幼年討飯，家人多餓死，解放後乃得爲工人，從想吃窩窩頭而
不得至吃了大米飯，從終日愁窮愁病而至有人的生活，此皆毛主席
革命所賜也。看大字報關于我的黑關係簡圖。中山大學有二人來訪
問何杰，以時間不合，予全未知。

再到所，在席棚內開"鬥批顧頡剛大會"，姚深先囑予端正態
度，勿與群衆對抗。會中由田昌五、蕭良瓊、羅琨、李學勤等提出
批評，使予知一生思想反動，反工、反農、反軍，總根源在反黨反
人民，予服罪。會後由金同志邀至其室內談話，謂此會爲批倒我的
思想，并非打倒我的人。六時半乘八路車歸，靜秋在站接予，以
雨也。

九時服藥眠，十一時醒。又眠，二時半醒，遂不能睡，五時略
一朦朧，出一身虛汗。

八月三十日星期六（七月十八）雨，晴

組中討論，如何背誦老三篇，及將老三篇結合自己思想，活學
活用。在尹達室學習。有人來詢袁翰青與朱家驊之關係，予實不
知。十時半，本排同人批鬥我，歷一小時。帶飯吃。看容肇祖、王
靜如、何其芳等爲人揭發之大字報。

下午無事，乘老曹車歸。看報。潘美君來，留飯。潮兒挈國光來。

看馬克思傳記畢。九時半服藥眠，上午一時半醒；良久，又眠，五時醒。

八月卅一日星期日（七月十九）晴

木蘭偕其女來，下午保姆亦來，晚飯後去。予以一日之力寫《對于過去的認識和對于將來的希望》約六千字，修改，未定。

未成眠。

潘美君來。十一時半服藥眠，上午一時半醒。又眠，五時醒。

一九六九年九月

九月一日星期一（七月二十）陰，悶熱

到所，天天讀。與謝國楨、何兆武同到尹達室內學習。出看關于我及謝國楨的大字報。與李師傅談。到東單郵局買《紅旗》。

未成眠。遵謝濟囑，續開我的黑關係，未畢。拉二次，均稀，服黃連素。

謝濟來，將我所寫的取去。九時服藥眠，上午三時醒，又拉一次。再眠，五時半醒，流汗浹席，襯衣如浸水，知盜汗重發矣。體如此虛，奈何！

九月二日星期二（七月廿一）陰，大雨，下午晴

到所，天天讀後，到尹達室內讀九大報告。內查，詢通俗讀物之現存處。外調，詢予與顧祝同及于斌之關係。向林永匡請示。十一時一刻，冒大雨出，到東單郵局買《紅旗》，則已盡。歸，鞋襪均濕透。

到煤渣胡同郵局打電話與林永匡，知今日下午及明日上午均可不去，即歸家，鈔前日所作檢討。

八時即上床。十時，胡一雅來敲門，驚醒，告明晨學部有會。再服藥，吃燒餅，復眠，翌晨五時醒。

今日拉三次，體益疲軟。

得洪兒信，知已參加邊防軍，豪情壯志可愛。

越南主席胡志明逝世，年79。

九月三日星期三（七月廿三）晴

七時，與靜秋同到學部。看關于予之大字報（三排）。參加學部"落實黨的政策大會"，聽方土人、姚家積、曹克安三人的坦白認錯及革命同志的批判，最後由指揮部定爲依内部矛盾處理。十一時三刻散會，予先歸，做飯，吃。

二時，乘老王車到所，參加本組之討論會，討論上午之處理。予發言，受批。

歸，與木蘭談。服藥兩次，十二時眠，五時醒。

九月四日星期四（七月廿二）晴

到所，聽讀報。參加批判謝國楨之班會，未終，林囑予先歸。因看大字報。旋工、軍隊招我入室談田地事及諸友、生關係。到新華書店買《紅旗》。

二時半，開革命大批判會，批予解放後對各項運動之抵觸情緒。

看報。九時眠。上午三時醒，待旦。

九月五日星期五（七月廿四）晴

天天讀後，聽備戰討論。到尹達室自修，看《紅旗》九期。有人來詢我參加僞國大時間，及招待所職員王家濤，我實不知，即寫一紙。看大字報揭出我的黑關係：（1）帝國主義方面；（2）國民黨方面；（3）修正主義方面。1，共十人，2，共廿一人，3，共廿四人，讀之心悚。

午後驗尿，爲3.5加號。頭暈。因到北海看毛主席照片展覽。到"東風"理髮。歸看報。足底痛，頭不暈了，即此可見散步之益。

九時服藥眠，十一時三刻醒，上午二時一刻醒，五時醒。

九月六日星期六（七月廿五）晴，熱

天天讀後，解放軍劉同志來談，批判我的舊思想。到尹達室自學，自思愆尤。林永匡來談。帶飯吃。就尹達床眠，朦朧片刻。出看容肇祖、賀麟之大字報。

一時半，由永匡導至三號樓，受革命同志應永深等之批判，注重予之學術思想問題，雖自誇爲反封建，而依然爲封建服務。五時一刻散會。潮、牛歸。潘美君來。看報。

服藥二次，十時後眠，翌晨五時半醒。

九月七日星期日（七月廿六）晴

與俊奇長談應批判的我的學術思想。重鈔自我檢討訖，尚須改。

約眠半小時。木蘭來。

牛、潮同返校，以練隊也。九時半服藥眠，翌晨五時醒。

連日大便乾結，服黃連素。左眼流泪，已數日。

九月八日星期一（七月廿七）晴

今日以本所都到郊外葡萄園摘果，予未往，得在家重鈔檢討，以改處多，僅成半篇。

睡兩小時，可見休息之功。木蘭去。改檢討文畢。

九時半眠，翌晨五時醒。

九月九日星期二（七月廿八）晴

天天讀後，到尹達室修改檢討。

眠二小時。鈔檢討文畢。

九時服藥眠，翌晨五時醒。

　近日尚不甚凉，而咳疾已作，痰吐甚多。

九月十日星期三（七月廿九）晴

天天讀後，參加批鬥謝國楨大會。

眠一小時。鈔檢討訖，通看一遍。末數頁又須改。

七時到所，七時半開全班會批我《大誥今譯》及《史林雜識》二書，由蕭良瓊、楊向奎等發言。九時半歸。十時半服藥眠，翌晨五時半醒。

九月十一日星期四（七月三十）晴，熱

天天讀後，讀陳戰武憶苦思甜報告。下樓看關于我的大字報，未畢。在班上聽林英、步近智等對于舊歷史所走資派"打了紅旗反紅旗"的控訴。

飯後疲甚，静爲打電話請假半天。三時起。所中趙君二人來，進書庫，擇取予所編著書去，供批判。看報。

九時服藥眠，十二時醒。又眠，四時半醒。

九月十二日星期五（八月初一）晴熱

天天讀後，出觀關于予的大字報，楊向奎説予研究邊疆問題爲的是反共。大批判人來，囑予寫禹貢學會事。

眠一小時。起寫《我與禹貢學會（補）》凡七紙。俊奇來，飯後去。接湲兒信，知其身體尚好。静爲予浴。

服藥眠，八時半睡，十二時醒。又眠，五時醒。

近日予與靜均傷風。多痰，疲勞，便秘。

九月十三日星期六（八月初二）晴熱

天天讀後，聽謝國楨自我批評。下樓看關于謝國楨、謝家之大字報。到尹達室，聽解放軍同志評謝國楨自我批判的不老實。與王君談《古史辨》與反封建，囑寫交代。

歸，疲甚，飯前服眠爾通兩丸，飯後得眠兩小時半。睡足矣，而猶疲勞。看報。潮、牛來。今日爲潮廿三歲生日，吃麵條。

靜、牛、潮到天安門看練隊，予以靜重傷風，欲阻之，不得。予以咳，至十二時始入眠。翌晨六時醒。

九月十四日星期日（八月初三）晴熱

終日寫對于《古史辨》的批判，未訖。

潮、牛晚飯後去。服藥兩次，十一時後眠。上午二時、四時、五時醒。尿濕褲。

九月十五日星期一（八月初四）晴熱

到飯廳，開全所會，指責5·16軍團的反革命性，須一一揪出。返組，續開會討論。

眠兩小時。看報。以疲勞休息。

以與靜爭吵，服藥三次，十二時眠，翌晨五時半醒。

永匡囑我：“既組織上要你休息，你就當好好休息。”他問我近日如何，我對以腳腫、腿腫、氣喘、尿憋不住，皆虛象也。

九月十六日星期二（八月初五）晴熱

仍討論5·16事。此事由潘梓年、吳傳啓、林杰、林聿時、洪濤、王恩宇、傅崇蘭所組織，意欲推翻國務院及中央文革，與王、關、戚、楊、余、傅相勾通，甚至抄康生同志及陳雲副總理之家，泄露極密材料與英、美，爲一叛國事件，故今日要徹底查清。姚深來談。

眠兩小時許，疲勞，看報。傷風，鼻塞、咳嗽，周身無力。

九時服藥眠，十二時醒，五時醒。

九月十七日星期三（八月初六）涼陰

參加組會，聽備戰情況。我定盡我能力做些對衛國戰爭有利的事。

午飯時，潮兒歸，浴後去。看報。

服藥兩次，十時後眠。上午四時醒，又眠，六時醒。

今日看洪、湲兩兒信，對于她們在內蒙奮鬥，使我與靜讀之，皆甚興奮。

蘇修來襲，已成弦上之矢，洪兒參加邊防軍，身當前綫，日練放槍、擲手榴彈，喜其能在衛國戰爭用出力量也。

九月十八日星期四（八月初七）陰寒

八時至十一時，在大席棚外聽"鬥爭反革命分子周景芳大會"，以其爲5・16骨幹分子，曾陰謀打倒周總理及謝富治副總理，又篡奪《北京日報》之編輯權，妄肆宣傳也。十一時後又開組會，討論周景芳事。

以咳，未成眠。甚感疲勞。理髮。

聞康同璧病逝，年九十外矣。

九月十九日星期五（八月初八）晴

七時半，參加"鬥爭美蔣特務吳傳啓大會"。十一時散。返組討論。

潮、牛來，晚飯後到天安門操練。熏蚊子。我與靜秋同到東風市場。静旋赴天安門觀操練。我步歸，足底痛甚。十時服藥眠，上午二時靜歸，三時潮、牛歸。予眠至五時半醒。

九月二十日星期六（八月初九）晴，寒（夜北風起，降溫 15 度）

到工農兵醫院挂號、抽血。到北京醫院挂號。歸，進早餐後，到北醫診，碰釘子，僅取藥一種。到工農兵，診，血壓 150/90，尿糖一個，取藥歸。疲甚。

未成眠。看《北京工人》報《正確處理兩類不同性質的矛盾，認真落實黨的政策》一文及《紅旗》五期清華宣傳隊《爲落實毛主席的無產階級政策而鬥爭》一文。

十時服藥眠，翌晨六時半醒。

九月廿一日星期日（八月初十）晴，陰

徐州潘嬸之子潘文俊送玉米鬚來，予與暢談我的一生，飯後去。

予與俊奇討論予之罪行又半日。

八時半，潮、牛返校。予服樂兩次，十時後眠，十二時醒。又眠，五時半醒。

九月廿二日星期一（八月十一）陰，晴

到所，天天讀後，討論揪鬥 5·16 兵團事。此團開始于 1967 年農林口，以譚震林爲首，延及學部，今當徹底消滅之。爲訂《參考消息》事與永匡談。

一時眠，二時半醒。雖得眠，仍極疲憊，不知是否傷風感冒，抑係老態龍鍾也。看報。

十時服藥眠，十二時醒。又眠，六時醒。

九月廿三日星期二（八月十二）

天天讀後，開全班會，由李、林兩班長發言，要徹底查清5・16分子，令我等寫思想匯報。與厚宣、向奎、幼文、明經等同到二號樓後拔草。半小時後予即作喘，流汗不止，乃停工，看大字報。

未成眠，看報。

九時服藥眠。十一時、一時、四時、六時醒。鈔湲兒批評我的信。

九月廿四日星期三（八月十三）晴

天天讀後，出看周慈敖等大字報。回室，爲李學勤鈔寫大字報。

開批判5・16反革命分子王恩宇、傅崇蘭全班會。

歸，疲憊甚，至報紙亦不能看。八時半服藥眠，十時、十二時、三時、六時醒。

九月廿五日星期四（八月十四）陰

天天讀後，出看批判5・16反動集團之大字報。

起鈃來，渠明日與中華同人下放到湖北勞動。鈔自我批評訖。木蘭來，留宿。

服藥兩次，十時後眠。十二時、三時、六時醒。

近日天氣轉涼，咳甚劇，痰亦多。此老年人所同病者也。

九月廿六日星期五（八月十五）雨

天天讀後，續開批判王恩宇、傅崇蘭反革命分子會。與尹達、謝國楨同學習。

雨中歸。飯後眠二小時。咳更劇。草思想匯報兩紙，未畢。

十時服藥眠。十二時、三時、五時半醒。

九月廿七日星期六（八月十六）雨

天天讀後，討論5·16事。

眠一小時。改寫思想匯報（從5·16匪幫認識我自己）訖。潮、牛回。

服咳藥。十時服藥眠，翌晨五時半醒。

今日静秋到醫院看予血糖，爲148，又稍高。

九月廿八日星期日（八月十七）小雨

天天讀後，討論5·16事。看大字報。

眠一小時許。看報。潮同學李君來，留飯。潮、牛、李同返校。

十時服藥眠。十二時，居委會七人來查夜。翌晨五時醒。

九月廿九日星期一（八月十八）晴

天天讀後，討論5·16事。唐君要我寫大字報，以手顫中止，甚矣吾衰也！林君來，索思想匯報。

飯後，即鈔清，1,600字。五時半到所繳稿。

六時到席棚，參加建國二十周年紀念會，聽工、軍同志講話。看動畫片二（1，半夜雞叫；2，草原姊妹）。九時歸。潮、牛晚歸，旋返校。服藥二次，一夜未安眠。

九月三十日星期二（八月十九）晴，北風

摘鈔《延安文藝座談會上的講話》。

鈔昨日交出之思想匯報入册。

俊奇來，飯後去。爲郵局催訂《參考消息》證明信事，使我緊張，夜不成寐。服劇性藥，于十時半後入眠，翌晨四時醒。黎明時又略一朦朧。

69.9，15，洪兒來信：

《大批判》的社論出來後，北京的批判更深入了吧？爸爸要在這場革命烈火中好好認識自己。

北京的形勢這麼好，真令人鼓舞。這一年的生活，使我們這三年染上的無政府主義的東西沒有很好地克服，現在到連隊來了，管得真嚴，雖然還有些不習慣，但逐步認識到作風的重要。

一九六九年十月

十月一日星期三（八月二十　建國二十周年大慶）晴

鈔《人民日報》記上海建成十二萬五千瓩雙水內冷汽輪發電機組事入册。重寫自我批判近 3,000 字。

潮、牛游行後歸。

服藥三次不成眠。十二時起食月餅，穿棉衣倚床眠，得睡，六時醒。

十月二日星期四（八月廿一）晴

連日難睡，疲倦甚。覺非來。得洪兒來信。續鈔自我批判千餘字。

俊奇偕其同學張、瞿、韓、李四人來，同飯。張、瞿、韓三人與予討論予學術問題，甚得益。

八時，晚飯後，他們去，俊奇續與予談。九時後，予吃饃，兼服藥，十時半後得眠，翌晨五時醒。又眠，七時半醒。

近日不覺得餓，吃飯勉強得很。瞳孔無神，殆將死乎？

十月三日星期五（八月廿二）晴

昨夜幸得眠，但以藥量多，仍頭暈。看《參考消息》，知上月

22、29 兩天我國又作兩次核試驗。續鈔自我批評近 3,000 字，訖。

夜，吃了四種藥，并飲葡萄酒，依然徹底不眠，心跳症又發。

飯益厭進。

十月四日星期六（八月廿三）晴

與靜同到工農兵醫院挂號。到東單公園曝日。回院，待至十一時許診，檢得血壓高至 190/110，此平生所未有。醫師張前紅開休息三天證明書。到井岡山買物。十二時歸。

未成眠。李佳來。瞿來。潮、牛裝爐。

潮、牛、瞿返校。十時半服藥多種，又用水暖腳，由靜拍睡。翌晨四時醒。又眠，六時許醒。精神較好。

十月五日星期日（八月廿四）陰

靜到所爲我請假。終日雜翻書消遣。

但仍難眠。一夜中僅朦朧數次，每次數分鐘耳。

飯吃不下，睡又難成，如此不濟，如何捱下？支氣管炎亦復劇發，氣喘甚。

十月六日星期一（八月廿五）陰，風

靜到所，爲我取記賬單。渠按予脉搏，每分鐘 100，因到醫院，就孫彥卿診。檢得血壓爲 130/90，已縮低，惟心跳速。驗尿糖得 2 加號。十二時歸。

夜服藥二次，十一時後眠。翌晨六時醒。

《參考消息》續送來，蓋胡一雅所爭得。

十月七日星期二（八月廿六）陰間晴，風

脉搏不常，或 90 餘，或 80 餘，或 70 餘，一日數變。一生委

頓，無過今日。

潮兒下午歸，宿。

服藥兩次。十一時後眠，翌晨六時半醒。

十月八日星期三（八月廿七）晴，風

乘王明德車到工農兵醫院，就某一女醫診，得開假條一星期。驗尿二次，均無糖，但有酮體，此所以軟弱無力歟？十時歸。潮兒返校。

曝日。看報。

以服安眠藥量小（照醫師囑），直至上午二時後始入眠，六時醒，滿身無力。脉搏不穩定。

十月九日星期四（八月廿八）晴

無力，雜覽。

與靜同到中山公園散步。五時半歸，遇從文。今日只吃二兩麵，猶不餓。

服速可眠與水合氯醛，八時半乃眠，上午一時醒。又眠，五時醒。睡足矣，但脉搏還是80餘。

新添二病，一咳，一肚瀉，一日四次，即服黃連素止之。此身直似將傾之屋。

看我國外交部駁蘇修1969年6月13日聲明。

十月十日星期五（八月廿九）晴

看蘇修聲明。靜以我大小便送院檢查，無大病。

夜，服輕藥得眠。

今日大便三次。

十月十一日星期六（九月初一）晴

今日大便一次。

獨至景山，看國慶節文三篇。五時歸。修面。潮、牛來。

十時，服輕藥眠。

十月十二日星期日（九月初二）陰

疲憊無力。覺非來，留飯。

倚沙發眠一小時半。小牛與其師阮家德來。潘美君來。俞澤陽來。

眠不實，服藥兩次，時醒時眠，六時醒。

十月十三日星期一（九月初三）晴，暖

牛返校。九時，潮去。

到景山，看林副主席語録。歸，看報。

八時半服藥眠，上午一時、四時、六時醒。

　天氣暖甚而咳不止。仍不餓，强食。

十月十四日星期二（九月初四）晴，暖

由静伴至工農兵醫院，診得略有酮體，血壓 140/80，正常。心臟萎弱，醫囑再休養一周。

得眠一小時。静到所爲我續假。與永匡談。

八時服藥眠，十二時、二時、六時醒。

　每頓食不及二兩，而每日必下便兩次，或乾或稀無定，收入少而支出多，其可久乎？

十月十五日星期三（九月初五）晴，暖

九時，與静同到市場買物。到北京醫院，静打針，予到東單公

圍坐，看林副主席語錄。十二時歸。

　　未成眠。宋家鈺來，囑寫邊會材料。胡一雅來，囑明晨到所開會。

　　服藥兩次，十時半眠，十二時、二時、四時、六時醒。

十月十六日星期四（九月初五）晴，暖

　　八時乘 8 路車到所，在席棚開紀念毛主席批判《紅樓夢》十五周年大會，平伯受批，發言中亦及予。十二時散，步至南小街，乘 24 路車歸。

　　疲極，飯後眠二小時。起，看報。寫邊會事，未畢。李佳來辭行。

　　十時服藥眠，一夜未醒，直睡至六時半，蓋昨日走路太勞矣。

　　陳懋恒于 13 日因跌了一交遽死，友好中又弱一個。

十月十七日星期五（九月初六）陰間晴

　　寫邊會事畢，300 字。

　　眠一小時。讀《毛選》。爲靜看其自述。

　　九時半服藥眠，十二時醒，五時半醒，七時醒。

十月十八日星期六（九月初七）晴，午後小雨，有雷

　　靜集隊赴地壇看公審。下午五時歸。中午飯由我自做。

　　寫思想匯報，未竟。看報。

　　潮、牛來。十時服藥倚床眠，十二時以咳醒，朦朧到上午二時起服咳藥，得眠，七時醒。

　　便秘。服大黃丸二，仍不下。

十月十九日星期日（九月初八）陰

　　鈔自我批判 3,200 字，初稿訖。

眠二小時。

潮、牛返校。十時服藥眠，十二時、二時、六時醒，小便濕襯衣，裸眠。

再服大黃丸，便乃下，乾結甚矣。

十月二十日星期一（九月初九）陰間晴

再改自我批判，凡 10 頁，約 4,000 字。

眠二小時許。

潮、牛歸。八時半眠，十時、十二時、二時、六時醒。

十月廿一日星期二（九月初十）晴

静出席居委會，要每家挖防空洞。

眠近二小時。到巷口理髮。久不行動，少走亦累。將所寫思想匯報（胡適派資産階級唯心論的毒害）再看一遍。生敏來。

八時半服藥眠，十二時醒，二時醒，五時半醒。

十月廿二日星期三（九月十一）陰轉晴

乘老王車到所，天天讀。到尹達室，李師傅來，問病。讀《新民主主義論》，未畢。

飯後所中王同志等八人來，入書庫，檢保密文件及詳細地圖、關于邊疆書籍，備戰也。潮、牛來，知其後日即將赴淶水，築地下鐵道。静又哭。五時，所中人去。韓長厚及劉君來。

十時服藥眠，十二時醒、二時醒、五時半醒。

十月廿三日星期四（九月十二）陰雨

到所，天天讀後續讀《新民主主義論》仍未畢。楊升南囑予回家理善本書，林永匡繼之。

眠一小時許。所中人不來助予理書，欲自出打電話催之，靜又不許，口角。湲、堪來信，知其遷居，秋收尚未完，不來信者已一月矣。

七時，潮、牛歸，理物，買物，吃飯。八時半，與靜同到中關村，與木蘭別。靜至翌晨七時歸。予讀思泊書，至十時半服藥眠，十二時、三時、六時醒。

十月廿四日星期五（九月十三）晴

潮、牛于今晨八時上車赴渾源，造鐵道。靜歸。九時，李學勤等四人來，理予善本書及地圖等，予助之，憊甚。不期一衰至此。潮、洪、湲、堪四兒俱出，不知尚能見面否。木蘭來。取木箱，備遷。

李學勤等又來，予助理書，以動，大勞。

唐君來，送還所取字畫及方志。

十月廿五日星期六（九月十四）晴

爲潮兒去，家中人少，予與靜又多病，希望湲、堪于農閑時歸。靜到所，向工、軍隊商量，予寫信。李學勤來。潘美君偕樂君來，助家事。

眠二小時許。

九時眠，翌晨六時半醒。一夜未醒，亦未小便，知己力不勝理書，僅一日竟如此憊矣。

大便不通，服大黃丸。

十月廿六日星期日（九月十五）晴

翻所中退回之蘇州村鎮志，且題簽。看報。時局緊，靜理物。

眠一小時半。

張澤咸來。九時服藥眠，翌晨六時半醒。

十月廿七日星期一（九月十六）晴

天天讀後，整日討論 5·16 反動集團事，宣傳隊要每人發言，予遂不能默然。四時半，林囑予早歸。

晚，靜到木蘭處宿。予覽方志，遂不能眠。十二時服劇藥睡，翌晨七時醒。

十月廿八日星期二（九月十七）晴

天天讀後，續論 5·16 事。十時後，楊升南囑予鈔大字報，未完。

眠一小時半，靜不欲予醒，爲予請假。靜伴至醫院，停診。到東四取物，步歸。

九時服藥眠，翌晨七時醒。

十月廿九日星期三（九月十八）陰轉晴

遲到一刻鐘，天天讀後仍討論 5·16 事。十時半金連長來，大家到後樓搬滅火機，予未與。看門口處刑犯布告。十一時半歸。

眠約一小時。寫趙之華、之雲唁函。接潮兒書，知在淶源造鐵路，不赴渾源矣。此路直貫太行山，故有極長之山洞。

小牛來，爲治腳癬，并爲校辦事。一夜之中，醒了五次，也溺了五次，夜中喝水不多，不知何以有這多溺。

十月三十日星期四（九月十九）陰轉晴

天天讀後，全班開會，討論備戰及清隊事，以昨日謝副總理講此二題也。兩事實即一事，清隊正爲備戰。看大字報，知 5·16 匪幫不但學部，文化部、教育部亦皆有之。

眠一小時。靜伴至工農兵醫院，由劉大夫診，血壓尚如前，惟尿糖猶爲三個加號，准假一星期。看報。

潮兒歸，爲同學購物。九時半服藥眠，一夜溺五次。

今日問醫，頭皮瘙癢之故，渠謂即糖尿病之表現，非皮膚病也。予爲此病纏死矣。

十月卅一日星期五（九月二十）晴

潮兒終日買物。夜回校，明晨下鄉。檢先父所藏明、清兩代尺牘。

眠一小時半。

十時服藥眠，十二時、二時、四時、六時醒。小便淋灕。

近日飯量尚可，惟遍身無力耳。

69，10，26，起釪來書云：

我交代清楚了我的歷史問題，并有了基本認識後，得到毛主席的挽救，得到革命群衆的挽救，能回到毛主席的革命路線上來，這是我的新生，這是我一生的幸福。你的問題雖屬敵我矛盾，但只要真正認罪，交清了罪行，并作了觸及靈魂的檢查，就必能得到毛主席無產階級政策的寬大，得到革命群衆認真落實毛主席政策的挽救，這是可以斷言的。關鍵就在自己真誠認罪和深刻檢查當時反動立場、反動思想，態度真正誠懇老實，做到真正有了覺悟，就必能獲得解放的。我在等待聽到好消息。

又説：

不要拉客觀。

態度要好。老實誠懇。否定自己。敢于坦白。

我只有和人有私人關係，沒有政治觀念，所以終爲反動派所利用。我只對群衆有些同情，但并不曾聯係群衆，所以不能爲群衆服務。此後必須好好接受改造。

一九六九年十一月

十一日一日星期六（九月廿一）晴

潘美君來，同出，静伴我到王府井製大衣，須十二月廿日方可取。出，遇馮伯平夫人。買熟食歸飯。牛俊奇來。

眠一小時。看尺牘。

十時服藥眠，十二時、二時、六時醒。王秀瓊來。

去冬血糖已低至 125，今又高至 150。

十一月二日星期日（九月廿二）晴

看尺牘畢。擬將書畫捐與博物院，作題跋若干通。牛、王助静理衣物，出售破爛紙、衣若干。

夜十一時服藥眠，翌晨七時半醒。

十一月三日星期一（九月廿三）晴

終日鈔自我檢討，未畢。潘美君來，助静理物。

未眠。

與王君談。失眠，服藥兩次，待静與牛自中關村歸後乃眠，翌晨六時三刻醒。

十一月四日星期二（九月廿四）晴

八時，到所，參加學部"鬥爭反革命分子林聿時大會"。十一時訖。看大字報。十二時回家。

眠二小時。理書。王君已于今晨去。得自明來書，其翁姑于上月先後亡，叔玉奔喪，將帶自明到京。

九時半服藥眠，上午二時醒。又眠，六時醒。

十一月五日星期三（九月廿五）晴

到東風市場購物。理髮。牛晨赴校，轉淶水。竟日鈔自我批評，未畢。

眠二小時。美君來，旋取衣去縫。

服藥二次，十一時眠，上午二時醒。又眠，六時半醒。

十一月六日星期四（九月廿六）晴

得大周告，半個月內即走，非羅山即息縣。終日鈔自我批評訖，約 9,000 字。重看二遍。

眠一小時許。

九時半服藥眠，十二時醒，二時醒，六時醒。

十一月七日星期五（九月廿七　立冬節）晴

到所，開全學部鬥爭反革命分子王恩宇大會。十時半散。到本班開會。歸飯。

急往，開全所揪鬥王恩宇大會，當場揪出 5・16 分子王新民。回班，再討論，并批評交代不徹底的沈定平。七時歸。

自明由丁壽田送來，湲兒自呼盟歸。湲為我浴。十時服藥眠，上午二時醒。又眠，六時醒。

十一月八日星期六（九月廿八）晴

到所，天天讀後，由沈定平坦白，群衆批判。午歸。

眠兩小時。與自明同到瑞金路散步。歸，與筆談。

九時半眠，早二時醒。又眠，六時醒。

十一月九日星期日（九月廿九）晴

大玫携小胖、小朋來視自明。覺非來視靜。叔玉來，帶自明到其姑母處。

眠一小時半。到王姨母家，與大玗、大琪夫婦、大玫、大琬、王珏、楊洋、小朋及送自明到王宅之彭蘊杰會，靜後至，同飯。飯後與大玗、大琪長談。

九時半歸。服藥二次，十一時後眠，翌晨六時醒。

十一月十日星期一（十月初一）晴

到所，天天讀後，聽批沈定平。

眠兩小時。陪自明到東風市場、百貨商店。

與自明筆談。堪兒自呼盟歸。九時服藥眠，上午二時醒。又眠，六時醒。

十一月十一日星期二（十月初二）晴

到所，看鬥爭反革命分子洪濤大會。十一時，到本班開批沈定平會。十二時散。自明由靜送至彭家姑媽（趙敏）處。

眠二小時。看報。

服藥二次，十一時眠，翌晨六時醒。

十一月十二日星期三（十月初三）晴

到所，聽本班人批沈定平。

眠二小時，頭暈，決明日就醫。

九時服藥眠，十二時、二時、四時、六時醒。小便太多，遠過飲量。

十一月十三日星期四（十月初四）晴轉陰

静伴至醫院，抽血，出外飯。候劉大夫診，開假條一星期。血壓 160/90。

未成眠。看尹受所編我的藏書目。

九時服藥眠，上午二時醒。又眠，六時醒。

十一月十四日星期五（十月初五）雨

寫林永匡信，請假。寫自明信，由堪兒送去，接她歸。看書目。

眠近二小時。張覺非來，他校將遷江西。李學勤、王宇信來，謂近日所中甚緊張，明日須赴所。

服藥二次，十一時許眠，翌晨五時醒。

十一月十五日星期六（十月初六）晴，風

到所，由金連長召集全班會，告解放軍已退出，將來由工人階級主持宣傳隊。到學部大門，送文學所、經濟所同人到河南五七幹校。回，開班會，還要徹底清查 5·16 分子。羅琨、楊升南與我談，此後准上午到所半天，家中存物不可自行處理。

朦朧一小時。看書目。與自明筆談。

服藥二次，十一時半眠，上午二時醒，六時醒，七時醒。

十一月十六日星期日（十月初七）晴

全院青壯年挖防空壕，堪兒與焉。予續看書目。趙叔玉來，留飯。

眠一小時。丁延禮來，訪自明（她與叔玉同到前門）。

叔玉返校。服藥二次，十一時眠，翌晨六時醒。

屋內初生爐。

十一月十七日星期一（十月初八）晴，風

到所，天天讀後，續讀《毛選》。工宣隊某問我處理物件事。

眠一小時。陳誠獻、吳惠清夫婦來，與自明及我等談。爲處理物件事，與靜勃谿。

服藥二次，十一時半後朦朧，時時醒，六時起。

李民來，未晤，渠明日即返鄭州。

十一月十八日星期二（十月初九）晴

到所，兩歷史所開鬥爭反革命分子傅崇蘭會。急歸飯。

一時，在大場上開全學部鬥傅會。三時一刻畢，到班，續討論傅事。乘八路車歸。一日三會，憊甚。

八時就床即眠，十二時醒。又眠，六時醒。

今日下午，堪兒送自明到叔玉處住，他自到木蘭家宿。

十一月十九日星期三（十月初十）晴，風

到所，開落實政策會，由5·16分子許曾重坦白，得解放。歸班，續討論。

眠一小時。看報。到"東單"理髮。金連長爲中華《尚書》稿費來接洽。

九時服藥眠，十二時醒。又眠，五時半醒。

十一月二十日星期四（十月十一）晴

到所，天天讀。讀《毛選》四卷第一篇。取醫院記價單。歸，急飯。

一時，到所，聽5·16分子許曾重坦白認罪。回班討論。六時歸。

疲甚，夜眠佳。

十一月廿一日星期五（十月十二）晴

天天讀。挖 5·16。

下午，到所，聽全班對于 5·16 頑抗分子王新民的批評。王爲本所辦公廳主任，又爲人事科科長，故能偷取秘密資料，與楊超、白剛等結成小集團，任情攻擊。五時半歸。

疲勞，八時即眠，十二時、二時、六時醒。

十一月廿二日星期六（十月十三　小雪節）晴

到所，天天讀後，聽群衆對于沈定平不坦白之批評。沈與王新民有密切關係，故雖作檢討，依然攻守同盟。

眠兩小時半。看報。

九時半服藥眠，小便三次。翌晨六時醒。

十一月廿三日星期日（十月十四）晴

鈔自我批評 700 字。趙叔玉送自明回，留飯，長談。

眠一小時許。叔玉來，又談，五時去。看報。

服藥十時眠，小便三次。翌晨六時起。

十一月廿四日星期一（十月十五）晴

到所，天天讀。批評沈定平。爲科學社預支稿費事，金連長來談。

歸，未午眠，寫工、軍宣傳隊信，述稿費事，科學社有誤，即鈔清，1,400 字。生慧、潘美君來。

服藥兩次，十一時後眠。翌晨六時醒。

十一月廿五日星期二（十月十六）晴

到所，天天讀。爲稿費事，到姚深處交信。到老雍處，渠罵人，予不屈。

二時眠，六時醒，爲向所未有之酣睡。木蘭來，留飯及宿。

十時服藥眠，小便三次，六時起。

十一月廿六日星期三（十月十七）晴

到所，天天讀。爲稿費事，又與金連長談。乃知靜秋爲有筆據，因此弄亂。讀《毛主席關于反對反革命陰謀集團的一些論述》。

到排，續開批判王新民 5·16 罪行會。六時歸，在汽車中跌了一交。

八時半服藥，翌晨六時醒。

十一月廿七日星期四（十月十八）晴

到所，天天讀。訪金連長晤之，訪老雍不晤。繼續批判沈定平。

疲甚，即眠，至四小時乃醒。

夜飯後即眠，醒三次，六時醒。如此酣睡，快甚。

十一月廿八日星期五（十月十九）陰

到所，天天讀。批判沈定平，定爲隔離人物，以其不真心認錯也。晤金連長，但仍不晤老雍。歸，與靜言之，頗生氣，以其妄開收條也。

未成眠。看報。

九時服藥眠，早四時醒。又眠，六時醒。

近日痰咳殊甚。

十一月廿九日星期六（十月二十）晴

上午到所，聽同班人對于毛某爲 5·16 牽綫人的批評。

回家，趕緊吃飯，又去參加批判沈定平的大會。三時半，林永匡囑我歸家，我以車未至，看大字報，又到對門吳之壽處。五時歸。

八時就床，心絞痛病大作，多服安眠藥，十二時後得眠三小時，仍痛，且由胸牽及背。静伴我亦不能眠。此我之新病也。

今日下午，湲、堪伴自明到動物園，宿木蘭家。

十一月三十日星期日（十月廿一）晴

整日臥床。静到木蘭處。老瞿自密雲來，爲我作飯，但予飯量突差。

静、明、湲、堪歸。史先聲來，告冶金部將遷中條山。留史、瞿飯，留瞿宿。王大琬來，還姨丈所借書，并告大琪夫婦都赴湖南。

今日以臥床，痛漸減。服藥眠，屢醒。

一九六九年十二月

十二月一日星期一（十月廿二　大雪節）晴，風

静托周遠廉爲予請假。湲兒爲予挂號。静伴至醫院，就龔女醫師診，血壓爲110/80，太低了。經心電圖照相，知予病爲冠狀動脉硬化。歸，仍眠。自明給予卅元。静再到醫院，爲予取請假條。

按予病有二因，一上星期受老雍氣，二爲星期六上下午開會，且吃飯太快，生活緊張。如係心臟病，則又一促死之因矣。大便不下，服大黃丸。

十二月二日星期二（十月廿三）晴

終日臥，晚發燒（37.5℃），翌晨愈。

氣管炎劇，半夜咳，痰易塞。便下，一快。服六丸矣。

十二月三日星期三（十月廿四）晴

終日臥。覺非來辭行，他説我尺脉大，可長壽。然老則病苦日

多，壽亦苦事。

十二月四日星期四（十月廿五）晴

終日臥。看《左氏會箋》。心臟仍隱隱作痛。堪兒發燒，湲伴之視疾。

十二月五日星期五（十月廿六）晴

静伴至醫院，就張樹志大夫診，給假一周。血壓 120/70，太低了。臥已五日，今日起床，至不能舉步。堪兒退熱。静到所送條，并取生活費。

十時服藥眠，夜醒三次。

不想吃飯，雖有美饌，亦吃不下，此病也。

十二月六日星期六（十月廿七）上午小雪，下午晴

湲送自明到叔玉處。予終日臥床，略看報及《會箋》。潮之同學自淶源來，與湲同出購物。

眠二小時。

九時半服藥眠，上午四時醒，以咳及痰塞，待旦。

吾父之死，由于痰塞，予今始嘗其味，將來亦恐不免。

自明在此不安思家，而廣順來信，要大買什物，此事爲今日所不許，因須券須證，而又加以排隊，物資雖多，買則甚難，故叔玉去信責之。

十二月七日星期日（十月廿八）晴

今日起床，但憊甚，一動即喘。"老"之滋味如是。静爲按脉，仍 80 餘。

就床，未成眠。

心仍絞痛，服口含藥。靜以此徹底無眠。潮之同學劉夢麟等二人來。

十二月八日星期一（十月廿九）晴

看《會箋》，服四環素止痛。

眠半小時。林永匡、郭君來，問疾，并問人口。美君來。夢麟來。

服藥眠，尚好。

十二月九日星期二（十一月初一）晴

晨六時，劉夢麟來，偕湲兒到潮兒處，住十天。七時，洪兒自錫盟歸。靜喜極，以不得消息已一月也。即通知潘美君來談。楊玲來。堪兒扶予到巷口"革命"理髮。歸即臥。

未成眠。周遠廉偕東光來，詢賀昌群事。

十時服藥眠，翌晨五時醒。

十二月十日星期三（十一月初二）晴

寫《我和賀昌群在舊社會中的關係》1,200 字。手顫甚，心又痛。趙叔玉來，爲自明接洽轉期事。

九時服藥眠，十一時以咳醒。十二時再服藥眠，翌晨五時半醒。

洪云：在錫盟，冬天上午八時才天明，下午三時即日落，一日中，三分之一爲白日，三分之二爲黑夜。按，此即莊子"盧敖游于太陰"之説所由來也。莫旗來信説："每天才三點就黑天了，上午七點還不亮。"

十二月十一日星期四（十一月初三）晴

起身，心軟甚，看報。

服藥眠一小時。

以咳，服藥二次，十一時後眠，翌晨五時醒。

十二月十二日星期五（十一月初四）晴，風

早飯分兩次吃。邵恒秋來，長談。天寒，足冷。崔藝新來。

服藥二次，十一時後眠，上午二時醒。久久不成寐。四時半起，倚被眠，至七時許醒。

十二月十三日星期六（十一月初五）晴

静伴至醫院，開假條。血壓150/90。歸，大汗。尚愛松來，長談，留飯。

服藥二次，十一時半眠。

洪兒到木蘭處宿兩宵。

十二月十四日星期日（十一月初六）晴

叔玉送自明來，旋與同赴彭家。張澤咸來。

晚，彭蘊杰夫婦送自明回，定19日行。與自明筆談。服藥三次，十二時眠，翌晨八時醒。

十二月十五日星期一（十一月初七）晴

洪兒出訪同學。四日來便秘，連服大黃丸，昨始得下，今日又下一次，腹中舒暢。看胡風文件及編者按。

十時服藥眠，十二時、四時、六時醒。

静秋腰痛，當以太勞故。

十二月十六日星期二（十一月初八）晴

防空實習，予未參加。看報及《會箋》。

服眠爾通，得眠一小時。潘美君來，告其父以肝硬化嘔血。洪兒終日在外訪友，辦事。與自明筆談。

九時服藥眠。上午二時、六時、七時半醒。

十二月十七日星期三（十一月初九）晴

防空實習，予未參加。看報及《會箋》。

服藥，眠二小時。起，覺氣喘，四肢無力。叔玉、蘊杰來，決不待廣昕來京，即送自明回。

九時服藥眠，翌晨七時起。

十二月十八日星期四（十一月初十）晴

看報及《會箋》。

服藥，眠一小時。便秘，服藥。與自明、韓璐、洪、堪到紅星，看建國二十周年電影。予由堪兒扶。

九時眠，翌晨七時醒。

十二月十九日星期五（十一月十一）晴

與自明筆談。看報及《會箋》。

未成眠。李佳來。

叔玉來，彭蘊杰來，同飯。湲於今晚從淶源歸。八時，蘊杰送自明赴黔。叔玉、洪、湲、堪送至車站。予收拾家具，蒸饃。以咳，十二時方眠，翌晨八時起。

十二月二十日星期六（十一月十二）晴

韓璐來。農機院生杜華泰來，留飯。看報及《會箋》。

未成眠。潘美君來，告其父肝內又出血。

服藥兩次，十二時眠，翌晨七時半醒。

十二月廿一日星期日（十一月十三）陰，晴

看學習資料。静遇馮大夫，他説，患心絞痛的，不能勞累，不能緊張。看《春秋時代的政治和孔子的政治思想》。李佳來。

湲洗淶源照片，至上午一時。予服藥，眠至八時醒。

十二月廿二日星期一（十一月十四 冬至節）晴

看報及《會箋》。

服藥，眠兩小時。趙叔玉來，帶到廣順所送花生。杜華泰來，留飯，取照片。

服藥兩次，十二時眠，翌晨七時醒。

十二月廿三日星期二（十一月十五）陰，晴

看報。美君來，看其雲南諸同學信。

服藥眠兩小時。

不成眠，兒輩又睡遲，上午一時再服藥眠，七時醒。又眠，八時醒。周身痛疼，咳仍劇。

十二月廿四日星期三（十一月十六）晴

看報。掃地，氣喘。

眠二小時。

九時服藥眠，十二時醒，上午四時醒，六時醒。

十二月廿五日星期四（十一月十七）晴

堪兒扶至巷口理髮。歸後喘甚，此東坡死病也。

飯後與堪兒談。三時半眠，四時半醒。看報，李佳來，留飯。

服藥兩次，十時半眠，翌晨七時醒。

十二月廿六日星期五（十一月十八）晴

左眼發炎，買藥塗之。看報及《會箋》。

眠兩小時。

木蘭來，宿。十一時眠，翌晨八時醒。

　静久病腰痛而不肯就醫。

十二月廿七日星期六（十一月十九）晴

静到醫院爲我取藥。看報及《會箋》。潘美君來，知其父較愈。

眠兩小時。元善來，知民建行將遷湖北。

服藥，十時眠。

　午後不藥自眠，晚則藥後或仍不眠。

十二月廿八日星期日（十一月二十）晴

吳作人來。看報。

眠近兩小時。看《會箋》。丁壽田偕趙廣昕來，廣昕來此一星期，今晚返筑。

服藥，徹夜不眠，上午四時後略一合眼。

　叔玉已赴門頭溝工作。

十二月廿九日星期一（十一月廿一）陰，小雪，晴

塗眼藥後目稍清。看報及《會箋》。潘美君來，知其父漸痊。

晚，潮兒自淶源歸。九時服藥眠，上午一時、五時、七時醒。

十二月三十日星期二（十一月廿二　一九最後一天）陰，晴

頭暈，此一新疾也。看報及《會箋》。

眠一小時許。崔藝新來，與湲兒長談。

牛俊奇自淶源回，宿外間。九時服藥眠，十二時、三時、六

時、八時醒。

十二月卅一日星期三（十一月廿三）晴

看報。覺頭暈，就床，得眠約一小時。李佳等來，留飯。

全家出門照相，予倚床看書。右腿上生一瘡，將歷一月，今日以紫藥水塗之。看范文瀾《中國近代史的分期問題》。張澤咸來，借《參考消息》。瞿立東來，留飯及宿。

十一時服藥眠，翌晨六時醒。

學習馬列主義，目的不是爲了增加知識，而是力求會用它的觀點，培養對事物的判斷力。

没有深刻地進行批評和自我批評，就不能把錯誤的思想根源找出來，只有在徹底的批評和自我批評中，找出思想根源，才能够正確地知道什麼是修正主義。要深刻地體會到修正主義的危害性，才能從中得到教訓，不斷地對自己鬥私批修，檢查自己的思想，活一天就改一天。

要能活學活用毛澤東思想的觀點看問題，看出帝、修、反的反革命本質，從而推動革命運動。

李宗仁做了一生的壞事，但他最後毅然回國，使蔣政權得到極大的震驚，這就是他的好事。我在舊社會活動，起了極大的壞作用。但到今日能改，也能在一定程度起好作用。這就是矛盾的轉化。雖已在衰老之年，仍可作有益之事。

到了抓緊革命大批判的日子裏，怕也無用，悔也無用，只有向人民繳械投降，徹底地改造思想，認識過去數十年中的罪行，向人民認罪，才是我的正路。

不可能在打結實的封建主義思想上來作反封建的事業。從我的行事上就可以看出我的"學術"是不正確的。

僅憑一些例外的事件，就把整個社會主義的優越性都看成壞現象，是不對的，只見一個指頭，就大肆評論，看不到九個指頭。社會主義是一個新東西，在這樣大的中國，要建設一個向共產主義邁進的社會主義，處處有困難，就處處在摸索解決困難的辦法，哪能一步跨上天，一下子得到勝利的果實。有困難，有辦法。我所看見的只是困難的方面，而不是解決的方面，因此我常流入悲觀，覺得不如舊社會的安定。這完全站在資產階級的立場上要求無產階級專政的變質，回復我所失去的天堂。這就顛倒了敵友關係。

我一生自以爲脫離政治，安心于研究學問，不知人類是政治的動物，你脫離了革命的政治，就會走進反革命的政治。這在解放以前表現得再清楚沒有了。

我自以爲愛惜人才，而從來不知道有階級，階級矛盾，階級鬥爭，不知道階級分析，而只以愛憎對人。爲了我是一個徹頭徹尾的資產階級代表人物，擠上了特殊階層，所以看到的人才都是資產階級的，或地主階級的，這種人天然站在反對無產階級的立場上。幾十年來，我所往來的及友好的人，都是滿腦子的反動思想，我自己本已反動，加上這班朋友，日夕熏染，就更反動了。我在這一群裏，就成了一個頭子，我常覺得手下有一群人，可以利用他們來幫我成就事業，或讀書治學做我的接班人。所以我到處有徒黨，雖沒有組織，但可以號召。

我習慣于個人奮鬥，越奮鬥臭名越遠揚，甚至成爲一尊偶像，今日必當打破，始有真正的馬列主義和毛澤東思想的歷史學。

我妄説自己是反封建，實際則爲半封建半殖民地的反動統治服務。

資産階級客觀主義，只會看到表面，不能看到本質。

　　我在新社會中所犯的罪行

1. 土改運動——站在地主立場，爲地主鳴冤叫屈。

2. 抗美援朝運動——站在美帝立場，以爲美帝武器是不可戰勝的。

3. 三反五反運動——站在資本家立場，爲他們呼籲。

4. 批判俞平伯運動——同俞一鼻孔出氣，認爲這次運動是圍剿，妨害百家爭鳴。

5. 反右運動——站在右派立場，認爲打擊面太廣了。

6. 三面紅旗運動——站在地主立場，認爲勞動量太大，壓得人喘不出氣。

7. 無産階級文化大革命運動——站在資産階級立場，認爲打擊面太廣，黨不要老幹部。害怕軍隊介入鬥爭，而不認識這次運動的滅資興無的主流。

8. 三年困難時期——怨恨市場供應缺乏。

9. 反修運動——害怕我國的友邦太少。

10. 自以爲不問政治，而實際則處處問政治，并且嗅覺特別靈敏，總用舊腦筋來作批評。

11. 從不曾想到"爲人民服務"，而只想提高自己的專家地位。

12. 劉少奇的反革命的修正主義路綫，正是培育我的反動思想的温床和土壤。

13. 雖解放後參加學習，但始終不認識毛澤東思想，不知己身已處在社會主義社會中，只覺得自己的舊生活是不可改變的，舊文化是我研究的專門學問，因此抗拒改造，并怠惰了學習，總覺得在民進學習，逼出幾句話來應付過去，遠不如在學部中心小組座談會上可以隨自己所知道的説出來爲自然而有趣味。這就投入劉少奇的圈套。

　　我的總結

1，我的性情非常矛盾，理智勝時便想專心讀書治學，感情勝時便做社會活動。

2，我最喜歡搜集資料，用歸納法整理資料，而没有遠見，没有綜攬全局的本領。

3，我最富于同情心，見人痛苦若己痛苦，故樂于施捨，而不能在痛苦的後面找出問題及解決問題。

4，我于卅歲左右，爲人與治學俱成定型，不能有變化，亦不想有變化。因此，時代愈前進，我愈後退，成爲頑固分子。

5，我來者不拒，去者不追，并没有結成死黨。但因有求必應，做出許多錯事。

6，好大喜功，永爲怨府；貪多務得，哪有閑時。

　　《古史辨》與反封建

1，打倒三皇、五帝（我的比較材料只有《舊約》，太貧乏了）。

2，否定夏以前史，即夏代首數王亦是神話。

3，把孔子與六經分家。

4，拆穿五德終始説（此據崔適説）。

5，打倒道統（不懂階級鬥爭，即不懂歷史）。

6，用胡適的方法，先假定，後找材料。又用他的庸俗進化論，以生物進化觀察社會進化。

7，用錢玄同的資料，以今文家言反對古文家，又用古文家反對今文家。

8，雖有反封建之心，但方向不正確，仍落爲封建的保護者。

9，分析神話—傳説—史實。

10，不懂得氏族社會的圖騰制。

11，此後當細讀《古代社會》和《私有制、家庭和國家的起源》。

12，不破不立，我願革命群衆和我自己一起把《古史辨》造成的不良影響推倒，然後依着馬、恩、毛的思想重新整理古代史。

反魯迅的本質

我和魯迅都一樣地出身于封建剝削階級，但結果大有不同。

一，魯迅能背叛他的家庭，而我却忠誠地做家庭的孝子賢孫。

二，魯迅能看到人民大衆的痛苦，敢于替受壓迫的人民大衆鳴不平，對反動的舊勢力作不調和的鬥爭，而我眼裏看不見人民，只有資産階級的上層人物和社會上表面的升平世界。

三，魯迅有"横眉冷對千夫指，俯首甘爲孺子牛"的氣概，而我專在舊社會裏對我所稱心如意的人要好，甘心爲我所欣賞的一小部分人精心獻好出力，更喜歡所誇獎我的人、恭維我的人的話，從而走向這一類人的道路而不自覺，如胡適、朱家驊之流，終至成爲他們反人民的走卒，進而變成了他們口袋中的御用角色，要我幹什麼我就由着他們牽着鼻子走。

四，魯迅一遇到偉大領袖毛主席，便自然地走上了馬克思主義、毛澤東思想的道路，拜毛主席爲師。而我則從本質到處世一直是害怕共産黨，跟着胡適，對馬列主義一進中國便持着抵觸的態度，所以會同情蔣介石的清黨，認爲清黨救了我，這正確地説明了我害怕魯迅、害怕人民、害怕共産黨。後來對于紅軍進佔南昌爲之吃驚。

五，魯迅一心傾慕毛主席，而反對胡適和我，對我幫助朱家驊、傅斯年恨得入骨，而我在遵義會議以前，腦筋裏壓根没有"毛澤東"三個字，對胡適、朱家驊則抱着"士爲知己者用"的奴才思想，終于成爲蔣介石的御用學者，成爲革命人民的敵人。

從以上各條看來，魯迅真正是革命人民的導師，而我則是掩耳盗鈴，自欺欺人，説成魯迅和我是私人矛盾或北大黨派矛盾。現在知道，這僅是表面現象，從階級路綫看，我是反黨反人民的老反革命分子。我的投入國民黨反動派是很自然的了。

我要和魯迅打官司，是蚍蜉撼大樹，可笑不自量，是想借着蔣介石的刀來殺他，用心險毒到極點，幸而此事没有做，否則我必爲人民所鎮壓。到今日，只有向魯迅的英靈請罪，向人民請罪。

我反對他是本能上的表現，正和親近胡適是本能上的表現一樣。所以我盡跟不革命、反革命的徐志摩、陳源接近，這是紳士派的必然表現。

我怕革命，怕流血，正和毛主席的"槍桿子裏出政權"相反。魯迅則用筆桿子來代槍桿子，我只望温和地改變，即改良主義。

看《魯迅全集》，裏面充滿了革命思想，和我的日記相比，則日記裏全是封、資、修的一套。

魯迅培養的是什麽人？我所培養的是什麽人？

我對于無産階級文化大革命的認識的幾個階段：（以階級鬥争爲綱，以鬥争立場爲綱）

1，1966年，文化大革命剛起時，我根本不理解，也不重視，以爲這和以往的各次運動一樣，等到運動完了，我還是可以照舊幹我的事，雖然我被揪出來，被專了政，也無動于衷。

2，等到階級鬥争深化了，派性鬥争激烈了，我只站在一旁看，以爲與己無關，這正是説明"派性鬥争"掩護了我這階級敵人，正好趁此機會養病。

3，等到叛徒、内奸、工賊劉少奇被打垮了，從潘、吳到王、傅的反動分子垮臺了，我才真正接受了革命群衆的專政教育，這時才開始正視了這個運動，緊跟着毛主席的最高指示説運動實質，是社會主義條件下的政治大革命，我的腦筋開始受到震動，才認真檢查我自己的反動的一生。

4，一，出身于反動的家庭。二，接受了反動分子胡適的思想及治學路綫，唯恐跟得不緊。三，反黨、反魯迅本質的由來。四，更進一步走進了國民黨反動派，爲蔣匪服務。五，十分地構成我的老反革命分子的罪惡。

5，解放以後，反動的世界觀一直不改，堅持不接受改造。一，對黨的路綫政策不能理解，不肯接受。二，自然而然地作爲劉少奇反動路綫的社會基礎。三，十足地成爲新的反革命分子。

6，緊接着受工宣隊和革命群衆的教育，又聽到毛主席的擴大教育面、再教育、給出路的政策，使我覺得有重新做人的希望。

7，誠心誠意向毛主席請罪，向革命群衆低頭認罪，接受處分，接受改造，重新做人。我知道緊跟毛主席的革命路綫，傾聽毛主席的聲音，相信群衆相信黨，就有前途，就是勝利，就能嘗到甜頭，立功贖罪。

8，我決心不怕現醜，不怕痛，請群衆給我無情的鬥爭和批判，反正我的具體而詳細的材料都在群衆手裏，把我批倒、批臭，肅清流毒，我才好走毛主席路綫，按毛主席的指示辦事，做毛主席的好學生（在人民的海洋裏給我洗澡）。

我在三年前所作的交代，把作壞事的責任盡歸于別人，現在觸動靈魂，這是我的階級本性所決定，應當自負責任。

我掉在河裏，請工宣隊、革命群衆來拉我一把，到了岸上，還繼續地拉我，不使我再落水。我願意有幾個導師。

我是一個老反革命，也是一個新反革命，犯罪甚大，被革命群衆揪出不感到冤枉，但認識了錯誤即當改變錯誤，永不停止地跟着毛主席走。

毛主席對犯錯誤的幹部是十分寬大的，聽了清華和南口的兩個報告就可知道，但是給出路并不是就此完事，而要繼續改造，繼續前進，立功贖罪，才能合毛主席寬大對待犯錯誤的人的正確的計劃。

國際形勢越來越好，全世界的人民群衆都向往中國的最紅最紅的紅太陽，我們住在毛主席身邊的人哪能不感動。

1. 千萬不要忘記出身于剝削階級，對人民犯罪！
2. 千萬不要忘記批判自己的反動的世界觀，一世在爭名爭利中！
3. 千萬不要忘記在舊社會裏爲國民黨反動派服務！
4. 千萬不要忘記在新社會的一切表現正符合于劉少奇的資本主義反動路綫，作他的社會基礎！
5. 千萬不要忘記無産階級專我的政是應當的！
6. 千萬不要忘記平生做壞事都出于主動，不是被別人牽着鼻子走！
7. 千萬不要忘記我的臭名不是由于別人捧我，而是由于我自己向上爬，不可推卸責任！
8. 永遠鏟除自己的驕、嬌二氣！
9. 永遠相信群衆相信黨！

越是積極，犯的錯誤越大。我在國民黨裏，能起到別人所不能起的作用。

金振宇　崇外龍潭北里三條三樓二單元四號
洪駕時　蘇州菉葭巷佛蘭弄 19 號
計聖南　上海多倫路 201 弄 23 號
劉起釪　湖北咸寧文化部五七幹校十六連
潘文俊　李好久　山西陽泉市商業醫院
顧潮　河北淶源縣 8739 部隊 34 分隊
自明　新貴陽醫學院六宿舍 8 號
牛俊奇　淶源縣王安鎮 8739 部隊 25 分隊
龍通玉　貴陽相寶山新宿舍 2 單元 7 號

一九七〇年

一九七〇年一月

一月一日星期四（十一月廿四　新年）

全家到王府井照相，予看家。看報及《會箋》。聽廣播。俞澤陽來，留飯，予厭之，苦不能逐也。

全家至木蘭處，夏延處。

十時服藥眠，翌晨六時醒。

一月二日星期五（十一月廿五）晴

全家在院內照相。潘美君、俞澤陽、張汩、李佳等來。看報。

眠二小時許。

服藥，十一時後眠。翌晨五時醒，七時醒。

一月三日星期六（十一月廿六）晴

看《人民日報》社論。夏延來，知其父康農一目已瞽，一目僅透明1/4。俞澤陽來。潘美君、生慧、蔣立等來。

未成眠。看報。看日譯《古史辨序》第三版。牛與潮欲赴淶源，以無車退回。劉憲子之父來。

服藥十時眠，上午五時醒。又眠，七時醒。

大便兩次，突噴污褲。

一月四日星期日（十一月廿七）晨小雪旋晴

看報。老牛拖地，堪兒遲起。足冷甚，上午即上床，以熱水袋烘之。

二時半眠，六時醒。潘美君等數人來，看湲兒所照片。洪兒終日會友。

十二時半服藥眠，翌晨七時醒。

一月五日星期一（十一月廿八）晴

潮、牛同赴校，轉淶源。靜秋往看公審，歸後腰痛。湲兒同學六人來。看報。

眠三小時半。

十時服藥眠，翌晨二時、六時醒。

一月六日星期二（十一月廿九　小寒）晴

九時半，由靜秋伴至工農兵醫院，就龔女醫診。血壓 160/90，尿糖二加號。仍開前方。十二時歸。

飯後登床，心跳而醒。看報。靜秋到所，辦我各事。周遠廉來，囑我重寫關于劉體仁的歷史情況。

失眠，十二時再服藥，眠至翌晨九時。

一月七日星期三（十一月三十）晴

靜到同仁醫院診腰痛，未檢出有何大病，大約十數日來，人來人往，奔走過忙所致。遵囑，重寫劉體仁材料，分五章：1. 段繩武的簡史；2. 我與段繩武的認識；3. 劉體仁在西北考察團；4. 段繩武辦西北考察團的用意；5. 段繩武的愛人王廣堯。（我與劉絕不認識，只寫 3 段。）1,600 字。

瑗兒腹痛，午後臥。王秀瓊從淶源來，留宿。

服藥兩次，十二時眠，翌晨七時醒。

一月八日星期四（十二月初一）晴

瑗兒發燒，晚退燒。

午後未成眠。看報。與王秀瓊談。

服藥兩次，十二時後眠。咳甚，痰吐不盡。翌晨八時醒。

一月九日星期五（十二月初二　三九）晴

王明德來。看報。

農機院謝老師來。周遠廉偕一人來，囑我寫一簡單自述。

心痛，服三硝基甘油。潘美君來。王秀瓊來宿。服藥三次，十二時半眠，翌晨八時半醒。尿糖二加號。

一月十日星期六（十二月初三）晴

張大姐來，談牧區事。寫《我的學術工作》初稿四頁。

眠一小時半。洪兒到木蘭處。

服多量藥，十時眠，半夜以咳醒二小時。翌晨上午八時醒。

一月十一日星期日（十二月初四）晴

爲蘭大教師魏志光寫一資料。將前寫總結統看一過，預備改寫。張覺非夫人來。

眠一小時半。張澤咸來。

靜爲洗浴。以咳，服藥兩次，十二時醒，翌晨八時醒。

一月十二日星期一（十二月初五）晴

重寫檢討二千字。

眠一小時半。寫自明信。

以咳至十二時半，服藥兩次眠，晨八時醒。

左足拇指生瘡作痛，堪兒爲塗藥，走路不便。洪歸。

一月十三日星期二（十二月初六）晴

重寫檢討二千字。

眠二小時。看報。木蘭來，留飯。美君來。

服藥二次，十二時眠，二時、六時、八時醒。

一月十四日星期三（十二月初七）晴

續寫檢討二千餘字。潘文俊、李好文來，談醫病。

眠二小時。看報。

十時服藥眠，十二、二、四、六時醒。

一月十五日星期四（十二月初八）晴

洪兒爲挂號，静伴至醫院，就蘇州高大夫診。血壓 160/90。元善來，未晤。

未成眠。續寫檢討千餘字。韓璐、張金英來，潘美君來，留飯。湲向李佳學針灸。

飯後予忽拉肚，眠後又忽大吐，將晚飯及藥盡行吐出。十二時，服藥眠。大約金黴素不合予體故。翌晨八時醒。

一月十六日星期五（十二月初九）晴

草《我所做的社會活動的反動罪行》略畢，約三千字。

未成眠。元善來。寫自明信。

崔藝新來長談，十一時服藥眠，上午三時、六時、八時醒。

知錢寶琮夫人、張絅伯、周叔迦死。

一月十七日星期六（十二月初十）陰

草《社會活動》一章訖，約二千餘字。

未成眠。夏延來談。靜爲予浴。

服藥兩次，十一時後眠。上午一時醒、六時醒。

一月十八日星期日（十二月十一　四九）陰

清鈔檢討第一章三千餘字。俞澤陽來，吃飯。

聖陶、滿子來。潘文俊來。潮兒同學汪君來。

九時半服藥眠，翌晨六時醒。又眠，八時醒。

靜秋今日病倒了，腰脊痛。

一月十九日星期一（十二月十二）晴

續鈔檢討三千字。靜腰痛甚，仍臥。洪赴石景山參觀。

十時服藥眠，翌晨三時醒，六時、八時醒。

一月二十日星期二（十二月十三　大寒）晴

湲兒爲靜扎針，暫好，終日臥床。鈔檢討訖，計 15,000 字，超出限度，須重改。爲堪兒拂逆，心絞痛又作，含藥。

十時服藥眠，上午二時醒，六時醒，八時醒。

一月廿一日星期三（十二月十四）陰

靜秋腰痛臥床（病由看公審起）。鈔第一章（胡適、魯迅）二千字。潘美君來，同午飯，她明晚赴滇。居委會人來，查户口。

一月廿二日星期四 （十二月十五） 陰

終日寫《爲國民黨服務的罪行》四千餘字。元善來談。

服藥二次，十二時眠，翌晨二時半醒，五時半醒。

静今日下午覺瘥，半夜復大痛。洪爲送潘美君，未歸。

一月廿三日星期五 （十二月十六） 晴

静到醫院，歸後以打針反應，眠床，大痛。鈔檢討千餘字。

夜，心痛，服藥。十二時眠，上午三時醒，七時醒。

一月廿四日星期六 （十二月十七） 晴

重寫檢查，鈔800字。李唐晏來。

眠一小時。

服藥二次，十一時後眠，三時醒，六時醒，八時醒。

大便三次。

一月廿五日星期日 （十二月十八） 晴

續鈔千餘字，不滿静意，大吵。木蘭偕國光來，留午飯。

晚飯未吃。服藥，十一時眠，上午三時醒，六時醒，八時醒。

大便二次。今年咳甚痰多，爲前數年所無，每次睡下及起身，總是不斷地吐咳，不知要變成肺氣腫或肺炎否。老年之苦，真非少年所能知。

一月廿六日星期一 （十二日十九） 晴

終日鈔檢討4,000餘字，訖。

夜以咳，至十二時服藥兩次眠，六時醒，八時醒。

静仍腰痛。

一月廿七日星期二（十二月二十　五九）晴

　　將檢討復看一過，未完，即爲堪兒搶送所中。李佳來。續寫檢討補遺，未完。

　　眠一小時許。元善來談。

　　看《蘇聯是社會主義國家嗎?》一書。十時服藥眠，上午二時、五時、七時醒。

　　堪兒欲入邊防軍，以予故不得參加，爲之悶損。

　　兩日來大便稀而少，足見腸又有病。拉稀三次，食少。

一月廿八日星期三（十二月廿一）晴

　　看《蘇聯是社會主義國家嗎?》。

　　眠一小時。

　　十一時服藥眠。上午三時、六時、八時醒。咳甚，胸部痛。

　　大便三次稀。静終日眠。

一月廿九日星期四（十二月廿三）陰

　　看《紅旗》1970 第一期。理報。

　　眠一小時許。

　　服藥兩次，十一時眠，一時醒，五時醒，七時醒。咳甚，痰多。

　　大便兩次，後一次乾。

　　静終日眠，面發青。

一月三十日星期五（十二月廿三）晴

　　湲兒到同仁挂號。予與静秋同往診。静係勞傷。我係肺氣腫，血壓 160/90，尿糖 ±。十二時歸，一身汗。

　　眠兩小時許。續看《蘇聯》。

　　十時眠，胸痛大作，再服安眠藥，十二時眠，翌晨三時、八時醒。

醫言七十多歲的人不可能不犯肺氣腫。終日頭暈，眠前如蒙紗。大便二次。

一月卅一日星期六（十二月廿四）晴

終日頭暈，不能作事，只看《蘇聯》。

眠一小時。蔣力來，留飯。

九時半上床，胸痛大作，痰咳。十一時眠，翌晨二時半、七時半醒。

大便二次。

一九七〇年二月

二月一日星期日（十二月廿五）晴

仍頭暈。看《蘇聯》。目昏加甚。周宜英偕其保姆來，湲兒爲扎針。周遠廉夫人來。

眠一小時。石金泉持老牛信來，囑洪兒明日赴淶源。李端、韓璐等來。李端留飯去。

失眠，服藥三次，十二時後眠，上午三時醒。又眠，八時半醒。

今晚咳較痊，而又失眠。病不捨我，奈何！

心痛竟日。

二月二日星期一（十二月廿六）晴

昧爽，洪兒行。八時，湲兒與蔣力等游頤和園。予以服安眠藥多，頭眩。理報。與靜、堪吵（爲我擬寫交代補遺，而他們不許），心又作痛。

眠一小時。

十時服藥眠，上午二時醒。又眠，五時醒，八時醒。

不能有一點緊張，不能有一點憤怒，否則心便作痛。天暖，出散步，或稍愈。又恐走不動耳。

二月三日星期二（十二月廿七）晴，陰

看《蘇聯》訖。

眠一小時半。湲兒發燒37.9℃。堪兒滑冰。

服藥二次，十二時眠，上午三時半醒。又眠，八時醒。上午心絞痛。

二月四日星期三（十二月廿八　立春）晴

生慧來，送綫票。林楠來。寫條二，交堪兒到所取生活費及看病計價單。

眠二小時。頭暈、咳較好。湲兒愈。張覺非夫人來。

病發，服藥，十一時後眠，上午四時醒。又眠，八時醒。

二月五日星期四（十二月廿九　六九）晴

重看《蘇聯》。十一時心微痛，臥床。

眠一小時。尚愛松來，長談。元善來。韓璐來。

以多說話，心又痛，服藥眠，十一時半、四時半、七時半醒。

二月六日星期五（庚戌正月初一）晴，陰

啓鏗、木蘭、國光、纓來。國光能寫字，纓能言。又多痰。

眠一小時。兩日不下大便，服藥。啓鏗全家留宿。

九時半服藥眠，上午四時醒。咳。又眠，七時半醒。

二月七日星期六（正月初二）晴

啓鏗全家去，湲同往。下便。看《共產主義運動之論戰》。

眠半小時。看報。眼花。鄧方來。

服藥二次，十二時後眠，二時尿濕褲。四時醒，八時醒。

二月八日星期日（正月初三）晴

洪、堪到木蘭家，終日。看報及《論戰》。

得眠一小時，以咳醒。李佳來，長談。邸立及其妹邸石來，長談。

洪、湲、堪三人終夜不歸。予與静待之至十二時，不得已服多量安眠藥而睡，六時醒。

此次啓鏗一家來住一宵，湲兒送之歸。翌日洪、堪同往。此乃舊風俗春節之遺留，親串互相來往而已。乃三人竟一去不歸，并無要事，何至于此。且陸家屋小，其家大小五人已擠，何能再擠三人？說是車禍罷，三人不能俱罹禍，必當有一人歸報，何以寂然。且此三人均經風浪見世面之人，亦不能一出事故，即呆若木鷄。即此三人嚇倒，木蘭亦當來報，何以竟無消息？千思萬想，總不能得其故，作父母者亦良苦矣。此種舊風俗、舊習慣猶深中于少年人之心，經文化大革命而未已，誠不可不打碎也！

二月九日星期一（正月初四）晴

今日啓鏗夫婦俱上班矣，乃待至九時仍無消息。静出外先打電話，如打不通即到中關村查詢。此三兒不久即將返内蒙崗位，決不致逍遙于姻戚家也。予以病，只得在家等候。

四時，三兒仍不歸，静到中關村訪之。四時半，三兒歸，詢知爲木蘭所留，別時木蘭哭，慮不相見也。羅、張二夫人來，其子在錫盟與洪兒同事牧業。

静歸。九時半服藥眠，上午五時醒。又眠，八時醒。

二月十日星期二（正月初五）晴，暖

堪兒伴至"東風"理髮。

眠二小時許。金振宇來，長談。看《論戰》。

以靜、湲不欲堪兒將半導體帶蒙，激怒，堪竟將半導體摔之于地，六燈俱碎，全家大怒，吵至上午一時始眠。洪兒爲予洗浴。爲堪兒事，一夜倚被而眠，上午五時即醒。

二月十一日星期三（正月初六）晴

元善來。爲堪兒事，精神疲勞不堪，頭暈，時眠時醒。

夜，木蘭來，與堪同學習毛主席語錄，以善語勸之。木蘭留宿，囑堪明往其家再討論。堪自知理屈，驕氣漸退。十時服藥眠，半夜兩溺均未醒，靜爲易褲。早六時醒，又眠，九時醒。

二月十二日星期四（正月初七）晴，陰

十一時又眠，中午一時醒，堪爲穿衣倒茶。

飯後，堪至木蘭家，湲至小周家爲其保姆之孫打針。靜憊不能起。此半由張家遺傳，半由彼溺愛之過也。

十二時後眠。

二月十三日星期五（正月初八）

洪兒十時半動身，湲、堪送至永定門車站。俞澤陽來。

大便乾結甚，服大黃丸二乃下。痰咳甚。

二月十四日星期六（正月初九　七九）晴

堪早起爲挂號。九時，湲伴予往醫院，靜隨來。人多，待至十一時許始診，血壓 150/90，斷予肺氣腫由糖尿來，心絞痛亦由糖尿來。再至中醫科就陸石如診，渠年 68，他亦有糖尿、心絞痛諸疾，

謂予脉尚好。十二時半歸。

眠二小時，四時起，看報。李佳來。武剛來。瞿君來，宿。服中藥，便仍秘。

服藥二次，十二時眠，翌晨八時醒。

二月十五日星期日（正月初十）晴

終日頭暈。看《辭海》。

眠一小時半。張澤咸來。

服藥二次，十二時眠，翌晨七時半醒。

二月十六日星期一（正月十一）晴

以腿種，靜令睡。終日頭暈。看報。

眠兩小時。

服藥兩次，十一時眠，上午二時醒，五時醒。良久復眠，八時醒。

二月十七日星期二（正月十二）晴，陰

看《會箋》。

午李佳來，助湲作針綫，予遂不能睡。服中藥後，大便通暢。

十時服藥眠，輾轉不能睡。十二時再服藥，良久得眠，上午八時醒。

二月十八日星期三（正月十三）晴

晨，堪兒爲予刮臉。看《會箋》。

眠三小時。

八時，堪兒返呼盟，携一板箱。靜、湲、楠送之，十時半歸。

終日拉稀三次。

二月十九日星期四（正月十四 雨水節）陰，夜雪

蔣力來，留飯。劉敦愿自山大來訪。武剛來。

眠四小時。

十時服藥眠，上午一時醒，三時又醒，拉稀，服 S. G. 。又眠，八時醒。

拉稀四次。

二月二十日星期五（正月十五）晴

早，湲赴固安縣五七幹校訪鄧方。早飯後上床。

二時半眠，五時半醒。

服藥二次，十二時後眠，上午三時醒，六時醒，八時醒。眠久如此，其"老熟"乎？

終日拉三次，服 S. G. 。

得堪兒電，知已到莫旗。得洪兒信，知才到寶昌。

二月廿一日星期六（正月十六）晴

看《會箋》。

眠兩小時。

十時服藥眠，上午三時醒，八時醒。

終日大便三次，稀，服 S. G. 。

二月廿二日星期日（正月十七）雪

大便二次，初稀，繼乾。

朦朧約一小時。劉業晋、唐珣、俞澤陽來。看報（尼克松國情咨文）。

服藥，稍一朦朧即醒。再服藥無效，至一時半靜秋起，爲余墊高枕，始得眠，八時半醒。以咳醒，心痛含藥。

小周來算電、水賬。

黃璇文病，静去信。

二月廿三日星期一（正月十八　八九）雪，下午止

以昨眠不佳，心臟軟弱。静爲捫脉，多時 80，少時 70。十一時眠，下午一時半醒。

看報。續某來。林楠來，將送其祖母回閩。

不成眠，至上午一時倚被睡，翌晨九時醒。

晨大便一次，下午又一次。

二月廿四日星期二（正月十九）雪

終日大便三次，稀，静托小周買藥。體本不健，加以泄瀉，愈困矣。看《會箋》。

晚，湲自固安學養猪飼料歸。仍難眠，服多量藥，十一時眠，翌晨八時醒。

二月廿五日星期三（正月二十）大雪

前院馬夫人來，囑静去開會，但静病，不能往也。看《會箋》及《紅旗》。

眠近二小時。湲到所取醫院記賬單，夜，到生慧家飯後歸，静急死矣。

仍倚被眠，約十一時入睡，翌晨八時半醒。

大便二次，早稀晚乾。近日咳較好，痰亦較濃。

二月廿六日星期四（正月廿一）雪止，陰

看《會箋》。蔣力來。張金英來。

眠近一小時。

服藥無效，迨十一時歸後乃成眠，翌晨八時醒。

大便二次，一稀一乾。體憊不能起，當是天氣轉變之故。"老年人身上挂曆本"，此語不誣，然當之者苦甚矣。

二月廿七日星期五（正月廿二）晴

看《會箋》。林楠來。

眠不及一小時。居委會四人來，傳達毛澤東思想。看迨爲母扎針。得堪兒信。

迨爲足三里針。服藥，十時醒，翌晨六時半醒。又眠，八時醒。

終日大便三次，一次稀。

二月廿八日星期六（正月廿三）晴

迨到醫院挂號。靜秋伴予，就西醫高大夫、中醫陸大夫診，血壓 160/90，心跳間有間歇。十二時歸，疲甚。

眠一小時。

服藥，十一時眠，翌晨五時醒。又眠，八時醒。

終日大便四次。

一九七〇年三月

三月一日星期日（正月廿四）小雪

點《會箋》一年。張澤咸來看報。

眠一小時。迨到鄧方處，助整裝，夜十一時方歸。

靜坐待，予先眠，翌晨八時醒。

天寒，痰、咳、喘又劇。大便三次。

三月二日星期一（正月廿五）陰

點《會箋》一年。讀老三篇。

未成眠，得潮兒書，她願分配到東北、內蒙，靜泣，以四兒將全在邊疆也。湲寫信助之。翻《辭海》。

服藥，十一時眠，上午三時醒。良久，又眠，七時三刻醒。

今日大便二次，一稀一稠，服黃連素。

三月三日星期二（正月廿六）陰

點《會箋》兩年。天較寒，又咳。

眠一小時。靜以潮願赴東北、內蒙，屢哭，兼與予吵，心又痛，服甘油丸。

服藥二次，十二時眠，晨八時醒。

三月四日星期三（正月廿七）晴

頭暈。點《會箋》兩年。

未成眠。周遠廉來，談歷史所挖 5·16 占五分之一。

咳，不成眠，服藥三次，上午二時後倚床眠，八時醒。

三月五日星期四（正月廿八）晴

湲到所爲予領工資。咳，臥床。

眠一小時半。元善、聖陶來，長談。點《會箋》一年。

以咳，倚床眠，服多量藥，又服甘油丸止痛。十時半入睡。上午三時半醒。又眠，七時半醒。

三月六日星期五（正月廿九）晴

看《辭海》。點《會箋》三年。

十時倚床眠。二時、四時、六時醒。

大便三次，內一次乾。

三月七日星期六（正月三十）晴，夜大雪

點《會箋》二年。

眠一小時。夏延來，談久。

湲兒晚到木蘭家。九時半眠，一時、四時、七時醒。

大便三次，一稀二乾。

三月八日星期日（二月初一）晴

張澤咸來。湲送蔣力歸。大便五次，下午五時便血。雇汽車，靜、湲伴往，看急診。

歸，服合黴素，大吐。一夜未安眠。翌晨八時醒。

上次服金黴素，亦大吐，知予胃不適於服此類藥。脉搏82，血壓150/90，尚好。惟痰、咳、喘、胸痛、心痛爲苦耳。

三月九日星期一（二月初二）晴

終日臥床。看《會箋》。午飯少吃。

金連長、姚深來。街道幹部（來），問湲何時回內蒙。起床小坐，無力。

九時半服藥眠，翌晨三時醒，七時醒。

服合黴素，又大吐，有些血。此藥非我所能服。

三月十日星期二（二月初三）晴

終日臥床。看《會箋》。兩日不下大便，脹甚。午飯以較多較膩，又吐。

眠兩小時。

十時眠，翌晨八時醒。

三月十一日星期三（二月初四）晴

點《會箋》一年。午下大便，乾結，一快。

眠一小時半。

九時半服藥眠，上午四時半醒。又眠，八時醒。疲勞。

　一頓飯分三頓吃，可不傷腸胃。

三月十二日星期四（二月初五）晴

大便一次，仍乾。

眠一小時。又便一次，乾，腹内一輕鬆。點《會箋》一年。

九時服藥眠，上午一時、五時、七時醒。

　今日上午，由湲扶出，到燈市東口理髮，僅僅此一點路，亦喘息不止。

三月十三日星期五（二月初六）陰

寫《胡厚宣與著作獎》一千二百字。

眠一小時。點《會箋》一年。俞澤陽來。

服藥二次，咳至十二時後方眠，上午五時、七時醒。

　大便兩次，皆乾。

三月十四日星期六（二月初七）陰

重鈔《胡厚宣與著作獎》畢。寫張又曾信。

眠一小時。夏延來，與湲同出。堪打電來，促湲速往。點《會箋》十年。

十時服藥眠，醒三次。

三月十五日星期日（二月初八）晴

點《會箋》卷十五畢。張澤咸來。小周家保姆偕外孫女來就湲兒打針。

夜，湲兒爲洗浴。失眠，服藥四次，至上午二時後方眠。遺矢。

三月十六日星期一 （二月初九）陰

終日無大便。

點《會箋》序録。

九時半服藥眠。十一時、二時半、五時、七時醒。

三月十七日星期二 （二月初十）小雪

湲兒爲挂號。静伴予到醫院，先就西醫朱大夫診，血壓145/85。再就中醫陸石如診。十二時歸，疲甚。

就眠，歷三小時。看報。點《會箋》序録畢。

九時半服藥眠，終夜起三次溺。

大便兩次，成條。

三月十八日星期三 （二月十一）晴

點"隱元"未畢。夏延來，偕湲至北海。

眠兩小時。

服藥兩次，十二時後眠，翌晨八時醒。

兩次大便，乾。

三月十九日星期四 （二月十二）陰，小雪

林樾來。點"隱元"未畢。

眠二小時。夏延來。

咳甚，服藥三次，十二時後眠，上午六時醒。又眠，七時半醒。

大便二次，乾。

西哈努克爲該國右派廢黜。

三月二十日星期五（二月十三）陰

（忘了。上一天的事即是這天的。）

三月廿一日星期六（二月十四）晴，風

林檥來。湲得黄璇文信，知公社黨支部主任要她當購銷部主任，静不欲，討論未得結果。夏延來。瞿立東來，留宿。點《會箋》十餘頁。

服藥兩次，十時半後眠，倚被。翌晨八時醒。

大便二次。

三月廿二日星期日（二月十五）晴

林檥來。點《會箋》十餘頁。服中藥。大便又乾結。湲到木蘭處商量。張澤咸來看報。周遠廉夫人來。瞿以寫信再住一夜。

服藥二次，十一時半眠，上午四時、六時、八時醒。

三月廿三日星期一（二月十六）晴

湲自木蘭處歸。瞿返廠。點《會箋》二十頁。夏延來，爲湲改辭供銷社售貨員職信。

朦朧一小時許。大便仍乾結，服藥一丸得解，仍不暢。

服藥二次，十二時後倚床眠，六時醒。又眠，八時醒。

三月廿四日星期二（二月十七）晴

點《會箋》十頁。周遠廉來。

眠一小時。

服藥，十時眠，翌晨七時醒。

大便二次。

三月廿五日星期三（二月十八）晴

　　點《會箋》八頁。石金泉爲老牛送信來。寫《與董每戡的關係》兩分。

　　眠二小時。看報。湲送樾、楠返內蒙。

　　服藥三次，十二時後眠，四時醒。又眠，八時醒。

　　　大便二次。

三月廿六日星期四（二月十九）晴，暖

　　點《會箋》隱篇訖。周遠廉夫婦來。張知行來，未進門。

　　夜服藥，十時眠，翌晨四時醒。又眠，七時半醒。

　　　大便四次，半稀。

三月廿七日星期五（二月二十）晴

　　點《會箋》十頁。

　　眠二小時。

　　服藥二次，夜十二時眠，二時、六時、八時醒。

　　　大便三次，半稀。

三月廿八日星期六（二月廿一）晴

　　點《會箋》。大便一次，稀。

　　眠一小時。湲爲予剃鬚。

　　十時服藥眠，一宵小便四次，濕褲。

三月廿九日星期日（二月廿二）晴，風

　　點《會箋》。大便乾結，服藥乃下。

　　眠一小時。

　　十時服藥眠，二時、四時、六時醒，尿濕褲。

連日頭暈，氣喘。

斯特朗卒，年84。

三月三十日星期一（二月廿三）晴

大便一次，乾結。咳甚，胸絞痛。點《會箋》。張澤咸抱其幼子來。

眠一小時許。

以咳，倚床，服藥二次，十二時眠。四時醒，八時醒。

三月卅一日星期二（二月廿四）

湲爲挂號。静秋伴至醫院，就内科及牙科診。十二時歸。

眠二小時。點《會箋》。與静、湲談中國重要史籍。

十時服藥眠，上午二時、五時、七時醒。

今日血壓爲130/80，甚好。惟因喉炎，須多服藥。大便三次，一乾二稀。天暖，咳較好，胸膈間仍痛。

静體虧甚，而不肯用人相助，奈何。

潮兒三月廿九日來信：

　　我看到三月十六日《北京日報》上一篇批"四條漢子"的文章，裏面講到史料問題，摘録一些："在文科教材的編選上，周揚的一個反動觀點就是'不能要求每本書都是馬克思主義的'。從這一反動觀點出發，扯出了一面教材選編的黑旗，叫做'從資料出發'，或曰'從史料出發'。所謂資料（史料），在階級社會裏，都是從一定的歷史條件下，從一定的階級立場出發，表達着一定的階級觀點的。在剥削階級占統治地位的社會裏，統治的思想就是剥削階級的思想，流傳下來的'資料'無不打着階級的烙印，浸透着剝削階級的階級精神。如果離開了毛澤東思想的普遍原理，不以革命的、批判的態度去對待這些‘資料’，就必然真僞不辨，香臭不分，是非不明。周揚的‘從資料出發’，就是‘資料’挂帥，實質上就是從剝削階級的立場、觀點出發，以剝削階級的反動思想挂帥。”

　　爸爸，你看了這段有什麼感覺呢？你平時總以爲自己是搞“史料”的，是“純學術”，這只不過是一個假面具，在階級社會裏“純學術”是不存在的。你説自己只不過是把“純學術”東西整理出來供大家看，你是讓大家去欣賞，還是去批判？你總得有自己的立場吧！在階級社會裏，你的每一件事都是站在一定階級立場，爲一定階級服務的。“脱離政治”，只是欺人之談。你不能爲自己辯護，要痛痛快快否定自己的過去。

一九七〇年四月

四月一日星期三（二月廿五）晴

　　點《會箋》。

　　眠三小時。韓璐之母來。看今日社論。

　　咳得胸痛，湲爲扎針。服藥，十一時眠，四時醒。又眠，七時半醒。

　　大便兩次。

　　飯量愈少，見肉即作惡，喜吃鹹菜。

四月二日星期四（二月廿六）陰

　　點《會箋》。

　　眠二小時。看報。

湲爲予浴。十時服藥二次眠。上午四時醒。又眠，七時半醒。

大便三次。

王紹鰲卒，年82。

四月三日星期五（二月廿七）陰，小雨

元善來談。

眠二小時。點《會箋》。羅麗來，與静談。

以胸痛，湲爲扎針。十時服藥眠，上午四時醒，七時半醒。

四月四日星期六（二月廿八）晴，微風

與静、湲到北海，遇曉先。一路走，一路坐，花尚未開。經什刹海，到地安門東方紅飯店進食。

一時歸，眠一小時半。起看報。點《會箋》。張澤咸爲濟南博物館索回《同文尚書》鈔本，因排列卷數一過，五冊，無缺。列一目錄。寫與許衍梁信，静爲重寫，交張澤咸送所，了此一事。

周、張二夫人來。十時服藥眠，上午二時、六時醒。

大便三次。

四月五日星期日（二月廿九　清明節）陰雨

元善來談，贈其父霜根老人書法與湲。看報。點《會箋》。

眠一小時半。

夜咳，胸痛。十二時後眠，三時、五時、七時醒。

大便，一乾二稀。

近日已暖，而咳轉甚，痰亦多，何也？此從前未有之病也。

四月六日星期一（三月初一）晴，風

湲到所取工資，携鋪蓋歸。點《會箋》。

眠一小時半。

咳甚，胸痛，服藥無效，至上午二時始朦朧，七時醒。

　大便三次，稀。

四月七日星期二（三月初二）晴，風

　静、湲到醫院，爲予取藥，并看天安門新裝，到王府井買物。點《會箋》。

　未成眠。看報。翻《史記》。

　八時半，静送湲赴車站，回公社，已來五個月了。十時半静歸。十一時，服藥無效，約上午二時後眠，七時醒。

　大便三次，稀。

　從此日起，午後不能眠。

四月八日星期三（三月初三）晴

　頭暈。看報。

　未成眠。静伴至"革命"理髮。看《史記》。

　服藥三次，十一時後眠，五時、七時醒。

　大便三次，一乾二稀。

　一出門，脉搏即至80，休息後降至70。

四月九日星期四（三月初四）陰

　得湲電，知已到莫旗。點《會箋》。

　略一朦朧。看報時，心絞痛又作，服三硝基甘油，卧床。

　服速可眠等藥，九時眠，十時又醒，服水化氯醛，眠，上午三時醒。四時半後又眠，六時醒。

　便二次。

四月十日星期五（三月初五）晴，夜小雨

咳甚，多痰，臥床。姚同志偕四人來看書視疾。静以買中藥故與予吵。看吳研人小説。

未成眠。

服中藥、西藥三次，上午二時後方眠，七時醒。

大便一次，乾。

今日精神極壞。

四月十一日星期六（三月初六）晴

以睡不好，更疲軟無力。仍臥床。脉搏近 90。

仍不能眠。夏延來。元善來。愛松來，長談至九時半。

服中藥三次，西藥一次，幸得于十一時後眠，翌晨五時醒。又眠，八時醒。得此一宵佳眠，精神爲之一振。但脉搏之速，不知何因。

大便二次，乾。

四月十二日星期日（三月初七）晴，風

張澤咸挈其子來，看報。續看吳研人書。

服藥，不成眠。脉搏 78 ~ 90 餘。

服中西藥，十二時後方成眠，五時醒。又眠，八時醒。身體疲乏，精神昏憒，有自殺之思。

大便三次，半乾。

四月十三日星期一（三月初八）晴

在廊中曬太陽。續看吳書。

午飯服眠爾通，居然得眠一小時，精神較好。

服中西藥，十二時眠，翌晨五時、七時醒。脉搏 90 ~ 78。

大便一次，乾。

四月十四日星期二（三月初九）晴

在廊曝日。續看吳書。

服藥，未成眠。

服中西藥，十一時眠，翌晨一時、五時、七時醒。

四月十五日星期三（三月初十）陰

續看吳書。

服藥，得眠一小時許。取衣備換。大便乾結未下。

九時半服藥眠，上午二時、六時醒。

四月十六日星期四（三月十一）晴

八時半，靜伴至工農兵醫院。看《毛澤東思想萬歲》。驗尿，糖二加。量血壓，130/100，不正常。十二時取藥出，就附近飯館飯。

歸，疲甚，即眠，得睡一小時半。潮兒偕其同學盧次蘭自淶源來，留宿。

失眠，服中西藥，十二時後眠，上午一時後以咳醒。再服藥，二時後眠，七時半醒。

四月十七日星期五（三月十二）陰

以昨夜失眠，服藥多，頭暈。盧次蘭行。予又眠，自九時至一時。

醒來即飯，依然疲甚。張覺非夫人來。看吳研人書。盧次蘭來留宿。

今夜予但服中藥，不服西藥，居然斷斷續續，眠近八小時，但仍疲倦。

　　大便一次，乾。

四月十八日星期六（三月十三）晴

　　盧次蘭赴長沙視母病，潮送之到站。理報紙。
眠一小時許。元善來。瞿立東來，留飯，返校。
服藥二次，十二時眠，五時、七時醒。腳腫。

　　大便三次，一乾二稀。

四月十九日星期日（三月十四）陰

　　以腿腫，靜令臥床。看吳研人書。馬念祖來。
未成眠。潮到校，住木蘭家。
服中西藥，至十二時後始眠。

　　今日大便一次，乾。

四月二十日星期一（三月十五）晴

　　潮晨歸。看吳研人書。
眠一小時許。
服中、西藥，竟夜不得安眠，苦甚。腿腫（有時消）。

四月廿一日星期二（三月十六）

　　以昨夜服藥多，早起後疲甚，眠了半天。
午起身，潮兒伴至天安門散步。歸，至“東單”理髮。
服中藥二次，十時後居然入睡，一夜斷續醒睡。

　　得瑗信，知已任教師。

四月廿二日星期三（三月十七）陰

聽廣播，紀念列寧誕生一百周年社論。看報。潮同學陳、曹（男）、陶（女）來，陶留宿。

夜服藥，十一時後眠。

疲勞，殆即昔人所謂"春困"乎？

四月廿三日星期四（三月十八）陰

陶與潮共拆火爐。

陶去。與潮同到王姨媽處問疾，其身體不能動，言隨涕下。歸，元善方來，未值。

木蘭來。服藥三次，十二時後眠，翌晨七時醒。

四月廿四日星期五（三月十九）晴

看報。

眠兩小時。元善來，出元美所作詩見示。

潮兒爲予洗澡。服藥，十時半眠，十一時半醒。又眠，晨七時醒。

今日未大便。爲了洗澡，氣管炎更甚。

四月廿五日星期六（三月二十）晴

潮到北醫三院診。看《史記》。

眠二小時。看報。陶祝娥來，製衣。

痰咳愈重。服藥二次，十二時眠，終夜在半醒狀態中。

四月廿六日星期日（三月廿一）晴

潮兒同學陳、胡來。

未成眠，痰咳依然，發燒，但熱度不高。大便亦不下。陶祝娥來作針綫。

服藥眠，十二時、三時、七時醒。

天氣已暖而氣管炎日甚，可見予已無抵抗氣候之力矣。夜，咳出血來。

四月廿七日星期一（三月廿二）晴

雇車，静伴至醫院，受隋順醫師診，認爲肺氣腫病，須打磺胺五針。血壓 130/80，不高。十二時歸，脉搏高至 96。元善來，未晤。

未成眠。四時，潮伴至燈市口醫院打針。即卧床。

九時服輕藥眠，翌晨四時醒。又眠，七時醒。痰咳依然。

熱度，晨 37.6℃，午 37.1℃，下午無熱。

今日服藥，得大便一次，乾甚。

四月廿八日星期二（三月廿三　予七十八歲始）晴

十時，潮伴予到燈市口打針。歸，即卧。咳痰依然，但已不發燒。看《性命古訓辨證》。

夜卧安。

四月廿九日星期三（三月廿四）陰

潮伴予到燈市口打針。潮本于今晨行，已到車站，碰見一同學，説明予病，托其將代人所買物帶去，空身回來。

發燒，静秋、潮伴予到醫院急診室，透視，知有肺炎可能，打針。

十一時歸，眠甚酣，汗出多，但仍不退。

四月三十日星期四（三月廿五）陰

静、潮伴予至醫院，打針，中醫陸石如診。遇張德鈞。歸，卧。啜粥。

眠二小時。陶祝娥來，送浙江土產竹筍來。元善來，托其携歸作羹。

服藥，眠甚酣，汗出不少。易衣。早八時醒，量熱已退，但無力。

今日下午政協派人來，問我能明日去天安門看放花否，時予正在病臥中，靜秋回絶之。

今大便三次，快快。

近日病況（1970，4，3）

1. 糖尿（頗好，已兩次檢查無糖無酮）。

2. 高血壓（上 130～140；下 80，不高）。

以上二病，較前大好。

3. 心絞痛（不常發）心臟供血不足。

4. 胸絞痛（由咳嗽來，痰吐不完。痛作時，扎針較好，醫言是肺氣腫）。

5. 腸病（每日少則二次，多則四次。少乾多稀，大便有血。有時放屁放出屎來）。

6. 胃病（不餓，食少，一頓只 1～2 兩，見肉想吐，喜吃鹹菜）。

7. 肉上生瘡，當係由糖尿來。

8. 腿種，走不動路，易出汗，上下電車無力舉足，因此怕動。

9. 眼病（常淌泪，右目爲甚）。

10. 手足顫（此由動脉硬化來）。

11. 頭暈。

12. 睡醒時滿身作痛，憊不能起。

13. 耳聾漸甚。

14. 喝水易嗆，非盡咳出不止。

15. 夜半尿忍不住，恒濕床、褲、地板，一夜恒三、四次。

16. 近來有一樣好事，午後能有自然睡眠 1.5～2 小時。惟夜間仍須服安眠藥乃得成睡。

17. 天冷，足易寒，而左足爲尤甚。

予百骸皆衰，存日無幾，而心頭總有欲著之書，此非好名，乃不能自已之創造欲也。兹就春秋史一事言之：

1. 春秋史事勘——已有成稿，在中華書局楊伯峻處。

2. 春秋地名彙考——已有成稿，在中華書局劉鈞仁處，尚須補地圖。

3. 《左》《國》合編——即康有爲、錢玄同欲恢復之"國語原本"，但分析頗難。

4. 《左傳》新解——將杜預《集解》補之正之，將竹添《會箋》去其繁蕪。

5. 春秋人表——將陳厚耀《春秋世族譜》重作。《國語》合入。

6. 春秋大事表——將顧棟高書重作，使真成爲一部大事表。

7. 春秋辭彙——用《辭海》例作注，以部首筆劃分排。

一九七〇年五月

五月一日星期五（三月廿六）陰

九時起，潮伴予至醫院打針。

眠二小時。元善來送笋羹并贈火腿。王明德來，爲予買鷄。看報。聽廣播。熱仍未退，大便亦未下。

十時服藥眠，上午二時醒，七時醒。

五月二日星期六（三月廿七）陰

老王車來，到院打針。歸卧。

下午溫度 37.6℃。夜出汗，熱退。

五月三日星期日（三月廿八）陰

老王車來，到院打針，并就陸石如診。予問彼予病是否春溫，彼云是，亦即西醫所謂肺炎也。

下午溫度 36.6℃，似已退燒，然痰咳依然，周身無力，所謂"病去如抽絲"也。

今日在醫院看布告，知沈元以扮黑人期逃出國，日前槍決，年32。此所謂咎由自取也。

五月四日星期一（三月廿九）陰

乘老王車到醫院打針。

得眠一小時許。看《性命辨證》。熱 37.5℃，臥床。

熱退，汗多。靜與潮到天安門觀燈，予至十一時方眠，服藥二次。

馬叙倫今日卒，年86，病十餘年矣。

五月五日星期二（四月初一）陰

到醫院打針。潮爲我挂內科號，靜伴我驗尿，仍有糖二加號。透視，肺正常，量血壓 130/80，皆可喜也，惟咳痰終不愈。

眠二小時。看報。談潮與牛婚事。

虞嫂來。十時服藥眠，十二時以咳醒。一時，再服眠、咳二藥得眠。翌晨醒時，潮已登程矣。

熱度 36.6℃，已退，汗仍多。

五月六日星期三（四月初二　立夏）陰

六時，潮赴淶源。八時醒，九時食。食後又眠，至十二時乃醒。

未成眠，看《常用中藥知識》。大便下，色黑而堅。

咳劇，服藥二次，十二時後眠。

　驗尿糖三加號。

五月七日星期四（四月初三）晴

元善來，談柬埔寨事。看報。體仍疲倦，兩腿無力，搖搖欲倒。

未成眠。服藥，大便兩次。靜以予病狀報告工宣隊及大聯委，下午黃宣民、姚連保兩同志來問疾。

服藥兩次，久不成眠，至十二時，起倚枕，作待旦之想，乃不知何時睡去，翌晨八時醒。

　今日大便三次。

五月八日星期五（四月初四　予77歲足）陰

周身無力。看《性命辨證》。

眠一小時。虞嫂來。

服藥二次，十二時眠，翌晨八時醒。

　天暖後晚上可出散步，或進消夜，使精神輕鬆易睡。

五月九日星期六（四月初五）陰，小雨

靜伴至"東單"理髮。疲勞。看《辨證》。元善來。大便兩次。

未成眠。張澤咸來。寧國重來。

服藥二次，十一時眠，翌晨二時半醒，七時醒。

五月十日星期日（四月初六）陰

靜到木蘭處。整理書桌。自作午飯。黃璇文、林謙來，送湲兒托帶物。張覺非夫人及其外孫來。看湲、堪來信，潮來信。金擎宇夫人來。靜自中關村歸。

晚飯後覺倦，即就寢，至十二時醒。服藥，上午二時半後眠，六時醒。

五月十一日星期一（四月初七）陰雨

看《古訓辨證》畢。

眠近一小時。看報。

九時服藥眠，上午二時醒。又眠，六時醒。

今日大便兩次，稀。

聞本所定七月初遷河南。

五月十二日星期二（四月初八）晴

大周來，囑寫劉淑珍、王永興參加西北考察團及該團性質外調資料，即草1,200字。王明德來。

未成眠。黃璇文來。章元善來。尚愛松來辭行，渠將至石家莊五七幹校半年。

服藥二次，十一時眠，上午五時醒。又眠，八時醒。靜告我，我睡中咳頗劇，但未醒。

五月十三日星期三（四月初九）晴

八時半，乘老王車到景山散步，隨時休息。十時出，車行至天安門、王府井，觀市容。十二時歸，倦甚，知予體迄未康復也。

未成眠，寫《西北考察團與王永興》一篇，1,200字。看報。

服藥二次，至上午二時方成眠，五時醒。又眠，七時醒。

五月十四日星期四（四月初十）晴

七時，靜爲予到醫院挂號，遇宋家鈺。八時，予乘車往，就龔女大夫診。血壓170/90，高，此予睡眠近日不佳之故。驗血，正常。遇馮棣之弟馮楨，係《北京日報》退休繪圖員。十時取藥歸。臥床休息。

未成眠。予一動即累，殆成廢人矣。腸亦不佳，每日輒下三四次，大致溏薄，此亦不能吸收養料之故也。

服藥兩次，十二時眠，上午五時醒，七時醒。

五月十五日星期五（四月十一）晴

黃璇文來，晚去。將王永興、劉淑珍外調資料復看一過，蓋章。整理西屋書桌。看《史記》。

眠半小時。元善來，同看報。虞嫂來，洗衣，擦地板。

服藥兩次，十二時眠，翌晨七時醒。吐一口痰，黑色，疑是氣管咳破漏血也。

五月十六日星期六（四月十二）晴，暴熱（29℃）

疲憊甚，大便又秘塞，服藥。看《史記》。爲血壓高，服"腦立清"。

眠半小時。五時，與靜到景山看芍藥，六時半歸。足麻。

十時半服藥眠，上午二時醒。又眠，七時醒。

近日腰痛如折，足見本原虛弱。

五月十七日星期日（四月十三）晴，風

整理書櫃。加點楊沂孫所點《大戴禮記》三篇。

眠半小時。服藥，下便兩次。湲在莫旗作赤腳醫生，需人體生理圖，市上無賣者，因至王家，請大玫、大琬代覓一份，遭其白眼，這樣不肯爲人民服務，怎配作黨員。

爲與靜吵，服藥二次眠，翌晨三時、七時醒。

五月十八日星期一 （四月十四） 晴

老王車來，到北海及景山小坐，到東風市場購物。十一時歸。看《紅旗》。

飯後倚沙發眠半小時。寧國重來，取物送湲。點《會箋》。

七時，以兩腿腫，就床休息。看報。九時服藥眠，翌晨一時醒，五時、七時醒。

大便兩次，稀。

五月十九日星期二 （四月十五） 晴

老王爲挂同仁中醫部號。静伴往，就陸大夫診，謂予病爲腎虧，須服補藥。九時歸。

眠一小時。

韓璐之母來。九時半服藥眠，十一時、上午一時、三時、五時、七時醒。

近日下午常腿腫，有時睡了一夜還不消，陸大夫謂年紀大了的必然現象，可常到公園散步，活絡血脉。

大便三次，稀。

五月二十日星期三 （四月十六） 晴

腰酸背痛如舊。大便二次，稀。寧國重來辭行。

眠一小時半。寫湲兒信。

聽廣播毛主席反美聲明。静伴至市場散步，遇老王。服藥二次，十一時後眠。上午三時、五時、七時醒。尿褲。

堪以救森林火災八天，睡山地上，回社後病。湲則一面教書，一面爲農民扎針，又預備功課，每天只眠四、五小時。

五月廿一日星期四 （四月十七） 晴

尹國權自淶源來，送老牛信，談潮兒事。點《會箋》。爲湲兒鈔世界大事，供講政治課。

眠一小時。腿腫。虞嫂來。

飯後靜伴至巷口散步。服藥兩次，十一時眠，二時醒。又眠，四時半醒。又眠，七時醒。

今日未下大便。腰酸，背痛，足軟。

五月廿二日星期五（四月十八）晴（30℃）

爲湲兒鈔世界大事。尹國權來，爲我到醫院取藥。

眠二小時。點《會箋》。腿腫。

飯後，與靜到燈市口散步。木蘭來，留飯及宿。服藥，約十二時眠，上午二時半醒。又眠，六時醒。

今日大便二次，不甚稀。

五月廿三日星期六（四月十九）陰

看昨日天安門大會報。

眠一小時半。靜伴至市場理髮，歸來足痛，即上床。

服藥兩次，十時後眠，上午二時醒。又眠，六時醒。

五月廿四日星期日（四月二十）晴

看報。點《會箋》。李師傅、張澤咸來。

眠一小時半。二時，與靜同乘車到前門，步行至天安門，看數日來人民響應毛主席號召打倒美帝及其走狗之大運動場面。又步至王府井買物，雇三輪車歸。腳痛甚，但不腫矣。

十時半，服藥眠，上午二時半醒。又眠，七時醒。

接孟輶書，知沈尹民已于去年逝世，年九十二。

五月廿五日星期一（四月廿一）上午陰雨，下午晴

點《會箋》。黃璇文來，留飯及宿。理髮師高君來，約定從下星期起，每星期一來修面。看報。靜、璇到市場爲我買布，頭暈，幾顛，她亦與我一樣，不可單獨出門矣。予今日午後竟眠至三小時之久，然仍疲憊。

十時眠，上午二時、四時醒。靜強予眠，睡至八時。

五月廿六日星期二（四月廿二）晴

八時，與靜、璇同出，到景山看芍藥。緩步至北海，屢息。到北海食堂飯，到雙虹軒茶。下午一時歸。

未成眠。元善來，爲改詩。看報。點《會箋》。

九時服藥眠，上午二時、六時醒。

五月廿七日星期三（四月廿三）晴陰間

點《會箋》。璇返林家。

未成眠。三時，到聖陶處，元善已先在，出孟軺函與覽。五時，三人同出，到"紅日"照相。六時歸，脚麻痛，行不多路而疲憊若此，予尚能久留人間乎！

服藥兩次，十一時後眠，上午二時、四時、六時醒。

今日大便二次。天氣寒燠不常，氣管炎又作。

五月廿八日星期四（四月廿四）陰，風

草張克寬與文史雜志社之外調報告，約三千字，靜爲塗改。看報。

眠一小時。

服藥二次，約十一時後眠，上午二時、六時醒。七時起。

氣管炎又發，痰咳屢作。

静的神經官能症比我還利害，因我的失眠，加上懷念四子，竟徹夜不睡，勸她看病又不肯，奈何！

五月廿九日星期五（四月十五）陰晴不常

重草張克寬與文史雜志社之外調報告訖，且鈔成兩份。但静不滿意，主張改。

眠一小時。與静、璇乘十路車到天安門散步。

與静、璇辯論。以天氣不常，夜咳又作，十二時後眠，翌晨七時醒。

五月三十日星期六（四月廿六）陰，風，小雨

點《會箋》。老王來。

眠二小時。看静秋鈔改之關于張克寬外調報告。看報。

痰咳甚，自九時至十一時服藥不得眠。十二時眠，上午二時醒。又眠，七時半醒。

今日較寒，故氣管炎又劇作，加上失眠，夜中倍苦，真有不知命在何時之感。

今晨黃璇文返林家。

五月卅一日星期日（四月廿七）晴

瞿立東來，送油票。草外調李光信、梁芸資料。静到木蘭處。

眠一小時。點《會箋》。

瞿立東又來，旋去。虞嫂來洗衣。十時服藥眠，上午二時、四時、六時醒。

一九七〇年六月

六月一日星期一（四月廿八）晴

老王來，送我進北海散步。出，繞天安門廣場，十二時歸。

眠一小時半。高某來理髮，元善命。寧國重來，退還靜所贈之溫度計，謝不携到莫旗。看報。

十時半服藥眠，上午二時半、四時半、六時半醒。疾咳甚苦。

六月二日星期二（四月廿九）陰，小雨

整理屋子，生爐子。點《會箋》。靜上街寄湲兒物，爲郵局職工訛去一元。久坐腿腫，臥看《史記》。

十時眠，上午二時半、四時半、六時半醒。

六月三日星期三（四月三十）晴

痰咳較好。整理屋子。鈔李光信資料兩份訖。飯後倚沙發略一朦朧。

二時出，到東風市場南門餐館，伯祥及其孫女緒芳、聖陶及其孫兆言、元善皆已到，進點。五時出。以飲啤酒臉紅，爲靜所不快而詬誶。

服藥兩次，十二時半眠，上午三時、五時、七時醒。

六月四日星期四（五月初一）晴

八時，乘老王車到醫院，靜伴。醫言我左肺曾患胸膜炎，右肺呼吸量較弱。打青黴素針。十一時歸。作題照片詩二首，未改。

眠二小時。看報。點《會箋》。

瞿立東來，十時去。服藥兩次，十二時後眠，上午三時、五

時、七時醒。

　　大便乾結。

　　潮兒本月內可分發，不知何地。

六月五日星期五（五月初二）晴

　　與靜同到醫院，打青黴素針。歸，修改昨作詩。

　　眠二小時許。點《會箋》。煮粥。

　　服藥，約十時半眠，上午二時、五時、七時醒。

　　痰咳稀。大便仍乾結。

六月六日星期六（五月初三　芒種節）晴

　　靜伴至醫院打青黴素（即盤尼西林）。歸，點《會箋》。改昨作詩。

　　眠兩小時。瞿立東來，留食及宿。靜與之同到東郊工廠買綫。

　　張澤咸來。十一時服藥眠，上午三時、五時、七時半醒。

　　腿腫。

六月七日星期日（五月初四）陰，雨

　　靜伴至醫院打針，并取藥。打針已四日，痰咳驟少，再打三針，其愈矣。

　　眠一小時許。徐克明來，借《辭海》。瞿立東來代予購藥。

　　十一時服藥眠，上午三時、五時、七時醒。

　　近日氣候寒燠燥濕不常，咳疾又作，幸痰不多耳。

六月八日星期一（五月初五　端午節）陰

　　到醫院打針。靜到所，與工宣隊郭師傅商量，請與農機院接洽，將潮兒分發近處。點《會箋》。看報。

木蘭來。眠一小時。翻《毛西河集》。瞿立東來。虞嫂來。爲寫工宣隊信，與靜吵，予爲鈔之。

服藥二次，上午一時後眠，五時醒。尿褲。又眠，七時醒。

今日大便三次。咳稍劇。

爲潮兒分配事，靜屢哭。

六月九日星期二（五月初六）陰，晴

靜伴至醫院，打針。昨夜起溺，咳，上顎假牙墜地。今日按之不入，强入之，食肉鬆，又嵌牙，不能去，因挂牙科就醫。因朱硯農在假牙內多放鐵絲，尚可用。點《會箋》。

眠二小時。

十時服藥眠，翌晨三時、六時醒。

六月十日星期三（五月初七）下午雨

到醫院打針。歸，點《會箋》。木蘭來，午飯後即返校。

眠一小時。本擬赴茶會約，乃二時半忽大雨，遂止。看《西河合集》。

服藥兩次，上午一時眠，三時、五時、七時醒。

近日腿腫，右足爲甚，每坐二小時以上即覺脹滿，此虛弱之徵也。

六月十一日星期四（五月初八）晴

到醫院打針。乘八路汽車到錫拉胡同訪元善，未晤，見其夫人，談，遇平伯長女。

步歸，脚底痛甚，即眠，下午四時醒。元善來，談詩。

看報。張澤咸來。十時服藥眠，翌晨一時、三時、五時、七時醒。

大便不通，服大黃丸，然一服此丸即易泄瀉，不能兩全也。

六月十二日星期五（五月初九）晴

静伴至醫院打針，遇謝剛主。點《會箋》。虞嫂來，洗衣。

眠一小時半。寫孟輯書，静爲修改。看報。

十一時服藥眠，翌晨三時、五時、七時醒。尿濕褲。静又怒。

學部又揪出 5・16 分子張文林。

六月十三日星期六（五月初十）晴

静伴至醫院打第十針，訖。到上海小食堂吃點。到稻香春購食物。到東風市場買物。到新華書店爲湲兒買生理挂圖。

眠二小時。點《會箋》。與静到八面槽郵局寄圖，到"人民"理髮。

十時服藥眠，翌晨五時醒。又眠，七時醒。

静摔一跤。

得湲、堪書，他們好。社員就湲扎針者多。

六月十四日星期日（五月十一）晴

宋家鈺家遷建外宿舍。補記日記五天。

眠二小時。

静爲予浴。十時服藥兩次眠，十一時後眠，上午一時半、三時半、五時半醒。又眠，八時醒。

大便一日三次。雖打針多次，而咳嗽尚作，惟痰已不多耳。

六月十五日星期一（五月十二）陰雨

點《會箋》，静禁不令爲，以是吵鬧。渠爲潮兒分配事，心甚亂。以天氣故，氣管炎又發。寫湲兒信。張澤咸來。腿腫，不能久坐。

　　木蘭來，爲明早赴順義割麥半月，住予家。十二時就寢。予服藥兩次，十二時半眠，三時、六時、八時醒。

六月十六日星期二（五月十三）陰雨

　　爲潮兒分發事，靜慮其遠行，心甚不定，幾每日作書與商，今日予爲看信稿，條理較清。點《會箋》。鈔報寄湲。虞嫂來。

　　十時半服藥眠，上午一時半、四時半、六時半醒。

　　服藥，大便二次。

六月十七日星期三（五月十四）陰

　　寫徐宏宇外調答復（此人僞中大歷史系畢業，北大工作，我不認識）。鈔報寄湲。寫孟超信。

　　二時飯。出，到東風市場，三時半元善至，共談詩。買藥。看《水滸》。

　　十一時半後眠，十二時半、三時半、五時半、七時半醒。

　　大便二次。

　　近日天陰，溫度降，予痰咳又作，夜不成寢。

六月十八日星期四（五月十五）陰雨，下午晴

　　看湲兒信。點《會箋》。瞿立東來，留飯。咳甚，痰多，胸作痛。

　　眠一小時半。太陽出後，咳便少了，氣候關係我的身體如此。看《水滸》。杜華泰來，留飯。

　　十時服藥眠，上午三時、五時、七時醒。

　　潮左腕骨斷。

六月十九日星期五（五月十六）晴，陰

寫孟輔信訖，付寄。與靜同到東四郵局訂《參考消息》，到人民市場買襯衣。到美術館外休息。

眠一小時許。大便又不通兩日，服藥。看《水滸》、報紙。得洪兒信，靜以其不當基幹民兵，又哭，且責予。

張金英之母及與洪兒同牧之李女來。服藥二次，十二時眠，翌晨七時醒。

六月二十日星期六（五月十七）

看《水滸》。略點《會箋》。倚沙發眠一小時許。

眠兩小時。

瞿立東來，告潮兒工傷，傷左臂骨，已由牛送還京，先至積水潭醫院，後返校。靜以此心急，打電話未通。予服藥二次，十二時後眠，翌晨六時醒。

六月廿一日星期日（五月十八）晴

牛送潮歸，傷尚不重，休息 4～6 星期。杜華泰來，留飯。倚沙發打瞌睡約一小時。

未成眠。看《水滸》上半部畢。

咳，服藥（速可眠），十二時眠。翌晨七時醒。

今日大便三次，腹中一暢。

六月廿二日星期一（五月十九　夏至節）晴熱

牛爲挂號。九時半，靜伴至醫院，血壓 130/80，尿糖四加號，再打青黴素針。

眠一小時許。看《水滸》。牛返校。梁勵行來視潮。靜與我打架，潮哭。

服藥，十時半後眠，翌晨四時醒，七時醒。

今日下便兩次。

六月廿三日星期二（五月二十）晴熱

牛、瞿來。牛、静伴潮到積水潭醫院治傷。瞿伴我到同仁打針。雖打針，仍咳。與瞿談昔事。看《水滸》。瞿爲作午飯。

眠一小時許。三時，静、牛、潮自積水潭醫院歸，斷骨仍未接好，爲之悶悵。點《會箋》。

失眠，服藥三次，至上午一時後方眠，四時、七時、八時醒。

六月廿四日星期三（五月廿一）

静伴至同仁續打針。看報、《水滸》。

眠一小時。三時半，步至東風市場，與元善談。五時歸，遺手杖，牛往取。李佳自平山探親歸，來談。

服藥兩次，十二時眠，上午三時醒。又眠，七時醒。

六月廿五日星期四（五月廿二）

静伴到醫院打針。出，予獨至"瑞金"理髮，待一小時。十一時歸。看報。

眠二小時。點《會箋》。羅麗引工宣隊四人來看屋。

静爲予浴。服藥三次，至十二時後方成眠。上午四時醒。又眠，七時醒。夜溺濕褲。

六月廿六日星期五（五月廿三）晴熱

静伴打針。步至東單寄信，乘車歸。以熱倦，眠一小時。

又眠兩小時。點《會箋》。立東來。虞嫂來洗衣。

洪兒同學史復洋來。十時服藥眠，上午一時半醒。又眠，六時醒。

周總理今年一月向學生代表講 5・16 反動事迹之記錄，由潮兒處見之。

六月廿七日星期六（五月廿四）晴熱

由俊奇伴至醫院打針。歸，看報。補記日記四天。

眠一小時許。看《水滸》。瞿等三人來。

服藥二次，十一時半眠，晨二時、五時、七時醒。

昨日之《人民日報》至今日方送來，皆反對美帝"用亞洲人打亞洲人"的策略者，凡十二面。今日又十面，收回臺灣，此其時矣。

六月廿八日星期日（五月廿五）晴，晚微雨

靜與潮乘京承路車到雙橋，找接骨專家王老太太，因星期停診退回。瞿等三人來。牛伴我到醫院打針。看報。

略一朦朧。看《水滸》。

劉憲子之父來。十時服藥眠，上午一時三刻醒。又眠，六時醒。靜晚獨到雙橋挂號。

今日靜爲牛耽誤潮看病（他不贊成中醫），與之大吵二次。

六月廿九日星期一（五月廿六）晴，陰

靜偕潮到雙橋治病，午歸。予自作飯。牛到北醫自治病。予獨至醫院打針。看報。共打十餘次連黴素針，氣管炎迄不愈，予其無望矣。

夜不成眠，服藥二次，十二時後眠，四時醒。又眠，八時醒。

潮經中醫治，頗好轉，而不適牛意，以是爭吵。

六月三十日星期二（五月廿七）晴

看《水滸》。看報。

未成眠。

服藥二次，十二時後眠，上午四時半醒。又眠，八時醒。

爲潮工傷折骨，静與牛意見不合，脾氣都不好，家庭間無樂趣。予又以腿軟，走不動路，不得到外自由行動，益增痛苦。

一九七〇年七月

七月一日星期三（五月廿八）晴

看報，點《會箋》。看《水滸》訖。

眠一小時。

木蘭來，静告以潮病及牛不信雙橋中醫，大怒。以説話多，至十二時始服藥睡，不能不多服矣。約至上午一時方得眠，上午四時醒。又眠，七時半醒。

連日便秘，甚爲悶脹。邇來坐兩小時左右，腿即腫脹，必就床平放，亦衰證。

七月二日星期四（五月廿九）雨

本約今日與元善在北海相見，以雨未去。得趙孟韜書，知蘇州同學近況，知又曾病重。倚沙發眠一小時。

虞嫂來洗衣。

失眠，服藥三次無效。静僅存 Seconal 一粒，服之，十二時半後眠，翌晨七時許醒。

便溺、痰吐皆由静管，渠一夜只眠兩小時。

七月三日星期五（六月初一）晴

看報。點《會箋》。胸膈作痛。昨夜睡眠不好，兼咳，晨起頭暈甚。便秘，服藥兩次乃下，精神略爽。

得眠一小時。

牛到雙橋爲潮病挂號，以去遲未挂上。八時，與靜同到燈市口散步，遇瞿立東。歸，十時半服藥眠，上午四時醒。又眠，七時半醒。

七月四日星期六（六月初二）晴

靜、牛伴潮到雙橋治病，六時出，下午一時歸。起身後做飯，收拾屋子，看報。點《會箋》。但坐兩小時腿即腫，右爲甚。不知是心臟病歟，抑氣虛歟？得孟輒信，知蔣犀林垂危。

夜十一時服藥眠，上午二時醒。又眠，七時醒。

七月五日星期日（六月初三）

邵恒秋來。元善來，出示孟輒信，知笙亞已在滬病逝。瞿立東來。

未成眠。靜秋爲予洗浴。潮兒左手仍腫。周遠廉夫人來，聞歷史所中只四人未定案，尹達、侯外廬、熊德基及我，已上送中央批示。

服藥後至十二時方眠，翌日七時醒。

七月六日星期一（六月初四）晴

點《會箋》。看報。

未成眠。

服藥兩次，十二時眠，上午二時半醒。又眠，七時半醒。牛今夜返校，云明日去淶源。

　　近日胸膈間作痛。

七月七日星期二（六月初五　小暑節）陰

點《會箋》。看報。

未成眠。大便不下。整理書室。理報。潮同學盧次蘭來。牛又來，宿。

服藥二次，至十二時半方得眠，翌晨八時醒。

七月八日星期三（六月初六）上午雨，下午晴

靜、牛伴潮到積水潭醫院，診。出，牛、潮返校，靜到木蘭處。二時歸，飯。予點《會箋》。看報。

眠近二小時。兩日不下便，服藥促之，今日午後下，腸中頓舒。痰咳仍有，惟少而濃。上街買燒餅。靜爲予浴。

服藥兩次，十二時眠，三時、五時、七時醒。

七月九日星期四（六月初七）晴

看報。點《會箋》。牛來。潮臂略好，但仍腫，以骨未接好故。

眠一小時。看《史記》。到“東風”理髮。虞嫂來洗衣。

張澤咸來。十一時服藥眠，上午二時、五時、七時醒。

七月十日星期五（六月初八）陰，小雨

靜伴潮至豐盛胡同就醫。予理屋子，自作早飯。點《會箋》。看報。

未成眠。所中送取去之書一部分來，略整理。

木蘭來，宿。服藥二次，十一時後眠，十二時、三時、五時、七時醒。

大便以服藥而下。

七月十一日星期六（六月初九）雨

　　點《會箋》。韓長厚及牛伴農機院軍工領導來視潮疾，適潮由靜伴至雙橋就醫，未見。韓、牛留與予談，并作餐。午，靜、潮歸。

　　未成眠。看湲給潮長信。

　　韓、牛去。予以精神興奮，多服安眠藥，十一時後得眠，上午三時未醒而溺，床濕。靜扶至外屋眠，七時醒。

七月十二日星期日（六月初十）雨

　　靜至木蘭處。寫姜又安外調初稿。與潮談牛事。

　　眠一小時。翻《醒世姻緣考證》。潮之女同學二人來。牛來，與潮同到木蘭處，以雨未歸。

　　九時半服藥眠，十二時、三時、五時、七時醒。

　　　老王病。靜給以五元。

　　　羅麗爲潮買七厘散。

七月十三日星期一（六月十一）陰，氣壓低，蚊多

　　頭暈。翻《禹貢》第六卷。補記日記四天。目朦，胸痛，殊不可堪，如此奄奄，恐不能久。鈔又安資料，未畢。

　　未成眠。看報。

　　與靜同到燈市口，待潮歸，竟未來。靜爲予浴。十時服藥眠，上午一時以咳醒，直咳到曉。

七月十四日星期二（六月十二）陰，悶熱，今日出霉

　　靜早到積水潭醫院待潮，十一時同歸，知病情較好。寫又安材料訖。看報。劉女士送治癬方與靜。

　　未成眠。看孫培《秦輶日記》。點《會箋》。老牛來。

　　與牛、潮到東單公園散步談話。歸，擦身。十時服藥上床，久不能眠，直至上午二時後始朦朧，七時醒。

今日大便二次。傷風多痰涕。

七月十五日星期三（六月十三）陰

就又安交代、静改本重鈔，以手抖，費三小時始把 1,500 字鈔訖。

服藥，仍不能眠。看《秦漢的方士和儒生》，憶去年被批評語。點《會箋》。

服藥二次，十一時半眠，翌晨七時醒。

七月十六日星期四（六月十四）晴

所中送還我編輯物，因看《禹貢》第一卷。周遠廉借去床一張。王明德來。續利（洪兒同隊）來，知洪兒胸中有塊壘，故來信發牢騷。

未成眠。

與静同出買蚊烟香，未得。服藥二次，十二時眠，翌晨七時醒。

七月十七日星期五（六月十五）陰

點《會箋》。看報。看《禹貢》第二卷。虞嫂來。吃西瓜。

未成眠。看《古史辨》第五冊序。得湲兒信，知其教學行醫已入門道，不覺其苦，惟太忙，每日僅能眠三小時耳。

服藥二次，十一時半眠，上午二時半、五時、七時醒。

七月十八日星期六（六月十六）上午晴，下午小雨

静伴潮到雙橋治病，據云已轉好，可以不去。

眠一小時許。看《禹貢》之《後套水利調查專號》。

與静到燈市口待潮兒自校歸。服藥兩次，十一時半後眠，二時半醒。又眠，六時醒。

始服通宣理肺丸。

七月十九日星期日（六月十七　初伏）大雨

看《禹貢》第六卷。

眠一小時。靜到木蘭處。老牛來，冒雨去。

服藥兩次，十二時眠，上午四時醒。又眠，六時半醒。

晨，元善來，知其幼子章保八日自縊于北安河林中，經警發現，仔細調查，乃得其主名，十三日火化。此母溺愛之下場。

七月二十日星期一（六月十八）晴

看《禹貢》第七卷。

眠約一小時。夏延來。潮到校，旋與牛同來。

予與潮、牛同到東單公園散步閑談。九時半，牛返校。十一時，服藥兩次眠，翌晨四時、七時醒。

近日大便閉塞，甚悶脹，因服大黃丸。寒燠不常，痰嗽又作。

七月廿一日星期二（六月十九）

靜伴潮到積水潭醫院，終不能接得密合，醫謂有七、八分亦可，然左臂終不能舉重矣。看《禹貢》第一卷，見草創之勞，然亦多事了。

夜，服藥二次，十二時後眠，翌晨四時、七時醒。

今日大便雖下，然不暢。

七月廿二日星期三（六月二十　大暑節）陰

與靜到“東單”理髮。看《禹貢》第二卷。

夜服藥不成眠，幸靜有 Seconal，然入眠已將至四時矣。

本月因潮病，多買藥物，錢遂不足用，幸玉華寄廿元，木蘭給廿元，勉强度過。自北大欠薪後，到今四十餘年，均在高薪中，今又捉襟見肘矣。人生甘苦無常，居易以俟之可耳。

雍鳳武來，囑遷瑞金路 5 條 5 號。翌日靜秋往視，實不可住。同時胡一雅、周宜英兩家亦不願搬，此事作罷。

七月廿三日星期四（六月廿一）夜雷，雨不大

潮之同學韓長厚、尹國權來送潮行李，長談。看《紅樓夢考證》。未成眠。看報。

夜與靜論牛，使潮不快，男女之愛自勝于親子之愛也。服藥二次，十二時後眠。邇來服安眠藥愈多，殊非佳事。以所中通知開會，六時即起。

七月廿四日星期五（六月廿二）陰，微雨

六時起，七時半，與靜同到所，由十一路無軌轉九路無軌，此新路也。八時，開誓師大會，勉各人都到息縣勞動。十時，到 209 號室開小會，集老弱病殘者，謂可不去，予與昌群、厚宣、良瓊等與焉。十二時歸。

一時就枕，三時半醒。看報。虞嫂來洗衣。

與靜到大街散步。十時服藥，十二時再服，得眠，上午四時、七時醒。

七月廿五日星期六（六月廿三）大雨

早五時許，靜與潮同到校，與老師傅談分發事。七時予起，自作餐。整理室內，點《會箋》。午，靜、潮歸。

眠，未着。居委會夏同志來，詢在巷口製衣事，爲開一證明（此縫紉師不開發票，逃稅）。看報。

九時服藥眠，上午四時醒。又眠，七時醒。

今日大便雖下，仍不暢，再服大黃丸。

張澤咸下放。

七月廿六日星期日（六月廿四）陰濕

静到木蘭處，予自作早、午餐。整理報紙。點《會箋》。

一時許，静歸。二時就眠，四時醒。看報。補記日記一星期。

李佳來，與静長談。十時半服藥眠，四時醒。又尿濕褲。再眠，七時醒。

今日大便三次，服黃連素。

七月廿七日星期一（六月廿五）雷雨轉晴

點《會箋》。

以打雷未成眠。金連長偕總指揮部鄭師傅來訪問。潮、牛來，牛與静不談話，益使静生氣。

十一時服藥，已不靈，何得令予安眠耶？

七月廿八日星期二（六月廿六　初伏畢）陰，小雨

點《會箋》。看報。整理報紙。近日大便乾結，服大黃丸，得下一暢。惟多坐，仍腿腫。

静爲予浴。十時許服藥眠，上午三時醒。尿濕褲。又眠，七時醒。

七月廿九日星期三（六月廿七　中伏始）夜大雷雨

點《會箋》。看報。静與牛伴潮到積水潭，遇王大玫，知接骨雖未合，大致還好。予在家自煮飯。静、牛、潮在新街口飯，一時，静獨歸。

就眠，約一小時半醒。房管局派二人來，修理馬桶。接洪兒信，知其已重入基幹民兵，但仍放羊。

十時半服藥眠，翌晨四時醒。又眠，六時醒。

潮、牛已分發至河北肅寧縣。

七月三十日星期四（六月廿八）夜大雷雨

静伴至工農兵醫院，就女醫師張診。尿糖一個加號，血壓 130/90，醫言尚正常。十二時出，到新僑飯店進食。

歸，眠一小時許。虞嫂來洗衣。潮、牛同來，知牛申請入團未准，静與大吵。潮、牛同出賣物，即歸校。姚連保、李士敏來。

十時服藥眠，翌晨五時醒。又眠，七時醒。

七月卅一日星期五（六月廿九）陰

點《會箋》。看報。兩腿上又生紅瘡，作癢。馮君實大夫來，爲我聽心臟，云尚好。

眠一小時半。洪之同學續利來辭行，静與之談良久。續利與洪兒在一地，她説洪兒工作甚好。

翌晨四時醒，良久又眠。

一九七〇年八月

八月一日星期六（六月三十）陰雨

點《會箋》。看報。潮同學小王、小董、韓長厚等來，同餐。
眠一小時半。潮兒到所，爲我取工資。
十一時服藥眠，翌晨七時半醒。

八月二日星期日（七月初一）大雨

金連長、姚連保來，他們明日即到息縣。
未成眠。看報。
夜飯後，牛與其同學返校。十一時半，服多量藥眠，以静又與潮吵也。約十二時半眠，翌晨七時醒。

八月三日星期一（七月初二）陰

與潮兒同出，買肉末及蛋。看報。外調二人來，詢谷苞事。

眠一小時半。張澤咸來，爲秤事。點《會箋》。

服藥兩次，十二時後眠，上午四時醒。又眠，七時醒。

八月四日星期二（七月初三）陰雨

與靜同出，予到"東單"理髮，靜買電影票，同看《智取威虎山》，十二時歸。

飯後就眠，得眠二小時。看報。得自明書，知震堃精神病又作，入醫院。丁壽田已于五月中病亡。叔玉校已遷至北碚。

服藥二次，十一時半入眠，翌晨二時、四時、六時半醒。

八月五日星期三（七月初四）陰晴間

寫自明信。作《我和谷苞的關係和組織中國邊疆學會西北分會的經過》約2，800字。

未成眠。看《論學近著》。看報。靜與潮吵，總爲分配地點事。

服藥兩次，十時後眠，上午二時、五時、七時醒。

八月六日星期四（七月初五）陰晴間作

靜向我請假一天，與馮家昇夫人到北海，且説且哭，一抒積鬱。重鈔交代約2,500字。

午後略眠。

靜爲予浴。十時服藥眠，上午三時、五時、七時醒。

歷史所人員除病號外全到河南，不去者病號昌群、馬雍、厚宣、良瓊及予，及看守書籍之謝友蘭，約十人，占十八分之一。

八月七日星期五（七月初六　中伏止）陰

將邊會及谷苞等之交代，鈔寫完畢，凡 4,000 字。木蘭來，同飯。

金振宇來談。虞嫂來洗衣。羅麗病，靜與虞同往視，刮痧。看《論學近著》及報。小王，小董來。

潮到車站，送王、董，十一時半歸。予服藥眠，上午二時醒，遂不成眠，坐沙發上，六時就床，九時醒。

八月八日星期六（七月初七　立秋　末伏）

老牛返北京。將所寫谷苞等交代書統看一過。改正打印。滿身作癢，非痱子，乃糖尿入皮膚也，此三年來最重之一次。新疆訪問者二人來，以所書者交之。

十一時服藥眠，上午三時半、五時半醒，遂起。

八月九日星期日（七月初八）陰轉晴

元善來。看《水滸傳考證》。老牛赴肅寧，在永定門上汽車，靜與潮送之。予自作食。

登床，略一朦朧。看報。偬。潮到木蘭家，住。

靜為我浴，十一時服藥眠，上午二時半、五時半、七時半醒。

八月十日星期一（七月初九）陰，熱（32℃）

潮兒自中關村歸。看報。看《水滸傳考證》。

未成眠。大便未下。滿身紅點起，作癢，此當是糖尿入于血分也。

服藥未成眠，倚沙發坐，不知何時入睡。三時半醒，就床睡，七時醒，疲甚。

八月十一日星期二（七月初十）上午大雨，下午晴

掃地擦桌。鈔毛主席反美莊嚴聲明。

未成眠。與靜秋到東四一帶購物。看《書疑》。

九時服藥眠，十二時半醒，又眠，二時半醒。良久又眠，六時半醒。

八月十二日星期三（七月十一）陰，涼 25℃，雨

昨便秘，服藥四次，今晨解。與靜、潮到"紅星"，看京劇《紅燈記》電影。十一時半，冒大雨歸，易衣褲，洗足。

未成眠，看《禹貢》第五卷。

十時服藥眠，上午一時半、四時半、六時、七時醒。小便量多，何也？

八月十三日星期四（七月十二）晴

整理室內。靜伴潮到積水潭醫院，予自做飯。看《井田辨》。丘老來。靜、潮歸，謂病較痊。潮取工資 46 元，又醫藥費 28 元。

未成眠。大便未下。理髮。到王府井散步。歸，遇胡厚宣。

十時服藥眠，上午一時、三時、五時、七時醒。

八月十四日星期五（七月十三）晴

與靜到醫院，就皮膚科醫生王家賓診，挂內科號。

眠一小時。三時，潮伴至醫院，就張鳴岐大夫診，血壓 160/80，尿糖一加號。取藥出，到王府井買物，東風市場買《反杜林論》大字本。步歸。足底痛甚矣。車中遇李伯球。看報。

十時服藥眠，上午二時、四時、六時醒。

八月十五日星期六（七月十四）晴

張玉彬來，留飯。看《西河合集》。

十時，玉彬去。予服藥眠，十二時半、三時半、五時半醒。

今日仍不下便。

八月十六日星期日（七月十五）陰雨

大便下，不暢。頭暈。點《反杜林論》三序。

略一朦朧。寫洪、湲信，告潮、牛事。堪兒自莫旗歸，約可住兩月。煮粥焦。静、潮到農機院，未見人。天涼，又咳。

看《書疑》。服藥兩次，十二時後眠，翌晨八時醒。

八月十七日星期一（七月十六）陰

全家到紅星看《智取威虎山》電影。

眠二小時。王明德來。

服藥二次，十二時後眠，翌晨八時醒。

八月十八日星期二（七月十七）陰

頭暈，咳。看《反杜林論》二十頁。

與静秋談至十二點。服藥兩次乃眠，上午三時半、五時半、九時醒。

八月十九日星期三（七月十八）小雨

頭暈。看《禹貢》第四卷。

未成眠。三時，全家到紅星，看影片《奇襲》。五時歸。

以咳，服藥兩次乃眠，上午二時半、六時醒。即起。

八月二十日星期四（七月十九）晴

早，潮伴至醫院，抽血，挂號。到新僑飯店早餐。九時半歸。看《禹貢》第四卷。

眠一小時半。潮再伴予就某女醫診，延至五時半方得診。血壓

180/100，又高了。

服藥二次，十二時後眠，翌晨七時醒。

今日靜秋偕堪兒到北京醫院，堪兒病拉肚，靜病血壓高。

八月廿一日星期五（七月二十）陰，晴，熱

午後，予先至北海，坐五龍亭乘涼，堪繼至，靜、潮繼至，七時離園，到東風市場吃雞肉餛飩。

歸，累甚，眠較好，十一時醒後服藥，良久又眠，翌晨七時醒。

八月廿二日星期六（七月廿一）晴，熱

元善來談。潮、湲同學各一人來。點《會箋》。李學勤家遷來，住西邊屋兩間。看報。

以天熱，痰咳較好，只是血壓高，難成眠耳。與靜出，遇吳世昌夫人、馮大夫，談。

服藥兩次，勉强終夕。

八月廿三日星期日（七月廿二　處暑節）晴，熱

周諮度來，以所得《清末名人尺牘》見示，囑題。潮、堪到木蘭家，宿。

未成眠，將周藏尺牘看一過。三時半，與靜秋同到北海，在五龍亭坐。六時半出，七時歸，爐已滅，生火。

靜爲予浴。十時服藥眠，上午三時半醒。又眠，七時半醒。

八月廿四日星期一（七月廿三）晴，熱（35℃）

謝友蘭來，囑下午到所開會，靜因令我上午休息。

十二時半飯訖，與靜同出，二時半在大飯廳開會，由工宣隊報告四屆人大北京市名單。四時，又到二樓開本所留京人員小組會，

討論報告，老雍主席。六時出，歸後腰坍背直，疲勞不堪。

潮、堪自木蘭家歸，帶國光來治病。予服藥兩次乃眠，上午三時、七時醒。

八月廿五日星期二（七月廿四）晴，熱

頭暈。看《文存》。看報。

晚木蘭來，靜與談牛事，至十二時。予服大量安眠藥，一時後成眠，七時醒。予實在不能作社會活動了。

八月廿六日星期三（七月廿五）晴，熱減，夜小雨

以服藥過多，早飯後倚沙發眠，直至十二時方醒。

未成眠。與潮到東風市場、百貨大樓買物，到"革命"理髮。歸，疲甚。

十時服藥眠，上午三時半醒，又眠，七時醒。

八月廿七日星期四（七月廿六）晴（31℃）

與潮兒帶國光到天安門照相，到郵局寄信。十二時歸。

眠近一小時。兩日不下便，悶甚，服大黃丸五粒始下。看《文存》二集。

服藥二次，十一時半眠，上午三時醒。又眠，七時醒。

看堪兒臨顏帖，有進境。

八月廿八日星期五（七月廿七）陰

與靜挈國光到陶然亭，看國光在兒童體育場作諸般游戲。午，飯于陶然亭。又至體育場，看中小學生游戲（走鐵索橋最難，足以練習不怕死之精神）。五時歸。看《禹貢》第六卷。

十時服藥上床，迄不能眠，服藥至四次，至十二時半，靜以

Amytal 丸畀我，乃入睡。上午五時醒。又眠，七時醒。

予血糖爲 161，較前大高矣。

八月廿九日星期六（七月廿八）陰

看《文存》三集。十時，與靜、潮出，游景山、北海，遇陳慧。飯。上塔，乘舟。洪兒同社陳女士來，其父係骨科醫生，故將照片取去看，定下星期往診。

今日玩一天，體憊矣，夜飯後即眠。十二時而醒，服藥，又眠，七時醒。

八月三十日星期日（七月廿九）陰

靜得木蘭電話，送國光歸其家。

飯後得眠一小時許。看《文存》。元善來。祝叔屏來。丘衛材來，爲靜斥去，予不謂然，以其爲 81 歲人，無政治問題，當加禮貌也。看報。

服藥二次，十二時眠，三時醒。又眠，七時醒。

八月卅一日星期一（七月三十）陰，小雨

晨，靜送予到學部開會，聽宣傳隊某君報告人代易人事。九時，獨歸。堪兒乘予出，承母命送尺牘册還周諮度，懼予題字不合時宜也。

未成眠。爲老牛事，靜又生氣。羅麗告靜，謂聽張兆麟言，予向所索還電視，想反攻倒算，并謂此聞之于蕭良瓊。予絕無此想，聞之憤甚，血壓當更高，故今夜服藥三次，至上午二時後乃得眠，醒已八時矣。

一九七〇年九月

九月一日星期二（八月初一）陰

爲昨眠太壞，頭暈。看《留學日記》。

服藥，眠一小時。

與堪兒出外散步，行東風市場吃鷄肉餛飩，九時歸。十時服藥眠，上午二時醒，五時醒，七時醒。

九月二日星期三（八月初二）晴

静挈堪兒到寬街中醫院診（二人同爲濕癬，堪又病腸胃）。予與潮談老牛事。

眠一小時，與潮到東四人民市場，在米市大街買物，步歸。疲勞，脚痛。

看《留學日記》。十時服藥兩次眠，翌晨四時、七時醒。

九月三日星期四（八月初三）晴

看《留學日記》。疲勞。大便三次。看報。

失眠，服藥三次，至上午二時後始成眠，九時醒。

九月四日星期五（八月初四）晴

早起，忽覺噁心，吐出昨日之飯，作黑色，予初未置意。晨下便，稀，未留。以静伴潮到積水潭醫院照相，堪未起，予自煮食，整理家務。十時，静歸，觀予所吐，大驚，即令潮雇車，送予至工農兵醫院，挂急診號，由女醫洪大夫診。到X光室照，將嘔出者化驗，知予所吐者爲胃血，四個加號。症重，欲留予在院，予以大便不能蹲，不願。醫囑但吃流質（牛奶，藕粉，牛肉湯等），三日後

再往診。打針。十二時歸，疲勞就睡，即入夢，直至翌晨四時方
醒，此前所未有之事也。静叫予食，食罷即眠，不知是否以打針之
故，抑體之疲勞已久，因病得一息也。

九月五日星期六 （八月初五） 晴

終日臥床，未入睡。晚食藕粉較多，胃又作痛，但未吐。有小
便，無大便。夜不能睡，服藥無效，至上午四時，静爲煮牛奶服
之，乃得睡，晨七時半醒。

静到所爲取生活費，房金未扣，殆乾麵胡同屋須住户直接向
房管局付租。若是，則予負房租當高于今日，以從前均有所中補
貼而今取消也。静爲予病及房租事，到羅麗處談。我睡不好，她
亦不能睡，奈何！

李學勤之妻、子搬來，住大周所退室。

九月六日星期日 （八月初六） 晴

潮到五棵松診病。予在家休息，看《留學日記》。今日仍未大
便，腹悶脹。

夜十時服藥眠，翌晨七時醒。

九月七日星期一 （八月初七） 陰雨

晨，静與潮伴予雇汽車赴醫院。經急診室護士查，謂右脅作痛
當是神經疾。到内科，待至十一時，始由鄭女醫診。血壓 130/90，
囑仍服流質。

大便下，即由静送院驗，得微血三加號。鍾遵先來。羅麗來。

服藥二次，十一時後眠，翌晨八時醒。

身疲無力，時臥床，右脅痛。

熊克武 （年85）、載濤 （年84），均于前數日死去。

九月八日星期二（八月初八　白露節）晴

仍臥床。未大便。看報及《留學日記》。上午十時及下午三時均得眠一小時。

靜伴潮至積水潭醫院檢查，謂尚須休息半年，此後左手仍不可提重物。靜歸，潮赴校，住木蘭家。

十時予服藥眠，翌晨七時醒。

大便不下，略吃粥。胃痛止。

九月九日星期三（八月初九）晴，涼

靜赴所，將予病況告領導。潮歸。方師傅、鍾遵先來，詢予病狀，詳告之，允予不再參加每星期六之學習會，有所傳達，派人來告。看《留學日記》。看報。大便下，靜持赴醫院化驗，仍有血。

夜十時服藥眠，翌晨七時醒。

九月十日星期四（八月初十）晴

潮早往掛號。靜、潮與予同車到醫院，鍾遵先來。就洪大夫診。抽血，查尿，悉血仍未絕。注射葡萄糖 500 C. C.。酮體已化爲陰性。予血壓 150/100，相距太近。

一時半歸。疲甚就床。

夜木蘭來，留宿。予眠好，翌晨七時醒。

九月十一日星期五（八月十一）晴間陰

今日爲堪兒十九足歲生日，全家吃麵。予看報。

大便解，又兩日不下矣，乾結甚，堪兒送至醫院驗之，仍有些血。堪歸，爲予剃鬚。王明德來。

鍾遵先、羅麗及其子胡丹宇來，以是予不成眠，服藥兩次，十一時半眠，翌晨七時醒。

静感冒已多日，不肯自休，終日操勞，可憫也。

予氣管炎較好。

九月十二日星期六（八月十二）晴

潮爲予挂號，静到醫院送大便，微血仍四加號。張覺非來。看捷克人伏契克《絞刑架下的報告》。看報。

夜十時服藥眠，翌晨五時、七時醒。

九月十三日星期日（八月十三）晴

看《絞刑架下》。看報。小周送豇豆來。老牛來信，知已調至蕭寧縣城內新華書店工作。潮工作太勤，左臂斷骨又開，急包裹。

夜服藥二次，約十一時半眠，上午三時、五時、七時醒。小便多。

九月十四日星期一（八月十四）晴

元善來，改詩。今晨起，即思大便，而乾結不下，上廁數次，仍欲出不得。静上街買開塞路，堪爲我注射，始突然下，已五時半矣，肛門作痛。潮爲予送糞到醫院化驗，血二加號。

夜服藥二次，十一時後眠，四時、七時醒。

九月十五日星期二（八月十五　中秋）晴，陰

看《絞刑架下的報告》。張覺非來，留飯。爲予診脉，謂比去年好，惟胃功能弱，必須多頓少吃。大便一次，多稀少乾，頗暢，潮送醫院化驗，血減至二加號。如下次無血，可出外走動。

眠約一小時。看報。

與静、潮、堪同坐廊中看月。服藥二次，十一時後眠，翌晨七時醒，又朦朧至八時起。

九月十六日星期三（八月十六）陰

大便未下，服藥。看《中國的四大家族》。看報。

眠一小時。

服眠爾通四顆，居然入睡。翌晨五時、七時醒。

予左眼發炎已久，多泪。

九月十七日星期四（八月十七）晴

静到北京醫院看病，定爲肝腫大，宜其易于發怒也。爲堪兒講2000年來中國歷史大勢。看報。

未成眠。整理窗檻、書桌。大便下，堪兒送醫院化驗，自十五日後即無血了。

服藥眠。

九月十八日星期五（八月十八）晴

晨下便，堪送驗無血。看《絞刑架下的報告》畢。元善來，送其新作，囑改。看報。看周汝昌《三國演義前言》。

夜，看《世界年鑑》，尋阿拉伯族與以色列之關係。服藥眠，翌晨六時醒。

九月十九日星期六（八月十九）晴

晨大便甚多，堪送驗無血。看報。看《世界年鑑》對照之。點《會箋》。看報。

夜，十時服藥眠，十二時、二時、四時、六時皆以溺醒，何溺之多也。潮到天安門看練隊，至上午一時半歸。

九月二十日星期日（八月二十）晴間陰

元善來，商量詩字，并談新憲法草案。點《會箋》。今晨下便只一點，堪送驗無血。食量較增，每餐麵包一片。

眠一小時。看報，阿拉伯游擊隊獲勝。虞嫂來，渠病脊骨扭壞。

十時服藥，久不眠，至十二時，乃冲水化氯醛一杯，置床邊小桌上，未飲而即眠，遂至天曉。此可見心理作用之大。

九月廿一日星期一（八月廿一）晴間陰

大便又兩日不下，服大黃丸。靜偕潮上街買物，并到所訪方師傅，談將臥室夾板牆事。靜到北京醫院檢查，正常，惟肝大耳。點《會箋》。鍾遵先家遷來，住西屋，與小周及李學勤家毗鄰。老牛爲予病，寄來 20 元。

未成眠。欲下便而不得，五時，靜爲注射甘油，乃下，然仍不暢。看報。

服藥兩次，十一時後眠，多尿，起四次，七時醒。

九月廿二日星期二（八月廿二　秋分節）晴轉陰

今日上下午大便各一次，上次成條，下次稀，肚子裏拉空了。看報。點《會箋》。

眠一小時。

服眠爾通四粒，得佳眠。聞安眠藥皆傷肝，惟此與利眠寧無此副作用。

九月廿三日星期三（八月廿三）晴，夜雨

今日未下便。食欲似較强。點《會箋》。
未成眠。看報。
九時半服藥眠，翌晨四時半醒。

羅麗好意，主張將吾寢室打一隔斷，俾冬日可保暖。靜秋聽之，今日上午與潮到房管局，下午又與之到學部請求，皆碰壁

而還。

九月廿四日星期四（八月廿四）晴轉陰

上午，與靜、潮同到工農兵醫院，先抽臂血，再抽耳血，驗尿，到放射科透視腸胃，自十一時至下午四時，所飲鋇粉才到大腸，照相。定三日看結果。所叫汽車久不來，直至下午六時方歸。午後，與靜到新僑飯店吃雞蓉湯及麵充饑。

十時服藥眠，翌晨四時醒，又眠，七時半醒。

今日未下大便。

自本月四日以來，惟食粥、牛奶、燉雞蛋、面包，皆流質及半流質者。

九月廿五日星期五（八月廿五）晴

元善來，爲改詩。十時，與靜同到東單購藥，又到"東風"理髮。十二時歸。

眠一小時。服潤腸糖片五，仍不下，殊悶苦。點《會箋》。看報。乾麵胡同居民委員會改選，靜往參加，主任、委員調動頗多。

大便下，尚不暢。十時服藥眠，十二時、二時、四時、六時醒。

葉恭綽死已二年餘，聞理髮師言之，年約87。

九月廿六日星期六（八月廿六）晴

晨拉稀，靜送驗，無血。取前日透視相片歸，知無大病。鍾遵先來視疾。看報。點《會箋》。

未成眠。靜出售報紙。

看《古史辨》中錢玄同文字。十時服藥眠，翌晨六時醒。

以昨服潤腸片多，今日下便三次皆稀，靜頗責予，然腹中爽快多矣。

予病，據透視照相，仍與 63～65 年無異，腸中有氣泡，然而年齡已不許我再割了。

九月廿七日星期日（八月廿七）晴，夜風

晨，大便稀，静送驗，無血。張覺非來。點《會箋》。

眠一小時。食餃子。看報。美帝兵士逃亡日多，應服兵役之青年逃至加拿大者平均日 1,000 人，尚能戰乎。

十時服藥眠，上午二時醒，服牛奶又眠，七時起。

九月廿八日星期一（八月廿八）晴，風

晨下便稀，静送驗，無血。元善來，商量詩。點《會箋》。

眠一小時。鍾遵先送十月工資來，仍未扣房租。看報。約旦國王侯賽因假裝停戰，仍攻擊阿拉伯游擊隊，蓋恃美帝之支撑也。

聽廣播《智取威虎山》。九時半服藥眠，十二時、上午三時醒。尿濕褲。

九月廿九日星期二（八月廿九）晴，風

在廊中曬太陽。看堪兒寫顏字，殊有進境。點《會箋》。看報。看錢玄同論經學文。

眠一小時。

夜，聽《智取威虎山》唱腔廣播。十時服藥眠，起溺四次，翌晨六時醒。

阿聯總統納賽爾于昨日以心臟病死。

九月三十日星期三（九月初一）晴，風

與静、潮、堪乘車到崇文門，遇馮君實。易車至天安門，看彩排，照相。下午一時歸。

眠一小時半。看報。點《會箋》。政協派員來，問予明日能到天安門觀禮否，應之。堪兒爲予注射開塞路，下便二次，防明日觀禮時忽拉也。

九時服藥眠，翌晨五時醒。静早爲備食。

一九七〇年十月

十月一日星期四（九月初二）晴好

今日爲中華人民共和國建國廿一周年。何思源來，偕予上車，先到政協取齊，晤徐伯昕、翁文灏、王學文、趙樸初、楊東蓴、徐楚波、葛志成、吳研因、汪世銘、梁漱溟等人。悉浦熙修病重。八時半，乘車到天安門，由服務員女同志葉君伴予，入休息室小坐。九時許，上觀禮臺，晤于樹德。十時毛主席到，開始慶祝，林副主席講話。看大隊游行，以女民兵爲最多，工農業次之。十一時半畢，還車，送予歸家。以站立一小時半，足麻痛，腰酸。

飯後上床，眠近兩小時。看報。

在廊下望焰火。十時服藥眠。一夜溺四次，翌晨六時半醒。

十月二日星期五（九月初三）晴

點《會箋》。看報。陸啓鏗來，留飯。

眠一小時。木蘭偕陸啓韶、國光、陸纓來，適静、潮、堪出看電影，由予招待。覺非來，爲予診脈，尚好，謂是氣虛。

十時服藥眠，十二時，溺褲。又眠，七時醒。

今日大便二次，一成條，一稀。

十月三日星期六（九月初四）晴

點《會箋》。看報。林謙及其弟來，留飯。

予疲倦，在沙發上眠，静呼醒，令吃山藥，遂醒，不能眠。

堪兒發燒（實已于十一前發），静雇車送至工農兵醫院看急診，溫度39.5℃，勢不輕，當經驗血，打針，十時後歸。予已眠，爲驚醒。服藥二次眠，翌晨六時醒。

今日大便二次，稀。

十月四日星期日（九月初五）晴

點《會箋》。看報。與静、潮到東風市場買物，徒步往返，足麻痛甚。遇嚴伯約。

飯後即眠，直至四時方醒。堪病大愈，静送之入院觀察。看《紅燈記》樂譜。拉稀一次。吃稀，亦精神衰頹之一因也。

十時服藥眠，翌晨七時醒。

報載蘇聯對我國慶賀電，口氣頗軟，殆欺我耶？

十月五日星期一（九月初六）晴

静伴堪在工農兵醫院住宿。予點《會箋》。看報。

眠三小時。

十時服藥眠，翌晨七時醒。看《紅燈記》劇本，聽廣播，惜書中不具説白耳。

予近日睡眠好而大便乾結，得于此者失于彼，看醫院透視相片，則腸上氣泡又起，可奈何！

十月六日星期二（九月初七）晴

點《會箋》。看報。静挈堪歸，謂醫云恐是傷寒，須静卧一星期。

眠至三小時之久。

十時服藥眠，溺濕褲。上午七時醒。看《智取威虎山》劇本，聽廣播。

予又三日未下便，潮又打開塞路針，大便上午二次，下午一次，稀。

十月七日星期三（九月初八）陰

點《會箋》。看報。晨，靜伴堪到醫院覆診，打青黴素，午歸。予午後眠二小時，夜眠九小時。

潮爲分發至各省區之同學買物，日日有之，有寄錢者，有不寄者，買物、寫信俱忙，我家殆爲彼輩之北京供銷社矣。渠得暇又爲家人製棉衣，如此習勤，真毛主席之好學生矣。湲兒來信，謂又教書，又行醫，又打柴，又參加學習與勞動，忙得四脚朝天。堪兒對寫字漸有興致，寫的是顏字。

十月八日星期四（九月初九　重陽）陰

點《會箋》。看報。

眠二時半。起，到巷口"革命"刮臉。到元善處談，并晤其夫人張紹璣。元善在民建，每星期一、三、五學習，二、四、六勞動，挖地道，其健可佩。

十時服藥眠。中宵小便三次，七時醒。

十月九日星期五（九月初十　寒露節）晴

與靜同游廊房頭條委托商場（即前勸業場）。出，到回民食品店買牛羊肉。到天安門廣場散步，十二時歸。足麻痛。

眠三小時，看報。

十時服藥眠，中宵起溺四次。

昨、今兩日出外勞動，特小散步耳，而體已不任，致後數日之病。噫，予何一衰而至此！看來到80歲成一難關了。

十月十日星期六（九月十一）晴

看報。覺頭暈、腰酸。鍾遵先來，詢問蒙古人民共和國成立時，傅斯年迎合蔣匪，在報紙發言事。

眠三小時，醒來即發燒，到醫院急診。由洪女醫斷爲腸胃出血，需休息。

夜眠尚好。

十月十一日星期日（九月十二）晴

又兩日未下便，由潮爲注甘油針（大黃丸已失效），居然下便兩次，一快。林謙偕其弟來。

爲發燒，到醫院急診，由洪女醫診，打針，驗尿（糖二加號），驗血（四加號），腸胃皆有。囑我不要讀書寫字。如此，殆如“活死人”了。

半夜三時，咳嗽，嘔血。此病不輕，可奈何！上午七時醒，胸痛少止。

醫謂予病是氣管炎，特已重且久耳。

十月十二日星期一（九月十三）晴

潮早起，爲我到醫院挂號。早飯後，雇汽車，静、潮伴予往，遵先亦來，仍由洪醫診。抽血，驗尿，透視，打針。血壓 160/100。至十二時歸。

眠三小時。看報。賀昌群夫人來院視予疾。服麻仁滋脾丸，促大便。

上午三時咳，吐痰多，五時又眠，七時醒。

近日不甚渴，故小便少。夜，汗出如潘。

十月十三日星期二（九月十四）陰

熱退。臥床，上下午各拉屎，微稀，略有血（潛血），仍咳。本胡同衛生站派人來打止血針，上下午各一次。予上下午亦各眠二小時。遵先來視疾。

九時服藥眠，上午三時醒。念靜于 67 年大量燒掉我的信稿，連及張汨之燒照片，生氣，靜不能眠，未明即起煮粥，以明早五時潮將爲堪挂號也。

十月十四日星期三（九月十五）晴

無熱，但不思飲食，溺少。補記日記六天。靜伴堪赴醫院診，白血球 10,000 餘，停藥三天，溫度未變，因此醫定爲感冒，不是傷寒。遵先來。工作站上下午俱來打止血針。看報，中、加訂交。看《古詩源》。湲兒來信，言收成好。

夜九時半服藥眠，上午一時半、二時半溺，七時醒。熱度 37.1℃。

十月十五日星期四（九月十六）晴

無熱。食藕粉及粥。工作站來打止血針。看報。看《古詩源》。潮赴北醫三院診。

眠二小時許。四時，思下便，如廁，又不能下，令堪兒爲打甘油針，下而不暢，色黑，甚硬。或是胃潰瘍。

九時服藥眠，翌晨三時、八時醒。

十月十六日星期五（九月十七）晴

與靜、潮同到醫院，待至十一時始得診。血壓 130/80，抽血，驗尿。靜請會診，不許，吵了起來。十二時半歸。

眠兩小時。看報。堪爲注射甘油針，下便，未暢。

九時服藥眠，一夜溺四次，翌晨七時醒。

目發炎，日塗藥數次，迄不愈。

十月十七日星期六（九月十八）陰

脉搏僅 50 餘，静驚問羅麗，謂當是多日未進飯，致體軟也。看報。看《古詩源》。

眠一時半。

服藥兩次，十一時後眠，十二時、二時、四時、六時皆溺，七時醒。

今日静爲予打甘油，得便兩次，送驗無血。

準備遷屋取暖，堪遲之不動，静與大吵，聲聞鄰屋。下午，堪工作，静氣亦平，遷竈入西屋。

十月十八日星期日（九月十九）晴

早點後倚沙發，得眠。看《世界知識年鑑》。周宜英來，定改裝電燈。目疾依然，看字不清。得大便，雖少，成條，未服藥，可喜也。

夜，遷住西屋，爲屋小生火易暖，可稍瘥氣管炎也。静秋同遷。十時服藥眠，一夜溺四次。七時醒。

十月十九日星期一（九月二十）陰

看報。看《鏡花緣》等考證。

眠一小時半。服大黃丸，得便，潮送院驗，無血。潮、堪移住中屋，裝爐管。

十時服藥眠，起溺四次。翌晨七時醒。

堪兒每日爲予滴眼藥水數次。

十月二十日星期二（九月廿一）陰

續點《會箋》，已因病停十二日矣。

略一朦朧。看報。得便，潮兒送驗，無血，可安心矣。

十時服藥眠，絡夜溺四次。翌晨七時醒。

　堪兒自今夏到大興安嶺救焚林，八日臥地上，穿單褲致寒，食後，即患腹瀉，迄今未愈，明日當到醫院診治。

十月廿一日星期三（九月廿二）陰

晨下便，甚少，成條。遵先來。

未成眠，王明德來。看報。點《會箋》少許。目疾較痊。舌苔轉好。

九時服藥眠，終夜溺三次。七時醒。

　今晨潮到農機院，午到木蘭家，留宿。

十月廿二日星期四（九月廿三）陰

晨下便，乾結甚。潮自木蘭家歸。看報。

略一朦朧。俊奇自肅寧來。又拉，甚暢，當是多吃冬瓜之效。點《會箋》。與俊奇談。今日堪到寬街中醫院診病。

服藥兩次，十時後眠，起溺四次，翌晨七時醒。

　予家四人皆有病，俊奇來，可助勞動，亦一快也。

十月廿三日星期五（九月廿四）雨

點《會箋》。

　三時，静、潮雇汽車，伴予至工農兵醫院，由趙、康（女）兩醫生會診。大意謂予降結腸氣囊腫易於蔓延，蔓而上則至氣管，此爲慢性病，難治，惟有善自將養，使其發展遲緩耳。血壓 150/90。又到眼科診，知左眼充血，囑服藥。歸，未雇到汽車，坐電車，轉三輪車。休息。

九時服藥眠，終夜四起溺。翌晨七時醒。

今日起生爐子。

十月廿四日星期六（九月廿五　霜降節）陰

俊奇伴予到"東風"理髮。看報。點《會箋》。看惠周惕《詩説》。

眠一小時。今日以服藥故，上下午各拉一次，甚暢。

看蕭恭王翻刻《淳化閣帖》殘本。九時半服藥眠，上午三時醒，六時醒。

静太操勞，至今晚而疾，心絞痛，脉搏 50 餘。潮在沙發上眠，伴之。

得湲信，知其到公社學醫半個月。

十月廿五日星期日（九月廿六）晴，大風

俊奇爲静到北京醫院挂號，并伴之診，醫言是神經太緊張之故，須休息，明日照心電圖。看報。點《會箋》，并翻《求古録禮説》。

眠一小時。

與堪兒同眠，終夜起溺三次，翌晨七時醒。

予今日又未下大便，腸子終是問題。

十月廿六日星期一（九月廿七）陰晴間

點《會箋》。看《求古録禮説》。

眠一小時。看報。

静以睡外室寒，仍與予同眠，但以予鼾聲不易成眠。九時服藥眠，夜溺四次，翌晨八時醒。

終日未下大便。眼充血愈，不再塗藥，一快。

俊奇爲我家整理爐管。

十月廿七日星期二（九月廿八）陰晴間，風

點《會箋》。看朱大韶《春秋傳禮説》。下便一次，乾，不多。

眠一小時半。静與堪到寬街中醫院診病。看報。

夜，堪兒爲予浴。服藥二次眠，溺四次，晨八時醒。

予尿量太多，屎量太少，此膀胱與腸之病也。

十月廿八日星期三（九月廿九）陰晴間

看報。點《會箋》。

眠一小時。終日想下便而不得，服大黃丸四，乃于下午五時降，一快。

以下便故疲勞，九時即眠，終夜起溺四次，翌晨七時醒。

俊奇糊爐筒。

十月廿九日星期四（九月三十）晴好

晨又拉一次。點朱大韶《左傳禮説》。李東來自撲陘關回京，來訪潮。

眠一小時。看報。點《會箋》。在廊下散步。

李東來又來，與牛同床。予服藥兩次，約十一時半眠，翌晨七時醒。堪兒伴予眠，渠亦不易睡。

十月三十日星期五（十月初一）晴

李東來早去。服大黃丸，十時下便，頗暢。看報。點《會箋》。

眠一小時半。堪伴予到米市大街，歸，足痛且麻，倚沙發休息。周世彬來，她亦在淶源開山洞時自上跌下，傷顎骨者，渠父爲演員，即《沙家浜》中之胡傳葵。得洪、湲兩兒信，均累而安。

九時半服藥眠，終夜溺四次。翌晨七時醒。

十月卅一日星期六（十月初二）晴好

上午下便一次，當是多吃香蕉故。十時，牛、潮與予同出，到東單公園坐談，曬太陽，十二時歸。

眠一小時半。看報。點《會箋》。

翻朱大韶《禮說》。服藥，十一時眠，起溺三次，翌晨五時醒。又眠，八時醒。

一九七〇年十一月

十一月一日星期日（十月初三）晴

晨，下便，好。元善來談。看報。點《會箋》。

眠一小時。靜、潮、堪、牛到大華看新出《智取威虎山》。寫湲兒信。周世彬來。看老牛臨帖。

九時眠，不久，以咳醒，多痰，胸膈作痛。靜取安眠酮與服，十時後眠。上午四時起小便，又眠，六時醒。

十一月二日星期一（十月初四）晴

早大便一次，好。點《會箋》。潮、牛、堪偕農機院人到軍事博物館參觀地下鐵道。謝治華自成都來，告楚存海一家現狀。

眠兩小時。潮為全家照相。看報。牛到永定門車站買票回肅寧。

九時半眠，起溺四次，濕褲。翌晨六時半醒。

十一月三日星期二（十月初五）晴

俊奇六時半上站，七時半開車，潮送。靜與堪到中醫院治病。服大黃丸，下便。點《會箋》。

眠一小時半。三時，潮伴予到王姨母處，談，五時半歸。四時，堪兒心跳快慢失常，靜伴至北京醫院，至十時而歸。

予服藥兩次，十一時眠，溺四次。翌晨七時醒。

十一月四日星期三（十月初六）晴

早服丸下便。看報。點《會箋》。

眠二小時。堪臥床休息。看《淳化閣帖》。

十時服藥，溺三次。晨七時醒。

近來晨醒，腰酸背痛，非有人掖之，竟不能自起。體日衰老，真不好過也。静爲我等病，不能睡，日夜操心，以是面目愈憔悴，心氣愈焦躁，可悲也。

十一月五日星期四（十月初七）晴

早服丸下便，據静看，雖成條，仍有血及粘膜，以是不許我點書。看報。堪獨至北京醫院診，心無異象，醫囑九日再往。

服藥眠，得一小時，醒已四時矣。看報。潮到學部領薪，仍發120餘，又扣房租，不知其故。看陳師道、朱思本集。

九時半服藥眠，一宵四溺，濕褲。晨七時半醒。

中國與意大利建交。

十一月六日星期五（十月初八）晴

到東風理髮。看報。點《會箋》。

眠一小時半。理《淳化閣帖》。

九時半服藥眠，終宵四溺，晨七時半醒。

堪兒疲勞無力，恐是大興安嶺救森林火八日，穿單褲臥草地上夜受寒所致。若是，則是風濕性心臟病也，奈何。

中意建交，使美蘇日大感棘手。

十一月七日星期六（十月初九）晴轉陰

看報。略點《會箋》。

眠一小時半。大便困難，屎在肛門而不下，服大黃丸三次，至傍晚乃下。

九時半服藥眠，終宵溺四次，翌晨八時醒。

十一月八日星期日（十月初十　立冬節）晴

晨下便，靜許我服大黃丸也。寫聖陶信，告公中照片上人。看報。略點《會箋》。看《珊瑚木難》。

眠二小時許。

九時服藥眠，上午三時醒。良久又眠，七時醒。

中國行將與比利時、智利等國建交。

十一月九日星期一（十月十一）晴，風

晨下便。看報。點《會箋》。堪兒由潮伴至北京醫院診。潮爲予到工農兵醫院取藥。

夜九時半服藥眠，十一時、三時、五時、七時醒。

十一月十日星期二（十月十二）晴

晨大便暢。看報。點《會箋》。翻《廣記》。

眠一小時半。

九時半服藥眠，一夜起溺四次。翌晨七時醒。

法前總統戴高樂逝世。

十一月十一日星期三（十月十三）晴

晨大便，尚好。看報。點《會箋》。

服藥，眠一小時許。

九時半服藥眠，起溺四次。翌晨七時醒。

近日常夢健常，殊無歡容，不知有何拂意事。

十一月十二日星期四（十月十四）晴

晨，潮同學胡龍珠自大同治病回山東沾化，經京辦事，息我家。早大便，順利。看報。點《會箋》。

眠一小時許。

九時服藥眠，起溺三次，翌晨七時醒。

靜與堪俱病，靜至北醫，堪至阜外治之。他們都不能安眠，堪且食水合氯醛，疲勞無力，不知何病。靜則焦躁過度，常疑一家人之病，看病後又不肯吃藥，幸有潮在，可做家事。予腰酸背痛，夜中溺多，自是年老衰退，而靜若以我爲將死，我夜中一動彼即醒，神經衰弱陷于極地。堪寫字極有進步，亦養病善法。

十一月十三日星期五（十月十五）晴，風，寒

晨大便一次，不多。看報。點《會箋》。

眠一小時。翻《廣記》。

九時半服藥眠，起溺三次，翌晨七時醒。

服大黃丸，得大便。

十一月十四日星期六（十月十六）

元善來談。臨《威虎山》行書帖。看報。

眠二小時。翻《廣記》。

九時眠，起溺三次。翌晨七時醒。

大便一次。

我家中人都有病，靜患淋巴結核，頸痛。潮除臂傷未痊外，手指生濕氣。堪患甲狀腺發炎，又腹瀉。四人幾天天出入于醫院之門。湲、洪兩兒均少信來，不知其近狀如何。

十一月十五日星期日（十月十七）

看報。點《會箋》。大便一次。

眠二小時。

翻《廣記》。九時半服藥眠，起溺四次。翌晨七時醒。

十一月十六日星期一（十月十八）晴

周遠廉、應永深來，囑我寫一篇批評自己學術思想的文字。看報。點《會箋》。大便二次。

夜九時眠，溺三次，翌晨七時醒。

十一月十七日星期二（十月十九）晴

試寫學術的自我批評1,800字，靜、潮均云不可用。改《會箋》第八册錯字。看報。大便二次，均乾而少。胡龍珠遷出。

夜翻《廣記》。九時服藥眠，起溺三次，濕褲。翌晨七時醒。

十一月十八日星期三（十月二十）晴

草自我批評思想文，未畢。看報。

眠一小時。潮爲到醫院取藥。

夜翻《廣記》。九時半服藥眠，起溺四次，二時半至四時不寐。七時醒。

報載聯合國贊成中華人民共和國參加者日多，可喜。

十一月十九日星期四（十月廿一）晴

草自我批評訖，共3,000餘字，付潮兒修改。

未成眠。看報。

翻《廣記》。九時半服藥眠，上午二時醒。又眠，六時醒。

堪兒胸部覺痛，終日無精神，慮其將有大病。潮手指爛，較愈。

　　予今日大便暢。

十一月二十日星期五（十月廿二）晴轉陰，涼

　　點《會箋》五頁。看報。

　　未成眠。二時起，鈔潮所改稿，以予略有改動，靜與予大吵。

　　翻《廣記》。九時半服藥眠，終宵溺三次。翌晨七時醒。

　　大便不解，服藥三次，尚不下，腸疾可知。

十一月廿一日星期六（十月廿三）晴

　　鈔學術思想自我批評畢，欲復改，靜、堪堅不許，奪而藏之。看報。點《會箋》。

　　服藥，眠二小時。

　　翻《廣記》。九時半服藥眠，終宵溺四次，靜爲換濕褲。翌晨七時醒。

　　得湲信，今冬看公社能辦診療所否，才能確定歸家與否。

　　大便二次，暢。

十一月廿二日星期日（十月廿四）晴

　　元善來長談，勸我專讀《毛選》，勿讀古書，然此一生癖好，何所能也。看報。點《會箋》。

　　眠二小時。

　　翻《廣記》，九時半服藥眠，終宵溺三次，晨七時醒。

　　今日下便兩次。

十一月廿三日星期一（十月廿五　小雪節）晴，風

　　靜、潮到前門買物。臨帖。看報。點《會箋》。

眠一小時許。林謙來。

翻《廣記》。九時半服藥眠，夜溺三次。翌晨六時醒。

終日不下便，悶脹。

予每晨醒來，腰酸背痛，堪扶之乃能起。家人謂予矮，蓋背彎而腿曲也，予真老矣。

十一月廿四日星期二（十月廿六）陰

早大解少而細，腹悶脹。看報。點《會箋》。

眠一小時許。拉稀，頓暢。以所寫之學術思想自我批評托鍾遵先交周遠廉。房管局人來，估價我所住屋須出月租 80 元，羅麗爲我不平，説："你們要叫顧某喝西北風！"

翻《廣記》。九時眠，起溺四次。予一動靜即醒，致彼失眠，病過于我。

予在抗戰中得氣管炎，每冬必發，久而愈甚。今冬天本不冷，而此疾已作，吐膩痰，因此亦影響睡眠。先父之死，即由痰塞，予倘亦步其後塵乎！

十一月廿五日星期三（十月廿七）晴

晨下便少許，只如豆粒大，雖想拉，只是拉不出。看報。點《會箋》。

眠一小時。静伴予到"東單"理髮。

静以與我同床，予溺多使之不能睡，疲甚，與潮兒易榻。九時半眠，起溺四次。翌晨七時醒。

十一月廿六日星期四（十月廿八）晴

看報。點《會箋》，三之二矣。大便不下，服藥仍然，腹内悶脹。

未成眠。翻《廣記》。

服藥，亦睡不好，終宵溺五次，濕褲兩次，十二時後入眠，翌晨七時半醒。

予尿多而屎少，老年生活真不堪受。

十一月廿七日星期五（十月廿九）晴，風

看報。點《會箋》。

眠一小時半。在廊下散步（堪謂予便秘是不運動之故）。大便不下，吃了五丸，才于下午拉出，腸病真可畏也。

又下便一次，較稀。九時半服藥眠，終夜起溺四次，翌晨七時醒。

十一月廿八日星期六（十月三十）晴，寒

看報。點《會箋》。

眠一小時。元善來，贈八寶醬菜，談叩槃捫燭典故。仍服大黃丸，上下午各大便一次，腹部舒暢。

翻《廣記》。十時服藥眠，終夜小便四次。血不流通，足冷如冰，以暖水袋溫之，此冬天之苦事也。翌晨七時醒。

十一月廿九日星期日（十一月初一）晴，寒

靜、潮到木蘭家，適纓發高燒，午後即歸。予服大黃丸，上午、下午各便一次。

未成眠。元善贈靜腿癬藥膏。看報。點《會箋》。

服眠爾通後，至十二時始成眠，上午三時半，天將明又眠，七時半醒。

十一月三十日星期一（十一月初二）晴，寒

看報。點《會箋》。大便一次。

未成眠。翻《廣記》。馮家昇夫人來。堪兒爲查甲狀腺，到反帝醫院透視兩次。得洪、湲信，都説今冬不歸，以隊事忙也。潮到車站取商丘寄來之書箱。

飲水合氯醛，得佳眠，惟半夜起溺又濕褲耳。翌晨八時醒。

一九七〇年十二月

十二月一日星期二（十一月初三）陰

看報。點《會箋》。上午大便一次，成條。堪到反帝醫院檢查，知甲狀腺輕度亢進，缺碘至 131，須于十七日再往檢。静到醫院，詢醫師。羅麗來囑潮代製棉褲。

眠前翻《廣記》。服藥兩次，約十一時後眠，終宵溺四次，濕褲。翌晨七時半醒。

十二月二日星期三（十一月初四）晴，陰

看報。點《會箋》。

服藥，眠近兩小時。

木蘭領纓到我家宿，以纓患肺炎，須打針，而渠以上班不便，故托潮代送至燈市口醫院打針。静又與予同床。服藥兩次，約十一時成眠，終宵溺四次，濕褲。翌晨七時半醒，腰痛如折。夜中咳多痰。

十二月三日星期四（十一月初五）晴

以服藥故，大便順利。學部胡、張二女同志來慰問。看報。點《會箋》，又盡一册。

未成眠。

木蘭來，與縷同眠。予服藥眠，眠前翻《廣記》。約十時半成眠，終宵溺四次，幸未濕褲。翌晨七時半醒。

十二月四日星期五（十一月初六）晴

大便二次（上午乾結，晚拉稀）。看報。點《會箋》。

眠一小時半。寫洪兒信，論社會發展的飛躍。

木蘭來，定明日接縷歸。眠前翻《廣記》。九時半就眠後咳，多痰，約一小時後成眠，終宵小便四次。翌晨八時醒，紅日滿窗矣。醒來腰痛如折。

十二月五日星期六（十一月初七）晴

點《會箋》。看報。終日未大便。將寄洪信再看一遍，略改付郵。潮送縷到端王府托兒所小四班。堪到所取工資（未扣房租）。

翻《廣記》。夜九時半服藥眠，静以數夜失眠，改由潮伴予。終宵溺三次，翌晨八時醒。

十二月六日星期日（十一月初八）晴

看報。點《會箋》。上下午各大便一次，以服藥故。

眠約兩小時。堪兒以病，精神疲勞。

翻《廣記》。潮與静爲我洗浴。十時服藥眠，以咳故，良久始入睡。終宵溺三次，濕褲。翌晨七時半醒。

十二月七日星期一（十一月初九　大雪節）晴

點《會箋》。看報。

眠二小時。振宇來，長談。上下午大便各一次。

翻《廣記》。以咳故，胸前作痛，至十一時服藥兩次乃得眠，起溺三次。翌晨八時始醒。

十二月八日星期二（十一月初十）晴

看報。點《會箋》。

大便一次，乾而少。倚沙發午眠半小時。翻《廣記》。

九時半服藥眠，終夜溺三次。翌晨八時醒。

予近日所苦，1. 胸痛；2. 痰咳；3. 大便困難，每一二天不下，便悶懣異常。胸痛則于每夜九時起，至十一時後入眠而止，不知是咳引否，以在右方，故知非心痛也。

十二月九日星期三（十一月十一）晴

看報。點《會箋》。終日未下大便，只下粘膜兩次，無血，腸疾又作矣。靜以我點書太多，不出去活動，致此疾，不許我續點。

眠近一小時。從潮處，看67年王光美檢討。

服藥，不成眠，十一時起服水合氯醛，乃睡，翌晨八時醒。

十二月十日星期四（十一月十二）晴

看報。點《會箋》。靜伴至花市買物。仍不下便，腹脹甚。

眠一小時。堪兒爲買開塞露注肛門，下便。

又拉二次，皆粘液。十時服藥眠，翌晨四時半醒。又眠，八時醒。予獨眠一榻，靜同室，另設榻。

黃琪翔今日死，年七十二。

十二月十一日星期五（十一月十三）晴，陰

大便一次。看報。看《實踐論》。

眠一小時許。靜、潮、堪皆出看電影。潮看畢歸，伴予到工農兵醫院，靜以病歷壓多，伴予到工農兵理髮館，以工作人少，待客多，仍返醫院，五時半就李惠權女醫師，上樓查心電圖及透視，檢得并無顯著大病。胸痛亦不詳其由。血壓140/100，下偏高。六時

半歸。

失眠，服藥二次，十一時半眠，翌晨四時、八時醒。

十二月十二日星期六（十一月十四）陰，晴

看報。點《會箋》（静以予胸痛，不許多伏案，定每日工作一小時）。大便一次，正常。

眠兩小時。再看報。翻《廣記》。

十時服藥眠，起溺二次，翌晨八時醒。

十二月十三日星期日（十一月十五）晴

林謙及其弟來。看報。點《會箋》一小時。

眠一小時許。大便兩次，一乾，一稀，有粘膜。覽報，悉致公黨主席陳其尤逝世，年79。憶1964年，予與彼同乘火車參觀官廳水庫，對談甚久，彼此互誇以健（予上山下山步甚速），相隔數年，彼死我病，八十大關洵不易過。

十時服藥眠，十二時以咳醒，遂不成眠，至上午二時再服藥，乃眠，翌晨八時醒。

十二月十四日星期一（十一月十六）晴

看報。點《會箋》一小時。上、下午下大便各一次，下午稀，有粘沫。

眠一小時。再看報。

翻《廣記》。十時服藥就眠，十一時半再服藥乃眠，翌晨六時醒。又眠，八時醒。

十二月十五日星期二（十一月十七）晴

晨大便一次，少。十時，堪兒扶予到"東風"理髮。久不上

街，腿軟。

眠一小時。看報。點《會箋》。翻《廣記》。

大便一次，仍少。九時半服藥眠，以胸痛不成眠，十二時起吃月餅、水合氯醛，乃眠，翌晨七時半醒。

十二月十六日星期三（十一月十八）晴

晨大便極少，此後更不能下。看報。點《會箋》。伏案時多，感胸痛。在室內散步。林楠來。湲兒寄黃豆來。得洪兒信，看其所寄批判翦伯贊"讓步政策"一文。

九時半服藥眠，翌晨七時醒。

十二月十七日星期四（十一月十九）陰

林楠來。終日未下便。多咳多痰。看報。靜不許我再點《會箋》，由堪收起。易南薔偕其甥來。

眠一小時半。元善來，談學"兩論"心得。以靜管予太緊，與之鬥口。

李虞氏（虞嫂）來，囑堪兒寫大字報。翻《廣記》。九時服藥眠，十二時、五時、七時醒。

十二月十八日星期五（十一月二十）陰

堪兒到反帝醫院，作同位素檢查。

未成眠。看報。看馬克思《摩爾根古代社會摘要》。

失眠，服藥三次，并吃點心，至十一時後入睡，上午四時醒。又寐，六時、七時醒。

予今日下便三次，早乾，午稀，晚又乾，多日積糞爲之一空，大快。

十二月十九日星期六（十一月廿一）晴

　　静伴堪到反帝醫院作同位素檢查。所中送還電視。堪檢查結果：服甲狀腺片後，甲狀腺吸碘（131）功能被抑制下來。夏延來，悉其父夏康農已于上月去世，年67。點《會箋》（静許我每天點一小時）。

　　夜，看電視《白毛女》，無干擾。十時服藥三次眠，終宵四溺，翌晨七時半醒。

　　今日上下午便各一次，早乾晚稀。

十二月二十日星期日（十一月廿二）陰

　　看報。點《會箋》。上下午大便各一次，多稀少乾。

　　朦朧一小時。多痰嗽。

　　九時半服藥眠，上午二時、四時、六時、七時醒。溺褲。

　　得湲兒信，知其春節不想歸家，擬多學醫。彼地下午三時即黑，溫度 – 32℃，她和林樾兩人管家，養豬肥，將宰。堪心跳無常。

十二月廿一日星期一（十一月廿三）陰

　　看報。點《會箋》。聯合國決議限制殖民地國家，許被殖民者反抗，反對者僅英、美、葡等五國，聞之大快。今日大便一次，零星稀乾，仍如昨。潮兒爲我到醫院取藥。疲勞。

　　夜，虞嫂來。木蘭偕國光來，留宿。失眠，服藥四次，至上午一時始倚床眠，翌晨醒來，已八時矣。

十二月廿二日星期二（十一月廿四　冬至　一九始）晴

　　看報。點《會箋》。

　　未成眠。大便乾濕間。在廊下散步。元善來談，勸予學習《毛選》，他真我良友也。潮伴國光到燈市口打針，治扁桃腺發炎。

木蘭自校來，伴國光宿。多服安眠藥，睡較佳，惟夜中多溺爲苦耳。翌晨八時醒。

十二月廿三日星期三（十一月廿五）陰

開始與靜、潮學習老三篇及《實踐論》。終日未下便。

眠近一小時。看《三國演義》下冊。因咳胸痛。

木蘭來宿。虞嫂來。服藥三次，十二時後乃得眠。夜半，靜扶予起溺竟不知，又濕褲，痰咳不止。翌晨九時醒。如此生活，如何忍耐。

十二月廿四日星期四（十一月廿六）晴

學習。看報。點《會箋》，又盡一冊（尚餘三冊）。

眠一小時半。起溺濕褲。大便，乾、濕俱。靜、潮出，買物，失十餘元（皆同學托買物所寄錢）。堪以暖水壺就予口，噴熱氣，咳較好。

翻《廣記》。失眠，服藥三次，十二時後眠，多服，得酣眠，至七時方醒。靜、堪因藏藥，禁不令多服。

十二月廿五日星期五（十一月廿七）晴

早晚兩便均稀而少，有如水上浮萍。與潮兒同學習。

眠一小時。易南薔偕其甥來，送黃菁。在廊下散步。看報。點《會箋》。身上癢，爬搔甚苦。

看電視芭蕾舞《紅色娘子軍》。木蘭來，伴國光宿。咳甚。靜、潮爲予浴。失眠，服藥三次，至上午二時半方入眠，六時半醒。

十二月廿六日星期六（十一月廿八）晴

看報。點《會箋》。靜伴堪，木蘭伴國光赴醫院看病。蘇江從莫旗來，帶湲兒信。洪兒亦來信，她們今冬皆不歸。湲在公社籌備診療所。

略一朦朧。木蘭、國光返家。翻《三國演義》。今日拉兩次，成條而多，腹中一暢。

蘇江來宿。夜服藥三次，十二時後始得眠，翌晨七時醒。

十二月廿七日星期日（十一月廿九）晴

今日拉兩次，尚成條。咳甚痰多。胸痛。元善來，囑予讀"兩論"，以中國哲學史附麗之。

略一朦朧。在廊中散步。

木蘭伴國光來。夜服藥兩次眠，午夜起溺濕褲。翌晨八時醒。

十二月廿八日星期一（十二月初一）晴

靜伴堪赴醫院診，定爲心房纖維性顫動，心律不齊。予大便又不下。看報。點《會箋》。滿身作癢。木蘭請假一天，伴國光診。

夜服藥，九時半眠，半夜醒兩小時。

十二月廿九日星期二（十二月初二）晴

肚子又不好，一天三次，俱稀而少，浮水上如金魚，究不知何病。看報。點《會箋》。元善來，出題令答。

眠近二小時。

十時服藥眠，直至翌晨九時方醒，此亦反常。

十二月三十日星期三（十二月初三　一九終）晴

一日拉四次，俱稀而少。看報。點《會箋》。教國光算，他略有燒。

木蘭晚來。十時服藥二次眠，溺三次，翌晨八時醒。

十二月卅一日星期四（十二月初四　二九第一天）晴

陸啓鏗來，與談，留宿。看報。終日拉四次，乾少稀多。

眠二小時。看《三國演義》。

看電視革命京劇《紅燈記》。十一時服藥眠，起溺四次，翌晨八時醒。

一九七一年

一九七一年一月

一月一日星期五（十二月初五）晴

启鏗回家。看報。點《會箋》。粘元善所出題于册。林樾來。蘇江來，留宿。

夜木蘭來。得湲兒電，悉本月十日動身返京。看電視芭蕾舞《紅色娘子軍》劇。十一時服藥眠，以咳屢醒，溺濕床。翌晨八時醒。我總是下半夜及晨好眠，以此遲醒。

一月二日星期六（十二月初六）晴

終日下便三次，晨一次好，後二次均溏薄。看報。點《會箋》。剪貼洪兒寄來之《農民戰爭是歷史發展的動力》一文于册，評翦伯贊讓步政策者也。

眠一小時。

十時服藥眠，溺三次。

一月三日星期日（十二月初七）晴

終日下便五次，所拉粘沫直似肥皂水。看報。點《會箋》。剪貼《哲學的解放》一文于册，元善囑讀者也。看胡寄窗《中國經濟思想史（上）》，蘇江携來者。李育蘇從南京來信，悉自珍夫婦身體均不好，渠肺病已鈣化。育宜在句容勞動。

　　夜九時服藥眠，溺三次，翌晨八時醒。腰痛難起。

一月四日星期一（十二月初八）晴

　　上下午大便三次，稀，多粘沫。看報。點《會箋》。

　　未成眠。馮家昇夫人來。木蘭來。

　　咳甚，粘痰亦多，以屢起，使静不能成眠。上午，潮伴予到"東單"理髮，無風，不冷，或遂致咳。

一月五日星期二（十二月初九）晴

　　上下午大便各一次，雖稀，無沫。看報。點《會箋》。

　　朦朧一小時。蘇江來。堪兒心律不齊，頗注意按脉，然問之則諱言。渠近日臨柳字頗有進境。

　　木蘭來。十一時服藥眠，夜溺三次，濕褲。翌晨七時半醒。

一月六日星期三（十二月初十）晴

　　看報。點《會箋》。

　　眠一小時半。拉兩次，稀。國光强與予下跳棋。

　　木蘭來，伴國光。看《廣記》。服藥兩次，十一時半眠，起溺三次。八時起。

　　静到所領薪，知予减爲267元，以病减也。

一月七日星期四（十二月十一）晴

　　看報。點《會箋》。

　　眠一小時半。終日大便三次，稀，有一次成條。蘇江來，留宿。看《三國演義》。

十時半服藥眠，起溺三次，濕褲。翌晨八時起，腰痛，由堪扶起。此今年新病，明冬倘無孩子在家，予與靜秋均苦矣。

一月八日星期五（十二月十二）晴

看報。點《會箋》。終日大便兩次，一次稀。得孟輯書，知蘇州近況，公墓盡拔，死屍深葬，予悔買十二穴矣。其單獨葬于僻處者則不毀。

眠一小時。

看電視《紅旗渠》。看《廣記》。十一時服藥眠，終夜起溺三次，下半夜得佳眠，翌晨八時起。

一月九日星期六（十二月十三　三九第一天）晴

看報。胡庭槐來，送丙生信，并其爲予所作外調交代，送食物，留飯。

眠一小時。汪采齡表妹來，述其家事及王姨母事。湲兒自莫旗歸，述公社事。點《會箋》。

湲與靜同榻睡。予十一時服藥二次眠，夜溺二次，濕褲。翌晨七時半醒。

一月十日星期日（十二月十四）晴

晨便一次，乾，成條，略有粘液。看報。點《會箋》。

眠一小時。元善來談。劉平挈其妹來。家人除予夫婦外，均到紅星看《紅旗渠》電影。

慰問團來。十時半服藥眠，十二時、四時起溺，八時起。

一月十一日星期一（十二月十五）晴

晨便一次，稀。看報。蘇江來，留飯。堪兒到中醫診，醫云無病。點《會箋》。

整理書桌。未成眠。今年奇怪，到了三九尚不冷，以無風也。然予與静及國光均犯感冒，痰咳不絶，老人之體真與小孩一樣。湲在莫旗，以盡力爲人民服務，與當地農民感情甚好，兩頰紅潤而胖，與堪之瘦而黄適相反。

看《紅燈記》電視。十時服藥眠，起溺三次，天明酣睡，至九時乃醒，覺頭暈。

一月十二日星期二（十二月十六）晴

看報。點《會箋》。國光不聽話，輕打之三下。大便兩次，一乾一稀，有轉佳勢。得孟軺來信，知將予照片携至家園，爲又曾所見，説極像我父。翻《廣記》。日來疲憊頗甚，非病乃衰，到老年方知老年苦，兩腿亦無力，怕走路。孟軺謂李映婁作氣功五十年，今可爬山采藥，予與之真天淵之别矣，以此知鍛煉之功不可無也。

夜十時服藥眠，起溺三次，翌晨八時醒。

一月十三日星期三（十二月十七）晴

看報。點《會箋》。有鄭州解放軍二人來，詢民衆讀物社事，囑寫交代。此事本簡單，而欲述其由來則甚複雜，因打腹稿。謝友蘭來。

看電視《紅燈記》。九時半服藥眠，溺三次，翌晨八時醒。

一月十四日星期四（十二月十八）晴

看報。鄭州外調人來，催寫交代。

午後開始書，約寫四千字。

多服藥，九時半眠，溺三次，濕褲。翌晨八時醒。

近日腰痛殊甚，醒來起溺，十分費力，幾于欲斷，此亦老年所應有之痛苦也。

中宵，夢到醫院視亦寧病，相對黯然。

一月十五日星期五（十二月十九）晴

看報。終日寫民衆讀物社資料訖，共八千四百字，復看一次。

午後未眠。

多服藥，九時半眠。終夜溺三次。翌晨八時醒。咳甚。

木蘭在 56 中起大字報稿，堪爲書之。

一月十六日星期六（十二月二十）晴

看報。點《會箋》。元善來，商其八十自壽詩。

眠一小時半。咳甚，痰多。堪與國光到中關村，宿。

鄭州外調二人來，取予所作民衆讀物社資料去。看電視《紅嫂》劇。九時半，服藥眠，溺三次，翌晨八時醒。

一月十七日星期日（十二月廿一）晴

晨大便一次，乾。看報。元善來，商詩。點《會箋》。

略一朦朧。

看電視《智取威虎山》。十時就床，以靜不給我藥，與之吵，服藥三次，十二時眠。翌晨八時醒，九時起。

一月十八日星期一（十二月廿二　四九第一天）陰

堪、國光自中關村歸。易南薔來，送還貓。蘇江來。木蘭來。大便一次，乾。湲爲堪針灸。

補記日記六天。

夜，看《紅嫂》電視。木蘭來伴國光。湲爲虞嫂針灸。十時半服藥眠，一宵溺四次，翌晨八時醒。湲兒早出門買菜矣。

一月十九日星期二（十二月廿三）晴

看報。點《會箋》，以咳甚痰多，爲靜所禁。看《廣記》。

午後眠一小時。大便一次，乾。

予犯氣管炎已廿餘年，履安在柏溪買藥，迄今愈發愈劇，雖屋中生火，溫度 17℃，尚劇發。

一月二十日星期三（十二月廿四）陰，風

潮到母校領錢。午，俊奇自肅寧來，將于吾家過春節。予今日大便二次，幸不太稀。以昨夜咳甚，靜不令點《左氏會箋》。看報，看《廣記》。

眠一小時。

以咳，服潮爲予所買人參止咳丸。看芭蕾舞《白毛女》電視。木蘭來，伴國光宿。十時服藥，倚床眠，起溺三次，翌晨八時醒。

一月廿一日星期四（十二月廿五）晴

元善來，示改定八十自壽詩。堪與牛均赴醫院治病。

小眠。看報。看《適園叢書》。

仍倚床眠，至十二時睡下。上半夜溺少，下半夜多至四次。睡尚佳，翌晨八時起。

一月廿二日星期五（十二月廿六）晴

看報。看《適園叢書》。大便又閉，服大黃丸，至傍晚乃下。

略一朦朧。潮、湲、牛大掃除。堪兒獨游景山，期勻心跳。予仍多痰咳。靜左臂痛，湲爲針灸。

十時服藥，倚床眠，十二時，湲爲脫衣平睡，終宵三溺。

一月廿三日星期六（十二月廿七）

看報。鍾遵先來，與靜談電費分配事。

眠一小時許。終日大便兩次。

十時服藥，以咳不成眠，起床擁被，十二時後得眠，一宵三溺。

一月廿四日星期日（十二月廿八）晴

堪兒伴予到"東風"理髮。看報。翻《適園詩話》。堪兒與其同學游頤和園。湲爲靜針灸。

夜，王秀瓊、張玉彬來，睡書桌上，他們從涿鹿插隊來，須過春節後去。服藥眠，一夜三起，痰咳仍多。翌晨八時起。

一月廿五日星期一（十二月廿九）陰

看報。看《圍爐詩話》。

眠一小時。木蘭來，挈國光歸家。

湲爲予洗澡，易襯衣，即上床，服藥，倚床眠。十二時，湲爲脫衣平睡。終宵三溺。咳稍好，痰仍多。翌晨八時起。

一月廿六日星期二（十二月三十）晴

看報。點《圍爐詩話》。早大便不通，服大黃丸二，下午拉兩次，乾，略有粘沫。

眠一小時半。鄧方來，留飯，談。湲與同出看電影。

十時，服藥，和衣眠。十二時，潮爲脫衣平臥，翌晨七時半醒，八時起。

一月廿七日星期三（正月初一　辛亥春節）晴

看電視（去年十月一日國慶游行）。看報。看《適園叢書》。

眠一小時半。崔藝新來。堪兒囑予噴熱氣。在廊散步。

九時許服藥眠，以咳故，右脅作劇痛，不解衣，坐眠。起溺三次，翌晨八時醒。

一月廿八日星期四（正月初二）晴

看報。看《適園叢書》。開電視，同院兒童均來看。屋小人多，予遂退出。

眠一小時。

服藥眠，終夜起三次，翌晨八時醒。

一月廿九日星期五（正月初三）晴

看報。看《適園叢書》。終日大便三次，始乾後稀。元善來，告平伯還京，住永安里。

午，瑞蘭挈其子天寧來，久談去，予遂未眠。

夜，秀瓊、玉斌來作別。張燕多自吉林來。十時服藥倚床眠，起溺三次，翌晨七時醒。今冬不寒，而予咳浸甚，老年之苦，無可逃也。

一月三十日星期六（正月初四）晴

晨四時，王秀瓊、張玉斌返涿鹿，俊奇送至站。靜、潮、湲、堪到隆福寺看電影《紅燈記》。予七時醒，家無一人，已而知其事。看報。看《適園叢書》。服大黃丸，大便二次。

金振宇來，長談。客去就眠，已三時半，眠兩小時醒。鄧方來，留飯。

潮、湲到瑞蘭處，予倚床待之，至十一時半方歸，予服藥眠，上午二時醒，四時醒，八時醒。

一月卅一日星期四（正月初五）晴

看報。大便一次，乾，無粘沫。理書桌。

夜眠如常。

　　昨日看報，知翁文灏先生于廿七日病逝，年八十二，頗傷之。予去年國慶節在觀禮臺相遇，而此次見面即爲永別，所不料也。渠爲浙江奉化人，家業商，以富故，用乳母，蔣介石之母當其選，蔣隨至翁家，遂爲“小朋友”。及蔣擅權，招之往，遂至陷入泥犁，不克自拔。然私德依然，大官僚中不貪污者惟彼而已。在重慶日，有偷兒入其室，無所得而退。予54年到京後，渠常至吾家，而予以忙，僅答訪一次，猶未見。當時爲要整理《禹貢》，曾請其助我，今則已矣。以同任政協委員故，曾同游東北、楊柳青、海拉爾諸處，終覺得他是一學者，與諸政客不同氣味也。

一九七一年二月

二月一日星期一（正月初六）晴

　　大便兩次，乾，不多。看報。看《適園叢書》。

　　未成眠。

　　崔藝新來，虞嫂來。倚床眠，仍劇咳，不成睡，又服藥兩次，十一時後眠，夜起三次。八時醒。

　　今冬天不冷，不下雪，小屋生爐至十七度，而予病反比前數年爲重，失眠與咳嗽交侵，視夜眠如受刑，白天咳雖較好，而氣息短促，右脅隱隱作痛，至晚而劇痛，老態益甚，此生不知尚有若干日也。

二月二日星期二（正月初七）晴

　　湲友管蘭星來。大便二次，乾，少。

　　未成眠。點《會箋》十頁。看丁晏《春秋杜解補正》。

服藥兩次，十一時醒，濕褲。又服藥，上午四時醒。又眠，七時醒。

二月三日星期三（正月初八）晴，風

潮、湲、牛游頤和園。看報。點《會箋》及丁晏書。

十時服藥，一夜四溺，翌晨八時醒。

二月四日星期四（正月初九　立春）晴

看報。美帝欲以原子彈炸越、老諸國，如此橫行，必將自斃。我生其能看到帝國主義絕迹世界。

眠二小時。點《會箋》及丁晏書。聞文學所四人歸，均一批二養。

十時服藥眠，一宵四溺，翌晨八時醒。

今日又曾表弟下午七時逝世。

二月五日星期五（正月初十　六九始）晴

看報。點《會箋》。

未成眠。四時獨出，到東安市場北門理髮，六時歸。静秋到米市大街找我，都不見，哭了。予以久不到市場，試一步行，約一里許，果然喘了。來回三里多路，已不勝任，回想少年至六十歲時之健步，真使我氣短。

服藥兩次眠，一夜四溺，濕褲，翌晨八時醒。

近日大便好，每日一、二次，皆乾。

二月六日星期六（正月十一）晴

看報。點《會箋》。批評堪。元善來，示讀《通鑑》摘要及其所作詩。馮家昇夫人來，出王有三一家照片，欲爲其長子介紹我女，其子在冶金研究所工作。渠既出，靜乃告我，家昇已于去夏以工作過勞，病死，其妻恐我傷感，祕不以告，真可痛也。

夜眠如昨。

二月七日星期日（正月十二）晴

靜到木蘭處，商昨馮夫人所談事。堪今日一早出門，他的病是甲狀腺腫大，肝旺心病，當勞動之年，偏有此病，亦可傷也。

午後未成眠。

夜眠如常。

二月八日星期一（正月十三）晴

大便乾結不下，服大黃丸二片，下午下便二次，一乾一稀。看報。點《會箋》。

眠兩小時。

木蘭來，留宿。潮、牛理行李，訖。堪看《三國演義》訖。服藥兩次，十一時眠，翌晨七時醒，則湲兒已行矣。

二月九日星期二（正月十四）晴

金擎宇夫人來。董廣雲自銅陵來，夜即上車赴涿鹿。今晨湲兒赴黃村，轉車到固安，住鄧方處學醫，歸後即赴莫旗。看報。點《會箋》。大便三次，不甚稀。林楠來。

夏延來，予以午眠未晤。

夜，潮兒爲予洗澡。

二月十日星期三（正月十五）晴

看報。點《會箋》。張覺非來。蘇江來，留飯。今早，潮、牛同赴蕭寧，靜秋送至永定門站。牛此次來，仍沉默，但肯家務，洗床單。

眠二小時。今日大便三次，多乾少稀。

失眠，服藥三次，十二時眠，晨八時醒。

靜滿身是癬，癢不堪，覺非亦謂是肝旺所致。

二月十一日星期四（正月十六）陰

傷風，鼻涕多，咳亦較甚。大便二次，乾。看報。點《會箋》。

眠二小時。蘇江來，留飯。靜服覺非藥方後，皮膚病大作，坐臥不寧，此或是好現象，將毒氣發出來也。堪爲予取藥。

服藥三次，十二時眠，翌晨八時醒，終宵小便四次。（按予近日夜眠愈難，想是下午多眠之故。）

二月十二日星期五（正月十七）晴

晨大便甚暢。看報。點《會箋》。

飯後與靜同到景山，在太陽中坐。三時往，五時歸。柳已發青，此後花開，可常往散步矣。痰咳迄不痊。

看電視，越南抗美。服藥二次，十二時眠，翌日八時醒。午睡自然，夜眠終勉強也。

二月十三日星期六（正月十八）晴

看報。點《會箋》。接德輝信，悉張又曾表弟一年來病勢日漸沈重，于本月四日下午逝世，七日火化，享年76歲。聞之傷痛，渠作事謹慎小心，不私不懶，數十年來，予家得其照管，得以完整交公。蘇林自莫旗來，留飯。

服藥二次，十二時眠，起溺三次，八時醒。

二月十四日星期日（正月十九　七九第一天）晴

看報。點《會箋》。胸膈作痛，旋作旋輟，此後無望猛進矣。元善來，爲改詩，承贈小菜。張覺非來談。

夜，服藥二次，十二時眠，終宵溺四次，翌晨八時醒，此種生活，習以爲常矣。

二月十五日星期一（正月二十）陰，夜雪

看報。點《會箋》。上午未下便，下午一次稀。

眠一小時。蘇江來，留宿。接潮兒信，知已分配在肅寧縣城關公社西澤城大隊貧宣隊工作，住招待所。翻《殊域周咨録》。

九時服藥上床，至十二時迄不能眠，再服藥，得眠，翌晨八時醒。

二月十六日星期二（正月廿一）陰轉晴

靜到北京醫院診治癢、累、不成眠等神經官能症。李唐晏來，長談。吳世昌來。看報。

眠一小時半。上下午各大便一次，上午稀，下午乾。看《警惕蘇聯社會帝國主義發動大規模侵略戰爭的危險性》畢。蘇江來。李佳之母來。

看嚴從簡《殊域周咨録》。十時服藥眠，終宵四溺，翌晨八時醒。

三兒在家，各有友朋，春節往來，殊熱鬧。靜一一周旋，又興奮，又勞累。自潮、湲去後，驟形寂寞，靜驟然輕鬆，反致病痛俱發，不知須將養若干日方得愈也。

二月十七日星期三（正月廿二）晴

看報。點《會箋》。潮兒來信，囑予勿逞能以傷體。其實予四肢無力，胸又作痛，已無能可逞矣。

眠一小時半。

看電視工農業成就。十時服藥眠，一宵四溺，翌晨八時起。

二月十八日星期四（正月廿三）晴

看報。美資産階級也指出，尼克松攻老撾正在走着杜魯門打北朝鮮的老路。點《會箋》。

湲兒自固安歸。以夏延國防科學機關將遷萬縣，來與作別也。午後眠不佳。洪兒來信，渠擔任大隊會計。

開電視，周宜英之友來修。十時服藥二次，十一時後眠，一宵四溺，翌晨八時醒。

予近日下半夜總能睡。

二月十九日星期五（正月廿四　雨水節）晴

看報。點《會箋》。張覺非來，診静及堪病，謂静心脉弱，肝脉太旺。堪心律不齊，成眠難，亦無適當醫藥。李學勤夫人介紹一臨時女工來洗衣。湲出外買物，夏延來，不晤，悵然去。

夜十時服藥眠，終宵四溺。

二月二十日星期六（正月廿五）晴

看報。美軍侵入老撾，《人民日報》社論爲《尼克松不要頭腦發昏》文斥之，有箭在弦上之勢。湲到美術館，看中藥展覽會終日，堪與同去，先歸。夏延來，待湲不至，去。《左氏會箋》點畢。續看《國策》吳師道本。

夜十時服藥眠，終宵四溺。

二月廿一日星期日（正月廿六）雪

看報。點《國策》。終日大便三次，首乾後稀，但有粘沫。

未成眠。看《地道戰》畫册。夏延來，贈湲鋼筆，留飯。

十時，服藥眠，終宵三溺，寐不酣，常醒。翌晨八時半起。

二月廿二日星期一（正月廿七）陰

湲兒赴固安學醫。晨大便，粘沫多糞少，痰咳甚重，當與此乍暖還寒天氣有關。靜臉瘦黑，今日湲出，堪又看展覽，家中清靜，上午得酣眠，稍補夜中炯炯待旦之苦。予看報。點《國策》。元善來談詩。

夜以靜故，九時即眠，終宵三溺。翌晨八時醒。

二月廿三日星期二（正月廿八）陰

看報。謝友蘭偕南京大學兩人來，調查1945年外蒙獨立時傅斯年作文擁護事。下午開始寫。大便終日二次。

以靜連夜失眠，精神大不佳，全家九時即眠，終宵三溺。

二月廿四日星期三（正月廿九）更陰

靜到反帝醫院，先看外科，醫言此係內科症，遇馮家昇夫人，代爲挂內科張孝騫醫師號，下午往診，據云神經官能症嚴重，肝腫大，須好好醫療。予寫外蒙獨立時我與傅斯年的態度畢，約5,000字，經南京外調人看，認爲有些話不必説，删去千餘字，重行寫定付去。據我看，這是來問韓儒林和傅斯年的關係，當外蒙獨立時，傅曾寫一篇恭維的文章，登入《中央日報》，予見之怫然，認爲實是賣國。南大中人疑韓與傅的關係，由韓代草的，要我説出他們的交往，而其時予住北碚，不聞其事，且以爲韓與傅不認識。而據來人言，則韓與傅早已發生交誼，解放前曾隨傅到臺，任教臺大，後乃歸大陸也。此實予聞所未聞。今日上午拉一次，乾。

夜九時服多量藥眠，一夜未醒未溺，直睡到翌晨七點半，前所未有也。唯靜眠仍不佳，半夜即醒。夜，胸膈間作痛劇。

二月廿五星期四（二月初一）更陰

看報。理桌上物。

眠二小時。大便二次，一乾一略稀。翻《廣記》。翻王耕心《賈子次話》。

服藥二次眠，溺三次，翌晨八時醒。

　靜仍病，愈瘦，滿身是癬，飯量亦減。予近日背愈彎，耳愈聾，進入老境日甚，看來將成廢物，奈何。

二月廿六日星期五（二月初二）陰

看報。看《南京國學圖書館書目・春秋類》。

眠二小時。

服藥二次，十一時眠，起溺兩次，翌晨八時醒。

　予近日兩腿略腫，走路無力，睡了不易下床，坐了不易起立，似乎要向風癱一路。俟天暖和，當長外出，到公園散步。此後少參加開會，庶可多活數年。

二月廿七日星期六（二月初三）陰

看報。開始點《戰國策》鮑、吳注。美侵老撾大敗，尼克松不久矣。蘇林來，留飯，與談整理史料事。此人對此有興趣，惜予不能教之也。

眠一小時。

服藥二次，十時後眠，終宵三溺，翌晨八時醒。

二月廿八日星期日（二月初四）陰，小雪

點《東、西周策》。因靜病，爲寫張覺非信，請其來診。

未成眠。静到反帝醫院看急診，乘老王車，堪伴往打針。朱宏達來，訪堪。看報。元善來，贈爛糊肉絲。

服藥二次，十一時眠，一宵三溺，翌晨七時半醒。

一九七一年三月

三月一日星期一（二月初五）陰，夜大雪

今晨大便乾甚。看報。點《秦策》。老王踏車，送静打針。

眠一小時半。覺非來診静病，囑服菊紅湯。鮑其祥來訪堪。翻《廣記》。與静同讀老三篇三遍。

服藥二次眠。終宵三溺，翌晨七時半醒。

三月二日星期二（二月初六）晴，陰，小雪

看報。點《秦策》。老王送静打針。打三次後覺好。大便上午一次乾，下午二次稀。看《人民日報·評田漢的一個反革命策略——從〈關漢卿〉看田漢用新編歷史劇反黨的罪行》。

眠三小時。

服藥二次，十一時後眠，一宵三溺。翌晨八時醒。

三月三日星期三（二月初七）晴

李佳之母來。晨拉稀。得玉華信，知存海仍病倒，志平已參軍（15歲）。爲静寫木蘭信。

眠近三小時。拉稀兩次。翻《廣記》。

服藥二次，十一時後眠，終宵三溺。翌晨八時醒。

三月四日星期四（二月初八）晴、陰

"東風"理髮師祝君來，爲我理髮。林楠來。看報。謝友蘭來，

送工資 150 元。點《秦策》。終日大便五次，内兩次有糞，餘皆粘沫。趙成來，静與談，觸怒堪。

午後以堪與静哄故，不能成眠。

服藥二次，十時眠，終宵三溺，翌晨八時醒。

三月五日星期五（二月初九）小雪

看報。點《秦策》。拉稀六次，内兩次只有粘沫。謝友蘭來兩次，送看病單及湲看中草藥展覽會説明書。

夜服多量藥眠，翌晨八時醒。

三月六日星期六（二月初十）陰，夜小雪

看報。點《秦策》畢。今早拉稀，後未再拉。續點《齊策》數頁。勸堪兒勿走絕路，以周處爲例，渠雖不肯認錯，但態度較好。關大娘來洗衣。

眠兩小時。爲静搔背。

九時服藥眠，上午二時，静爲予溺，竟未醒。翌晨八時醒。左眼發腫。

予多坐，尻骨生瘡，静以八元買一橡皮圈，坐其上，果不痛。

三月七日星期日（二月十一）晨大雪，十一時止

看報。晨拉稀一次，量少，無粘沫。爲静搔癢。續點《齊策》。吳世昌來，談一小時。得潮兒書，知在田間挑糞，甚不爲苦。

眠二小時。湲兒從固安歸。李唐晏來。

服藥兩次，十一時眠，終宵起溺三次，晨五時醒。又眠，七時半醒。

三月八日星期一（二月十二）晨大雪，下午陰

看報。點《齊策》。予下便三次，一乾二稀。

木蘭夜至，囑堪到其家住數天。服藥眠，翌晨八時醒。

三月九日星期二（二月十三）陰

湲、堪同到展覽館，看草藥功效。堪先歸。湲買食，直鈔至下午五時歸。予看報。點《齊策》。

眠兩小時。終日大便三次，有乾有稀。

靜與湲爲予浴。服藥兩次，十一時眠，起溺兩次，翌晨六時醒。又眠，八時醒。

三月十日星期三（二月十四）陰

看報。點《齊策》。鮑其祥來。

堪與靜鬧，迄不休。午後遂不能眠。堪爲予墊橡皮圈，得眠一小時。關大娘來洗衣，一小時酬兩毛。湲到蔣力家。

服藥二次，十一時後眠。中宵小便，意識模糊，竟濕褲被。翌晨八時醒。

三月十一日星期四（二月十五）陰

湲到展覽館，續鈔草藥效用。堪到木蘭家住若干天，即回莫旗。看報，知周總理到越南四天，昨始歸來，報方登出，知援越抗美，其事亟矣。"東風"理髮師祝泉山來，爲予修面，收費一毛八。

眠近二小時。上午下便一次，稀；下午一次，不太稀而色赤，似是血，則腸病又作矣。連日靜與堪吵，使我心情不快，恐此亦一因也。恐靜驚嚇，未敢告之。

夜，又拉一次，雖稀而不赤。服藥二次，九時半眠。上午二時小溲一次，六時醒，又眠，八時醒。眠時可謂多矣，而頭腦昏昏然，故擬不再午睡。

三月十二日星期五（二月十六）晴，風

蔣力來。林楠來。看報。點《齊策》畢。上下午各大便一次，雖稀而不赤。關大娘來洗衣。莫旗來信，悉大隊長已准許湲兒專在京學醫，不再教書。

夜，又便稀一次。服藥二次，十二時眠，二時半夜起溺，放一屁，屎濺滿褲，湲兒爲拭去，予消化系統越來越衰老矣。六時醒，八時起。

三月十三日星期六（二月十七）晴，風

看報。點《楚策》。

眠一小時半。在廊下散步，曬太陽。破黃糖塊置瓶內，破左指。今日報載三日我國放人造衛星。大便三次，稀。

服藥三次，十一時後眠，終宵三溺，翌晨七時半醒。

自周總理到北越，發表聯合公報，對美帝持強硬態度，美方態度轉軟，稱吾國爲"中華人民共和國"了。美帝日暮途窮，經濟崩潰，失業人數益多，在如此情形下還要欺侮人，適見其自走絕路，終有向我屈膝之一日。

三月十四日星期日（二月十八）陰

看報。點《楚策》。

眠半小時。靜與予打架。一日下便三次，一乾二稀。

湲爲予灸三里穴，甚舒服，不久即眠。一夜三溺，竟熟睡不知。翌晨七時醒，腰酸背痛，竟難起床。

三月十五日星期一（二月十九）雪

看報。點《楚策》畢。今日拉四次，皆稀，惟二次成條。

眠一小時半。林楠來。

胸作痛。溲灸。

三月十六日星期二（二月二十）大雪，近尺

看報。始點《趙策》。鮑其祥來。

眠一小時半。雪深，却不寒。今日大便四次，一乾三稀。

夜，溲爲灸。以與静口舌，服藥三次（内水合氯醛三格），至上午二時後方眠。四時，静爲予溺，換褲。

三月十七日星期三（二月廿一）晴

點《趙策》。看報。

眠一小時許。吴希猛夫婦代朱葆初送食物來。今日大便三次，稀。胸痛。

溲爲予灸，十二時、三時、六時、八時醒。

近日眠後起身極難，用極大氣力，終又倒下，如此數回，方能起床。

三月十八日星期四（二月廿二）晴

静偕予到工農兵醫院診，十時往，十二時半歸。遇馮國寶大夫。血壓 130/80，尿糖一加號，醫云胸痛或因伏案太多來。此後天暖，可出外散步矣。

元善來，批評静急躁，予固執。林楠、易南薔來。大便兩次，初較乾，午後有粘沫。看報。祝理髮師來，未理。

溲爲予灸。服藥，約十一時眠，翌晨五時、六時、八時醒。夜咳。

三月十九日星期五（二月廿三）晴

民族研究所修世華、肖之興來，詢中亞細亞一帶地理，予勉强

答之。予問其馮家昇死期，他們説是去年三、四月中事。易南薔來，留飯。

眠一小時半。祝師傅爲予理髮。看報。胸痛。

湲爲予灸。服藥，十一時眠，翌晨七時醒。又眠，八時醒。夜，胸痛甚。

三月二十日星期六（二月廿四）晴，陰

王明德來。看報。點《趙策》。元善來。静爲我到工農兵醫院打聽病况（1. 早起全身腫；2. 半夜胸較痛；3. 腹瀉；4. 晨不能起身，扶起來又倒；5. 每夜必服安眠藥），醫云：此是血管硬化所致。不知予將如馬叙倫否？湲送予溺赴驗尿糖，得加號二。

湲爲予灸，得安眠，翌晨八時醒。

三月廿一日星期日（二月廿五　春分節）晴暖

看報。點《趙策》，以胸痛而止。上下午各大便一次，乾，此疾似已痊可。在廊下散步，静禁予外出。

湲爲予打針（三磷酸腺苷 A. T. P.），且灸三里穴。十時眠，上午二時、四時、六時醒，又眠，八時醒。不能自起，湲拉起之。

三月廿二日星期一（二月廿六）晴和

大便晨一次，乾，已復正常。惟左脅頗作痛，因之静不許我點書。以裝電分表，開後屋門，取出數書（湲要將《史記》、《通鑑》帶莫旗，予取姚本《國策》）。

眠一小時半。看報。湲到中關村。

湲爲針灸。十時服藥眠，上午三時醒。又眠，七時半醒。

三月廿三日星期二（二月廿七）晴，微風

七時半爲静呼起。大便乾。九時，湲伴予到工農兵醫院，就康女大夫診。據云：心絞痛不限于心之部位，可移于左脅，亦可移于肩部。然則予多日來左脅之痛亦心絞痛之現象可知矣。照心電圖，較之上次心律更不齊。十一時出，與静、湲同飯于新僑飯店。

一時半歸，就寢，得眠半小時。予既證實是心臟病，則將如許地山然，倒下即死，免床席之苦，只是苦了静耳。著述之事，從此結束，成爲廢人，少年以來一片著述雄心不可復現，悲哉！此皆五年來日在驚風駭浪之中所造成者也。易南薔來。静、湲應清潔運動，掃除住房。

服藥四次，至十二時後方由静拍睡。翌晨八時醒，頭暈。

近日大便每日一次，乾，諒是針灸之功。

三月廿四日星期三（二月廿八）晴

略點《國策》，以胸痛停止，服藥後稍止。看報。

未眠。

湲爲針灸。服多量藥，十一時眠，翌晨八時醒。

三月廿五日星期四（二月廿九）陰

看報。看《智取威虎山》劇本。

未成眠。祝師傅來理髮。

湲爲針灸。看電視《龍蝦》。夜眠服多藥，乃眠，翌晨四時醒，良久又眠，八時醒。

三月廿六日星期五（二月三十）陰

看報。

眠一小時半。湲到中關村看堪兒。胸又作痛，服藥二次。翻《四庫提要》。

湲爲針灸，并服藥二次，方于十二時入眠。翌晨八時醒。

三月廿七日星期六（三月初一）落黃沙

元善來。看報。欲續點《國策》，爲静、湲奪去。

服藥未成眠。

湲爲針灸，兼服藥，眠仍不安。約至上午二時後方得闔眼，八時醒。胸又作痛，如之奈何！

三月廿八日星期日（三月初二）

大便不暢。静到中關村視堪及木蘭全家。看報。

未成眠。

湲爲針灸，并服藥，迄不得睡。至十二時，心絞痛劇發，静叫汽車到工農兵醫院，湲同往，照心電圖，較上次不如。醫囑在醫室內休息，至上午四時，爲打一針，歸即得眠，直到八時方醒。

三月廿九日星期一（三月初三）

心絞痛較好，終日臥床。脉搏多則八十餘，少則六十餘。静爲予到學部報告。看王利器輯《歷代笑話集》。

雖服藥，仍不能眠。羨兆揚自滇歸，來訪。

湲爲針灸，依舊不睡，約服藥三次，乃得合眼。

三月三十日星期二（三月初四）

看報。終日臥床。大便下得極少。謝友蘭來，未晤。看《壓不住的怒火》。堪兒今晨從中關村歸，計住 20 天。

未成眠。夏延來，晚飯後去。

湲爲針灸。約九時半入眠，翌晨一時半起溺。旋眠，七時半醒。以得佳眠，精神一爽。

三月卅一日星期三（三月初五）陰

大便暢。看報。

未成眠，看《笑話集》。

湲爲針灸，但迄不眠，服藥至三次，十二時後乃眠，翌晨八時醒，九時起。睡時不爲少，但藥癮日高，醒後無力耳。

一九七一年四月

四月一日星期四（三月初六）晴

以昨夜服安眠藥多，今晨餐後又眠，直至下午二時方醒。祝師傅來，見予眠，未理髮。

醒後就餐，已近三時。靜、湲、堪到紅星看《紅色娘子軍》電影，予看家。李佳之母王大姐挈其長女李小滿來，欲借書不得，因談。下便，乾。看報。

湲爲針灸椎拍，仍不得眠，靜來就予，延至十二時後方眠，四時溺，九時醒。時間顛倒如此，可嘆。

四月二日星期五（三月初七）晴轉陰

在廊間看《笑話集》。

倚沙發眠一小時許。大便一次，乾。翻《四庫提要》。吃蓮子羹，前點心有藕粉、牛奶、山藥，今又多此一種，蓋家人欲予延命耳。得潮兒書，知其在蕭寧水土不服，全身發腫，正在醫療中。看報。

苦不易成眠，湲針灸及椎拍無效，服藥四次，至翌晨二時方眠，五時醒。又眠，九時起，自覺憊甚。

四月三日星期六（三月初八）晴轉陰

爲昨夜服藥多，上午飯後又眠。

未眠，看報及《笑話集》。

服藥四次乃得眠，（醒）已翌晨上午九時矣。此強制之眠不可久也，決服中藥，并上街散步，使生活改變，體力轉佳。惟家人均不許其獨行，爲不自由耳。

四月四日星期日（三月初九）晴

以昨日難睡，疲勞，開中藥方囑堪兒買，乃缺主要之藥酸棗仁。

未睡，由静扶之上街散步，至燈市口，遇楊向奎妻。歸，服中藥二次。看報。湲兒到中關村，以木蘭在新華印刷廠勞作，至十時方歸。今日得玉華信，招湲兒往成都省立醫院學習，甚喜得此機會，得有爲人民服務機會。

十一時，起服劇性西藥兩次乃眠。翌晨五時醒。又眠，七時醒，九時起。静爲予病，多日未得安眠，住外間。

四月五日星期一（三月初十　清明）晴

以昨得安眠，今日精神較好。看報。湲打電報與潮，囑歸商到成都學醫事。湲決定八日動身，十日到成都。大便一次，乾。

未成眠。點段玉裁《釋拜》。

湲教静爲我針灸。十時後眠，上午三時醒，八時醒。

四月六日星期二（三月十一）陰

看報。點《釋拜》四頁。

未成眠。看《江蘇圖書館書目》。大便兩次，前乾後略稀。

夜飯時，堪發脾氣，使予精神緊張，服藥至四次，上午二時方得眠，四時半即醒，遂不寐。此爲予近來少有之事。堪身體不好，不能返莫旗工作，以此精神頹廢，脾氣大發，致予病不能痊，可奈何！

四月七日星期三（三月十二）陰

早，謝友蘭偕學部軍宣隊張毅彬來。少選，出版口王濟生、國務院辦公室吳慶彤、中華書局謝廣仁、包遵信來，謂周總理派我主持標點二十四史事，要我定計劃，許之。

未成眠，計劃工作人員名單。大便二次，均稀。

服藥兩次，湲爲予打針，她到木蘭家去。予約十時眠，上午三時醒。又眠，八時醒。

四月八日星期四（三月十三）晴

謝友蘭來。木蘭來，詢問羅麗事。祝泉山來，爲予理髮。學部送沙發來。與湲兒談，她要我的問題早日處理，當與張毅彬談之。湲爲揭後屋封條，張同志意也。看報。看《紅旗》。六時，堪兒送湲上車站，車上不擠，計後日晨可到成都。翻《南京圖書館書目》。

夜，服藥二次，十一時眠，上午三時醒，又眠，八時醒。

近日每天大便二次，不太乾，亦不甚稀。

四月九日星期五（三月十四）晴

張毅彬來，談點史事。午，潮兒自肅寧歸。

元善來談。算史卷數。翻《南京圖書館目錄》。大便二次。

服藥，十時眠，上午二時醒。又眠，八時醒。

四月十日星期六（三月十五）晴

算史卷數。續草點史計劃。

未成眠。邵恒秋來，長談。北官房七姊及覺非夫人來訪。

靜、潮、堪洗浴，我但易衣。十時半服藥眠，翌晨五時半醒。

又眠，八時醒。

静爲了我和兒女們終日操勞焦急，時時終夜不眠，以致頭痛胸痛，竟難支持。願趁潮兒來家之時，趕速就醫，她的身體還不及我，一對老夫老妻如何度日。

四月十一日星期日（三月十六）陰，風

看報。洪兒在内蒙之同學劉雪楓、曲寧、鄭援來，言洪在彼地工作甚好，能寫蒙文、説蒙話，曾墜馬受傷。

眠一小時許。到後房看書。上下午大便各一次。

服藥兩次眠，翌晨八時醒。

四月十二日星期一（三月十七）

上午張毅彬來，告我從本月起恢復原薪，且約明日送我到北京醫院檢查身體，并辦轉院手續。近日大便稀且少，往只幾滴，恐腸胃有問題。湲兒來信，得劉金玉助，已在軍醫院中學習。

夜服藥眠，翌晨八時醒。

四月十三日星期二（三月十八）

學部領導張毅彬乘汽車來，接予到北京醫院檢查身體，知心臟較前爲好。午歸。

看報。就想得到的作《整理國史計劃書》，即行整理成初稿。予本"知無不言，言無不盡"之義寫出意見，但加工過多，恐讀者仍謂我爲好大喜功耳。

服藥兩次，約十一時半眠。中宵，静爲予接尿，未醒，翌晨八時醒。

四月十四日星期三（三月十九　東南亞各國新年）

静、潮伴至北京醫院抽血，學部派車接送。歸，續作《計劃書》，由潮兒鈔寫，并作些改動。予鈔寫數葉，天暮而止。

夜看《戰國策》。以服北京醫院之速可眠，得安睡，上午一時半起溺，又眠，八時醒。

四月十五日星期四（三月二十）

祝泉山來，爲予理髮。元善來談，予以點史事告之，他囑我千萬聽黨話，勿過度自信、要自己作主。良友之言，我當書紳自儆。鈔《計劃書》三稿，又將潮兒所鈔者加入若干。開編輯員名單。

未成眠。大便一日二次，稀。

服藥二次，約十一時方眠，起溺二次，翌晨八時醒。

元善告，文化宮已開放，陶然亭修好，更美了。

四月十六日星期五（三月廿一）

鈔《標點廿四史計劃書》三稿，尚未畢，下午三時，中華包遵信即來催，不得已，由潮兒代爲鈔畢交與，肩負一輕。

看報。看《戰國策》。

九時，服速可眠一丸，水化氯醛一格，即眠，一時半，潮兒扶之起溺。又眠，八時醒。

四月十七日星期六（三月廿二）

與潮兒同到王姨母處，這是除了看病之外今年第一次出門，晤姨母及大玫，姨母病依然，手足卷曲不能動，已用到一女工看護。她家明日即將遷到崇外安化大樓大玩宿舍。歸，看報。

未成眠。起又看報。今日大便，雖不成條，亦無粘沫，可喜也。補記一周來日記。

服藥眠，翌晨三時醒。又眠，八時醒。

　　前日從孟鞱致元善書，知沈勤廬已于年初死，年七十。昨日又從中華來人知蕭項平已于去年以心臟病死，恐尚未七十。爲之惋嘆。

四月十八日星期日（三月廿三）晴

　　今日爲我夏曆生辰，全家吃麵。看《諸子繫年》。看報。看《戰國策》。
　　未成眠。
　　晚恐少吃安眠藥，反而多吃了些才成眠，予爲此病所苦甚矣。翌晨八時醒。議定全家四人攝影。

四月十九日星期一（三月廿四）晴

　　看報。伊朗將與我國建交。大便二次，有粘沫，知腸病未痊也。天氣日暖，棉衣已穿不住，而痰咳迄不痊，家人遂不許脫。到"北京"照相，雇車歸，遇馮君實。
　　未成眠。
　　半夜起溺，噴出糞汁，染污衣被。

四月二十日星期二（三月廿五）晴

　　包遵信來，送《整理國史計劃書》排樣，即校改。看報。
　　迷糊一小時許。細看《人民日報》尹杭《資本主義決然死滅，社會主義決然興盛》一文。看《諸子繫年》。大便二次，有粘沫。得湲兒書，祝我生日，并加勉勵。
　　服藥，十時眠。一時半溺，又眠，八時醒。

四月廿一日星期三（三月廿六）晴

　　晨六時，堪到車站接黃璇文。九時，静、潮伴我到北京醫院，就内科劉大夫（女）、外科鄭大夫診，穿東單公園歸。

服藥，得眠近兩小時。看報。看《繫年》。

林楠、林謙送璇文來，旋同去。璇文定明日起來住，五天後林楠、璇文同返莫旗。服藥得佳眠。

四月廿二日星期四（三月廿七）晴，風

晨大便一次，極少。與黃璇文談話。看報。馮君實來。張毅彬來。

飯前服藥，午後得眠一小時半。看《繫年》。静到反帝醫院就張孝騫診，服藥後反應，雇車往急診，經打針後幸得安眠。

予服藥眠，十二時起溺，又濕褲。六時醒。

四月廿三日星期五（三月廿八）晴，風

晨、午大便各一次，多，成條。看《繫年》。

午後未成眠。洪兒來信，知接羔成績甚好。房管局人來，看隔斷地位，并重裝電話。璇與潮同到美術館，看草藥展覽會。

四月廿四日星期六（三月廿九）晴，風

祝泉山來，爲予理髮。看報，看《繫年》。

未成眠。剛欲出門，元善來，遂同出，静追上，同到元善家，晤其夫人及其從南方回來之第四女，談至五時半出。行經甘雨胡同，晤陶景蘧，邀至其家談，六時半出。

大琬表妹來談，且贈王姨丈遺書（《國學基本叢書》），因興奮，多服藥眠，中夜溺濕褲，翌晨八時醒。

四月廿五日星期日（四月初一）晴，風

張毅彬偕學部指揮部負責人余震、宋鎰來。領導照顧周至，感

甚。看報。

服眠爾通兩丸，得眠近兩小時。陶景蓬來，長談。潮兒到王姨丈家取書。大琬來，爲静診疾。今日大便二次，乾。

服藥，九時半眠，翌晨五時醒。又眠，七時醒。

四月廿六日星期一（四月初二）陰

看張謬子《聽歌想影録》，是皆民初戲劇家掌故，使我一温過去聽戲事。劉憲子自雲南來，談，留飯。

服藥，又眠兩小時。房管局人來，定明日來做東屋木壁。今日大便二次，均成條，無粘沫。與璇文談。得洪兒書，對我勉勵，可愛也。

服藥，十時眠，翌晨七時醒。

四月廿七日星期二（四月初三）晴

看報。看謬子書。

未成眠。元善來，同乘車到東單公園坐談，海棠、丁香等均零落矣。六時，元善送來。

堪兒限制予服藥，大吵。此兒心好而脾氣壞，如不痛改，將來必受人打擊。十時後服藥三次眠，翌晨八時醒。

四月廿八日星期三（四月初四）

（缺）

四月廿九日星期四（四月初五）晴

看報。看謬子書。祝泉山來修面。

倚枕略眠。二時半，張毅彬來，同到二里溝國務院招待所，開會討論廿四史及《清史稿》標點印行事。自下午三時至五時半，議

決將予所計劃列爲第二步，1973 年十月一日向黨獻禮。出席者有
吳慶彤、張毅彬、王濟生、謝廣生、包遵信、宋雲彬、徐調孚、高
亨、白壽彝、顧文璧、許大齡、潘如暄等二十餘人。如此，一天要
平均點出十六卷付印，幸近日大學文科教授除下放者外無事作，可
以組織起來，一天點三十四卷。予既承周總理命總其成，更須作有
計劃之安排，方可竟其功而不致犯病停工也。六時，與潘如暄同
回。以久不開會，疲勞就床息。

　　服藥眠，翌晨七時醒。

　　　近日咳劇痰多，又洋瓷馬桶新裝，不能用，以至忍住大便，
頗以爲苦。

四月三十日星期五（四月初六）晴

　　早飯後，與璇文同出，到東風理髮館送表揚大字報，潮所作，
堪所書也。到燈市口，乘十一路車到崇文門，步至工農兵醫院小
憩。出至東單公園散步，屢坐談。十二時，乘六路無軌電車歸。

　　服藥，眠一小時半。看繆子書畢。看報。看《繫年》。

　　九時半服藥眠，翌晨五時醒。中夜又溺濕褲。

　　房屋夾好。

一九七一年五月

五月一日星期六（四月初七）晴

　　今日起發燒，熱度 38.6℃。蓋前日開會，乘小汽車歸，時頗有
風，司機賈同志囑閉小窗，予不聽，遂致感冒也。下午，靜秋電學
部，車來，到北京醫院，受各種檢查，劉大夫命住院，上樓，住
305 號。劉乃和來談。靜伴夜。

五月二日星期日（四月初八）晴

熱未退，由 38.3℃ 退爲 38.1℃。打青連兩黴素針二次，一次 80 萬。

乃和偕史樹青來。姜、張大夫來。

潮來伴宿，静歸。（此後静每天來半天，潮常伴夜。）

陳垣今年 91 足歲。章士釗 92 足歲。章之《柳文》一書已出版。

五月三日星期一（四月初九）

熱仍未退，但温度漸降。抽血檢查。主治予病的爲張大夫。看報，知華盛頓美國人民大示威，一日逮捕七千人。該國革命不遠矣。醫云予尿内無糖，血内有糖。

五月四日星期二（四月初十）

今日用甘油栓下大便。張毅彬來視疾，并與院方接洽。看報。張蕙芬來視疾，并言當年燕大事，龔維航已爲副外長喬冠華夫人。

施今墨已于三年前死，年 85。

五月五日星期三（四月十一）

熱已退净。失眠病又作，院中不能多供藥，令潮外購又不肯，使我多一精神負擔。張大夫謂予病神經衰弱，非大腦動脉硬化。

五月六日星期四（四月十二　立夏節）

黄璇文、堪兒來，云定十日晚赴莫旗，十二日晨到。張蕙芬來，談其父星烺卒于 1951 年，虚歲 65，遺著叠經接洽，尚未能付印。劉乃和來，談援老病。乃和言，柴德賡已于去春以心臟病死，年 62。

予大便又乾結難下。

五月七日星期五（四月十三）

抽血。大便乾結，用盡力量，才下兩粒如豆。中醫劉大夫來診，謂予餘熱未盡。上下午起坐各一小時。

由靜拍睡半小時。

服藥，僅眠三小時。上午二時半醒後遂耿耿到曉。今日血壓高至 160。

資本主義世界爆發嚴重金融危機，西歐國家紛紛停止外匯交易。

五月八日星期六（四月十四　陽曆予 78 生日）

始服中藥。補記日記五天。大便暢。看報。以兩夜不得眠，精神易興奮。

堪兒來告別，他今夜到木蘭家宿。乃和來，談標點新、舊《五代史》事。陳乃乾聞亦在天台死去。

易服藥，并自加眠爾通三片，九時眠，上午四時三刻醒，數日來之苦痛解除矣。

五月九日星期日（四月十五）

上下午大便各一次，上午乾，下午半稀。看《紅旗》。

黃璇文來辭別。堪兒來。王樹民來。今日予溫度 37.1～2℃，豈以天熱故耶？

服藥眠，自九時半至翌晨四時。家中新請周大娘，張家口人。

五月十日星期一（四月十六）

上午大便一次。看《黃繼光》、《王國福》連環畫本。看報，抽血。中醫劉大夫來診，謂予餘熱未淨。體溫與昨同。天更熱，上身流汗不止。

堪兒來辭行，他乘今日晚九時車赴東北。

九時半服藥眠，翌晨二時三刻醒，遂耿耿待曉。

五月十一日星期二（四月十七）陰

日初出，室內溫度已達華氏 80 度，即攝氏 27 度，午可知已。大便成條。理髮。

張毅彬來，謝廣仁來，談整理廿四史事。劉乃和來。夏延來，靜與談，夏爲代草致吳德、吳慶彤函，請調堪兒回京。看《紅燈記》畫冊。

服藥，得佳眠。

知蒙文通已死，殊覺意外，他體本健壯，父母又同 90 歲也。

五月十二日星期三（四月十八）大風

張大夫通知，自今日始暫行停打青、氯二黴素針。予因問他，何日可出院。靜聞之大怒，遂與予吵。然予今日體溫，又自 36.8℃ 升至 37.2℃，則餘熱尚未清也。靜云：老實説，我不是愛你，而是爲吾家五人設想，四個孩子皆插隊，未獲正式職業，必待五年後方能成立也。張大夫亦云：你身體尚很虛弱，我們尚須觀察一個時期。然則我住院恐須兩個月矣。張大夫囑靜到工農兵醫院取出我的舊病歷，以供研究。靜往，彼院云一時不能找到，兩三天後再來。潮定十五日回蕭寧，她行後靜一人往回家與院，且來伴宿，則太累了。

乃和來，勸我算政治賬，不要算經濟賬，且囑我出院後勿做具體工作，并謂此一事在舊知識分子方面影響很大，必須保重身體，俾觀厥成。今日看《紅色娘子軍》畫冊。

潮來，攜連環圖畫四册來，略一翻覽。十時服藥兩次眠，上午二時醒，下大便甚多，又眠，六時醒。

五月十三日星期四（四月十九）晴

早體溫降至 36.6℃，午後升至 36.9℃，自覺有些氣力，出汗亦視前數日爲少。看《川藏公路十英雄》、《地道戰》。

飯後眠一小時許，靜强迫閉眼之所致也。徐連城來，悉山東大學文學院已與曲阜師範學院合併，仍名山大，遷曲阜。黃雲眉犯白內障。盧振華跌斷腿，仍住濟南。乃和來。張蕙芬來。看報。

九時半服藥眠，翌晨三時半醒，朦朧至五時半起。

昨夜拉屎多，今午又拉稀一次。日來痰咳甚稀，手顫加甚，此動脉硬化之徵。

五月十四日星期五（四月二十）晴轉陰，風

潮兒歸，整理行裝。中醫劉大夫來，謂予脉較好，可服補藥。看《上海鋅廠艱苦創業記》。

上床，不能入眠，精神愈來愈緊張，胸悶，起坐，勉强看《紅旗》五期。今日熱度37℃。傍晚，靜、潮同來，旋去。

八時，張毅彬、王濟生等六人來，傳達毛主席批准的《整理廿四史計劃書》。九時，靜來伴宿，予服藥眠。上午二時，靜叫醒予小便，予在熟睡中被叫醒，又不能眠。三時服藥眠，七時醒。

五月十五日星期六（四月廿一）晴，午後雷雨

靜上午五時出門，到永定門車站，爲潮排隊赴肅寧。予又兩日不下便矣。看《無限忠于毛主席革命路綫的好幹部——門合》。

未成眠。乃和來談標點新、舊《五代史》事。

九時半服藥眠，上午一時二十分醒，遂不成眠。蓋聽靜言，少服藥也。我此病太苦我了！

五月十六日星期日（四月廿二）晴

看報。張大夫來，謂予病爲上呼吸道感染，兼心臟弱。此無可如何者，出院後當作適當運動，不可終日伏案。予植物性神經失調（即中醫所謂"虛"），已十餘年矣，他日度必以"虛極而脫"死。

服眠爾通三丸，遂得眠三小時，一補數日來少睡之苦。大便上下午各一次。看静所寫潮、洪信，静爲我病奔忙，疲累已甚，甚願洪能歸來，得接力也。静爲擦身。予近日眼花彌甚，看小字困難，亦體衰之一證。劉乃和送連環畫 19 册來。

服藥，九時半眠，上午二時醒。又眠，四時半醒。

五月十七日星期一（四月廿三）陰，大風

抽血。看《列寧在十月》。看報。早、午大便各一次，後者有酸氣，當是吃得稍多之故。

服藥眠二小時半。張蕙芬來談。學習《整理廿四史計劃》。

九時服藥眠，以藥較少，上午一時二十分醒來又不成眠，延至二時三刻，再服眠爾通二片，又眠，六時半醒。

五月十八日星期二（四月廿四）大風

晨，大便一次。看《上海七一工具廠艱苦創業記》、《模範共青團員胡業桃》。看報。

眠近一小時。劉乃和來，談點《五代史》事。静回家，取被窩來。

九時，服藥眠，翌晨二時四十分醒，從此不能成寐。天明，静强予睡，又眠半小時。

張大夫許予下星期內出院，他不讓我在院內散步，怕沾別種疾病。

五月十九日星期三（四月廿五）晴

上午，中醫劉大夫來，診脉，西醫張大夫來，量血壓。看《金訓華的英雄故事》、《地雷戰》。

飯前眠半小時，飯後又眠半小時。午，大便一次。看《赤脚醫生》。看静所書渼信。看報。

服藥，八時半眠，上午二時廿分醒。良久不能寐，天曉又睡一小時。

五月二十日星期四（四月廿六）晴

看《愛民模範趙爾春》、《軍墾七女戰士》。

張大夫來，爲作心電圖。得眠兩小時。看報。静秋未回家。今日午後咳嗽多痰，又感冒了！

八時半服藥眠，上午二時二十分醒，良久又眠，六時醒。一夜不飲水。

五月廿一日星期五（四月廿七）晴，風

未進早餐。九時，由護士推車到一樓灌腸，進鋇劑，作胃腸透視。十一時半又照一次，方進食。看静所寫堪兒信。

二時半又下樓照一次。回室看《陳波》、《消息樹》（南越抗美故事）、《智勝敵艦》。今日鼻涕多，咳少了。大便一次。內科主任醫師吳杰來談。

八時半服藥眠，上午二時醒。良久，起食芝麻條，得眠，六時醒。一身大汗。

五月廿二日星期六（四月廿八　小滿節）晴風，晚小雨

大便一次。看《英雄五少年》（江西，救人溺死）、《珍寶島英雄贊》。

劉乃和、史樹青來談，知歷史博物館將于七月一日開放，展覽

五年中出土文物。故宮博物院亦于是時開。劉敦愿在曲阜籌備“三孔”（孔林、孔廟、孔府）展覽。知前數年所謂“討孔”者係極“左”思潮。中午眠一小時半，夜眠自八時半至上午一時半，皆流汗滿身而醒，此非虛至極乎！中夜服餅條後，由靜拍睡，至六時半醒。

　　靜與梁思成夫人談，知思成年七十，夫人只四十餘耳。

五月廿三日星期日（四月廿九）陰

　　看報。看世界形勢圖。

　　飯後就枕，自然得眠一小時。醒後汗較少，未濕衣。大便一次，視前、昨二日爲乾。靜爲予擦身。看《愛民模範趙爾春》。

　　九時服藥眠，翌晨一時、六時醒。

五月廿四日星期一（五月初一）晴，風

　　看報。看《優秀工宣隊員徐松寶》、《黃妙郎》、《紅山島》。大便一次，稀。午前眠一小時，午後眠一小時半。

　　清潔工郝殿卿爲予洗浴，浴罷就床休息。章士釗先生入院。張蕙芬來。劉乃和來，談章士釗事。

　　十時服藥眠，上午一時醒。又眠，六時半醒，出汗如常。

五月廿五日星期二（五月初二）晴

　　看報。張大夫來，告以明後日出院，靜歸家，倩學部二人來幫同打掃屋宇，安置書架。

　　矇矓一小時半，醒來頸胸間仍有汗。連日多屁亦證消化不良。大便一次，乾。理髮。看《毛主席的好工人——盛林法》。看《毛主席的好戰士王樹慶》，未畢。乃和來。

　　八時半，服藥眠，上午一時醒。又眠，四時醒，未即眠，進餅乾，又眠，七時醒。今夜因溺，濕褲兩次。

五月廿六日星期三（五月初三）風，陰

看報。量體重（120斤）。中醫劉沈秋來診，謂予脉氣較前爲好。張應錫大夫來診，說我尚能做八、九年工作。乃和來，將所借連環圖畫十九册交還，又托她轉告陳老、章老，說張大夫不許我串房，只好不看他們了。

飯後服藥，眠兩小時。静歸理物。看湲兒自成都四川省人民醫院來信，她得田醫生指教，進步飛速，只是每科都學，費時太多耳。張蕙芬來。

八時半服藥眠，一宵四溺。

五月廿七日星期四（五月初四）風

整理什物。張大夫來診。司機劉同志來，携物上車。十時返家，住入新夾屋。

飯後就眠三小時。到書房看潮、堪二人的新布置。元善來談，示新詩。小周之友蘇某來。

雖服藥，眠仍不佳，兩小時即醒一次。

五月廿八日星期五（五月初五）夜雷，有小雨

早大便一次。寫張毅彬書，爲堪兒調京工作事，未發。看報。

雖服藥，迄不成眠。鄧方跌斷右臂，來電話，她腿壞，不能騎車而好强騎車，所以致禍。

服藥，仍難成眠，蓋歸後屢與静口角，我必欲進書庫而彼堅不許，故精神緊張也。

新來之周大娘，非常勤作。

五月廿九日星期六（五月初六）晴

早大便一次。看報。王明德來，囑其從下星期起，每周來兩個

半天，幫我理書。

午飯前後雖服藥三次，仍不能眠，心絞痛又作，静急打學部電話，汽車來，到北京醫院會診室，由女劉大夫診，且作心電圖，知病不甚重，取藥歸，就床眠。又大便一次，乾。

多服藥，得眠，静兩次爲我排尿，我均不知，咳嗽，多濃痰。

前日出院時，張大夫謂我糖尿病、腸胃病均非主要矛盾，惟心、肺兩臟則是主要，故静禁予多勞動，且强予少看書，故予不得作正常工作矣。成了一個廢物，可悲也！

五月三十日星期日（五月初七）晴

早，静到木蘭處，商溪兒行止，渠等意見亦與予同，謂溪可留成都一、二年，俾爲莫旗作一好醫生。午，静回。予大便仍上下午各一次。略翻《漢書》及《説文古籀補》，只作消遣，不敢用力研究矣。今日静午眠，夢見姜二姐告以洪兒已死于內蒙，哭而醒。予因爲起一電稿，由彼到東四發出，想洪兒接此電時必爲吃一驚也。學部要我填表，今日寫好。看鄭振鐸《西行書簡》，雲岡"大茹茹國"一石本爲予所發見，告之彼者，彼竟不提，見其掩蓋之心焉。

在廳休息，晚飯後静來與我談時事及學習，予胸前又作痛，蓋精神已不能緊張矣，含硝基甘油片，漸好。在院中散步望月。九時服藥眠，翌晨六時醒。

五月卅一日星期一（五月初八）晴

上午、下午各大便一次，乾。如此胸中無滯積，自是佳事。看報。看《漢書》及《説文古籀補》。

未成眠，予甚欲寫中華一信，問廿四史標點事，而静恐我正式工作，牽動舊疾，不許。看《三俠五義》（趙景深點本），此爲長篇小説，不知何日可看訖。

九時服藥眠，翌晨五時醒，腰酸背痛，幾不能起。

北大教授饒毓泰，運動初起時有人貼大字報，牽連及彼，遂自殺。

湲兒五月四日自成都來信：

最近一個時期，國內國際形勢真是好極了，真能鼓舞人呵！毛主席、周總理真是太了不起了，掌握着世界的風雲變幻，一切反動派尼克松、勃列日涅夫之流都搞得一敗塗地，多麼好呵！

李四光逝世了，黨給他那麼高的榮譽，他是卓越的科學家，革命的知識分子的典範。爸爸，你要好好向他學習。過去你錯了，政治上完全背離了黨，背離了毛主席的路線，走到劉少奇一邊，而黨對你還這樣寬大，這樣關懷。現在，你又搞起業務了，這不是搞你自己的"事業"，而是爲人民服務，是革命的需要。正因如此，你就更應抓緊世界觀的改造，抓緊學習馬克思列寧主義、毛澤東思想，學習時事政治。只有這樣，你才能够使自己的思想、工作適合于黨和人民的需要，才能對國家有所貢獻。否則，光搞業務，不學習政治，跟你在劉少奇時候有什麼區別呢？不是又要走老路了嗎？你説對吧？千萬要跟上時代，跟上億萬人民的步伐，要爭取在世界觀方面和黨和人民群衆有共同語言，不要一頭扎到故紙堆裏去。工作方面要服從中央的要求，要多和上級商量，別太固執己見。我説的這些，你覺得怎樣，能這樣做嗎？

爸爸工作進程怎樣？健康狀況有進步嗎？"五一"晚上去觀禮了嗎？請來信告知，我很惦記。

一九七一年六月

六月一日星期二（五月初九）

看報。看《三俠五義》。趁静外出，予略理書，以力不足，僅一小時即止。予書不理好，便難工作，非有一壯勞力助我不可。

夜木蘭來，留宿，與周大娘同榻。予九時服藥眠，上午二時醒。又眠，六時醒。

六月二日星期三（五月初十）

看《三俠五義》。看報。今天下午三時，羅馬尼亞領導人齊奥塞斯庫訪華到京，夾道歡迎者40萬人，女兒皆塗脂粉，穿裙，文化大革命以來第一勝事也。

六月三日星期四（五月十一）

看《小説考證》。卜蕙蓀來，長談，留飯後去。

未成眠。看報。大便一次，暢。在院内散步。得潮兒信，知將自邯鄲造一鐵路，達洛陽，此好消息也。

服藥，十時眠，翌晨四時醒。又眠，六時醒。

六月四日星期五（五月十二）晴

在院散步，聞棗花香。李學勤夫人抱其姨甥來談。看報。看胡嗣糜《小説考證》。

得眠一小時許。到書庫内略理書，爲静禁止。東風理髮館朱君來爲我理髮。羅麗來算電賬。

看元刻本《博古圖》。服藥兩次，眠至二時醒。至五時後睡，七時半醒。

六月五日星期六（五月十三）晴

在院内散步。看報。謝友蘭送工資來，知他和張德鈞都犯了心臟病，張已自豫來京入醫院。補記日記五天。大便二次，乾。

未成眠。老王來。元善來，商改詩。翁獨健來，談標點史書事。

服藥兩次，十一時後眠，翌晨七時醒。

陳萬里已于前年死。陳寅恪1968年死。

六月六日星期日（五月十四）晴，熱

晨在院散步，遇李學勤之妻妹及其女金瑋。金擎宇夫人來。吳世昌抱病來。史樹青、龔紹英來。

飯後服藥，得眠兩小時。接湲兒信及洪兒電，使静心一寬。看報。小蘇來。看胡丹宇等打球。今日大便二次，乾。

十時服藥眠，上午四時醒。又眠，六時半醒。滿身酸痛。

昨獨健勸我"健康第一"，今世昌勸我"勿過積極"，湲兒又勸我"須爲家庭着想，勿拼命幹"，皆一意也。此後生活，當勞逸結合，勿過急也。湲轉述璇文信，謂堪兒到了莫旗，勤于學習、勞動，簡直換了一人，可喜也。

六月七日星期一（五月十五）晴，晚有輕雷

看報。與金瑋戲，此兒生才四月，見人輒笑，真可愛。午，潮同學堵炳元來，乃知江蘇文管會中分兩派，69年兩派鬥争，錢海岳竟成犧牲品，被揪至明孝陵推下跌死。其《南明史》鈔有複本，兩派各取其一，其下落遂不可問，此真奇冤矣！

得眠一小時半。又看報。國際形勢一片大好，帝修反困難重重，中小國家均仰望我國，毛主席成了全世界人民之救星，我輩生逢盛世，欣幸何如！今日大便二次。

九時半服藥眠，翌晨六時醒。腰酸背痛，老年普通病也。每夜

腿腫，至晨則消。

六月八日星期二（五月十六）陰，小雨

看報。到書庫閱書，爲靜所禁，與之口角。予之來日已無多，此數萬冊書必不能一一翻覽，靜乃欲予與之隔絶，豈非太不知予乎！

眠一小時半。大便仍二次。得劉敦愿來信，與予討論《史林雜識》諸篇，甚有啓發。看《人境廬詩集》及《蘇子美集》。

小蘇來，開電視，看齊奥塞斯庫在人大會堂演説。十時服藥眠，上午四時醒。又眠，七時醒。

六月九日星期三（五月十七）晴

看報。晤金瑋。看《孟蜀石經殘字》。靜打電話至學部，十時，汽車來，與靜同到北京醫院會診室，由女劉大夫診，又由中醫劉沈秋診。血壓 145/90，氣管炎，餘俱老衰現象。十一時半歸。

得眠一小時半。續看《蘇子美集》及《黃公度詩》。

九時服藥眠，上午二時醒。又眠，六時醒。胸膈作痛，服甘油丸。

爲靜思子太甚，恐陷神經分裂症，夜眠比我還難，服安眠藥則第二天即頭暈，因寫潮兒信，望其無事即歸，以慰母心，且分余勞。

近日大便通利，每晨一次，偶爾一日兩次，可喜也。

六月十日星期四（五月十八）晴，熱

與金瑋嬉。看報。看《三俠五義》。羅麗、謝友蘭來送信及報。黨界我以點廿四史事，傳達得遍國皆知，故西北大學副校長亦請參。

眠一小時半。

擎宇夫人，家昇夫人來。服藥二次，十一時後眠，上午四時醒。又眠，七時醒。夜真不能會客。

六月十一日星期五（五月十九）晴，熱

看報。看《三俠五義》，字小，目眊。

眠一小時半。

小蘇來，爲開電視，殊無可觀，遂退。九時半就寢，上午二時醒，上身襯衣盡濕，起易衣。又眠，六時半醒。此固緣天熱，而根本原因則緣體虛，所謂盜汗也。

六月十二日星期六（五月二十）陰，熱，無風

與金瑋嬉。看報。終日看劉體乾《孟蜀石經殘字》及其題跋，竟八冊。

眠近一小時半，以咳醒。

到院中散步。九時半服藥眠，上午三時醒。又眠，六時半醒。出汗較昨少。

六月十三日星期日（五月廿一）陰，熱，無風

看報。看程敦《秦漢瓦當文字》及何遂《瓦當存腋》。在南方，近日爲黃梅天，多雨。北方無雨但陰，氣壓低，使人喘不出氣。

眠一小時半。大便兩次，乾。

四肢胸腹忽瘠癢，起塊，當是近日多吃魚蝦之故。九時半服藥眠，上午四時醒。又眠，六時半醒。

六月十四日星期一（五月廿二）

靜打電話到學部，車來，到北京醫院，就女劉大夫診。打針。十一時半歸。看報。

眠兩小時。以瘠癢臥床，看《三俠五義》。得洪兒信，知將歸省親。看潮兒來信，并所記毛主席與斯諾談話筆記。

九時半服藥眠，出汗多，濕重衫。半夜起易衣。又眠，翌晨六

時半醒。

六月十五日星期二（五月廿三）

居委會保健科人來，打針。今日仍臥床，瘍較好。

眠近兩小時。金振宇來，長談。馮君實來，出示陳白沙書，奇撰可喜。看報。下便。

有些心絞痛，服硝基甘油丸一片。九時半服藥眠，上午三時醒。又眠，六時半醒。

謝覺哉今日逝世，年八十八。

六月十六日星期三（五月廿四）

寫謝廣仁、包遵信函。看報。草標點二十四史計劃。元善來，長談。同觀《蜀石經》。

眠一小時半。續看《三俠五義》。看錢謙益注《杜詩》。大便一次，乾。痟瘍症頗愈。

十時服藥眠，上午二時醒。又眠，五時醒。又眠，七時醒。自詫睡之多也。

六月十七日星期四（五月廿五）

祝師傅來理髮。看報。看《三俠五義》訖，計 120 回。

眠近二小時。大便不下，服大黃丸下之。在廊與靜談。

九時服藥眠，二時醒。又眠，六時醒。洪兒自東烏旗歸，夜十時到家，我竟未知。

六月十八日星期五（五月廿六）

與洪兒談。看報，倦眠近兩小時，天氣熱耶，抑體之衰也。李太太抱金瑋來玩。檢出《全唐詩》。到保健站打針。

夜九時半服藥眠，上午二時醒。又眠，六時醒。

六月十九日星期六（五月廿七）

静爲我打針，且爲我擦身，汗實在出得太多了。林樾來。翻元至大重刻《宣和博古圖》等書。

夜眠如昨。

六月二十日星期日（五月廿八）

徐連城來。看報。

眠一小時許。看錢注《杜詩》。坐廊下，小有風。

服藥二次，十一時眠，上午四時醒。又眠，七時醒。静每夜爲照顧我，睡不過二小時。

近日大便尚好。

六月廿一日星期一（五月廿九）

看報。翻《兩周金文大系圖録考釋》。

未成眠。吴世昌來，長談。李學勤夫人抱金瑋來，與嬉。在院中散步。

九時半服藥眠，上午二時醒，旋又眠，七時醒。夜中虛汗太多，爲苦。

洪兒路上勞頓，歸後又爲公社畫幻燈片不休，至不能進食，何吾家之多病人也！

六月廿二日星期二（五月三十　夏至）

看報。静禁予看金石書，因看小説《孽海花》。啓鏗送國光來割扁桃腺，留國光在我家。

未成眠。

木蘭來，留宿。予九時半服藥眠，上午一時醒。又眠，六時醒。

六月廿三日星期三（閏五月初一）

靜身上潰爛，到北京醫院診，醫言此不屬皮膚科而屬內科，打靜脉針，須連打若干次。

服藥眠一小時半。今日拉兩次，均飄浮水面，因服大黃丸。看報。看《孽海花》。

九時半服藥眠，翌晨上午一時醒。至三時又眠，七時醒。終夜流汗，易衣兩次，虛可知矣。

六月廿四日星期四（閏五月初二）

包遵信來，談標點廿四史事。看報。得湲兒信，爲我不肯休息，罵我一通。周大媽亦勸我勿用功，其實我現在真不用功了，只是放不下書，隨便翻翻而已。

未成眠。三時，汽車來，與尹達、翁獨健、孫楷第夫婦、林甘泉、陳述同到八寶山殯儀館，吊陳援庵先生之喪（年91，本月廿一日逝世）。洪兒伴予行。晤周祖謨、周延儒、鄧廣銘、魏建功、劉乃和等。四時半，李先念來主祭，郭沫若致悼詞。五時半歸。趙守儼來，予未晤。下便，頗暢。

九時半服藥眠，翌晨六時半醒。

連接劉敦愿兩函，對《史林雜識》有針砭，且快且感。

六月廿五日星期五（閏五月初三）

看報。看《孽海花》。祝泉山來理髮。十時眠，十一時半醒。未成眠。

九時服藥眠，翌晨七時醒。虛汗太多，恐妨心臟。

六月廿六日星期六（閏五月初四）終日雨

看報。看《孽海花》畢。看《中國近百年畫選》。

未成眠。五時，洪兒送國光還中關村，留住。今日因雨溫度驟降，痰嗽又作。大便不通。

六月廿七日星期日（閏五月初五）晴

看報。吳世昌來長談。

服藥得眠一小時許，以咳醒，又以虛汗易衣。林樾偕其妹林謙來。顧均正夫人周國華來，述下放信陽事。在庭散步，見金瑋。

九時半服藥眠，起溺三次，又因汗易衣，六時半醒。

予身痛癢久痊，而靜則發展至全身，不能睡，心更躁急，十分困頓。

六月廿八日星期一（閏五月初六）陰

看報。看湖帆《梅景書屋畫集》及希白《頌齋書畫録》。

服藥眠一小時半，出虛汗。看《小説叢考》等。在庭散步，與金瑋嬉。洪兒爲洗身。

九時半服藥，十時後成眠，一夜起溺三次，何腹中積水之多也！晨六時半醒。

六月廿九日星期二（閏五月初七）整日雨

看報。看陳汝衡《説書史話》。

服藥，眠二小時，出虛汗。與洪兒談。靜到阜外醫院診治，塗藥多種。

靜、洪、周大娘到紅星看西哈努克游江浙片，予守家，看報。九時半服藥眠，上午三時醒。又眠，七時醒。

六月三十日星期三（閏五月初八）晴

看報。看蔣瑞藻《小説叢考》。謝友蘭來，送買藥券。

服藥眠二小時，醒時出了一身虛汗，易衣。與金瑋玩。

聽紀念中共五十年三報編輯部一文，自八時到十時。服藥，十時半眠，上午三時醒。又眠，六時半醒。

一九七一年七月

七月一日星期四（閏五月初九）陰，悶熱

看《亭林文集》。

未成眠。五時，潮兒自肅寧歸，静大慰。讀《人民日報・慶祝中國共産黨成立五十周年》長文。見金瑋。

九時服藥眠，上午二時醒。又眠，六時醒。

七月二日星期五（閏五月初十）陰

林樾來。與潮、洪、林樾同游文化宮，看小學生演《紅燈記》劇。予包一三輪來回，價1.40。

服藥，得眠近兩小時。又聽廣播建黨五十周年文。金瑋回沙灘家去，散步時無伴矣。與潮談。

洪兒爲擦身。九時半服藥眠。晨三時醒。又眠，六時醒。滿身是汗。

七月三日星期六（閏五月十一）晴，熱

看報。看余嘉錫《四庫提要辨證》，分析毫芒，自慚不逮，此真書人也。

服藥，眠兩小時。大便通，一快。

静與潮、洪同出看自行車。予九時眠，上午二時醒。又眠，六

時醒。易衣。

七月四日星期日（閏五月十二）晴，熱 32℃

元善來，長談，知孟韜將來京。看報。看《提要辨證》。

服藥，飯後眠二小時。續看余嘉錫書。聞青年出版社編輯周振甫已調至中華點廿四史，此予未計及者，亦足見傅振倫、劉起釪之不召還，實欲其多些日子改造也。

九時服藥眠，翌晨四時醒，已足七小時，且天已明，遂起看書，而静不許，又推之床，醒已七時半矣。

七月五日星期一（閏五月十三）陰，熱，雨

看報。看《提要辨證》。大便不通，服大黄丸，乃解。静到北京醫院治癥，并爲予取藥。謝友蘭送工資來。檢出善本書，置一櫃。

白壽彝來。

小蘇來，開電視，看周總理招待朝鮮外賓。總理過勞，一夜不過睡二、三小時，工作往往連續十六、七小時，而年已七三，顯得憔悴。

七月六日星期二（閏五月十四）晴，熱

中華汽車來，予與羅爾綱同往，先由解放軍三人談，再由我談。同會者白壽彝、趙守儼、周振甫、王仲犖、陰法魯、翁獨健、唐長孺、孫毓棠、張政烺、陳述、王毓銓等。午歸。

得眠一小時半。看報。看《琵琶記》。

九時半眠，服藥兩次，翌晨六時醒。

中華書局遷入文聯，殊不及翠微路之寬敞。

七月七日星期三（閏五月十五）晴，熱

看報。讀馬克思《共產黨宣言》兩頁。整理吾父所搜集之先代著、點、刻各書。

服藥，眠一小時。謝友蘭偕一山東外調劉子衡之人來，與談，仍要我寫。看《提要辨證》。

看《琵琶記》。十時服藥眠，翌晨六時醒。

七月八日星期四（閏五月十六　小暑）

看報。吳世昌來，談此次調人點史，上海二十人，集中《新、舊唐》、《新、舊五代》及《宋史》，北京十八人，主南北朝各史、宋、元、明、清史，但出版會議已歷四個月，尚未閉幕，故所集人先學習，後業務。予惟自學，有事時派汽車來接。

夜看《琵琶記》。服藥，眠八小時。

七月九日星期五（閏五月十七）

看報。整理後屋書。陳樂素來談。馮家昇夫人來。翻赫胥黎《人類在自然界的位置》。寫劉子衡材料，未畢。在庭散步。李學勤已歸，未來看我。

小蘇來，開電視，以干擾，未看。九時半服藥眠，翌晨七時醒。

近日靜身上痟癢較好。

七月十日星期六（閏五月十八）

寫劉子衡材料近二千字，送謝友蘭轉交外調者。徐連城來，詢吳越水道交通事。

服藥，眠二小時。周國華來。

飯後，由潮、洪扶我到米市大街散步。看《琵琶記》。十時服藥眠，以咳醒，再服藥得眠，終宵溺三次。翌晨七時醒。

七月十一日星期日（閏五月十九）晴

上午五時，潮、洪到木蘭家，留宿，游泳。祝叔屏來。馮君實來，觀迁客公所刊書。

服藥，眠二小時。看《庾子山集》。

静爲我洗浴。看朝鮮抗美電視。十時服藥眠，兩次便溺，皆静所接，我竟未知，至上午三時溺乃知之，眠至八時方醒。易衣。

七月十二日星期一（閏五月二十）晴

潮、洪晨自木蘭家歸，整理房屋清潔，助予理書。馮大夫來。整理後房書籍，爲静所禁止。

午後再理，未即眠，及服藥則無效矣。易南薔自莫旗來，帶到堪兒信，知其奮力墾地，爲慰。與南薔談。看徐、庾二集及先父批點書數種。祝師傅來，爲予刮臉。

潮、洪伴予出門散步，遇嚴伯約、朱師傅。潮與予至燈市口，席地而談。九時，吃西瓜。十時服藥眠。十一時，在寐中小便，被褥盡濕，静遂赴西屋眠，潮伴予。三時又溺，醒。再眠，七時半醒。予身上水分何其多，尿，一也，汗，二也，痰，三也。人到老年，不能自主，真是苦事。

七月十三日星期二（閏五月廿一）陰，晴

八時，静伴至北京醫院，由蔣大夫診。遇張奚若夫婦及傅宜生。作抽血，驗尿糖，看上次心電圖，知予冠狀動脉依然，尿糖至320，因未空腹。十二時歸。看報。

服藥眠一小時半。看報。略整理櫃中書。今年閏五月，中伏二十天，故熱得久。

服藥眠，翌晨七時醒。

七月十四日星期三（閏五月廿二　入伏）

以搬動書櫃事不合靜意，與我吵，卒由潮、洪代爲安置，便予隨手携取。以緊張故，心又痛，服藥止之。午後遂未成眠。

隋夢梅來，與潮談。大便悶結，服藥通之。天熱，在院中散步，雲起而風隨之，因以不雨，悶甚。

洪兒爲我擦身。服藥二次乃眠，遺溺濕衾。

七月十五日星期四（閏五月廿三）

點《左傳事緯前書》數頁，甚願此後專精《左傳》及《水經注》二書，對人民有所貢獻，而近日天熱，遍體流汗，竟難動筆，殊可恨也。

服藥，仍不能眠。

與靜及小蘇在院乘涼。服藥眠，十二時遺溺，翌晨四、六時醒。

七月十六日星期五（閏五月廿四）

看報。看《宮闈文選》。點讀《共產黨宣言》第一章，訖。

熱甚，午後未能成眠。謝友蘭送信來。洪爲予擦身。

讀《人民日報・公告》，悉基辛格于七日至十一日到北京，與周總理商定，由中國邀尼克松于明年五月杪之前來京，此世界形勢大轉變之兆也。乘涼。小蘇來。服藥得眠，但遺尿。

七月十七日星期六（閏五月廿五）36℃

續看《宮闈文選》。細看今日《參考消息》所載尼克松訪華事與評論。朱星遣其女幼芬來送文及函。遇李學勤。寫劉乃和信。

以熱未成眠。爲潮兒講解《紅樓夢曲》。點《左傳事緯前書》。看《六朝文絜注》。周大媽回家。得堪兒信，知其赴新發水庫修建木工，預計一個月完工返隊，此兒殊有進步，可喜也。

在院乘凉，晤郭君。十時服藥眠，上午一時醒。又眠，六時醒。

七月十八日星期日（閏五月廿六）陰雨，寒

細看今日《參考消息》。

未成眠。祝泉山來，爲我理髮。與潮談《石頭記》。看《董西厢》。大便乾結，服藥下之。

九時半服藥眠，旋以咳醒。又眠，上午四時醒、七時醒。

七月十九日星期一（閏五月廿七）陰

靜、潮伴予至北京醫院就診，無尿糖，血壓不高，惟心痛間作耳。遇盧漢及最高法院院長吳德峰。歸，元善來，長談。

服藥眠，約一小時。寫王樹民信。看《董西厢》。

十時服藥眠。上午二時醒。又眠，七時醒。

兩目久朦朧，常流淚，不知要成白內障否。

七月二十日星期二（閏五月廿八）

與靜、潮、洪坐電車到東單，步至王府井中國照相館，以攝影者多，待至十二時方照。予雇車歸。

未服藥，眠一小時。起，看報。

與靜、洪到紅星影院，看西哈努克訪問我國南方電影。九時歸，即眠，雖仍服藥，近于自然，洵乎人之不能不活動也。翌晨七時醒。

七月廿一日星期三（閏五月廿九）陰

看報。白壽彝偕陳金生來，金生，出版口派與我之助手也。導之觀書庫。

服藥眠，旋以咳醒，繼以心痛，遂起。徐連城來，詢歷史地圖事。馮君實來，長談。潮、洪到木蘭家宿。

九時服藥眠，翌晨八時方醒，何其久也。

七月廿二日星期四（六月初一）陰，小雨

看報。看日前《人民日報》之《批判孔丘的教育思想》一文，空洞無物，殊不能打到痛處，知近日青年之盲于古學也。

服藥眠，方入睡，即咳醒，心痛隨之，靜以被倚床，令予靠着睡，朦朧近一小時。

靜伴予向本胡同東頭散步。歸，看《董西廂》。九時半眠，十二時，靜爲予接尿，予未醒。四時又以咳醒，服藥，又入夢，六時醒。

七月廿三日星期五（六月初二）陰，25℃

予服藥後，心絞痛殊少作，可喜。看《董西廂》訖。

夜服藥，得佳眠。

近日大便殊不通暢，常服大黃丸。靜滿身作癢，且爛，到北京醫院扎針，但事多不能天天去。渠性躁急，慢性病不易治也。

七月廿四日星期六（六月初三　入中伏）雨

靜到木蘭處談，午後歸。看報。

五時，史樹青、劉乃和來談，且參觀予書庫。乃和明日起，仍到師大校長室工作。看《石遺室詩話》。

潮兒爲予浴。彼伴我眠，靜秋睡西間，失眠疾當可稍愈耳。李勤來，頗有仍返我家服役之意，靜亦心許之。

七月廿五日星期日（六月初四）晴

靜到中關村，晤木蘭夫婦。

眠一小時半。看報。傍晚，洪帶國光來小住。

眠安。

七月廿六日星期一（六月初五）晴熱

静伴予至北京醫院續診，蔣大夫爲聽心肺，量血壓，俱云正常。

眠一小時半。看《石遺室詩話》。到後屋翻書。洪爲我浴。看報。

與静坐院中納涼。九時半服藥眠，十一時醒。又眠，七時醒。

今日在醫院所遇爲盧漢、許德珩夫婦、于立群、史良夫婦等。

七月廿七日星期二（六月初六）晴熱

伴静至北京醫院打針。予坐東單公園看報。十二時歸。

周大媽性情倔强，又不會買菜做飯，久爲静所不滿，但其作事勤奮，擦地板及窗，不願有片刻閑，予甚以爲善。今日午後，静遂將其辭去，予頗惜之。午後受此刺戟，不復能成眠，看《石遺室詩話》。

吃西瓜。潮爲我洗浴。與静在院中乘涼，小蘇來談。十時服藥眠，上午三時醒。又眠，六時醒。

醫師教我多動，惟今夏酷熱，要當待立秋耳。

近日所苦者，感暑咳，感寒亦咳，吐濃痰，咳甚則致心痛耳。

七月廿八日星期三（六月初七）晴熱

自今日起，早起在院中步五匝。便閟，服藥下之。看報，覺眼花。潮取照片歸，自覺不甚老，然機能日差，無可逃也。室中發現鼠，思蓄猫，一時不能得。看《石遺室詩話》，此中頗有近代史料。

夜十時服藥眠，二時醒。又眠，六時醒。

七月廿九日星期四（六月初八）晴熱

朱星送《古漢語入門》稿來，囑審覽，并贈點，長談。李勤送常健照片來，爲洪兒作伐。看報。

夜，看《地道戰》電視。木蘭來，翌晨携國光去。予夜中以咳醒，時值晨三時。因咳致心痛，服藥一片，五時又眠，八時醒。

七月三十日星期五（六月初九）晴熱

看報。看張惠言《詞選》等書。天熱懶于工作，奈何！

眠近兩小時。

飯後潮伴出散步，到謝友蘭家。出，遇胡厚宣夫婦。看新聞記者團訪朝鮮電影。夜九時半服藥眠，上午三時以咳醒，心痛，服藥一片，四時許又眠，翌晨七時醒。

七月卅一日星期六（六月初十）下午陰

打電話與守儼，知陳金生將于下星期起來我家工作。翻邵懿辰《四庫書目標注》等書。

眠一小時半。李勤來，約靜與常健之母明日晤面。看報。

看電視。十時服藥眠，上午三時醒。又眠，七時醒。

今年天熱過常，聞八月初將達40℃，西瓜已購買一空。

一九七一年八月

八月一日星期日（六月十一）陰

朱星自宣化來。李勤來工作，她是江西人，作事靈活，願靜從此不發脾氣耳。靜、潮、洪到天安門，會見常健及其母。李勤之夫馮健泉來談。看報。

眠一小時半。

與潮、洪散步，到燈市口小坐，談洪婚事。歸，心絞痛作，服藥就眠，上午二時醒。又眠，七時醒。

多日無尿糖，因吃冰糖。

八月二日星期一（六月十二）陰，微凉

陳金生來，出示中華辦公方案并《南齊書》排樣，與談。渠在局亦任標點職，不能常來，約星期五再來。看排樣及參考書。午，靜與潮吵，爲老牛事，爲作調人。

眠二小時。看報。馮君實來。心絞痛又作，服藥止之。潮出購汽車票。洪伴予到東風，就祝師傅理髮。歸，略校排稿。

又以心痛就眠，十一時醒，服藥眠，安。"冠心四號"服四星期，竟無大效。

八月三日星期二（六月十三）晴，不熱

潮六時離家赴肅寧，我尚未醒。七時許醒，看其留信，甚感動。九時，學部車來，靜、洪伴至醫院，由蔣大夫及一女醫同診，并作心電圖。定明日換服新藥。今日量血壓，爲 140/70，稍低。遇許德珩、吳德峰、劉斐、盧漢等。十二時歸。

飯後就寢，不覺睡至四點方醒。看報。眼流泪，且覺模糊，洗之。

靜與洪到木蘭校，取票到展覽館看電影乒乓球賽，九時半歸。予打電話與健常，未通，豈真有憾于我耶，抑他遷耶，今生尚得相見耶？思之悵然。十時，靜、洪歸，予服藥多量得眠，翌晨六時醒，一身虛汗。

八月四日星期三（六月十四）

讀《共產黨宣言》。陳金生偕鄧經元送北京圖書館所藏善本《南齊書》三種來，翻看宋刻元印、傅增湘藏本竟日。

眠二小時。看報。静到醫院，詢得予血糖 145，比前 159 爲低。心電圖中，供血不足之情況亦好一些，尚可工作八、九年，聞之心定。改服"毛冬青"丸，每日 15 粒。

八月五日星期四（六月十五）

看洞庭山葉萬（石君）所校録《南齊書》，及吳慈培以宋本校殿本兩種。看王仲犖所點樣張。静欲調洪與堪回京入工廠，今日洪兒書函，與静同送張毅彬處，請他轉送吳慶彤，由吳轉送吳德辦理。但張態度冷淡，此事未必能如願。

九時半服藥眠，翌晨五時醒。

八月六日星期五（六月十六）

讀《共産黨宣言》。終日看《南齊書》校樣，不及一卷。此書文字謇澀，標點殊不易。得陳金生電話，今日不來。

眠二小時。看報。由洪伴至米市大街散步，吃西瓜。

静至陶景蓮處談調回堪兒事。服藥二次，約十時半入眠，上午二時醒。又眠，七時醒。

八月七日星期六（六月十七）

終日看《南齊書》兩卷。金振宇來談。

眠兩小時。得堪兒書，知其在造橋中燒飯，每日可讀書四小時，函中文字通順，辭能達意，可喜也。

在院中散步。洪兒爲擦身，吃西瓜。十時服藥眠，十二時醒。又眠，七時醒。虛汗滿身，若墜水泊。

八月八日星期日（六月十八　立秋）下午雨，旋停，又雷

在院散步。周振甫來，長談。魏明經偕其弟明道自河南來，探

親假十五天，不得多留一日，并云林永匡亦已查出是 5・16，爲之
駭然。章元善來，談近日學習讀《法國內戰》，極認真。

眠兩小時。看報，知周總理伴奈溫到廣州，酷暑跋涉，甚念。
補記日記五天。近日每天大便兩次，甚快，而至今日又不能下，何
也？吃西瓜。

與洪兒在本胡同散步。夜眠尚可。

八月九日星期一（六月十九）

校《南齊・帝紀》。看報。

眠一小時。得湲兒信，知其在婦產科盡心竭力，救護產婦及嬰
兒，危急時至泣下，院中醫護均愛之，可喜。

服藥眠，翌晨六時半醒。

近日靜查予溺，仍有兩個加號之糖，應少吃米，多進麵。

八月十日星期二（六月二十）

校《南齊・帝紀》訖。鍾遵先自河南歸，其妻張兆麟因病，將
回中江母家養病。

眠三刻鐘。看報。與洪兒談《紅樓夢》本事。到北京醫院，就
蔣大夫診，靜、洪伴。以眼有結膜炎，滴藥。又看牙。

服藥，十時後眠，十二時、二時、四時、六時醒，一夜四溺，
不知水分何自來也。

八月十一日星期三（六月廿一）31℃

校《南齊・禮志》，未畢。

未成眠。終日未下大便，悶甚，服藥。看報。

看《余嘉錫論學雜著》，不忍釋手，遂至夜分失眠，服藥兩次，
十二時後眠，翌晨七時半醒。此後當忌夜讀。

八月十二日星期四 （六月廿二） 32℃

陳金生來，與談點史事。勘《南齊・禮志》畢，《樂志》未完。

服藥，眠三刻鐘。看報。祝師傅來，爲予理髮。今日大便三次，乾，一輕鬆。

飯後與洪兒到米市大街散步，并坐談。歸，洪爲予洗浴。九時半服藥眠，翌晨四時一刻醒，良久又眠，七時半醒。夜眠安。

聞金生言，知余讓之已逝世，周祖謨，其姊夫也，當詢之。

八月十三日星期五 （六月廿三　末伏）

晨即驕陽照人，聞武漢熱至 42℃。看《南齊・樂志》畢。看報，周總理與賴斯頓談話正式發表，世界大勢一目瞭然。寫堪兒信，稱贊其有進步，且告以予近況。潘美君自雲南來。

夜眠如常。

八月十四日星期六 （六月廿四） 32℃

勘《南齊書・天文志》，寫意見，請交天文專家覆勘，并將前四史星名加標號。

未成眠。尚愛松自保定回，見訪，長談。看報，連日土耳其、伊朗與我建交，可喜也。湲來信，述醫護嬰兒情況，極熱心，救死扶危，有毛澤東思想。湲勇，記憶力又強，將來可望有成。玉華將來京。

夜眠安，但出汗多，中宵須易衣耳。

八月十五日星期日 （六月廿五） 34℃

王仲犖來，長談，送出門，遇張兆麟。劉文芝偕其女鄧小琳來。陶景蘧來。

服藥，眠兩小時。看報。大便不通，服藥下之。

洪到燈市口接木蘭及國光、陸縶，來我家住。九時半服藥眠，十二時、三時、六時醒。

今日以客多，心痛又作。

八月十六日星期一（六月廿六）

校點《州郡志上》畢。看報。

服藥，眠一小時半。學部車來，靜伴予到北京醫院，就蔣國彥診，以其爲大名人，因談訪崔東壁故里事，四時半歸。啓鏗來，留宿。翻《余嘉錫論學雜著》。

九時半服藥眠，翌晨三時醒。又眠，七時醒。

八月十七日星期二（六月廿七）陰雨

吳玉年來，蘇淵雷來，以熟人，談話較多，爲靜所阻。知尹石公、王佩錚俱于前數年去世。

服藥，得眠兩小時。林樾、易南薔來。啓鏗夫婦挈其子女回家。點《州郡志下》數頁。看《崔東壁遺書》。

九時半，服藥眠，上午三時醒。又眠，六時半醒。

八月十八日星期三（六月廿八）陰凉

點《州郡志下》，訖。靜不取我的同意，將數年來之報紙雜志出賣，得 13.50，使我憤怒胸悶。

服藥，得眠兩小時，稍愈。看報。周宜英、羅麗來打電話。在院中散步。

與洪出胡同西口，經西石槽歸。洪爲我擦身。十時服藥眠，十二時、三時、七時醒。溺濕褲。

八月十九日星期四（六月廿九）多雲

大便乾結，服藥下之。寫《州郡志》意見，請與復旦歷史地圖室聯繫覆勘。看報。美鈔停兌黃金，資本主義國家金融混亂，帝國主義之衰弱可見矣。

眠一小時半。元善挈其次孫兆和來，看予藏書。

兆和自來，開電視機，然干擾甚，予只得先睡矣。

聞文懷沙死，康同璧前年死，羅儀鳳以通外被捕。

八月二十日星期五（六月三十）

校《南齊・百官志》。鍾遵先來打電話，因托其找還《大清帝國全圖》爲點書參考。陳金生來取稿，并送閱《出版會議報告》，遂閱之，并打電話給乃和。靜怒，與予靜，心痛又作，服藥。洪伴至東風市場。

夜服藥，十時眠，十二時、二時、六時醒。溺濕褲。

八月廿一日星期六（七月初一）

校《南齊・輿服志》。看報。服藥下大便。

眠一小時半。祝師傅來，爲予理髮。洪兒爲予洗澡。陳述來談。王明德來。

劉乃和來，取閱《出版會議報告》并送閱《教育會議報告》及周總理綜合報告。同看電視《新出土古物》。劉去，予續看《西藏山崩》、《對蝦》，覺倦，略服藥，十時眠，晨七時醒。

八月廿二日星期日（七月初二　末伏止）時陰時晴

馬念祖來，爲靜逼走。靜與洪同到壽彝處談。予在家看周總理報告（今年開了七個會議的總結）。看報。

眠兩小時。補記日記三天。

夜眠如常。

近日多咳，以天氣之無定也。周總理開一"氣管炎症會議"，對予病有望矣。廿四史及《清史稿》共四千萬字，予當勉自攝養，作完此一工作，俾有以對黨國人民。

八月廿三日星期一（七月初三）

學部車來，靜伴至北京醫院，就蔣大夫診。血壓僅120，殊低。至牙科檢查，以年老，醫謂不必治。經其一挑剔，牙床反酸痛，食物不便。歸，看《南齊·祥瑞志》畢。

眠二小時。

靜伴至史家胡同散步，由乾麵胡同東口歸，約行二里，予足麻矣。想少年時健步，曷勝慚恨。望將來公園開放，得徘徊于林石間耳。九時半，服藥眠。午夜醒來，汗出如潘，易衣而眠，上午七時醒。

八月廿四日星期二（七月初四　處暑節）

點《南齊·皇后傳》。看報。

服藥，得眠兩小時。陳金生來，送參觀古物券。看《南齊·五行志》畢。大便乾結，服藥二次乃下。

看章士釗《疏〈黃帝魂〉》，殊增聞見。十時服藥眠，二時、四時、七時醒。

八月廿五日星期三（七月初五）上午大雨

乘中華書局車，與靜及洪到故宮西華門內慈寧宮，看文化大革命期間出土文物，以滿城縣中山靖王墓最突出，死者夫婦二人偕衣玉衣，玉片片作方形，而以金絲聯繫之，為前所未見。

又見唐墓中出之《論語》鄭玄注，惜不全。文化大革命以來，出土古物不少，此特其千百之一耳。以解放軍參觀者多，未能細觀。他日公開展覽，當更一覽。又明太祖子魯荒王塚發見亦多，其儀仗隊土俑簇簇成隊。洪習蒙古語文，見新疆出土之唐代回紇殘紙，其文與蒙古同，問諸解説員，其人爲新疆籍，告之曰：蒙文本即由回紇文來，其改用阿拉伯文，乃以後事。此殊開我眼界。十時大雨，予等未携雨具，冒雨歷各室，雖未大濕，然予體已不能歷風雨，奈何！今日所見又有"鉞"，其威武甚可畏，他日整理《牧誓》，當作插圖。又有丈八蛇矛，則最長之武器也。

八月廿六日星期四（七月初六）陰

點《南齊・王子嶷傳》，未畢。看報。

未成眠。祝師傅來理髮。三時半，小王駛車來，與靜同往北京醫院，就蔣大夫診，并抽血。五時歸。

與洪到米市大街散步。看《辛亥革命紀念集》數篇。九時半服藥眠，上午一時、四時、七時醒。

八月二十七日星期五（七月初七）陰，小雨

晨起，兩眼酸痛，流泪，不能看書。啓鏗打電話來，知木蘭乘自行車跌壞腿，洪即送國光歸。予倚沙發，忽忽入眠，竟睡至午。飯後遂未眠。

雖看報，朦朧僅辨大字而已。終日大便三次，二乾一稀。靜爲量熱度，有二分熱，遂就枕，入晚起。

洪兒歸，知木蘭傷尚不重，僅給假四天。十時服藥眠，十二時、二時、四時、七時醒。

今日之病，即由前日參觀來，胸悶痛。

八月廿八日星期六（七月初八）陰，晴

今日已能看報，但毫無精神，在院中散步。補記日記一星期。小便仍有兩個加號之糖分，且便時酸痛，將非便血耶？

夜，吳世昌來，長談，因此胸痛又作。卜蕙蓀來。洪伴至胡同

西口散步。服藥眠，溺濕褲，易衣更眠。

八月廿九日星期日（七月初九）

吳玉年來。胡庭槐夫人崔月秋來，言自珍夫婦兒子均擬來京。檢《南齊書》23卷，未畢。看報。看周總理與美《紐約時報》副社長賴斯頓談話，光明磊落，正氣凌霄，使我明瞭國際形勢不小，而美帝之國際陰謀無所施其技也。

八月三十日星期一（七月初十）

得玉華電，知今晚到京。看報。檢《南齊書》第22卷，及23卷。

眠二小時。三時，小王來，開車到北京醫院就蔣大夫診，照心電圖。壽彝來，未晤。

予服藥先眠，靜、洪到站接玉華等，走錯站臺，不遇。玉華自雇車來。

八月卅一日星期二（七月十一）

予未起床，玉華挈其女楚志建、志衛、子志民及玉舜之女明明來。起床，偕志衛、志民到胡同西口散步。

偕洪兒挈志衛等到西頭散步。檢《南齊》23、24卷。看報。大便乾結，服藥通之。

看電視《沙家浜》。服藥眠，一夜易衣兩次，虛汗也。

近日寒暖不齊，痰咳彌甚，夜中輒醒，再進藥液。因此使洪兒爲我不得安眠。

潮兒八月二日留書：

爸爸這幾天連續心痛，望你自己警惕，千萬不要爲翻書審稿弄壞了身體。你是該"總其成"的。

一九七一年九月

九月一日星期三（七月十二）下午雷雨

檢《南齊書》25 卷，未畢。看報。

眠一小時半。爲楚家諸兒讀古文，靜讀《木蘭辭》。檢《宋書》與《齊書》核對。

開電視，看越南抗美片《永寧》及《阿福》。以興奮，服藥三次，至十一時眠，二、四、六時醒。

九月二日星期四（七月十三）陰雨

看報。看《辛亥革命回憶録》。

午後未成眠。起將《南齊書》25 卷檢訖。王玉明等二人來，問李健吾事，告以實所不知。祝師傅來，爲予理髮。大便兩次，乾，殊暢。今日玉華等五人，由洪兒導往木蘭處。

老來無力展縹緗，閑坐廊中送夕陽。慚愧書生不解事，至今始識棗花香。　　　　　　　　　（1971，6，8，即事）

（又改）慚愧到今方識得，棗花淡勝桂花香。

劉乃和　西四能仁胡同 36 號

陳垣　興華胡同 13 號

堪兒　黑龍江大興安嶺地區莫利達瓦旗烏爾科公社向陽大隊

高玉華　成都北較場 164

潮兒　河北肅寧城關公社西澤城大隊貧宣隊

湲兒　四川省人民醫院婦産科

洪兒　内蒙東烏旗阿拉坦公社巴達拉呼大隊

一九七二年[*]

1972，1，26 堪與瑗書：

最近通過市勞動局，分到儀表局，市儀表局又分到北京
醫療器械總廠，總廠把我和洪一起分到市醫療器械廠，以後
我倆就是北京醫療器械廠的工人了。

這個廠是市級的，在總廠下面八個廠裏是最大的，有八
百多人。在日壇東邊一點，在東單坐九路汽車可以直達門口。

這個廠的主要產品是電冰箱、空氣壓縮機、冷氣機，還
有調節濕度、溫度的恒溫恒濕機等。我國出口的電冰箱主要
是這廠做的，所以以後可能有發展。

王明德　　小雅寶 53 號
王大珍　　北京阜外北四巷 3 號
黃之六　　福建師範學院中文系
俞平伯　　永安南里十樓 303
馬念祖　　西四前帽胡同 17 號
史樹青　　東堂子胡同 55 號

---

* 以下內容均綠自第 5 冊小筆記本之末，其中通訊地址有以後數年所寫者
（約截止于 1979 年）。

楊公素　中國國際旅行社總社負責人

郭繩武　西北大學副校長

徐連城　曲阜山東大學歷史系　北京歷史博物館

錢伯城、吳曼青　上海古籍出版社中華文史論叢

江辛眉　人民大學

陳國忠　教育部外事局

商金林　北大中文系

吳尚懃　青島科學院海洋所

趙公綏　東黃城根南街 34 號

汪玢玲　吉林師範大學中文系　現在地址　北京師範大學中文系
　　　　住 11 樓 428 號

堵仲偉　北京復興路 55 號海軍新華分社

李希泌　張椒華　西便門國務院宿舍 8 組 46 號

姚紹華　瑞金路 24 條 91 號

郭敬（原編刊社）　文化部留守組　瑞金路十條廿號

魏建猷　上海桂林路音樂新村 604 號

于鶴年　天津河西區徽州道五號

程金造　西郊外語學院中文組
　　　　復興門內柳樹胡同 26 號

嚴文井　人民文學出版社（朝內大街）

何其芳　西裱褙胡同 36 號

楊洛生　交道口東旺胡同 1 號

胡思震　北京阜內宏大胡同北樓 301　海淀區體委

陶妃白　上海南昌路 136 弄 46 號

胡思革　上海紡織工業局建築工程公司

胡石予第四個兒胡昌治住址上同

王國華、安可行　青島市龍江路 21 乙

梁利國　朝陽門外北河沿 15 號

辛仲勤　阜外鐵道部三住宅區 19 棟 9 號

洪駕時　蘇州菉葭巷勤豐弄 19 號

葉誠佑　葉鞠裳之孫

連僑思　山東德州土肥所

方慶瑛　德勝門外人定湖西紅樓國家體委宿舍 12 門 7 號

陳餘年　人民大學林園五樓 11 號

金兆梓　月壇公園對面南禮士路輕工業部 7 樓 7 號

李鐵錚　外交學院，住華僑公寓 2－16

朱洪濤　農業出版社　紅日路 13 條 81 號古農學

金　沙　中華

陳翰伯　出版局副局長

郭有守　建外靈通觀三號西 706

陸欽頤　安定門外興化西里 4 號樓一單元 101 室

李光信　揚州師範學院中文系

胡永良　中央人民廣播電臺對外部孟加拉組

李瑋全　鎮江農機學院機製系

李致忠、林小安、李希泌　北京圖書館善本部

蘇　薊　學部業務組

胡庭槐　大有莊坡上村 12 號國際關係學院 8 號樓 8 號

崔月秋　中關村化工冶金所招待所

茅以昇　西裱褙胡同 58 號

李伯球　建外永安西里 1 號樓 6 單元 12 號

潘懷素　北三里屯南 29 樓 3 單元 13 號

程溯洛　民族學院研究室，現在中國歷史博物館通史部整體組

徐光霄　國務院出版口

王大瑜　天津南郊咸水沽第一中學

言心哲　上海師範大學教育系，住上海四川中路 620 號 4 樓 1 室

劉宗弼　新文藝北巷 9 號（小鵓鴿市）

夏　延　天津京字 106 部隊 1 支隊

郭沫若　什剎海前海西街 18 號

金竹安　石家莊市西郊電化廠

尚愛松　河北省獲鹿縣李村 1594 部隊學二連二排

顧誦芬　瀋陽 725 信箱一分隊

江澤菲　瀋陽醫學院附屬一院急診室

顧德融　北京大學 36 樓 217 室

趙叔玉　四川合川三匯壩北京礦院基礎課

丁石因　北京清河中學

朱金芳　北京通縣三中

丁存又　邯鄲市軍營路學校

起　潛　上海西康路 181 弄 1 號

劉宗鶴　陝西甘泉縣清泉鎮北京農業大學

辛毓南　北京北太平莊師大二附中

常　惠　地安門內碾子胡同 17 號

沈　寬　安定門外興化西里 5 號樓 5 單元 201

張毓芳、馬迪璋　齊齊哈爾鋼廠，黑龍江省富拉爾基丙區樓房 5 棟 2 號

陳振裕　湖北省博物館

孫維昌　上海博物館

蔡筱明　上海博物館

鈕仲勛　北京市北郊北沙灘 917 大樓中國科學院地理研究所

朱祖威　和平里興化西里 6 號樓 1 單元 103 號

程禎裕（朱士嘉之內侄）　一機部方家胡同 46 號

何思源　永安西里 4 – 6 – 12 號

趙泉澄、趙之華、趙之雲　上海市長寧路 706 號

王伯祥　小雅寶胡同 70 號

江載芬　德外葦子坑長空機械廠宿舍 15 樓 102 號

朱學蓮　人民日報國際組

王湜華　外文局圖書社阿拉伯文組

刁培光　昆明市電機電器修理廠

高　亨　安定門外和平里 3 院 2 所 3 樓

班書閣　西單闢才胡同大木倉北巷 1 號

李延增　北新橋細管胡同 56 號

馮世五　鐵獅子胡同人大宿舍紅二樓戊組 4 號

劉建承　北新橋新太倉一巷 32 號

劉曉瑜　南京中山東路德賢里 4 號

朱志慧　北京中醫醫院內科

宋德亨　水磨胡同 38 號

王新德　北醫腦系科主任

金振宇　龍潭北里三條 3 樓 2 單元 4 號

陳　慧　安外興化路興化西里 5 樓 5 單元 302 房間
　　　　朝內大街 203 號文聯留守組

嚴景耀　南鑼鼓巷 111 號政法學院宿舍

徐庭林(徐宗元之子)　中央民族學院和平樓 101 號　河北懷來硫磺礦

一九七五年

一九七五年五月

五月一號星期四（乙卯三月二十　國際勞動節）

八時，學部車來（司機姓羅），送予等到頤和園參加游園會。天晴頗燠，游人又多，到知春亭坐石上，遇侯仁之、李明陽、何思源。十二時半歸。

看《參考消息》及《人民日報》。寫劉敦愿信，謝其寄花生。與羅力談。趙光來按摩。木蘭來。

十二人聚餐，予家住滿矣。

今日之游頗疲勞，不但天暖人擠，亦以車停舊高級黨校之南，道頗遠，往返約五里也。

今日同游：予與静秋、堪兒　三姨及其孫志明　振聲　國光、陸纓　鄭梅芳

下午，組織上（人代及學部）均有電話來問安否，可見我年已老，煩人注意如此。然馬寅初先生年已九十三而亦赴會，則予固不應以老自恕矣。

五月二號星期五（三月廿一）

潮兒赴徐水。看兩報。于思泊來，長談。林樾、黃璇文來。

眠約一小時。卜蕙蓀來。高志明回賈汪。振聲返石油院。按摩。

與洪兒到燈市口，送三姨及木蘭母子上車。洪兒同事張恒康、宋衛來。

　　思泊來，謂長春人事少，數十年積聚資料咸在，可從容整理，聞之頗羨，然其年亦七十九矣。

五月三號星期六（三月廿二）

看兩報。葛志成來，長談。

未成眠。記筆記三則。

起釪來，送書及壽禮。夏延來。九時半眠。

五月四號星期日（三月廿三）

看兩報。夏延來，貽予糕點作壽禮，留飯。程曠來，述其父金造之疴。張覺非來。

未成眠，看新出版之《晉書》。與靜秋步至巷口。始記日記四天。

看電視《雄姿英發》等片。九時半眠。

　　今日爲五四運動五十六年紀念，又爲余足八十二歲陰曆生辰。

　　程金造，號建爲，高朗仙弟子，任教外語學院，對《史記》有深入研究。予頗欲將《史記》重點，日前去函詢之，今日其子來，乃知病中風，臥第三醫院。

五月五號星期一（三月廿四）

看《晉書》。看報。

未成眠。學部楊訥來，送還運動中抄去之書畫古物，因覽之。梅芳伴至向榮理髮。

看近代史所新出版之《中華民國史》初輯。

在文化大革命運動中，學部工作人員曾會同文化部來選取古物（玉器小品）數十件及書畫十幅携去。其時予在所參加鬥批會，歸後靜秋爲予道之，而不能言其物。上月有電話來，謂送至故宮，未爲接受，問要代送古物店出售否，予答以願將原物送還。今日見之，其中亦有精品，可娛我老。

五月六號星期二（三月廿五　立夏）

看報。陳述偕起釬來談。看《晉書》。張覺非來，留飯。

未成眠。潮兒自徐水歸。振聲來。三姨、木蘭、陸纓來，留宿。

服藥眠。上午三時醒，耿耿達曉。

潮兒到徐水，向電子計算機廠報到，尚未分配職務，其地亦無單獨職員宿舍，故雖與振聲一廠，而仍不能携子以去，成其室家之願也。聞明年涿縣可蓋起家屬宿舍。

五月七號星期三（三月廿六）

看報。看《晉書》。與靜秋同上市購菜，遇馮國寶夫人，悉馮公中風已愈。

服藥，眠一小時半。愛松來，同選字畫付挂。潮兒返徐水。

看電視。兩次服藥，得安眠，翌晨七時醒。

近日睡眠不佳，大便不通，精神遂憊憊如將病，因多服安眠藥及石蠟油。

得振聲家電報，悉其妹惠芳將于九日挈春雨乘廿二次車由滬來京。此兒一去兩月，靜秋思之，形于寤寐，潮兒亦常墮淚。今幸有三姨及梅芳在，可相助撫育，不僅勞靜秋一人，其父母亦可放心置于吾家矣。

五月八號星期四（三月廿七）

看報。記日記三天。

未成眠。看《晋書》。

看電視（工農生産）。九時半服藥眠，翌晨六時醒。

昨眠既佳，今日精神一振。

所挂字畫爲：一，明錢貢：漁樂圖。二，清初石溪和尚：山水。三，清錢載：墨蘭。四，清錢坫：篆書屏。自一九五四年來京，以四壁盡置書櫃，遂未挂書畫。今以房間夾小，留出空壁，又以愛松爲我整理書畫，因選懸之，亦頤養精神之一術也。

五月九號星期五（三月廿八）

與静秋同乘車到北京醫院，予就中、西診，她就中醫診。遇吕叔湘夫婦及陳此生。看報。

服藥，眠一小時。看《晋書》。

與洪兒步至南小街，遇湜華。九時半，服藥眠。

予今日量血壓，爲百六十餘度，較上月高出廿餘度，睡眠遂困難。

静秋久病泄瀉，今日就西醫診，定爲神經性的，給以次破酸鉍、芬那露、鞣酸蛋白等藥。

五月十號星期六（三月廿九）

與静秋到北京醫院，予續治牙，彼診中醫。看報。

未成眠，看《晋書》。中山大學中文系李偉江、章崇東兩君續來，看予四十年前日記，搜集魯迅與予糾葛事實。洪兒、振聲到站，接惠芳、春雨來。

按摩。看電視。九時半眠，翌晨七時醒。

静秋服藥後良有效。

廣州中大負注釋魯迅集之責，以其中有與予之一段疙瘩，故來訪問，今日爲第二次，予出當年日記示之。静秋怕客多看予日記，將對我有不利。予坦然示之，彼輩亦無話説。看其所注魯迅集出版，對予作何評價。

五月十一號星期日（四月初一）

看報。林小安來，代整理經部書，未畢。予助之。

眠約一小時。史先謙來。按摩。與春雨步庭中，與蕭風、羅力談。

飯後與振聲父子及惠芳到乾麵胡同散步。九時半眠，翌晨六時醒。

静秋今日仍泄五次，何中西藥之都不驗也？

今日稱春雨，連衣服二十三斤半，兩月來無大長。渠今一歲又半月矣。家中多一小孩，固添不少忙，然亦增不少溫暖。

五月十二號星期一（四月初二）

看報。翻看予一九二一、二二兩年日記，其中人物五分之四死了。

眠一小時半。振聲來。

臨眠有興奮，十時半起再服藥，旋眠，晨六時半醒。

静秋今日又泄五次。

今日下午小雨。予戲出一上聯云："春雨來，下春雨。"殊不易作對也。

潮兒赴徐水，迄未來信。春雨到京，亦不至。想調職事尚未穩妥耶？然她之軟弱亦于此可見。今日振聲打一電報去。

五月十三號星期二（四月初三）

看報。看《北京大學學報》今年第二期。與静秋同出買菜。

眠一小時半。看《晋書》。

與振聲、惠芳同推小車，在東四南大街游覽。九時半服藥眠，翌晨六時半醒。

静秋今日泄三次，次數少了，愁爲稍解。

五月十四號星期三 （四月初四）

林小安來，代我理書，并囑我代爲解決《管子》問題。看報。

眠一小時許。尚愛松來，還書，并代我整書畫。德融侄下放歸，來訪，留飯。潮兒自徐水歸。

翻《雪橋詩話》。洪兒爲我洗浴。九時半服藥眠，翌晨六時醒。

九日予抽血檢查，今日詢之，知血糖爲一百八十餘，消渴疾增高，定夜眠前多服 D 八六〇丸一片。

北大中文系奉上級命，整理《管子》，林小安由北京圖書館調往，此工作須于九月底畢工，今日囑予解決書中“經言”、“區言”、“内言”、“外言”、“短語”等區別之標準。此事甚不易言，然實爲應解決之問題，擬將此書細讀一過，作一近似之答案。

五月十五號星期四 （四月初五）

看報。翻《雪橋詩話》仍未畢。潮兒偕惠芳游日壇，春雨始上秋千，大樂。與静秋同出買菜。

眠一小時，以咳醒。白壽彝來，長談。與静秋送壽彝出，遂至大街散步。遇賈芝。

湲兒自涿縣學兵歸，談。十時服藥眠。翌晨六時醒。

出版局擬將廿四史別排大字本，估計全書須定價三萬元。此書爲全世界各大學、各大圖書館所需，不愁無銷路，但其中有錯字及誤點必當改正耳。

五月十六號星期五（四月初六）

起釬偕趙誠來，商到京西賓館講演事。看報。記日記三天。

眠以咳醒。尚愛松偕黃鑄夫、吳勞來，看書畫。翻看楊鍾羲《雪橋詩話初集》訖。湲兒伴至"向榮"理髮。

初翻《管子》。九時半服藥眠。翌晨六時醒。

北京警備司令部派十餘人專研西漢初期歷史，準備編鼌錯傳，邀中華書局編輯趙誠往助，并派趙君邀我往講演一次，因定於下月初往京西賓館往談。予老矣，而社會任務接疊而來，奈何！

《雪橋詩話》以詩存人，以人繫事，作者出于漢軍，備悉清代掌故，保存一代史料，可與《嘯亭雜錄》等書合讀。惜二、三兩集，我所未有，不能合觀也。

五月十七號星期六（四月初七　小滿）

張惠芳南歸，來京凡七天。看《管子》，尋其組織法。與湲兒同到八面槽及東風市場購物。看報。

眠一小時許。元善來談。看《管子》。與全家到北京照相館攝影留念。

看《管子》。按摩。十時半服藥眠，翌晨七時醒。

天氣驟熱，出門一次即出一身汗。

聞愛松言，黃少荃已死於運動中。此君文史兩學俱佳，得耗痛惜。渠有一詩，存於其父《吳中游記》。予七十歲始住醫院時，渠曾到院見訪，安知此日即爲最後之一面乎？

今日同照相者：三姨，予夫婦，振聲、潮兒及春雨，洪兒、湲兒、堪兒。潮兒姊妹及其弟甚少同在一處之機會，茲值渠等歸家，并招洪兒早歸，乃得成事。

五月十八號星期日（四月初八）

看報。與羅力談。翻覽《管子》終日，略加批。

眠一小時許。按摩。潮兒五時赴徐水。

湲兒七時返校。與靜秋到燈市口散步。九時半服藥眠。翌晨六時醒。

湲兒今日爲予量血壓，爲 140/80，又正常矣。靜秋爲 120/70，亦佳。

今日下午，潮、湲兩兒俱行，振聲亦回石油學院，留一春雨在，又將嫌勞動力之不足矣。

五月十九號星期一（四月初九）

看報。翻覽《管子》終日，略加批。卜蕙蓀偕其女唐守成、外孫李斌來談，留飯。

眠一小時半。

起釪偕崔文印來談。與靜秋送之出門，在巷內散步。服藥二次，十時半眠。翌晨七時半醒。

中華書局爲予派秘書，皆敷衍，實未嘗助予做一事。今日易一崔君來，年卅四，北大古典專業畢業，甚活潑，樂亭人，或能偶一佐予乎？

洪兒爲廠中開展覽會，所有說明及表格俱歸彼起草，以此日來在家俱磨夜工。今日下午歸來即眠，蓋倦極矣，惟入夜又續爲之，至十二時。渠體不健，直將忙死，而其積極性之強烈亦于此可見。

五月二十號星期二（四月初十）

看報。遇劉時雨。推春雨車到院中，晤方英等。翻看《管子》。

眠一小時許。看《管子集校》。

九時半服藥眠，翌晨五時半醒。又眠，七時醒。

《管子》一書，實在難讀，此清代學者所以不敢作《管子集解》也。而瑞安陳準乃欲憑孫氏玉海樓藏書，作剪刀漿糊之剪貼，豈非妄人！回思當年呂思勉先生之退稿，真合理行爲，而予乃爲介紹，亦爲多事。沫若先生之所以但爲《集校》，實只該走這一步。

五月廿一號星期三 （四月十一）

看報。與三姨、靜秋到納福胡同卜家吃午飯。

湲兒回家取照相機未得，即返校。眠一小時許。元善來談。

與洪兒推春雨車到紅十字會門口遇湜華。振聲來。九時半服藥眠。翌晨六時醒。

今午同席：予夫婦，仁韻姐，周□□（以上客），卜蕙葖及其長女守默、次女守成、外孫李斌（以上主）。

今日熱甚，從景山東納福胡同（即五十年前之蠟庫）往回一次，疲甚。歸，倒頭即眠。靜秋體弱，更不耐矣。

洪兒甚好張謳，有所表示，今日彼來信，乃欲以哲學家之幻想與文學家之筆墨合一，而力實不逮，讀之短氣。

五月廿二號星期四 （四月十二）

終日翻看《管子》，垂訖。看報。

眠約一小時。翻吾父所得字畫，選出數種備挂。

看郭沫若《管子集校》。不能成眠，服藥兩次，十一時半眠，翌晨七時醒。

洪兒今日上下午都到勞動人民文化宮，聽講“優選法”。

予晚上真不能看書，更不能用心研究書中問題。此後該死心了！

林小安囑我將《管子》一書中所以分“經言”、“樞言”、

"内言"、"外言"、"短語"等之界説列出，日來尋求，終不得
當，殊苦無以答之。

五月廿三號星期五 （四月十三）

看報。翻看《管子》訖。人民文學出版社王錦全、韓海明
（女）來，詢問魯迅《華蓋集》中事。

未成眠。理書上架。看《習學記言》。王湜華來，取去顧鐵卿
書兩種，代請平伯題，并將舊存先祖、湖帆印蛻交之，請其整理。

與梅芳推春雨車在本巷内游行。十時服藥眠，翌晨五時半醒。

洪兒以工廠中開展覽會，任籌備工作，昨一夜未歸。今日上
午歸即眠。又到廠，夜歸。此兒積極性甚高，惟工作太累，體亦
不佳。

今日王榴泉來書，自認不是，且請洪兒于下星期三到中關村
相晤，予覺其態度誠實，囑洪兒應之。

五月廿四號星期六 （四月十四）

看報，補記日記四天。静秋到北京醫院看病。理舊時日記
入櫃。

眠約一小時。翻葉適《習學記言》。振聲來，宿。

溲兒自校歸，同到燈市口散步。按摩。

静秋自廿一日到卜家吃飯，連夜失眠，腹又泄瀉，遍體作癢，
四肢無力，此等酬酢真是苦人，舊社會遺留之習慣真該打破也。

近日專心研究《管子》，心臟又呈異象，只得又雜覽群書，
放鬆注意力。

潮兒自徐水買到鷄與蛋，托人帶至溲兒校中，今日由溲帶歸。

五月廿五號星期日 （四月十五）

終日翻李壁《王荆文公詩集箋注》略訖。

按摩。翻姚永概《慎宜堂筆記》。洪兒應木蘭招,宿中關村。

與湲兒到燈市口散步談話。十時服藥眠,翌晨六時醒。

木蘭爲洪兒婚事關心,招洪往談,望其仍與王榴泉和好。洪兒以受張謳挫折,亦有允意。如此,他們婚後可住中關村,惟往還工廠太遠耳。

五月廿六號星期一 (四月十六)

振聲返校。湲兒請假半日,伴靜秋到北京醫院診病。看報。翻《三國志》。

眠一小時。記筆記二則。理書桌。陳華秋來談。

與鄭梅芳推春雨車,到禄米倉散步。歸,受靜秋譴。九時半服藥眠,翌晨六時醒。

五月廿七號星期二 (四月十七)

點《漢書‧賈誼傳》畢,《鼂錯傳》未畢。看報。

眠一小時半。記筆記四則。愛松來談。

翻《王安石詩集》。九時服藥眠,翌晨四時醒。

予近日又患便秘,服石蠟油以下之。

今日有小雨,莊稼之福也。

五月廿八號星期三 (四月十八)

看洪兒致王榴泉信。點《鼂錯傳》畢,《吳王濞傳》未畢。看報。湲兒歸視母疾,飯後返校。

眠一小時半。看報。到"東風"理髮。靜秋來,同到菜市買物。補記日記四天。

振聲來。九時半服藥眠,翌晨五時半醒。

靜秋泄瀉仍未痊,今晨獨到北京醫院,就魏大夫診。

今日天陰，大風，又可穿棉衣。

五月廿九號星期四 （四月十九）

看報。牟潤孫自香港到京，偕其弟小東來訪，談一小時半，照相留念。壽彝來。史先謙來。

眠一小時。看吳曾《能改齋漫録》，記筆記一則。

與梅芳抱春雨到紅十字會門口。九時半服藥眠，翌晨六時醒。

潤孫告我，《古史辨》全套由香港翻印，《禹貢半月刊》及《文史雜誌》全套則由臺灣翻印。惜予不能見也。

爲有遠客至，須買物及整理屋子，今日洪兒請假半天。

五月三十號星期五 （四月二十）

看報。記筆記二則。寫汪先甲信，不合靜秋意，未發。

二時半，車來，與靜秋同到政協禮堂，看《沂蒙頌》 （原名《紅嫂》）、《草原兒女》兩電影。

振聲來，留宿。九時半服藥眠，翌晨六時醒。

今日所遇人：葛志成，張紀元，吳覺農，陸殿棟夫婦。

紀元數年不見，聞其病紅血球高，殊感疲憊，今日看電影，未終場而去。其健康情況似尚不及我，而年弱于我者多，爲之太息。

五月卅一號星期六 （四月廿一）

靜秋往醫院診。趙誠來，詢到京西賓館向警衛隊講《史記》日期。看報。

眠一小時半。看葉適《習學記言》論《管子》部分。湲兒自校歸。

按摩。九時半服藥眠。翌晨六時半醒。

振聲來電話，悉潮兒已在徐水找得屋子，故今日即往察看。按，如此，則其夫妻、父子三人可以團聚，自屬理想，惟春雨在此，有梅芳、靜秋、三姨三人管他，若到徐水，則潮兒一人管不了他，自己又須上班，未免顧此失彼了。

十七日全家所照相取來，獨潮兒形容憔悴，想見其思子情深。母之與子，結于心而不可解如此。

今日天陰，但頗熱，已入夏令，分當爾也。

靜秋病泄瀉較愈，一日兩次。

蘇繼廎，未詳其名（安徽人，蘇雪林之叔），北大畢業，略遲于予。其進商務印書館亦後於予，故初未相識。解放後，商務館移京，予乃見之。其性肫篤，一生治南洋史而不發表研究文字，故不爲人所知。一九五四年，予移家入京，則彼已年過六十退休。遷居上海，日至上海文獻圖書館閱書。妻早卒，不續娶，以單身故，月取退休金百圓已足用。間與予通書札。上月蕭新祺來告，渠已于去年在滬去世，蓋蕭君服務於中國書店，渠常與通信，囑覓資料，故知之也。治中西交通史者，前有馮承鈞、張星烺、向達三家，十餘年中相繼化去，今蘇君亦死，國內殆無其人矣，思之嘆息！

一九七五年六月

六月一號星期日（四月廿二　國際兒童節）

與湲兒到兒童用品商店、東風市場、工藝美術服務部、新華書店、東單菜市等處購物，在東長安街小坐。十二時歸。

眠一小時許。看報。伴春雨玩。翻《王安石詩集》。按摩。

湲兒返校。九時半服藥眠。上午三時又服一片。六時半醒。

今日上午約步行五華里，知予體尚不甚衰，惟兩膝蓋已無力耳。

　　湲兒勸予多學習，自是正理，惟記憶力已甚衰退，用十分功恐不得一分益，爲之奈何！

六月二號星期一（四月廿三）

　　看報。讀列寧《國家與革命》序言與第一章。

　　眠一小時許。看《王安石詩集》及李璧《注》。

　　看電視。九時半服藥眠，翌晨五時醒。

　　湲兒昨取出《共產黨宣言》及《國家與革命》二書囑我讀之，俾我思想與時代不隔。然其中不易解處甚多，且記憶力日衰，讀之固不易也。

　　連宵夢與健常同讀《史記》，此事何可得也！

六月三號星期二（四月廿四）

　　看報。讀《國家與革命》第二章。與靜秋、梅芳、春雨同出買物。

　　眠一小時半。看《王安石詩集》及李璧《注》。看《文物》四月號。

　　看電視。九時半服藥眠。二時醒，又服一次，六時醒。

　　今日有小雨，但予上街一次，仍出不少汗，此予體之虛也。

六月四號星期三（四月廿五）

　　靜秋伴至北京醫院診病，王大夫（女）、魏大夫診。遇華羅庚、周建人。

　　眠一小時。看報。看《王安石詩集》。

　　晤楊旭。振聲來，宿。與靜秋到中藥店買藥。服藥兩次，十時半眠。翌晨七時醒。

今日量血壓，爲 160/90，驗血糖爲 179，驗心臟，跳得較速，皆非佳兆，因此醫囑停止工作。一月以來，予爲研究《管子》、《漢書》，稍一緊張，便致如此，真不能用心了。

聞此次人大、政協此次出去參觀三條鐵路（湘黔、黔桂、叙昆），因其地高氣薄，限制頗嚴，八十歲以上僅季方一人耳。

連日大便乾結，服石蠟油竟不下。今日靜秋爲打開塞路，乃下。

六月五號星期四（四月廿六）

看報。看《國家與革命》第三章，未畢。

以咳，未成眠。看《王安石詩集》。

與春雨玩。服藥二次，十一時後眠。翌晨四時醒。

今日有小雨，且有雷。

爲看《國家與革命》太用心，心臟又呈異象，此與前數年之看黑格爾辯證、《自然辯證法》時同，予真不能集中精神矣。因暫時停讀。

六月六號星期五（四月廿七　芒種）

看報。看李壁《王荆文公詩集注》。伴靜秋看病，予在東單公園待之。

眠半小時。看楊樹達《積微居讀書記》。

湜華來，送所粘印蜕。看電視。

今日看電視《九龍灘》，忽感胸痛，即停視，偕靜秋到門口散步，兼服硝酸甘油片。

先祖廉軍公工刻鐵綫篆印，王湜華君亦愛是道，因囑其代爲整理成册，藉留紀念。惜大部分已于抗日戰争中失去。

六月七號星期六 （四月廿八）

看報。牟小東偕其兄潤孫來，潤孫後日返港。潮兒自徐水歸。

眠一小時。潮兒伴至“向榮”理髮，到東單買物。洪、湲兩兒先後赴中關村，宿木蘭處談婚事。

按摩。振聲來宿。起釪偕崔文印來。服藥二次，十一時眠，翌晨五時醒。

我的心臟總是有毛病了，一切工作只得停止，庶得多延一些時間。

湜華言，其父伯祥白內障增劇，只能看大字之帖。擬往訪之，而近日天驟熱，又無車可坐，七十年之交游，殊苦無以慰之。

六月八號星期日 （四月廿九）

看報。振聲爲理後屋書。看《雙劍誃諸子新證》。史樹青來，長談，看書畫。

眠一小時。周秋楓携其二女張軍、張星，一子周琪來。五時，由梅芳送至樹青處，并晤于思泊及整理脂硯齋《紅樓夢》工作者四人。看《松江水急就章》，啟功藏。湲兒返校。

按摩。服藥二次，十一時眠，翌晨六時醒。

樹青帶到平岡武夫寄贈之《京都大全集》畫片一盒。此君真多情，殊愧無以報之。

静秋病瀉多年，近更困乏，魏龍驤大夫開多種熱藥，若附子、肉桂之類服之，居然奏效，近日或泄二次，或僅泄一次，可喜也。

六月九號星期一 （四月三十）

潮兒返徐水。看毛奇齡《四書改錯》。看報。洪兒拔牙。

眠一小時半。

王湜華夫婦來談，送平伯夫婦所題雷峰經卷。十時服藥眠，翌晨五時醒。

　　醫療器械廠開批判資産階級法權思想展覽會，洪兒任寫大字
報及畫圖，以是近日特忙，黎明即去，深夜方歸，蓋均于正常業
務工作之外作之者也。青年人勇往無前之精神真可愛！

六月十號星期二（五月初一）

　　張覺非來。看報。補記日記五天。振聲同事張治明來，留飯，
將歸溧陽。

　　眠一小時半。看《四書改錯》，寫其目于書面。

　　洪兒爲我洗浴。

　　今日酷熱，至卅三度以上。

　　毛奇齡一生著書，及八十後病，乃令其弟子與己之子孫搜其
著作中評論朱熹著《大學、中庸章句》及《論語、孟子集注》
中錯誤者合爲一書，名以《改錯》，筆鋒銳利，朱氏真被駁倒矣。
予今年與之同，病與之同，而獨無子孫同人爲我抽未盡之緒者，
思之嘆息！

六月十一號星期三（五月初二）

　　看報。高瑞蘭伴王傳熠一家人（自上海來）見訪，并贈物，留飯。
眠一小時。羅力來，借畫書與丹字。看王安石詩。湲兒自校歸。
與湲兒同到燈市口，坐長條上談話。九時半服藥眠。上午一時
醒，又服藥，六時醒。

　　今日來客：王明生與其夫人高煥門，其子王家興（在延邊工
作）、王家康（在沛縣大屯煤礦工作），其孫王崢。高瑞蘭（高
煥門之妹）。

六月十二號星期四（五月初三）

看報。静秋到北京醫院診病，予在東單公園待之。及出，到東單市場買物，步歸。

眠一小時半，看《四書改錯》。

劉起釪、崔文印來談。與梅芳携春雨到燈市口。

六月十三號星期五（五月初四）

作伯祥所鈔《清嘉録》序未成。看報。陳福源問《紅樓夢》故事。

眠一小時半。翻《太平御覽》及《二十五史補編》。

與洪兒到燈市口散步。遇彭惠賢姊妹。服藥眠，十二時半醒。久不入眠。二時半又服藥，睡至七時醒。

今日得居民委員會通知，小孩應至建國門醫院打防針，因由梅芳抱春雨往。下午静秋發見其熱度爲三十八度許，不放心，晚間再携往檢查，知是感冒，因服藥調理。今夕静秋與之同睡，其張目待曉之情可以想見。

久不作文，握筆如扛鼎，何衰之遽也。

六月十四號星期六（五月初五　端午）

元善來談，交與雷峰經卷。看報。略翻譚志清、李文杰合著之《法家先驅管仲》。

眠一小時許。記日記五天。記筆記一則。按摩。振聲來。

湲兒來，與同到本巷散步。十時服藥眠，翌晨八時醒。

元善將于下星期一集體到石家莊，由是參觀河北各縣之工農業。不招我者，以予自一九七一至七四年入醫院至十二次，知我已不勝任也。

六月十五號星期日（五月初六）

與振聲、春雨同到"東風"理髮。遇楊拱辰夫人。看報。

眠一小時許。記筆記三則。湲兒返校。

潘美君來。十時服藥眠，上午一時醒。直至四時許又睡，八時醒。

今日爲寫幾段筆記，又張眼半宵，志氣與力量之相反如此，爲之一嘆。

六月十六號星期一（五月初七）

黃良自長治來，與一機部接洽公事，留宿。看報。

眠一小時許。與靜秋同到東風市場。歸，看所購《大汶口新石器時代墓葬發掘報告》。

洪兒爲予洗澡。九時服藥眠，翌晨六時醒。

以昨夜眠不佳，今日精神不好，未能作事，余之生活受身體之牽制如此，真無讀書治學之望矣。

六月十七號星期二（五月初八）

八時，學部車來，靜秋伴至北京醫院，入新建屋，抽血，就王、魏大夫診。遇史良夫婦、周士觀、齊燕銘。十一時歸，看報。

眠一小時許。看報。與春雨玩。看《管子》，與《集校》對讀。

九時半服藥眠，翌晨六時醒。

今日檢查血糖，爲 150 餘，視上次 170 餘爲佳。魏醫爲予言，大腦動脉硬化及心臟供血不足，均爲老年病，雖彼爲我晚輩者亦如此，囑予不必想做工作了。

周士觀爲趙孟頫高等工業學校同學，素稔予，勸予習字，轉移注意力以治病。

今日洪兒全廠工人下鄉割麥，爲業務不能偏廢，故天未明即離家，以一日之工作在上午作完。

六月十八號星期三 （五月初九）

看報。謝剛主來，長談。看《管子》。

眠一小時許。洪兒爲理書。與静秋同推車，携春雨到大街，遇容元胎。湲兒歸。

羨兆揚來。洪兒爲寫汪先甲信。十時服藥眠，翌晨五時半醒。

　春雨身體肥胖，越來越抱不動了。振聲赴徐水，與潮兒同蓋房。

六月十九號星期四 （五月初十）

看報。爲伯祥寫《清嘉錄》序，未成。看《漢書·地理志》等。咳不能眠。

寢前，静秋與談話，遂服藥而不能眠，起坐沙發中望月，竟得睡。上午二時，上床，七時醒。

　譚季龍有電話來，謂近到新疆、敦煌等處走了一趟，現來京，以明日即行，不到我家了。不知他此行有何任務？

六月二十號星期五 （五月十一）

王家康來道别。看報。續作《清嘉錄》序，尚未成。

以咳，未成眠。與静秋推春雨上街，遇羅力夫婦，同歸。

振聲來宿。十時，服藥多量得眠，翌晨六時醒。

　近日酷熱，温度高至卅七。静秋與予俱犯感冒。予咳，静淌泪。春雨亦咳。

六月廿一號星期六 （五月十二）

姚紹華來。看報。記筆記一則。振聲赴徐水。

眠一小時許。看范成大《吳郡志》、潛說友《咸淳臨安志》等。

按摩。服藥兩次，十一時成眠，翌晨七時醒。

　　紹華來告，金子敦先生兆梓已于本月十五日在京去世，年八十六，此我老友也。老年喪伴，其子在輕工業部任職，因依其子居，没于京郊宿舍。

六月廿二號星期日（五月十三　夏至）

　　看報。再輯作《清嘉録》序資料。

　　眠一小時許。按摩。看錢思元《吳門補乘》，記筆記一則。起釬來，送代購書。

　　湲兒爲予洗浴。十時服藥眠，翌晨六時醒。

　　寫一篇序文，從前一日可得成，今乃閱四日矣，尚不知何日脱稿，江淹才盡，可奈何！

　　予此一年中，未進醫院，大約不親筆墨、精神不集中之效也。從此悠悠忽忽以度日，爲國家一閑人，坐享高薪，雖内疚神明，諒他人亦不致責備矣。

六月廿三號星期一（五月十四）

　　看報。看李卓吾輯《初潭集》。陳華秋來。

　　眠一小時半。振聲自徐水歸。大雨，驟凉。

　　九時半服藥眠。翌晨六時醒。

六月廿四號星期二（五月十五）

　　看報。看容與堂刻李卓吾評《水滸》百回本。

　　眠一小時半。黃良赴石家莊。

　　十時服藥眠，翌晨七時醒。

六月廿五號星期三（五月十六）

　　趙叔玉來還書。洪兒偕至“向榮”理髮。看報。

眠近二小時。四時，洪兒送予至伯祥處談。六時，復來接歸。看平伯題《桐橋倚櫂録》。湲兒歸。

洪兒爲洗澡。十時服藥眠。翌晨七時半醒。一夜尿濕袴兩次。

伯祥衰頹已甚，一目已瞽，一目亦將失明，看書看報都不可，擬以我家所藏碑帖借與閲覽，解其岑寂。伯祥謂我："從前你吃得下，走得動，寫得出，現在都不行了！"相顧悲嘆。

六月廿六號星期四（五月十七）

湲兒返校。看報。李希泌、王恩保（方進）來。王明生來道別。

眠一小時許，以咳醒。史先謙來，偕春雨到本胡同買物。看報。看吳廷燮《乾隆以來繫年要録》殘稿。

王湜華來，交與漢碑十册，供其父覽。十時服藥眠，翌晨六時醒。

希泌來告，北京圖書館新館址決定在紫竹院，約四年後完工。館址既廣，可爲各專家藏書闢專室。如此，他日予書不愁無歸宿矣。

今日溫度又至卅六度。

六月廿七號星期五（五月十八）

看報。爲《乾隆以來繫年要録》草一序文，訖，尚未改定。卜蕙蓀來，留飯。

眠一小時許。

十時服藥眠，翌晨四時半醒。

湲兒于今日起，在大興縣插秧四天，下星期二可歸休息四日。

六月廿八號星期六（五月十九）

看報。看顧禄《桐橋倚櫂録》。趙叔玉來，還所借書。

以咳，眠未成。潮兒自徐水歸。與同携春雨到燈市口，看紅綠燈轉換。振聲來宿。

按摩。十時，服藥眠，翌晨五時醒。

《桐橋倚櫂録》一書，爲予一九五四年束裝到京時所購，而一到京即爲鄭振鐸借去，屢索不歸，蓋已占爲已有，自彼墜機死後，予方得向文化部索回。而此書爲記虎丘手工業及養花術，展轉爲人借覽。文化革命運動中，又爲研究所運至陜西保存。三年前發回，湜華鈔一副本，并將原書重裝，送平伯重題。近來得暇，予乃得親看一過，蓋已歷廿一年矣。

六月廿九號星期日（五月二十）

看報。王仲犖來道別。續看《桐橋倚櫂録》。

眠近二小時。按摩。王榴泉來，與予及洪兒談，留飯。

洪兒爲予洗澡。九時服藥眠。翌晨四時醒。

近日夜眠尚好，而小便次數太多，通宵少則四次、多則五次，想見腎臟之衰。然此亦老年人常事也。

仲犖爲予舊中央大學同事，親見予跳躍上歌樂山者。近年由山東大學調至中華書局，整理南、北史，與盧振華同職，而振華則以跌壞一腿，終年眠床，標點事在床上爲之，竟得完成，可謂有戰鬥精神矣。

六月三十號星期一（五月廿一）

潮兒返徐水廠。看報。翻《桐橋倚櫂録》訖。

眠近二小時。湲兒插秧畢，歸。翻《雲窗叢刻》。

與靜秋携春雨坐庭中，羅力、方英來談。十時服藥眠，翌晨五時醒。

閱《倚櫂録》訖。作者生于富厚之家，構別墅于虎丘，寫字，作畫，種花，吟詩，實一標準之"蘇州少爺"，只是勇于記錄，爲蘇州文化，留些鴻爪，爲可貴耳。

王重民，字有三，高陽人，畢業北師大，留學法國，一生治目錄版本之學。解放後，任北京圖書館長，北大圖書館系主任。予于一九六四年在北大任經學課時嘗與往來，見其夫婦同在宿舍內工作，打字機軋軋聲不絕。自云藏書有一萬五千册，單元宿舍不能容，則置入地窖中。不知何種刺激，于今年五月自經頤和園後山叢樹中。此與向達之病死，劉盼遂之自殺，同爲可惜事。蓋此輩專家中今已無多，後生培養不易，而國家之文化建設則方興未艾，此種任務實非任何人所能擔負也。

後聞其在學習時，有人揭發其曾于某年受人禮物，羞而自殺。然送禮在舊社會中原是通行之事，無該死之罪也。

馮沅君，本名淑蘭，河南南陽人，女高師畢業後轉入北大研究所國學門作研究生。其後予赴廈門，即以彼繼任予職。少時膽大，與同鄉王貴鉁相愛，逃離家庭，即以其革命經過寫成小説，投寄郭沫若等所編之《創造》月刊，署名"淦女士"，蓋即以"淑"與"鉁"之邊旁爲其筆名也。執意在研究所中，竟爲陸侃如所惑，結爲伉儷，使王貴鉁（號品青）跳窗自殺，成一慘劇。此後即研究中國文學史，不復事創作。陸侃如到處生事，侮辱各校女生，而彼則兢兢于學術工作，置之不聞不問。解放後任山東大學教授，兼副校長，又任三届人大代表。今聞山大人言，渠已于去年春夏間以胃癌疾逝世，聞訊嘆息，以教文學史者雖多，而一生勤勤懇懇研究文學史則甚少，何況其實有創見乎！

武漢大學老教授譚戒甫先生約長予四、五歲，讀書甚勤，寫作亦多。前年來京，住北京飯店，以步履不便，招予與唐蘭、胡厚宣等往，出《楚辭》稿見示，具見其老驥之壯志。近得辛樹幟函，知其已謝世，未詳其月日也。

余嘉錫先生，字季豫，湖南常德人，一生治目録學及史學，尤邃于宋史。卒于五十年代，遺書四萬册。其子名遜，亦任教北大，惟中年得風痹症，不能工作，無所用之。今聞以四萬元售與北大圖書館，甚慶其得所。

孫人和藏書亦多，渠家爲鹽商，故所得多善本。文化大革命初期逝世，聞已散出若干。去年渠妻牟沅與壽彝結婚，則未散者亦帶去。俟秋凉當往一觀也。

一九七五年七月

七月一號星期二（五月廿二）

與静秋、湲兒同車到北京醫院，抽血，就西醫蔣大夫、中醫魏大夫診。遇王學文。十一時歸。看報。

眠近三小時。看報。看《島夷志略》。湲兒返校。與春雨玩。

九時服藥眠，迄不成睡，起坐沙發上得眠，十二時就床。四時醒，服安定一丸，眠至七時醒。

今日檢查，血糖不高。静秋小便中雖尚有血球，亦未加多，聊可自慰。

今晨陳述來，未晤，渠治遼金史數十年，著述頗多，爲一專家。

近日天氣，又熱，又濕，又悶，與南方同入"黄梅天"，大家感到不舒服。洪兒自廠歸即眠，三姨、静秋、春雨無不如此。予自醫院歸即感頭眩，思眠，故午後得酣睡，而入夜又難入眠，一切失去正常狀態矣。希望降一次大雨，使人們得一蘇也。

七月二號星期三（五月廿三）

看報，補記日記五天。

以咳，未成眠。續看藤田豐八《島夷志略校注》。

十時服多量藥眠，翌晨六時醒。

七月三號星期四（五月廿四）

看報。翻《雪堂叢刻》。

眠一小時許。看《島夷志略》訖。翻《雪堂叢刻》一過。看李卓吾批百回本《水滸》。

十時服多量藥眠，翌晨六時醒。

今日接廣州李念國信，悉其父鏡池于上月十七日逝世，終年七十三。鏡池本學于燕大神學院，自讀予《周易卦爻辭中的故事》一文，頗受啓發，乃專力治《易》，亘數十年，成專著數種，交中華書局排印。將出版矣，忽逢文化革命，遂爾擱置，不知何日方克與世人相見。其最初成者爲《易傳探源》，爲錢玄同先生所激賞。偏中十餘年不起，其床頭未嘗不置書也。

七月四號星期五（五月廿五）

于思泊偕史樹青來。樹青先去，與思泊談。看報。

以咳，未成眠。看《夢溪筆談》。看王國維《癸甲集》。

與靜秋在本胡同內散步。洪兒爲予洗浴。服多量藥眠，翌晨七時醒。

報上天氣預告，日日云有小至中雨，而輒密雲不雨，悶熱異常，予以高年，抵抗力日差，竟有支持不下之勢矣。

《癸甲集》，一九一三——一四年，王國維所作之詩也。批判時事，筆鋒犀利，韻調鏗鏘，極似吳梅村。而既未存于生前編定之《觀堂集林》，亦未錄入死後他人所編之《靜安先生遺書》，予以翻讀汪大淵《島夷志略》，乃見之于《雪堂叢刻》中，他日可鈔出，與舊錄之《東山雜記》并存。

七月五號星期六（五月廿六）

看報。爲洪兒尋《柳河東集》，解《乞巧文》。

眠近二小時。按摩。堪兒偕同廠工人高運生來，參觀藏書。起釪來，同出，遇胡厚宣。振聲來，飯後去。

與湲兒散步。九時服藥，以咳不能入睡。約十時半眠。翌晨五時半醒。

近日天氣失常，一雨便寒，日出即熱，予氣管炎疾劇發，十分疲憊，有時合眼即眠，有時服藥轉醒，竟無力作事，奈何！

七月六號星期日（五月廿七）

看報。伴春雨坐院中，遇方英、羅力。作廉軍公印蜕序兩篇，自存及贈湜華各一。看《柳河東集》。湲兒爲買《懷素自叙》來，翻兩過。

未成眠。按摩。湜華來，取漢碑。湲兒返校。與振聲携春雨散步。

靜秋與梅芳、洪兒吵，予遂多服藥，十一時眠。翌晨七時醒。

鼻涕及痰均多，天氣悶熱，可畏也。

今日寫字較多，下午兩腿作脹，似非佳兆。

七月七號星期一（五月廿八）

看報。鈔《國語》中虢亡之豫言入筆記。

眠近二小時。初食西瓜。略翻漢碑。看湜華所記漢碑目。

洪兒爲我洗浴。服藥二次，十一時眠，翌晨七時醒。

醫囑予多食西瓜，昨湲兒爲予未買得，今日梅芳買來，甚甜，予內熱重，舌上作痛，借此解之，亦利大便也。

今夜有雨，較爽，惟咳仍不止耳。

七月八號星期二（五月廿九　小暑）

看報。伴春雨三小時。記筆記一則。

未成眠。補記日記數事。振聲來，飯後去。

看《水滸》。服藥不成眠，倚沙發至十二時，再服藥眠，溺于床。翌晨六時半醒。

春雨壯碩多力，又不肯靜止，管理殊不易，予勉一伴之，作字又顫矣。

今夜有雨，較涼爽，而失眠疾轉劇，奈何！

七月九號星期三（六月初一）

獨至"向榮"理髮，靜秋推春雨車尋至，同歸。王榴泉來，留飯。看報。趙健民來。

眠近兩小時。白壽彝來談，與靜秋送之至燈市口，遇張政烺。

與洪兒到牛奶店，講《乞巧文》。湜華來。按摩。十時服藥眠，翌晨六時半醒。

理髮師謂予："這個老頭兒，鬍子比頭髮還多。"予已半月不理髮矣。

昨夜雨，今日亦有小雨，遂涼爽，午後佳眠，夜亦佳，乃知氣候與老年生活之密切也。

洪兒對古文頗有理解力，爲之一喜。

七月十號星期四（六月初二）

看報。記筆記一則。

眠近兩小時。湲兒回家。記筆記二則。元善來，談到石家莊、唐山參觀事。

與湲兒到燈市口坐談。歸，洪兒爲予洗浴。十時服藥眠，翌晨六時半醒。

北京醫學院放暑假二十天，故湲兒得歸。惟尚須到門頭溝友人家住數天。

春雨已能步行，惟以此欲望愈多，吵鬧亦愈甚耳。湲兒勸送至托兒所，不知其父母意如何，且不知托兒所中能予收錄否也。

七月十一號星期五（六月初三）

羅力來問溫飛卿事，因借書與覽。看報。記筆記一則。

眠一小時半。鈔吳廷燮《乾隆以來繫年要錄》序，未畢。

與湲兒到東長安街街頭公園散步。遇史樹青。吃瓜。十時後服藥眠，翌晨六時醒。

今日鈔予所作《乾隆以來繫年要錄》序文，不及千字，而兩腿已脹甚，不得不與湲兒出外散步，體衰如此，求學之心猶不戢，此一矛盾如何解決。

伯祥父子均喜徵文考獻，每得一册，即屬予題跋，予性貪多，有所作必盡其意方快，以是常久久不能交卷。今乘予手不太顫，擬一兩月內完成之，以不負其雅望。然他處之件紛至沓來，予性不絕人，亦甚以爲苦耳。

七月十二號星期六（六月初四）

看報。爲湜華紀念册寫王静安《昔游》詩，揮灑頗快意。

眠近二小時。鈔畢《乾隆後紀年要錄》序。振聲來宿。

湲兒爲予洗浴。按摩。十時服藥眠，翌晨五時半醒。

湜華購紀念册囑予首書，予因任意揮寫，頗有筆力。予作字膽大，只是功夫不足耳。

七月十三號星期日（六月初五　初伏）

看報。翻范成大《吳郡志》，找慧聚寺資料。湜華來，取書物去。

眠一小時許。按摩。翻《同治蘇州府志》，覓蔡雲資料。史先謙來。

洪兒爲予洗浴。坐院中乘涼，翻章士釗《柳文指要》。十時服藥眠，翌晨七時醒。

伯祥兩目皆眊，報紙已不能看。二十年前，予售下一批曹叔彥書，渠以目疾，將必讀書交書手鈔成大字本供覽。惜伯祥不治經學，因以《文選》一部借與覽之，方寸大字，諒能供其遣日也。

今日熱甚，至卅六度。晚間幸起風，飄了幾點雨。

七月十四號星期一（六月初六）

看報。振聲返校。伴春雨到門口。爲伯祥題其所鈔《吳歙百絕》。

未成眠。作《吳歙百絕》續跋。振聲來。夏延來。

與湲兒同到燈市口散步。洪兒爲擦身。十時服藥眠，翌晨五時半醒。又眠，八時醒。

前數年，伯祥以行動不便，在家鈔書，成則乞予作序。今爲作《清嘉錄》序，牽涉到二千年蘇州經濟，言人所未言，故日來搜集志書，尋其人口、賦稅之數，以求其繁華之所以然。此事自當作成專書，我不過開一頭耳。

予多坐則兩腿發腫，此是吾身衰退之一徵象。去年北京醫院之大夫勸予看書以兩足踏于矮凳上。今當續爲之，然此亦只治標耳。

七月十五號星期二（六月初七）

看報。振聲來，告接收電子計算機工作已完，今日返徐水，留飯去。

朦朧二小時。續寫《清嘉錄》序數百字。檢各種參考書。

與湲兒到米市大街買物，遇賀麟、楊向奎。喫杏仁豆腐。歸，爲予浴。服藥三次，十二時眠。

安眠藥已盡，向静秋借之，渠戒無多吞，因此一激，翻不能眠，不得不服“速可眠”矣。

七月十六號星期三（六月初八）

看報。壽彝來，送牟小東代購藥。梅芳伴静秋到北京醫院看病。看顧宗漢《月滿樓詩集》。

眠近兩小時。看《九疑山志》。按摩。

洪兒爲予擦身。服藥兩次，約十二時眠，翌晨七時半醒。

今晨静秋腹痛，到醫院急診，知是胃痙攣，打針服藥，下午漸愈。蓋近日天熱，渠太愛春雨，被他拉住不放，過于勞頓之所致也。

洪、湲兩兒今早同赴頤和園，下河游泳至玉淵潭。同游者二十餘人，皆器械廠工人，湲以游速，得第二名。洪則以月事未參加，僅爲人看顧衣物耳。

七月十七號星期四（六月初九）

看馬念祖《水經注引書考》。看報。

眠二小時。翻吳任臣《十國春秋》中之吳越部分。

看《溫飛卿集》。湲兒爲予浴。服藥兩次，十一時眠，翌晨七時醒。

天雖陰，仍大熱，即輕工作亦不能爲，一嘆。

今日湲兒又赴石景山友人家，此兒精神殊好，恨我不能有也。

以天熱故，夜入眠頗難，又爲作伯祥所鈔《清嘉錄》序，搜集蘇州政治經濟史資料，常有新發生之問題須探討，入眠益難。必服速可眠始得眠。然服此藥後，中宵恒將袴溺濕，有時甚至兩次濕袴，奈何奈何！

七月十八號星期五（六月初十）

看報。翻吳任臣《十國春秋》中吳越部分訖。

眠一小時許。

在院乘涼，與羅力談。洪兒爲予浴。服藥兩次，十一時眠。翌晨七時醒。

得政協信，知吳研因先生于本月十三日病逝，年九十。此公在民國初年在編教科書甚有成績，惜今日知之者已鮮耳。

七月十九號星期六（六月十一）

看報。湲兒伴至"向榮"理髮。

眠一小時。翻《十國春秋》，題簽。潮兒自徐水歸。

按摩。湲兒爲洗浴。在院內乘涼。

今日上街，聽路人言，"熱得好像蒸籠裏的饅頭"。趙光亦言"今年熱得如江西"。他是北京人，運動中下放至江西，故有此言。可見今年之熱爲北京所少有。

洪兒早五時半即赴廠，至晚十時始歸，問其故則曰"加班"，可見近日工廠在毛主席領導下之緊張程度。前振聲謂洪兒"苦幹"，湲兒"巧幹"，不虛也。

七月二十號星期日（六月十二）

題《十國春秋》。看報。劉起釪來，談中華書局三至五年中史學組工作規劃。

眠一小時許。按摩。湜華偕陳次園來談。湲兒同學曹雷來長談，留飯。

潮兒抱春雨，偕予到燈市口散步。洪兒爲予洗浴。服藥後坐沙發上一小時乃就眠。翌晨六時醒。

今夜睡前先倚沙發，俟朦朧時再上床，始得不服速可眠而入寐，此一好方法也。

七月廿一號星期一（六月十三）

看報。潮兒爲春雨及我等照相。看《十國春秋》吳越部分略訖。

眠一小時許。湲兒伴予到八寶山，吊吳研因之喪。與羅力談。潮兒返徐水。

在院中乘凉。湲爲予擦身。十時服藥眠。翌晨六時醒。

今日所見同祭人：沈雁冰（主祭），楊東蒓（致悼辭），葛志成，謝冰心，雷潔瓊夫婦，王歷耕，董守義，徐楚波等（全部約二百人）。

潮兒一個月回來一次，請一天假，先于上一星期日加班一次。爲了小孩，在這大熱天跑來跑去，太可憐了！

七月廿二號星期二（六月十四）

看報。翻《同治蘇州府志》經濟部門。

眠一小時許。看《文物》今年七期。

湲兒推春雨車，與予同到東長安街看燈。歸，湲爲予浴。十時半眠。翌晨五時醒。

春雨最喜上大街，看紅綠燈及驟馬車。耳目聰明，因之看不盡，也聽不盡。又喜自己推車，惟尚站不穩，又不能言語耳。又脾氣不好，一不稱心便打人。

今日有小雨，終日無太陽，使人精神一振。尚有三十天方能出伏。予舌苔厚膩，醫囑予多吃西瓜，倘能解暑耳。

七月廿三號星期三（六月十五　大暑　中伏）

與三姨、湲兒乘地下鐵到玉淵潭散步。回到新僑飯店吃西菜。遇焦實齋、沈有鼎。洪兒在家，爲我理書。

眠兩小時。看報。看《吳地記》等書。湜華來。洪兒爲予浴。

按摩。乘凉。十時服藥眠，翌晨六時醒。

　　湲兒回家十四日矣，再一星期暑假終矣。渠歸後，終日爲家中人製衣，早起掃全院，有暇便伴我們外出，不曾有一些空閑。

　　夏日進地下鐵，無異入冰窖，温度突低十餘度，入口處又有大風，洵解暑妙境，但苦出來時若入煉鋼廠耳。

　　予兩足大拇指近年皆增厚，今日走了一回，左足之痛爲尤甚。夜中由湲兒爲我削去一層，頓覺痛減，洵乎家庭中不可無一醫師也。

七月廿四號星期四（六月十六）

　　看報。看《吳郡圖經續記》等書。

　　眠近二小時。看宋犖所編《吳風》等書。史先謙來，留飯。

　　與湲兒、先謙推春雨到燈市口。歸，洪兒爲予洗浴。十時半眠。早四時醒，又眠，六時半醒。

七月廿五號星期五（六月十七）

　　湲兒赴門頭溝，觀農村醫療。看報。翻《文選·三都、兩京》等賦。

　　眠一小時許。理雜書數堆上架。記筆記一則。

　　與梅芳推春雨到東四。歸，洪兒爲予洗浴。

　　聞科學院哲學社會科學部已屬中央政策研究室領導，其第四研究室之主任爲胡喬木。學部第一副主任爲胡繩，第二爲林修德，第三爲宋一平，第四爲劉仰嶠。如此，則各研究所之業務可上軌道矣，爲之一喜，惜我體衰老，不可望其踴躍從事耳。

　　今日下午天陰有風，熱爲稍解。

七月廿六號星期六（六月十八）

　　看報。無力工作，看吳曾祺所編《舊小説》消遣。

　　眠一小時。劉起釪來。按摩。

與洪兒推車，到"聖經堂"休息，又食杏仁豆腐。歸，洪兒又爲予洗浴。十時服藥眠。翌晨六時醒。

天熱如焚，爲《清嘉錄》作序事只得暫停矣。

今晚爲春雨推車南行，中途而止，渠乃以手指南，蓋廿二日曾至東單看燈，渠尚未忘也。

以此知他已認識方向，特口尚不能言耳。

七月廿七號星期日（六月十九）

看報。續看《舊小説》。

眠一小時半。按摩。堪兒同事高雲生來，留飯。

洪兒爲予擦身。十時服藥眠。翌晨六時醒。

近日又大便秘結，已服石蠟油兩次，下便總不暢。今日静秋爲予打開塞路，下便兩次，乃一暢。

七月廿八號星期一（六月二十）

看報。看《舊小説》，以《太平廣記》比勘之。夏延來。

未成眠。木蘭來。湲兒自門頭溝歸。

湲兒爲予浴。十時服藥眠，上午二時醒。又服一丸眠，翌晨六時醒。

中午向能眠，今日乃不能，或亦因熱乎？

湲兒自門頭溝（歸），謂彼處水少，又不雨，不但莊稼不好，即草亦多枯死。按近日報載，某某省豐產，蓋他省區有多雨者，故全國得互相調劑也。予憶少年時常游彼地，見水澤豐富，以其爲永定河之下游也。今乃如此，倘其上游已爲官廳水庫所截住，故水量已不如前乎？至懷柔等縣之所以豐產，則食潮白兩河水利工程之利也。

七月廿九號星期二（六月廿一）

看報。元善來，長談。

未成眠。看《舊小説》及《太平廣記》。

洪兒爲予洗浴。十時服藥眠，上午二時醒。久不眠。四時倚被眠，七時半醒。

今日上午下小雨，下午下大雨，爲今年第一次，使人精神一爽，無任痛快。

七月三十號星期三（六月廿二）

看報。湲兒伴至"向榮"理髮，并在街買物。洪兒爲予理書。

未成眠。補記日記五天。看《太平廣記》。按摩。洪兒到木蘭家宿。

湲兒爲予浴。十時服藥眠。翌晨六時醒。

今日又杲杲日出矣。如一個月後能轉凉，尚可忍耐以待，否則真將熱死！

予藏書室自一九七一年啓封後，以自身缺乏勞動力，每見有青年來，輒挽其代爲整理，兼去灰塵。至今四年，乃有插手投足之處。今日洪兒表示，此後每星期三可爲予整理一二小時，或到年底可一清乎？

七月卅一號星期四（六月廿三）

看報。看《太平廣記》。

眠近一小時。胡一雅來。湜華送陳次園所題《倚櫂録》來。

與洪兒携春雨到燈市口坐談。十時服藥眠，翌晨五時半醒。

《太平廣記》固多鬼怪之談，但宋以前社會各級之歷史資料及民間傳説之演變實爲總匯，可鈔出者甚多。使在從前，予之筆記不知可增加多少，而惜乎今已無此精力矣，一嘆！

　　吳研因，江陰人，早年爲中華書局編輯小學教科書，其第一課爲"大狗叫，小狗跳"。各家長見之大譁，以爲失去教育意義，其實有意提倡白話文，爲教育界起一革命也。予年三十，入商務印書館編輯中、小學國語教科書，時渠已先將第一册編訖，予乃與葉聖陶、周予同等自第二册編起。彼時渠與某女士戀愛，率之赴南洋菲律賓。及抗日戰爭中歸國，遂爲教育部羅致爲初等教育司司長，予在重慶時常見之。解放後渠入京，馬叙倫爲教育部長，仍延之任原職，故渠于小學教育延續一生。是後我與彼同任政協委員及民主促進會中央委員，見面時多，知其興趣已轉向舊體詩，著有《鳳吹》一集，托汪東（旭初）爲之選定。其夫人于一九五七年逝世，渠痛甚，將其照片放大，遍懸一室，有謔之者，謂其崇奉"老婆教"也。去冬北京飯店新屋初成，延賓往觀，渠與我適坐一桌，觀其健康狀況良好，與我持杖而行者異。今春遇之于北京醫院，無人陪伴，尤羨其健。問其疾，以眼對，謂其爲小疾也。孰意才越數月，便以逝世聞。老年人如風中持燭而行，洵然。

一九七五年八月

八月一號星期五（六月廿四）

　　看報。翻看雍正朝曾靜案之《大義覺迷錄》。高耀玥偕其子王衛平、女加寧、衛寧、戚陳琪珍來，留飯。

　　眠約一小時。夏延來。洪兒廠中主任魏來視疾。

　　湲兒爲予洗浴。十時服藥眠，翌晨五時半醒。

　　洪兒昨日在廠工作不慎，鐵屑彈入左眼。今日到北京醫院診治，謂尚無妨，數日內可愈。廠方給假兩日。此後上班必戴眼鏡。

　　元善友人譚志清、李文杰兩君合撰《法家先驅管仲》一文必令予看一遍，且指其疵。今日看得數頁，且須與原文合讀，天熱頗不可耐，只得看些閑書以解悶。

八月二號星期六（六月廿五）

看報。湲兒爲予擦洗書屋。

未成眠。翻《大義覺迷錄》。振聲來。

起釪來。按摩。湲兒爲予擦身。十時眠，翌晨四時半醒。

　湲兒明日將返校，今日暫停針黹，在後屋爲予掃除，可感也。

八月三號星期日（六月廿六）

看報。忽覺頭暈，就床眠。午飯少進。

眠約廿分鐘。按摩。在床看《歷史研究》二、三期。王湜華來。武學斌來，留飯。與湲兒携衣物返校。

十時服藥眠，翌晨六時半醒。

　自上月廿九日下雨轉涼，日來天晴，又復轉熱。老年抵不住氣候變化，又病矣。明日當就醫診之。

　今日上午下便乾結，下午又一次則稀，腹中覺一暢。

八月四號星期一（六月廿七）

振聲赴徐水。看報。閻保平來，送黃永年信。静秋伴至北京醫院，就西醫王大夫、中醫魏大夫診。遇王學文、許德珩。

眠一小時許。看報。補記日記五天。湲兒歸整行裝，武學斌佐之，同赴校。

與洪兒携春雨上街，歸，爲予浴。十時服藥眠，翌晨六時醒。

　醫言予無大病，只是氣管炎耳。

　春雨今日上午在廊中墜了一交，額上起了一塊，因此静秋怕負撫育之責，然涿縣電子計算廠未造成，如把此兒送歸其父母，潮兒亦勢難撫育也。

得行吉來信，悉張又曾夫人已于上月十七日去世。渠夫婦及長女毓蘊于此四年中先後亡故，行吉心情之不堪可想。她是七五屆中學畢業，但七四屆尚未分派完竣，故校中延長半年學籍。江蘇地狹人稠，不易全部下放，此與他省不同處。

八月五號星期二（六月廿八）

看報。記筆記四則。湲兒回家稍憩。

眠近一小時。夏承燾自杭州來。其夫人吳聞同行。湲兒赴懷柔。瑞蘭來，留飯及宿。

振聲來。洪兒爲予擦身。十時眠。翌晨二時以靜秋爲予蓋被醒。延至四時後復眠，七時半醒。

予之血糖爲150，尚不爲高。予今年比去年好，大是難得。旁人見我，亦説氣色好。然多坐則兩腿腫，夜溺頻頻，終非佳兆也。

湲兒自今日起到懷柔，繼續上課與醫療，至十月底始回京，到宣武醫院實習。今日在東直門取齊，徹夜步行，約明午到達，計百四十里。少年人如此鍛煉，可羨也。

八月六號星期三（六月廿九）

看報。與瑞蘭談。翻《津逮秘書》。

眠一小時。瑞蘭辭歸。洪兒爲予灑掃後屋書庫。振聲去。

洪兒爲予洗浴。十時眠，翌晨六時醒。

八月七號星期四（七月初一）

看報。整理書室。劉占鰲夫婦、趙叔玉來，談。靜秋與洪兒到北京醫院診。

眠半小時。看俞正燮《癸巳類稿》及成瓘《篛園日札》。

看電視游泳比賽。洪兒爲予擦身。十時服藥眠，上午四時醒。

良久，又眠，七時醒。

占鰲、仲玉自美國歸省親，于上月底到京，將赴大寨、西安等處參觀，叔玉同行。廣順、自明昨日自黔到京，住其姑母劉家。

今日上午大雨，院中成一池，較上月廿九日雨更大，然氣溫未甚降低。

春雨月來漸能走路，初尚扶床，今竟能脱手獨步，其母歸來，不知多麽高興。惟其性勇猛，稍不如意即捉物擲地，須加管束耳。

八月八號星期五（七月初二　立秋）

看報。題《癸巳類稿》書面。

約眠半小時。翻凌廷堪《遺書》。并題書面。

與洪兒携春雨上大街，遇羨書錦。歸，洪兒爲予擦身。十時服藥眠，翌晨六時醒。

抗日戰爭前，程演生先生等編印《安徽叢書》，選擇既嚴，校勘尤精。《癸巳類稿》，俞氏補定尤多，可貴也。

今晚與洪推着春雨車上街，行至乾麵胡同西口，忽然頭暈，站不住，急持車把立，幸即過去。此蓋日來看俞正燮考據書大用心，有如前年在北京醫院看《西洋哲學史》黑格爾一章太用心，陡覺天搖地轉，站立不住，賴護士小張扶入房中也。予大腦動脉硬化，實已不能集中精神讀書寫作也。年齡限人，更有何説！

八月九號星期六（七月初三）

看報。陳述、劉起釪、崔文印來。看《關于江寧織造曹家檔案史料》。振聲來。

眠一小時許。題《安徽叢書》第一集封面。爲鍾嘉寫斗方。梅芳携春雨伴予至"向榮"理髮。

按摩。洪兒爲洗浴。潘美君偕其未婚夫林君來。

予五十年前所集曹寅家史料，僅就《滿洲氏族通譜》、《江南通志》、《棟亭詩集》及清初各家文集爲之。今故宫博物院明清檔案部乃將宫中滿漢文史料盡數揭出，大快。

八月十號星期日（七月初四）

看報。與振聲同理書箱三個。湜華來。

未成眠。廣順、自明來，與筆談。按摩。史先謙來。

靜秋爲洗浴。在院乘凉。振聲去。看陳奐《師友淵源記》。服藥二次，約十一時眠，翌晨七時醒。

今日熱且悶，至不堪受，坐着也流汗。日日望雨而雨不下，苦甚。

予久欲理書，洪湲均忙，堪又不肯，今日乘振聲在此，爲予理得三箱。老年人無勞動力，女婿如半子，信矣。自一九七一年書房啓封後，迄今五年，用螞蟻啃骨頭的方法，請若干青年人爲我清理，計今年年底當可上軌道，檢書可得矣。

趙仲玉夫婦返國，打了三次電報到貴陽，廣順乃得請假一個月，携自明來京，住朝陽門外劉姑媽處。今日叔玉伴仲玉夫婦到大寨參觀，乃得俱來。自明尚好，然瘦甚，宛然老太太矣。廣順則甚壯碩，若四十許人。其兩子，震塱神經病已七八年，未轉好。震奇則在貴陽醫學院畢業後爲照顧其家，組織上派至貴陽中醫學院，結婚後于今年已生一女，予有外曾孫矣。

八月十一號星期一（七月初五　中伏二十天訖）

看報。元善來。小關來。翻《邃雅齋叢書》，題之。中午雷雨，至夜不止。

眠約一小時。看《太平御覽》，記筆記一則。

十時服藥眠，翌晨六時醒。

　　得湲兒來信，知其在懷柔縣西流水公社河防口大隊，以病人不多，每日上山采藥，且向中醫大夫學習。去時走百餘里，只足痛了一天即愈，此真是鍛煉之機會也。

八月十二號星期二（七月初六　末伏始）

　　看報。看《太平御覽》，記筆記二則。終日雨，降溫。

　　眠一小時半。看唐康駢《劇談録》。

　　羅力來。看電視游泳。十時服藥眠。上午二時醒，再服藥，六時半醒。

　　天熱固苦流汗，天涼亦苦多痰。昨聞元善言，知羅叔章到雲南參觀，即病，以飛機送歸，一醫師伴之，在機内不斷打針，老年人之無抵抗力如此。

八月十三號星期三（七月初七）

　　看報。張覺非來。看《清白士集》。

　　看沈豫《蛾術堂集》。未成眠。夏瘤禪夫婦與夏蕭同來，瘤禪爲題《桐橋倚櫂録》，長談，并參觀書庫。

　　飯後與洪兒挈春雨到紅十字會門口小坐。按摩。潘美君來。十時服藥眠，上午三時醒。靜秋來伴，五時又眠，七時醒。

　　今日晴，滿盼自明夫婦來，竟不至。殘廢人之不能自由行動如此。

　　一看書就想記些筆記，神經不免緊張。客來多談話，亦然。予之生活不能不多樣化，俟天稍涼當出游也。

八月十四號星期四（七月初八）

　　看報。寫自明、湲兒信。靜秋出席居民委員會。

　　未成眠。爲黄永年、閻保平書扇，未訖。與靜秋携春雨上街，遇徐維瑩。

洪兒爲予洗浴。十時服藥眠，翌晨五時醒。

日來天稍涼，想多做些工作，心一急，手又顫，爲人寫扇，顫更甚，亦更不易入睡矣。看來予年屆盡，不能更用心矣。

春雨才能行八日，今日已能走上街頭，此兒真壯，可愛也。

八月十五號星期五（七月初九）

元善來，還帽。看報。爲閆保平寫扇訖。

血上升，不成眠。翻倫明主編之《邃雅堂叢書》。

與靜秋同車到政協禮堂看電影，十時與鄭效洵夫婦同歸。夜眠安。

今晚所看電影：1. 歡迎金日成來華訪問，2. 二次登上珠穆朗瑪峰。首片映南京長江大橋極清晰，又南京兒童表演，有一六歲童彈琵琶極佳。次片則映登山團之艱苦及其突破困難之勇氣，使覽者激發雄心。又此片竟是科學片，舉凡氣象、地質、動物、植物、醫療，莫不有其提供之資料，視爲世界性之影片可也。

八月十六號星期六（七月初十）

看報。廣順、自明來，筆談竟日，留宿。

未成眠。潮兒自徐水歸。

按摩。起釪來，送書。洪兒爲予浴。服藥。

今日潮兒夫婦、自明夫婦同來，家中床榻不足，洪兒只得睡地上。今日乃爲吾家最熱鬧之一日。團聚可喜，緊張亦可畏也。

與兩聾筆談竟日，使予在精神上高度緊張，故雖極願見之，終不敢多見之耳。

八月十七號星期日（七月十一）

看報。振聲送自明夫婦到大玫、大琬處，留飯。并見大珍。自明夫婦仍歸彭家。木蘭挈其兩兒，并董介誼來，留飯。趙乃揚來。

　　與介誼談。未成眠。按摩。夏作銘來。看《考古學報》唐蘭論《黃帝四經》文。

　　木蘭偕三姨返家。静秋爲予擦身。服藥二次眠，翌晨六時起。

　　　三姨在徐州，與其子與媳鬧矛盾，因于前年到成都，依其女與婿，而去年又有磨擦。今年四月到京，依其妹，而與春雨同室居，復與保姆鄭梅芳齟齬，上月湲兒到中關村，與木蘭言之，因于今日赴其家。此由好心過度，好批評人，屢促起對方不安之故，其身世甚可憐也。

八月十八號星期一 （七月十二）

　　潮兒返徐水。看報。陳述、劉起釪來，商作《遼史集注》事。

　　眠近二小時。翻《花雨樓叢鈔》。

　　洪兒爲予浴。與静秋携春雨到紅十字會門口，遇楊向奎夫人。服藥三次眠，翌晨六時起。

　　今日突然家中清静，故午後得酣眠。然夜中反不易眠矣。

　　春雨看電視，至彈琵琶，喜而隨聲以腳踏地打拍子，此兒敏慧可喜。

八月十九號星期二 （七月十三）

　　看報。静秋爲予打開塞路，下便。振聲來，托其取藥，并買送自明肉。翻《花雨樓叢鈔》。

　　未成眠。趙乃揚來，取去湲兒需用物。翻看張壽榮所編刻之《花雨樓叢鈔》略畢。

　　洪兒爲予浴。服藥三次，小便五次乃眠，晨六時起。

　　日來大便不通，悶甚，既服白蠟油脂，又打開塞路，僅乃下。静秋謂予口臭，知有內熱，勸予多吃西瓜，但此時瓜已不甜，當藥吃而已。

二醫政治教員趙君謂湲兒過度用功，中夜起工作，只得將電燈泡摘下。又謂她個性太強，輔導殊不易也。然成世界大事及大發明者皆有此一股勁，此正湲之特長也。

八月二十號星期三（七月十四）

靜秋伴至"東風"理髮。看報。

起大風。未成眠。看李約瑟《中國科學技術史》。張治民偕其新婚夫人鄒德芬來，留宿。振聲偕何小蓉來，留宿。

按摩。羅力來，論《水滸》。洪兒爲擦背。服藥二次，十一時眠，翌晨六時半起。

今日雖仍酷熱，然下午一起大風，如釋重負。然問題又起，予氣管炎作，多咳多痰。春雨以其父來，抱至街上兩次，夜中發燒至卅九度，甚矣老與幼之無抵抗力也。

洪兒買衣履及鹹肉贈自明夫婦，跑遍南城、北城及郊區，僅乃得之。北京稱供應物資最多，猶須賴壯勞動力與利用自行車，況居貴陽而聾啞者，其何從得之。

八月廿一號星期四（七月十五　末伏竟）

看報。看《學習和批判》本年第八期。仍大風。何小蓉去。

未成眠。排日曆至年終。看《中國科學技術史》。

洪兒爲予浴。服藥眠。翌晨六時醒。

今年之熱爲世界性的，使我國不早解放，或解放後不即從事水利工程，旱澇保豐收，則必赤地千里，千萬人挨餓矣。

聞河南南部大雨，伏牛山脉洪水大發，京廣路車暫時不通，如此則自明夫婦只得在京多留些日子。惟自明挂念震堃之病，多留則心不安耳。

八月廿二號星期五（七月十六）

張治明夫婦赴南京。看報。與劉導生同車赴西郊政法學院禮堂，聽胡繩報告，遇翁獨健、夏鼐、賀麟等。

看報。約眠二小時。看《中國科學技術史》。

羅力來，借李卓吾評《水滸》。洪兒爲擦背。十時服藥眠，翌晨六時醒。

予以病聾，聽大報告時只聽得若干字，不能知其大意。聞是講學習毛主席思想五點。

李約瑟以英國人，窮三十餘年之力，鉤稽出一部《中國科學技術史》，良由有科學基礎，亦緣西人之與中國文化接觸已有三百餘年之歷史，近數十年中雙方均有研究，故能攏在一籃中也。

春雨熱度仍高，由其父每日抱至兒童醫院打針服藥。此病實由二十日張治明夫婦、何小蓉來，是日適大風，振聲爲伴客玩，抱之上街，入夜方歸而起。嬰兒固無抵抗力也。

八月廿三號星期六（七月十七）

看報。振聲爲整理兩部《清經解》上架。

眠約一小時。看《中國科學技術史》。康莊部隊韓忠藩來，爲修改其觸龍一文。看一九四八年日記。

起釺來。按摩。十時服藥眠，翌晨六時醒。

八月廿四號星期日（七月十八　處暑）

看報。與振聲同理書。看潘祖蔭《滂喜齋叢書》。柳州市研究柳宗元小組謝漢強、蔣富生、駱宋圖來，贈拓片。

眠約一小時。按摩。史先謙來。翻《滂喜齋叢書》略竟。振聲到徐水。與洪兒携春雨到紅十字會門口。

洪爲予洗浴。十時半眠，翌晨七時起。

洪兒受廠方派，到上海參觀半月。同行五人，三男二女，足徵其受領導之器重也。

今日春雨退燒，適振聲赴徐水，潮兒聞之可無驚矣。

自明夫婦一去八天，渺無消息，固由其耳聾不便，亦由其擠車致胸脅間受傷也。甚念之。

八月廿五號星期一（七月十九）

爲洪兒南行，寫魯弟婦、起潛叔、自珍、行吉及承名世，蔣大沂函。看報。近代史所夏良才來詢社會黨事，兼囑看稿。

一時，洪兒行。眠約一小時。趙叔玉偕廣順、自明來。叔玉旋去。廣順、自明與予筆談，留飯及宿。看近代史所所輯《孔教會資料》，未畢。

十時服藥眠。翌晨六時醒。

劉占鼇夫婦已動身返美。叔玉將與廣順夫婦于本月三十日同行赴重慶，然後廣順等自渝返筑。予年日老，此後未知能再見否耳。

聞我國人口已達九億三千萬，故政府嚴屬節制生育，有一子者不許在短期內再生，有二子者便不容再生。否則全國飯食便成問題。

八月廿六號星期二（七月二十）

看《孔教會資料》訖。看報。廣順、自明到果子巷訪聾校舊友，仍回彭家宿。

眠約一小時。與梅芳携春雨到紅十字會門口。看《江亢虎》、《社會黨》等資料。

出門，本欲訪夏瞿禪，爲謝友蘭所阻。訪吳子臧，與其夫婦長談。子臧送歸，談至十時去。服藥眠，翌晨六時醒。

今日天氣轉凉，予甚欲答訪夏君夫婦，而静秋一天下便至五次，梅芳爲春雨所纏住，無人伴予，遂擬隻身乘廿四路汽車至朝內大街。不意才出門即遇友蘭，便禁不許予獨行，遂折至子臧處，九時由彼伴歸。而静秋已不能待，獨行至朝內，不見予，打電話至家，梅芳答言未到，抑鬱而歸。幸子臧在，怒得少解。予之不得自由行動如此。

八月廿七號星期三（七月廿一）

看報。趙之雲從閩中來，談。携春雨到門口。

眠兩小時許。看姚寬《西溪叢語》等。吳石君偕其弟伯之來談。王湜華來。

按摩。十時服藥眠，翌晨六時醒。

吳伯之言，其祖吳摯甫、其父吳北江之藏書已全送北京圖書館，至其手稿則仍藏于家。在新文化運動前，中華書局曾遣陳乃乾至其家，允爲出版。

八月廿八號星期四（七月廿二）

看報。看近代史所所編之《中國社會黨》資料。

未成眠。看史念海《秦直道》一文。梅芳、春雨伴予到"向榮"理髮。

十時服藥眠，因起溺，又服一次，翌晨七時起。

夜中小便太多，至于五次，便盆幾滿。此當是腎病也。

八月廿九號星期五（七月廿三）

看報。廣順、自明來告別，取贈與物。

眠一小時。看《馬哥孛羅游記》。看《劉申叔全書》序文。

携春雨到紅十字會門口。十時服藥眠，翌晨六時半醒。

廣順夫婦明日偕叔玉到重慶，送叔玉到礦業學院後乘車到貴陽。叔玉已屆退休之年，此次到渝不過爲辦此手續耳。

《馬哥孛羅游記》版本甚多，互有詳略同異，張星烺畢生研究此書，積稿盈尺。近聞其女某在外交部供職，將此稿交喬冠華部長，由喬氏轉送中華書局，可望印出，爲之一快。

八月三十號星期六（七月廿四）

看報。夏良才來，談江亢虎社會黨事及孔教會事，北大民初時事。

眠一小時許。與靜秋同到政協禮堂，看《渡口》、《海霞》兩電影，遇雷潔瓊。

木蘭、陸縈送三姨來，留宿。按摩。十時半眠，六時半起。

聞歷史研究所副所長已派定張顯清同志。

今日又熱，且悶。余便秘又作，服白蠟油下之，以凉開水又不起作用也。

得洪兒信，悉她到滬後住四川中路東風飯店分店，交通方便。到起潛叔處，知其病關節炎，不小心摔了一交。以病故，到瀋陽後未至北京。又聞德輝暑假後下鄉勞動半年。

八月卅一號星期日（七月廿五）

看報。理叢書。按摩。

眠一小時許。木蘭、陸縈歸去。看陳善《捫虱新話》。靜秋爲予洗浴。起釪來談。吳石君偕其病友王俗言來，筆談。

與靜秋同步至東四買水果。十時服藥眠，翌晨六時半醒。

今日《人民日報》登載批評《水滸傳》文字，指出宋江爲投降主義，故其領導之水寨人物亦只得跟着他走。至其對於高俅、蔡京等之矛盾，只是中小地主反對大地主之階級內部矛盾，而最大地主之宋徽宗則爲"天命"之帝王，不但不反對，且甘爲之作鷹犬以平定徹底革命之方臘也。

天氣忽冷忽熱，予與春雨同犯感冒，予痰吐又多。

報載蘇修剥削印度，假"援助"之名，借款及代建工業，而條件苛刻，每借一元須還五元，逼得印度人借新款以回舊債。又以廢舊機械作新貨售與，故工業遂無法發展。其對他國亦是如此，故已爲世界各國看穿。予謂占盡便宜即是失掉便宜，予與潘家洵同居大石作六年，其時正值校中欠薪，我無法應付，盡以履安金首飾兑去。而潘家夫婦猶處處在我頭上占便宜，結果至于絶交。故將來之蘇聯亦必陷于潘家之境地無疑也。

一九七五年九月

九月一號星期一 （七月廿六）

看報。静秋、梅芳携春雨出，看病。補記日記四天。

眠一小時許。看王明清《揮塵前録》。

十時服藥眠，翌晨六時醒。

毛晋刊《津逮秘書》，搜集宋人筆記甚多，保存無數宋史資料，甚爲有功。以此與洪邁《夷堅志》、陶宗儀《説郛》等書合讀，可認識宋代社會，尤其士大夫階層生活。惜予老矣，未能如少壯時代之研習古代史也。

九月二號星期二 （七月廿七）

看報。看《余嘉錫論學雜著》中《水滸》、《楊家將》兩文。

眠一小時許。看王明清《揮塵後録》。

九時半服藥眠，翌晨六時醒。

爲報紙每日載有評《水滸》文字，因讀余季豫先生《宋江卅二人考實》文。甚佩其對于宋史之熟，其文字組織之密，迥非出于急就，其治學態度真可欽佩，與孟心史先生之治明清史實爲近日史學之雙峰。而予乃濫竊浮名，爲可慚也。

九月三號星期三（七月廿八）

看報。看王明清《揮塵餘録》。

眠近兩小時。與静秋同到東風市場購物。

按摩。九時半服藥眠，翌晨六時醒。

聞以讀《水滸》之需要，百回本、百二十回本、七十一回本將同時大量出版。宋江在傳說中之投降路綫可與林彪等之修正主義相照映，爲我國將來遏絶資本主義及封建主義之萌芽，真一大事業也。至歷史上之宋江究竟如何，則資料太少，存而不論可也。

九月四號星期四（七月廿九）

七時半車來，與静秋同到北京醫院，抽血，取尿，就王、魏兩大夫診，透視肺部。遇陸殿棟夫婦。十時歸，看報。

眠近二小時。看吳騫《拜經樓叢書》。

與梅芳携春雨到燈市口看燈。九時半眠。翌晨七時半醒。

今日量血壓，爲80/130，甚好，惟心臟跳動，一分鐘有間歇現象（王大夫言五次，魏大夫言一次），此其所以疲勞也與？

近日頗能睡，即如今日，午後眠近二小時，夜則十小時，此亦以前所未有。要之老年衰退，無術使之正常者也。

九月五號星期五（七月三十）

看報。爲譚志清、李文杰改論《管子》文。

未成眠。看劉聲木《萇楚齋隨筆》。

與梅芳携春雨到王府井，歸，梅芳爲予擦身。十時服藥眠，翌晨七時醒。

今日靜秋打電話至醫院，詢予血糖高度，得答爲一百五十五，尚不爲高，但我竟日疲勞，總是不健康之一證。

劉聲木，廬江人，爲劉晦之之兄，在清不知作何官吏，清亡後居滬爲遺老，所編有《直介堂叢刻》，抗日戰爭前排出，予當時買來而未看。近日整理叢書，乃得翻覽。其書思想陳腐，但所記清末掌故及民國事頗多，亦足覽也。

九月六號星期六（八月初一）

晨有小雨。看報。看《萇楚齋隨筆》。

眠近二小時。看《萇楚齋續筆》。按摩。

起釪來。湜華來。九時半服藥眠，翌晨六時半醒。

連夜溺濕袴。今夜乃至兩次，此倘爲腎病乎？甚想作事，終於打不起精神，惟以雜覽遣日，真苦痛也。

自今日起，復服西洋參粉，以壯我心臟。一月化廿餘元。

九月七號星期日（八月初二）

元善來談。看報。按摩。看《紅旗》第九期中批評《水滸》文二篇。

眠一小時許。看《萇楚齋三筆》。

與靜秋携春雨到紅十字會門口。九時半服藥眠，上午四時醒。良久又眠，六時半醒。

元善謂予，渠廿餘歲時即有心跳間歇症，而至今無恙，可無慮也。

日前接洪兒杭州來信，悉南方正在"秋老虎"中，熱不可耐。北京雖日中仍將近攝氏卅度，而早晚已有秋意矣。

九月八號星期一（八月初三　白露）

看報。終日翻《直介堂叢刻》略訖。與梅芳携春雨到東單公園散步。

眠一小時許。

高文龍、沈培英爲潮兒送書來。看朝鮮雜技團電視。十時服藥眠，翌晨六時半醒。

今日爲春雨第一次游公園，他大快樂。有幼兒園學生列隊入園，一也。有花壇，各色繽紛，二也。然此特爲北京最小之園耳。使游大型之園將終日不肯離矣。

王明德日前來，既貧又病，蓋以無養老金，而又不能勞動，無以爲生也。渠殆不久人間矣。自由職業之不適于社會主義之社會如此。念我雖不能爲正常工作，而政府尚給以高工資、高待遇，真是特殊化，有愈于踏三輪車之老工人者如此，不禁悚然！

九月九號星期二（八月初四）

看報。鄧世民來。黃秉維之子黃克平來。

眠近兩小時。理書。續看《紅旗》論《水滸》文。

方英率子女來看電視，以開不好中止。九時半服藥眠。翌晨四時醒，良久又眠，七時醒。

聞歷史研究所之所長已定爲張顯清同志，全體工作人員均已上班。蓋自一九六六年六月至今已定九年矣。

九月十號星期三（八月初五）

與梅芳携春雨到伯祥處長談。十二時，由其家王大姐送歸。

眠一小時許。看報。卜蕙蓀來，借書。按摩。趙健民來。

潘美君來。翻《北京圖書館善本書目續編》。九時半服藥眠，翌晨七時半醒。

　　静秋到北京醫院，知我大便有問題，囑服螺旋黴素數天再往驗。此身真成爛木頭了，故讀書寫字，一切提不起精神來，各處來信均不作覆，旁人能不以我爲驕蹇耶？

　　近日又患便秘，服石蠟油雖下亦不多，此體功能皆衰，是不能抵抗之老年景象也。

　　伯祥謂予："從前你吃得下，走得動，寫得出，今皆不行了。"予謂伯祥："我是病消渴之司馬相如，你是病失明之左丘明。"耄耋之友，真堪相視一笑。

九月十一號星期四（八月初六）

　　看報。張政烺之子極人自黑龍江歸，談。蕙黌來，送運床券。

　　眠約二小時。看《北京圖書館善本書目》。與静秋、梅芳、春雨同出，予到"向榮"理髮。

　　看《中國科學技術史》。十時服藥眠，翌晨七時醒。

　　静秋爲春雨所纏，見即索抱，而年近七十，實已無力，以是害腰痛，甚望潮兒早歸，因發電與之。

九月十二號星期五（八月初七）

　　看報。補記日記四天。整理張海鵬編刊之《借月山房彙鈔》，題書面，未畢。

　　眠一小時許。

　　二醫教師何祖根來，爲湲兒取物。十時服藥眠，翌晨六時醒。

　　今夏久熱，疲倦不堪，宜也。近日天高氣爽，宜抖擻精神工作矣，而迄未能，殆所謂"老驥伏櫪"，空有千里之志矣。可奈何！

　　許多叢書，買了三、四十年，無暇翻覽，空積書架。今既不能從事于學術工作或社會活動，而眼力尚好，正可借此接觸若干歷史資料。惜看到許多好資料已無力鈔寫耳。

九月十三號星期六（八月初八）

看報。翻看鄧實、繆荃孫所編《古學彙刊》。潮兒自徐水假歸。尚愛松來。

按摩。十時服藥眠，翌晨三時醒，良久方眠，七時醒。

愛松告我，在《南京大學學報》上正在批判吳世昌對於《紅樓夢》之煩瑣考證。予謂考證文字本是給專家看的，不是給一般人看的。正如一枚手錶，一般人只須看看時針、分針、秒針，來定工作時間。至于錶之內部，則有若干齒輪推動秒針，又有若干齒輪推動分針及時針，此非煩瑣，乃複雜也。

九月十四號星期日（八月初九）

張覺非來。譚季龍自滬來，同到伯祥處談。十二時歸。看報。按摩。

眠近兩小時。翻看《借月山房彙鈔》數種。翻《世說補》。

十時服藥眠，翌晨六時半醒。

季龍今年六十五，精力充足，兩月前曾與王冶秋等到新疆及敦煌，今次又與侯仁之等到承德，住避暑山莊，此皆我欲去而未能者也。羨之！

伯祥告我："自去年批孔以來，許多人托其介紹來訪，經其婉辭謝絕。"我姓顧，真成一個"總家顧問"了。一人如何可以應接許多人？

九月十五號星期一（八月初十）

與靜秋同乘學部車（祖姓司機）到北京醫院，由內科王大夫、外科劉大夫、中醫魏大夫診。打球蛋白針。歸，看報。

與静秋、三姨、潮兒、梅芳挈春雨游動物園，予在鳴禽池邊看書。五時半歸。

九時半眠，翌晨六時醒。

今日春雨第一次到動物園，看其興趣反不及東單公園爲高，蓋他對動物無多認識，不喜亦不懼也。明年再往，當不爾耶？

今日量血壓，爲 140/80，甚正常。王大夫謂予，到會診室就醫者，八十以上之高齡已不多，可自慰也。她又勸我減少安眠藥量，當試爲之。

九月十六號星期二（八月十一）

看報。看《學習與批判》九期中批評《水滸》文。蘭州文化局李紹雲來，爲予照相三幅。

眠一小時許。翻《世説補》。看《學習與批判》中論《水滸》各篇文字。静秋、潮兒出爲春雨買小車。

十時服藥眠，翌晨六時半醒。

今晨看報時，忽然疲倦思眠，闔眼即夢來，豈真油乾燈盡耶？

李紹雲之來訪，係受張令琦之囑托。令琦現已由甘省委會參事室退休。

今日上午、下午各大便一次，量均多，腸間積塞一空矣。近來每天大便均送北京醫院化驗，以“陰性微血”爲多，“陽性”甚少，此亦佳事！

九月十七號星期三（八月十二）

看報。爲堪兒寫史樹青信。本所歷史地理組薛瑞禄、史爲樂來，商編《中國地名辭典》事。

潮兒返徐水。眠爲咳醒。翻趙學南所刻《峭帆樓》、《又滿樓》兩叢書。

按摩。看《翁叔元自述》。九時半服藥眠，翌晨六時醒。

洪兒來信，已到蘇州、無錫、常州、南京，今在南京候車北行，約十八、九號可到。又云：今已嘗到"秋風、秋雨"之滋味，氣候突低八、九度。

近日爲氣候突涼，痰咳較甚。

薛、史兩君來，謂本所史地組擬與南京大學等校合編《中國地名大辭典》，詢予辦法，予謂可將商務本作底本，加以擴充及修正。惟此事非青年人所可任，應竭力與前輩各專家商量，有時尚須作實地調查，創作地圖，使糾纏不清之問題可以解決，要之非有十年時間方可有真實之貢獻也。

九月十八號星期四（八月十三）

黃良自長治來，留飯及宿。看報。方紀生來談。看《翁叔元自述》，訖。

以咳，未能眠。戴克光來談，借書。與靜秋、黃良携春雨在本胡同散步。

看電視全國運動會。十時服藥眠，翌晨七時醒。

九月十九號星期五（八月十四）

看報。洪兒自南方回，與談。題蔣光煦《涉聞梓舊》各冊目錄。

眠一小時半。看《棟亭十二種》中之《都城紀勝》、《錄鬼簿》等。

看電視運動會。十時服藥眠，翌晨六時醒。

洪兒自上月二十五日離京，至今日歸，凡歷二十六天。

起潛叔于今年六月到瀋陽後，忽以膝蓋之疾連跌兩交，以致不能到京。渠一家四口，分居三地，除飯食貼給潘家外，餘均由己操作，且須上班，老年痛苦如此，予真在天堂矣。

九月二十號星期六（八月十五　中秋）

元善來，談半天。

眠一小時半。與洪兒到和平賓館訪譚季龍，并晤胡繩武。到"向榮"修面。看報。

按摩。起釪來。十時服藥眠，翌晨六時半醒。

季龍所編之歷史地圖，已出第八冊（清時期），對于東北、西北之邊疆問題得一解決。大冊價四十五元，小冊約七、八元。因請他爲我買小冊一。

今日中秋，頗擬"走月亮"，而風太大，未敢出。

起釪言，中華書局所擬出版計劃，本定四年，送至毛主席處審閱，主席言：中華專出古書，而古書有極難解者，如《尚書》非有十年時間不可。因令重擬。爲此，這個工作又將落到我身上，但我體已衰，只能幫起釪找些資料，由他作主幹，而訓練工農兵青年，使作輔佐耳。

九月廿一號星期日（八月十六）

題高士奇《蓬山私記》及鈔《揮塵餘話》中"甄保義賈機宜"條贈吳子臧。看報。

眠兩小時。按摩。翻徐乃昌《鄦齋叢書》、華淑《尚白齋秘笈》。

看孫楷第《滄州集》。服藥，九時眠，翌晨五時半醒。

爲將新見有關《紅樓夢》資料書告子臧，精神一緊張，又覺心腦失其正常，予真不能治學矣，可奈何？

九月廿二號星期一（八月十七）

看報。理書。黄良來。卜蕙蓀來。

眠一小時半。與黄良同理經部書及叢書上架。與黄良談。

黄良別去。予與洪兒同到子臧處談。十時服藥眠，上午二時半醒。久不眠，爲静秋所止，至四時半又眠，六時半醒。

今日理叢書，知又失去一批，甚覺傷心！中多精本，非内行不能爲也。

得暇當開一細單于本册後。

九月廿三號星期二（八月十八　秋分）

看報。整理張海鵬《借月山房彙鈔》，寫目録于封面，未訖。

眠一小時半。

與洪兒到吳子臧夫婦處談。九時半服藥眠，翌晨六時半醒。

予于解放初，在上海買得柳蓉村翻印之《借月山房彙鈔》，凡十六集，百二十册。中多鮮見書，廿餘年來迄未得暇一覽。今老矣，人事減少，乃得展視，甚哉讀書之樂非忙人所可企也。此書多明清人雜著，有用之史料頗多，惜未能鈔出耳。張海鵬生于藏書夥頤之常熟，又值乾嘉之世，生活安定，乃得爲此。

九月廿四號星期三（八月十九）

看報。與洪兒到前門，飯于豐澤園。到陶然亭，值彩排，未得進，下午三時歸，路遇容元胎、吳子臧。

按摩，未畢入眠。

潘美君、劉憲子來訪洪兒，不遇。十時服藥眠，翌晨七時醒。

四年前，希白來京，子臧宴之于珠市口豐澤園，邀我作陪，其海參肥而不膩，是其名菜，今日因與洪兒同嘗之。

九月廿五號星期四（八月二十）

看報。整理《借月山房彙鈔》，未訖。

眠約一小時半。

李紹雲來，送照片。十時服藥眠，翌晨七時醒。

九月廿六號星期五（八月廿一）

看報。聖陶偕其孫媳姚兀真來。整理《借月山房彙鈔》仍未訖。洪兒爲取藥。

眠近二小時。與梅芳携春雨在本胡同內散步。

看電視自行車賽跑。九時半服藥眠，翌晨六時半醒。

靜秋有低燒已多日，今晨看溫度表，爲卅七度六。甚望湲兒早歸，作一適當之治療。

九月廿七號星期六（八月廿二）

看報。劉時雨來。陳述、起釪來。將《借月山房彙鈔》整理訖。

眠一小時半。看《東京夢華錄》。趙之雲來。

按摩。十時服藥眠，翌晨六時半醒。

季龍來電話，今日返滬。

今日報載，圍棋比賽中，之雲名列第四，之雲對中國文化甚有興趣，常識豐富，甚盼其有成以慰懋恒于地下。其父泉澄，年亦七十五矣。

九月廿八號星期日（八月廿三）

看報。翻看胡樸安編印之《樸學齋叢書》一過。振聲、潮兒歸自徐水。胡一雅送下月工資來。

按摩，未畢而眠，眠起續爲之。

洪兒爲予洗浴。十時服藥眠，翌晨七時醒。

一九四六年，自蜀返吳，以起潛叔之介，往訪胡樸安先生，當承贈以家集《樸學齋叢書》一部，初歸事冗，未暇覽也。今理叢書，乃得一覽，其中頗有可取處，胡寄塵之《老子學辨》可編入《古史辨》。

九月廿九號星期一（八月廿四）

看報。與靜秋同到"向榮"理髮。出，買菜。題《樸學齋叢書》子目于封面。胡一雅送國務院函來。湲兒歸自懷柔。

二時，與潮兒同乘學部車到政協禮堂看《熊貓》、《小螺號》兩電影，遇雷潔瓊夫婦，與鄭效洵夫人及其女鄭和同歸。夏延來，與湲兒同整理後書庫，留飯。

看《賜硯堂叢書》。十一時服藥眠，翌晨七時半醒。

今日下午予到西城尚未歸，學部及歷史所臨時主持人程文杰、東光、王新民及女職員黎然來，贈水果。

洪兒今晚與廠中同人游承德，觀清帝之避暑山莊，約下月二日歸。予體如尚可，明年夏初當往。（後改明晚行，三日晨歸，留承德兩天一夜，在車上兩夜。）

九月三十號星期二（八月廿五）

看報。題《賜硯堂叢書》子目于封面。

湲兒到學部換游券，見傅崇蘭。眠一小時。續看《東京夢華錄》。洪兒偕同事六人到承德游覽。

六時半，車來，與賀麟、吳世昌同到人大會堂參加建國廿六年紀念會。進冷食。九時歸，即眠，翌晨七時醒。

今晨雨頗大，陡寒。下午轉晴。

今晚紀念會，由鄧小平代表周總理主持。深以總理健康爲念。今晚所遇人：趙紀彬、夏鼐、唐弢、黃秉維、呂叔湘、翁獨健、傅懋勣、袁水拍、李希凡、吳文藻夫婦、雷潔瓊、傅學文、季方、丁聲樹、費孝通、何其芳。

一九七五年十月

十月一號星期三（八月廿六　國慶）

學部車來，全家同到中山公園，看種種游藝。遇王芸生、葛志成。

眠兩小時。看報及電視。携春雨至後院方英家。以方阿姨喜春雨，故孩子遂識其家。

按摩。十時服藥眠，翌晨七時醒。

今日吾家同游：三姨、余長泉、張振聲、潮兒、春雨、鄭梅芳、静秋、湲兒，連予共九人，而券上限五人，因由湲兒先出，領其它四人再往。

疲甚矣，午飯後倒頭便睡。可見予之失眠症當以運動治之，惜無此條件耳。

十月二號星期四（八月廿七）

看報。卜蕙蓀偕其女唐守默、外孫李斌來，同看電視留飯。湲兒同學馮素雲偕妹素蘭來。又曹雷來。史樹青、楊文和來，送歷史博物館參觀券。

眠近兩小時。鍾敬文來，長談。湲兒同學武學斌來，同作學習總結，直至夜分。長泉與蕙蓀同去。史先謙來，留飯。

與來客同看電視。十時半服藥眠，翌晨七時醒。

十月三號星期五（八月廿八）

洪兒自承德歸。武學斌來，與諸兒同裝火爐。看報。壽彝來。陳華秋偕其外孫女袁曉瑩來。

史先謙來，請其挂字幅。與湲兒到元善夫婦處談。出至東風市場買物。振聲與潮兒同返徐水。

　　看趙紀彬《孔子誅少卯問題》。九時半服藥眠，翌晨七時半醒。

　　　元善在同輩中向稱最健，乃今日往訪，驟覺衰老，則以大小便俱不順利也。湲兒解醫，與之談藥。總之，年逾八十，説衰就衰，此無可逃避之規律也。

　　　潮兒歸五日，幫辦家務，并抱春雨，使其母得稍息肩。今日不得不返廠，臨行泪流不止，使我亦爲酸鼻。母之撫子出于天性，而今爲工作故，不得不別，如有房屋，春雨可去，兹則無有，可奈何！

十月四號星期六（八月廿九）

　　湲兒返懷柔。與静秋、梅芳携春雨到米市大街買菜，遇楊向奎。看報。

　　未成眠。與静秋携春雨到東風市場買物。歷史所幹部張興林（圖書館副主任）、耿清珩（女）（來），詢出席國宴感想。與静秋收扁豆。與羅力談。看一九六二年日記。

　　按摩。看《賜硯堂叢書》。九時半服藥眠，翌晨六時半醒。

　　　歷史所遣人來詢予出席國宴感想，予答以此次與上年，重在安定與團結，如李希凡與俞平伯爲《紅樓夢》研究之死敵，群以俞被打倒矣，而此次會中，兩人同席，可作一例。其他政治方面，被解放者不少，亦可徵信。

十月五號星期日（九月初一）

　　看報。王湜華來，送其父新作《舊學辨》。余長泉來，旋赴西郊。

　　補記日記五天。未成眠。試寫洪兒所鈔乾隆帝《綠毯八韻》詩。

　　九時服藥眠。上午三時醒，久久不能入睡，天將明復眠，八時半醒。

伯祥向不寫文，兹乃在失明之後，作《舊學辨》一篇，説明研究本國歷史文獻及考古學，不可謂之"舊學"，命湜華鈔寫數分，貽其一與我。其積極性可佩也。

十月六號星期一 （九月初二）

今日大風，加以昨眠不穩，精神極不振。爲壽彝找歲陰資料。看報。

未成眠。與春雨玩。劉起釪之女自南京來，贈蝦、蟹。

九時眠，上午一時醒。再服藥，得眠，上午七時醒。

歲陰與太歲之異同及其關係，昔讀《史記》時即已感到，以事尤無法實現。今有一青年以此問壽彝，壽彝乃諉之于我，義不容辭，而碩輔、琢如兩先生俱已下世，恨無可質正者耳。

十月七號星期二 （九月初三）

看報。王湜華來，取漢晋碑帖。與春雨拾果。

眠一小時。記筆記二則。與静秋到米市大街及燈市口買菜蔬與藥。看《文物》八期。

看電視。九時服藥眠，翌晨五時醒。六時半起。

先父晚年篤志金石，作跋文頗多，而未鈔集。湜華酷好文藝，引爲己任，倘竟成書，彌可感也。

十月八號星期三 （九月初四）

記筆記一則。于銘來。看報。

未成眠。與静秋、洪兒乘公共汽車到正陽門。洪兒自往訪瑞蘭，予與静秋步至王府井買玩具、什物，步歸。

按摩。九時服藥眠，翌晨五時醒。待至六時半起。

今日步行可六里，足雖痛，尚能勉強，可見予體之尚可支持，只是不能集中精神工作耳。

十月九號星期四（九月初五　寒露）

看報。看《文物》文一篇。續集歲陰資料。

眠一小時。與梅芳、春雨同出理髮。德融偕其妻、子來。

與德融全家同到新僑飯店進食。遇周揚夫婦。又同步歸。德融等旋別去。

今飯同席：德融夫婦及其子煒，常任俠（以上客），予夫婦（主），共費十二元半。

十月十號星期五（九月初六）

葛志成來，長談。重作伯祥所鈔之《清嘉録》序文兩頁。看報。

未成眠。與梅芳、春雨同到和平賓館，予上樓訪胡繩武。繩武送予歸，與靜秋談。

略看電視。德融偕其妻、子來，留宿。十時服藥眠，翌晨五時醒。

《歷史研究》從去冬起，由黨中央辦，招復旦教師胡繩武及內蒙大學研究邊界者數人，居賓館中編之。今將歸併學部，繩武俟確定後再考慮行止。

伯祥委予爲作《清嘉録》序，已將三年，迄未報命，所以然者，心腦俱病，一集中精神即搖搖如懸旌也。靜秋以湜華屢次來催，從旁勸作，予惟有量力爲之，不敢緣此致病也。秋日爲之，終較夏天爲好，想再越一星期總可報命耳。以今視者，衰頽可畏，真可一哭！

十月十一號星期六（九月初七）

德融妻、子還無錫。戴克光來，借書還書。起釪、崔文印來，送上海寄來之兩《唐書》、《新五代史》及北京新出之《北史》。

　　未成眠。看《北史》、《舊唐書》之出版説明及翻其各紀。看報。按摩。

　　看電視。九時服藥眠，翌晨六時醒。

　　一日突來四部史，爲之狂喜，惟數量太鉅，以不能隨讀隨鈔爲恨耳。

十月十二號星期日（九月初八）

　　看《新唐書》、《新五代史》出版説明。看報。張覺非來。

　　眠一時許。續寫《清嘉録》序兩頁。按摩。高文龍來，送書。

　　看《龔自珍全集》。八時半服藥眠，上午四時醒。良久又眠，六時醒。

　　高文龍同志在新華書店工作，其愛人沈培英爲潮兒同學好友，緣是上海出版之書可以托其代購，可感也。

十月十三號星期一（九月初九　重陽）

　　與静秋乘車同到北京醫院，抽血、查溺、作心電圖，就魏、王二醫師診，打胎蛋白針，晤蔣國彦大夫。

　　看報。未成眠。看《羽玲山民逸事》、《雲自在龕筆記》。補寫日記五天。

　　九時服藥眠，上午三時醒。良久又眠，六時半醒。

　　今日檢血壓，爲130/75，不高，心電圖有供血不足之象。尿糖則增至167，較前爲高，可資警惕。（正常之尿糖爲120以内。）痰作黄色，此氣管發炎之徵，服麥地黴素，每四小時一丸。

　　洪兒又與同事到天津，參觀大港油田，少年人自應多開眼界也。

十月十四號星期二（九月初十）

看報。記筆記一則。啓鏗病重，招洪兒歸，往探之。

未成眠。將《家居雜記》一冊寫畢，即編定次序。

劉起釪來，送稿。九時眠，翌晨六時半醒。

《家居雜記》作始于一九二〇年暑假中，寥寥十則，空白綦多。七二年檢出續寫，然頻年多病，至今日方得滿冊，蓋已歷五十五年矣。人生幾何，自少至老，真若白駒之過隙也。

十月十五號星期三（九月十一）

看報。孔令士來，接洽《中國新聞》之采訪事。

堪兒同事高運生與商業部汪士信來，詢問中國資本主義萌芽時期史。客去，予眠床達晚。

洪兒爲予洗浴。按摩。九時眠，翌晨六時醒。

中國秦漢以來，均爲尊士抑商之封建社會，商人生活不見記載，欲尋資本主義之萌芽時代史料，惟有蘇州機織工與資本家鬥爭之一碑耳。汪君欲寫成一史，來詢資料，予實無所知，惟告以馮夢龍"三言"中或有之，以其取材話本，説書者爲小市民言之也。此外，地方志或間有之，以其區域小，勞動人民之故事亦間有留存也。

十月十六號星期四（九月十二）

看報。與靜秋到元善處，送還《管子》一稿。歸，遇劉珺。

眠兩小時。看僧六舟《寶素室金石書畫編年録》。羅力來。余長泉來，送蟹，留宿。

九時服藥眠，翌晨七時醒。

元善之病，因中西醫兼治，上星期五突愈，他從此信中醫了。

平伯于本月七日輕度右臂中風，得無以九月杪被邀國宴，驟覺輕鬆而致然乎？

近日予與春雨皆患感冒，發氣管炎，予多咳，春雨多拉稀，實以本月中氣候忽寒忽暖，我以老，彼以小，俱無抵抗力也。

静秋容貌突見衰老，元善夫人及劉珺皆言之。蓋關心事太多，一不如意即怒，終日在懊恨中故也。

十月十七號星期五（九月十三）

孔令士導丁克實來，詢廿四史點印事，備由中國新聞社報導至國外。至十一時去。看報。夏延率子來，詢温飛卿《五丈原》詩義。蕙蓀來，留飯。

眠床，未得睡，看《飲冰室詩、詞》。余長泉游故宮歸。看《古學彙刊》序目。

九時半服藥眠，翌晨七時半醒。

中國新聞社爲新華社對外發表消息機關，此次來探訪，使國外人士知我工作及生活，且知廿四史之完全出版已有期矣。

今日予痰咳頗甚，惟春雨拉稀較好，屎已成條，爲可喜也。

十月十八號星期六（九月十四）

看報。余長泉返山東。振聲自徐水來，將往廊房勞動。

未成眠。看《呂碧城集》。

起釪偕其女及吳紅來。按摩。十時服藥眠，翌晨六時醒。

呂碧城，予少年時代之女作家也。今觀其集，出身於天津《大公報》記者，其游歷歐美，疑受《大公報》之津貼。其文辭藻有餘，思想性則不足，蓋出入于樊增祥、易順鼎之門，尚不能及立憲派，更何有于革命派乎！終身不婚，亦無成也。

十月十九號星期日（九月十五）

張覺非來。張秀齡來，送泡菜。看報。整理《家居雜録》，立題訖。

眠二小時，按摩。看繆荃孫輯《士禮居題跋再續記》。

與春雨嬉。九時半服藥眠，上午四時半醒。良久又眠，六時半醒。

有振聲在，春雨玩得就高興，我輩均無此氣力了。

兩日未下便，悶甚，昨晚服石蠟油，今晨飲涼水三杯，乃下。

十月二十號星期一（九月十六）

看報。與静秋同到"向榮"理髮，遇劉鳳華。記筆記一則。

眠一小時許。振聲到廊房勞動。看《閲微草堂筆記》。

九時半服藥眠，上午三時醒。四時再服藥，七時半醒。

振聲赴廊房，春雨送之到大門口大哭，適羅力還家，乃引之入。此與潮兒離家之流泪不止事同一例也。

十月廿一號星期二（九月十七）

丁克實來，續談廿四史事，自八時半至十一時。李鑑昭偕其侄媳喬彦來。胡一雅來，告鄭德坤由港來京，邀往談。

改起釾《尚書今譯》計劃書。

九時半服藥眠，晨三時醒。再服一丸，七時半醒。

今日一雅來告，鄭德坤已來京，欲與我一晤。計予與彼在成都一晤後已歷卅年，不容不見，而渠留京時日又迫，只能于明日會晤，來去匆匆，爲可惜耳。

十月廿二號星期三（九月十八）

打電話至北京飯店，約定與德坤會晤時間。看報。托胡一雅定車。

眠一小時許。看《閱微草堂筆記》。五時半車來，到新北京飯店。六時半，德坤來，至其室談，并晤其夫人。七時許，到老北京飯店入席，九時席散。

九時半歸。失眠，服藥兩次，十二時半眠，翌晨八時醒。

今日洪兒與廠中同事十餘人到平谷縣，參觀公社一大隊，晚歸。

德坤在英劍橋大學已退休，到香港中文大學，任“美術考古學”課，甚注意大陸新發見事物。但此次與港僑數十人同來，勢不能多參觀，定後日乘飛機返港，在京只作五日勾留，不能到半坡村、馬王堆諸處耳。

今晚同席：港粵參觀團全體成員、中國旅行社主人、北京飯店主人。今晚香港觀光團答宴中國旅行社、北京飯店、導游者，故菜特佳，予亦幸厠其列，吃得熊掌、魚翅等名貴物。然甘脆肥濃，終非營養好資料也。

十月廿三號星期四 （九月十九）

以昨晚酬應緊張，疲甚。看報。

服安眠藥，眠二小時許。金振宇來。朱家源來。翻《閱微草堂筆記》。

九時半服藥眠，翌晨七時半醒，眠雖久而頭暈。

自丁克實來訪問，加以德坤來京，三十餘年不見，劇談四小時，心絞痛病又作。蓋予之年齡實已不容緊張也。昔人云：“多談傷氣。”而予心臟供血不足，一緊張即喘不出氣，所居之處無可散步，而身居京華，虛名爲累，來客不容不見，見即長談，以致胸膈作痛，氣息難透，可奈何哉！

十月廿四號星期五 （九月二十　霜降）

施今墨之幼子如雪來，借書。李鑑昭來。看報。

眠近三小時。看本月《人民畫報》。

起釪來，以所改《尚書》計劃交之。十時服藥眠，翌晨七時半醒。

十月廿五號星期六（九月廿一）

丁克實來，談廿四史事，并爲我照相。劉起釪來，送代擬致胡繩函。看報。

以咳，未成眠。看《閱微草堂筆記》。

看電視（音樂會）。以咳難眠，服藥兩次，十二時半眠。翌晨七時醒。

近日痰咳殊甚，服特效藥麥地黴素竟無效，冬日將至，可奈何！便秘又甚，幸有石蠟油在。

報館訪員，事事要問，一來即談三小時，使我胸膈作痛，與運動中之訪同也。

十月廿六號星期日（九月廿二）

王明生子家興來。元善來。湲兒同學潘梅、林音來。看報。

眠二小時。按摩。記筆記一則。補記日記六天。

十時服藥眠。三時醒，良久不得眠，不知何時再眠，七時醒。

十月廿七號星期一（九月廿三）

看報。記筆記一則。李鑑昭來。

眠一小時許。看《閱微草堂筆記》最後兩冊。

看雲南大學寄來之《思想戰綫》。十時服藥眠，翌晨六時半醒。

盜跖前兩年已有人爲之翻案，然避"盜"字而加以"柳下"之氏，取資莊叟寓言，仍不能令人信服，蓋柳下惠畢竟不能與孔丘同時也。今日李埏寄來雲大雜志，爲莊蹻翻案，謂之爲農民起義，資料太少，猜測太多，要我提意見，容細思之。

十月廿八號星期二（九月廿四）

爲覓李芳樹刺血詩，終日翻《閱微草堂筆記》，入晚乃得之，甚矣書無目録之不便也。看報。

羅力來。

九時服藥眠，翌晨六時半醒。

李芳樹一詩，予十餘歲時已極欣賞。與雙文函、小青詩、雙卿詞同樣喜愛，以其皆爲血泪文學也。數十年中迄未鈔出，苦於不能全記，故今日盡力求之。

十月廿九號星期三（九月廿五）

看報。王湜華來，借書，代買毛邊紙。

未成眠。看《毛西河詩集》。記筆記二則。按摩。

九時半服藥眠。翌晨三時醒，四時又服藥，七時醒。

春雨好吃糖，口食不足，又手持之，手持又不足，再要取。予不能忍，打其手。一哭而罷。又彼一人出大門，三姨隨之行，入小鋪哭，店伙急以米花一包予之。如此貪吃，非父母嚴懲之不能改也。此兒頗慧，注意力強，摹仿力高，能得長者憐，一憐則嬌、驕二氣生矣。

聞伯祥目已能看大字書，平伯中風亦較愈，可喜也。

以予痰咳，家中今日開始生火。

十月三十號星期四（九月廿六）

看報。施如雪來，借書及鑑定書畫扇面。

未成眠。看李鑑昭自叙。歷史所孫開太爲黃縣已故之杜煜德稿件來商洽整理事。湲兒自懷柔歸。

心臟絞痛作，服藥，輸氧氣。至十一時始眠。

今日看李鑑昭所作自叙，述搜集墓志銘經歷。其辛勤工作固可佩，而文字拖沓已甚，一千字可了者乃重複叙述，并牽引至馬列主義，表示其思想進步，刺刺不休，心已作噁；而靜秋又以孫開太之來，爲杜煜德遺稿事，欲我爲作一評價，當面訴斥，不知其爲整理廿四史事，與我任務有關，使我生氣，心絞痛病立發。賴湲兒歸來，爲我治理，并服多量之安眠藥乃得入眠。家人不能知我學業與性情，使我陷無妄之灾，真堪傷痛也。

十月卅一號星期五（九月廿七）

與湲兒同出，坐六路車到天橋，步至珠市口，到豐澤園飯。飯訖，到前門大街兩書店閱書。乘車到米市大街，入"向榮"理髮。下午二時歸。

看報。四時，坐床上看《自然辨證法》本年第二期中《人類的繼往開來》一文。

起釬來，送新出版之戚本《石頭記》。看電視。十時服藥眠。翌晨七時醒。

今日出門時，尚有心痛，至午方愈，乃知我病須以游玩治之，其效若此。然若湲兒不歸，終無人伴我散步也。

一九七五年十一月

十一月一號星期六（九月廿八）

湲兒到校學習。看報。翻戚蓼生序本《石頭記》。

眠二時半。潮兒自徐水歸，共話。

按摩。看戚本《石頭記》。九時半服藥眠，翌晨六時半醒。

有正書局所印戚蓼生序本《石頭記》，當二十年代平伯作《紅樓夢辨》時我已知之，但五十年來興不在此，未嘗索觀耳。年來報刊上時有提到此書者，迄亦置之。今起釪爲我買到人民文學出版社翻印本，一加翻覽，知此本雖出脂批本，而已經人整理過，不見一"脂批"字樣，又眉端屢批"今本"之非，則曾以高鶚本校對可知。其終于八十回者則不滿于高續可知也。此本確于"紅學"有裨，惜不可知其爲何人所爲耳。

十一月二號星期日（九月廿九）

李鑑昭來，還其稿，并書一評介與之。趙公紱來，詳談別後事及甪直方面事。看報。

與潮兒同到東單公園，講社會發展史大意，并送大便到北京醫院化驗。步歸，在米市大街購物。按摩。木蘭挈陸纓來，晚飯時發見其病，熱高三十九・五，即赴海淀醫院。

看戚本《石頭記》。十時服藥眠。翌晨七時醒。

公紱見告，殷家品逸、季達、視之一房已無人在世，則履安之同胞兄弟已盡，僅薇生之子綏平尚在蘇北行醫耳。聞雲林仍在甪直教書。至趙家所刻明人尺牘，不詳歸于何所矣。又云湖帆身後，所藏書畫全歸上海博物館，可謂得所。

十一月三號星期一（十月初一）

杭州大學中文系孔成九、張寥來，出選注章太炎文來，囑提意見。看報。

看戚序本《石頭記》。潮兒返徐水。

高文龍來，送新出書。十時服藥眠，翌晨七時醒。

十一月四號星期二（十月初二）

看報。看戚序本《石頭記》。趙誠來，催看解放軍某部所譯《史記》二十篇。

眠一小時半。看上海新編《龔自珍全集》。

看電視。十時服藥眠，翌晨六時半醒。

十一月五號星期三（十月初三）

看報。與静秋、三姨、洪兒到北海南門"仿膳"吃飯。

眠一小時半。看戚序本《石頭記》。

按摩。王湜華來。洪兒代草致胡繩函，即到壽彝處交覽。

壽彝囑寄胡繩同志一函，將劉起釪調至歷史所，專助予研究《尚書》，俾此項工作有一結束。起釪亦願如此辦，上星期由彼代草一函見交。予因彼所作函專述自己事，而《尚書》研究實爲我事，不當反客爲主，因口授洪兒，囑其代草，并由她送至壽彝處，徵其同意。

十一月六號星期四（十月初四）

朱士嘉偕子祖威、孫海鋒（來），悉已就京職。爲湜華來取碑帖，作準備。

草致胡繩函畢，即加修改。蕙蓀來。

爲謝辰生寫字。湜華來。服藥二次，十二時眠，翌晨八時醒。

洪兒所草函嫌空虛，未將予之《尚書》工作作詳細説明，因自己動手，約二千字。久不爲文，自己覺得竭蹶了！

士嘉一生研究地方志，今由國務院調之到京，專門搜集天變、地震等事項，在首都圖書館辦公，可謂用當其材。惟年逾七十，已嫌遲耳。

十一月七號星期五（十月初五）

膳清致胡繩書，凡六紙。又寫壽彝函，托轉致。即到巷口發信。
眠兩小時。看報。看戚序本《石頭記》。

王戎笙來，囑填著作表。起釪來送書。十時服藥眠，翌晨七
時醒。

今日以一個上午之力將函鈔清，急忙發出，不知效果如何。
如其能成，則起釪能專力助我，而予得以塞全國人民之望，亦不
虛此生矣。可恨尹達傾軋，耽擱了二十年！

王戎笙君，歷史所中撥給郭老之秘書。今郭氏年老多病，已
不能從事寫作，故彼回所，擔任農民起義戰爭史之寫作。今晚來
訪，囑將已成、未成之著作列表送所。并言需要助手時可以撥
給。蓋今日黨正要全國人民發揮力量，故廣求工作爭分奪秒，向
農、工業之發展看齊。予雖衰頹，敢不奮發。

十一月八號星期六（十月初六　立冬）

小雨轉陰。孔成九、張寗來，作別。寫我的已作及未完成之書
開出，兼作説明，未畢。

看報。眠一小時半。湲兒自院歸。

田孝先來，送雁秋贈藥。按摩。服藥兩次，十二時眠，翌晨七
時半醒。

近日中宵小遺，濕袴之疾較少，洪兒伴余睡，爲我易袴，有
時我不知，則安眠藥之力強也。

十一月九號星期日　（十月初七）

與三姨、湲兒同到東風市場，飯于湘蜀飯館。出至王府井購
物，在東長安街休息。下午一時由東單步歸。

眠一小時半。看報。按摩。續草著述表。

看電視及《石頭記》。九時半服藥眠，翌晨七時醒。

今日天氣甚好，有日無風，而予咳反劇，真苦事也。每年冬日，總要度此一關，惟望其發得不劇即大佳事。

静秋爲春雨勞神太甚，驟然見老。湲兒勸其交給潮兒自管，或即在徐水找一家托管，庶精神較爲安定。然此事實際上矛盾重重，静秋母性又太强，小兒不在此間又將想個不了。

十一月十號星期一（十月初八）

大霧。静秋、洪兒伴至北京醫院，驗血、驗尿，就中醫吕大夫、西醫王大夫診。遇蔣國彦、徐伯昕。

眠一小時半。看報。將著述表填好。

到王戎笙處送表。看戚本《石頭記》。十時服藥眠，上午二時醒。延至五時又眠，八時醒。

静秋身體實比我差，眠不佳，一也；每日拉稀二三次，二也；眼有病，似是其母遺傳，三也。我則有糖尿、心臟供血不足、氣管炎三病，惟不甚劇耳。

予之著述開出十五種，均屬于古代史研究者，如能配給我助手及鈔寫員，一日出三千字尚不爲難，則年可有百萬字印出，但不知組織上許我否耳。

十一月十一號星期二（十月初九）

王湜華來換取碑帖。看報。静秋伴至"向陽"理髮。

眠一小時許。看戚本《石頭記》。

潘美君、劉憲子、史復陽來。九時半服藥眠，翌晨七時醒。

春雨近日能自己吃飯、拉屎，進步可謂快速。惟脾氣，動輒將物擲地，禁之不止，打手亦不怕，大人對他沒辦法。

一日下便三次，且非瀉，此前所未有也。

十一月十二號星期三（十月初十　孫中山誕辰一百〇九周年）

由洪兒陪伴，到中山堂行禮。九時半往，十時半歸。看報。

眠一小時許。史先謙來。湲兒歸。看戚本《石頭記》。翻章太炎《檢論》，爲春雨所阻。

按摩。起釪偕其女來。洪兒爲洗浴。十時眠，翌晨七時醒。

今日所會人：葉聖陶，葛志成，李伯球，馮友蘭，游國恩，謝冰心，邵恒秋，張豐胄，錢端升，魏建功，顧均正。

十一月十三號星期四（十月十一）

湲兒到天津，參觀三條石工業區，晚回院。看報。携春雨到本巷散步。翻《西河合集》。

未成眠。點毛奇齡《西河詩話》一卷。

静秋爲打壽彝電話。九時半服藥眠，翌晨七時醒。

十一月十四號星期五（十月十二）

洪兒自今日起，到景山東街開團支書會。看報。携春雨到大門口。

眠約一小時，以咳醒。續點《西河詩話》半卷。看杭州大學所注章炳麟文。

看電視。服藥兩次，十一時半眠。翌晨七時半起。

章太炎文本難懂，杭州大學奉命爲之整理，以所作稿交予視之，而排字太小太密，静秋堅不許爲之，因是停工。静秋遂付起釪代看。

十一月十五號星期六（十月十三）

起釪偕吉林哲學社會科學研究所李治亭、張復來還書。丁克實來，與予及起釪同商修改訪問記。與静秋携春雨在本胡同內散步。

眠約一小時半，四時起。看報。湲兒自宣武醫院歸。

按摩。與春雨玩。十時服藥眠，翌晨七時醒。

今日咳仍劇，痰吐多，湲兒謂是流行性感冒，以是甚不舒服。

大便又乾結不下，夜服石蠟油。

十一月十六號星期日（十月十四）

湲兒爲三姨買物。看報。王湜華來取碑帖。

眠約二小時。按摩。看本年三期《自然辨證法》。

湲兒回院。看電視。十時服藥眠，翌晨六時醒。

今日太陽甚好，本想偕湲兒出游，無如玉華家多病人，三姨急欲回成都，湲兒不得不爲之買物，予願遂虛，悶甚。

大便下而不暢，當于早晨飲兩杯冷開水。

十一月十七號星期一（十月十五）

看報。與静秋携春雨上街散步。看先父所題三國碑文字。

眠一小時許。看先父所鈔明范大澈《碑帖記證》及所鈔之金石書等序跋。

九時半眠後咳作，服藥兩次方眠，然静秋猶聞其所咳聲也。

甚想作事而終打不起精神來，食欲亦大減，意者余之末日將至乎？高年有些豫感，實爲當然之事，何能怨天尤人！

十一月十八號星期二（十月十六）

施如雪來，還所借書，兼談爲洪兒擇配事。看報。

眠二小時。看《人類之繼往開來》。看先祖所鈔明楊循吉《蘇談》。

九時半眠後以咳故至十一時半仍不能入眠，洪兒爲輸氧氣，竟得酣眠一夕。

近日作夢，每在整書物，似將遠行者然，又見民進爲予開歡送會，此非佳讖也。

静秋病目已久，今日如雪來，謂可服石斛夜光丸及石斛明目丸。

十一月十九號星期三（十月十七）

看報。與静秋散步，自中石槽至西石槽。

未成眠，以咳故。看李埏自雲南大學寄來之《思想戰綫》上之歷史論文。

按摩。湲兒自院歸。十時服藥眠，翌晨五時半醒。

洪兒此八日間，在景山東街開醫療器械廠團支書大會，今日閉幕。聞廠中領導以其未婚，無家事牽累，性又忠誠，故派之任事特多。

春雨十分靈敏，見予在書櫃中取書送書，渠亦取書納沙發下，或從此間送至他間，爲予添麻煩不少，然亦可愛也。惜予已不能見其長成耳。

十一月二十號星期四（十月十八）

湲兒返院。洪兒爲三姨買成都車票。看報。與静秋步至東四郵局，取長泉寄來食物，又步歸。

眠二小時。朱士嘉來。戴克光來。看三姨打鋪蓋。

九時半眠，上午三時醒後咳甚，至將曉又眠。七時許起。

日來白天不甚咳，而晚間多咳，且多痰。過冬如逢難，可奈之何！

東四往返一次，疲勞甚，歸後坐沙發上至不能動。

三姨爲楚存海發病暈倒，其女志建亦以運動跌傷，甚欲早日返川。洪兒爲之售一硬席票，定于廿二日晚十二時開車，廿四日午刻到成都。以七十八歲之老人，經此長途，殊爲擔心。

十一月廿一號星期五（十月十九）

看報。理兩書桌。張秀齡來，囑題其畫。

眠三小時。看洪頤煊《筠軒文鈔》。

看電視本屆解放軍比賽。十時半服藥眠。翌晨五時半醒。

兩日來大便不通，昨夜服石蠟油，今晨飲涼水三杯，皆不能下。靜秋爲打開塞路乃下。雖一舒暢，然而疲極矣。故午眠特長。

書桌數月不理，亂極，堆書如高峰，今日勉强分別去留，書與筆札拿得到了。晚境之頹唐有如此者，爲之一嘆！

十一月廿二號星期六（十月二十）

看報。理書。

未成眠。鈔洪頤煊《禹都陽城考》，未畢。起釪送日人小山内宏《中蘇戰争》來，看之。湲兒由院歸。

按摩。三姨上車回蓉，洪、湲、堪三兒送之，上午一時歸。

據日本外務省估計，全世界的核擁有量已達到三百億噸。這個龐大數量已達到投在廣島的二萬噸的原子彈的一百五十萬倍。此真是人類自己消滅自己！

三姨年已七十八，僕僕道途，已不適宜。此次去後，恐不得再見面矣。她此次來京，以其性剛，與靜秋及梅芳都有矛盾，勞而無功，甚可嘆也。

十一月廿三號星期日（十月廿一　小雪）

靜秋爲洪兒婚事，到尚愛松處談。爲張秀齡題畫兩幅。看報。

未成眠。誦芬弟偕其子衡來。按摩。張秀齡來。湲兒返院，明晨再歸。

十時服藥眠，翌晨六時醒。

前施如雪爲洪兒介紹丁瓚之子，靜秋以其領導人與愛松相識，故往詢之，但愛松謂丁氏子愛漂亮，則洪兒過度儉樸，可作工人典型，則必不合。

近日風大特寒，予氣管炎不得不發。一至午刻，兩腳冰冷，不得不臥，以暖水壺溫之，故雖不成眠，亦必就床。此老年通病，血不流通而致，無可如何也。然一上床，起來日已將落，不能作事矣。

十一月廿四號星期一（十月廿二）

溲兒伴其母到北京醫院診病。歸，又伴予到"向陽"理髮。看報。

未成眠。中國新聞社丁、劉兩君來，爲我照相。陳述、起釪來。愛松來。

九時半服藥眠，上午三時醒，至天明方一闔眼。

今晨夢中得詩云："燕子不來春寂寞，梅花未放夜淒涼。"似覺蕭瑟，然如有助我工作者可成若干總結性之著作，則甚有其積極性存焉。

陳述《遼史補注》一稿正在清理中，明年可完成。前已囑予函致中華書局，且已送部分之稿去，而猶恐其積壓，欲趁其兒女親家周世釗在京醫療之便，請作一致毛主席函，由其轉去。予以正擬作一總報告，允之。

十一月廿五號星期二（十月廿三）

起釪來，談緩發信事。看報。

眠一小時許。鈔洪頤煊兩文訖。

看電視。十時服藥眠，上午五時醒，待旦而興。

予爲二十四史標點工作之總其成者，此是毛主席、周總理所命，今北京方面已將所點十五史完成，分當作一報告，故昨日陳述所云之事，允予照辦。但今日起釪與靜秋商量，此事應取得壽彝同意，陳君爲其所著書早日出版，欲將予函轉請周世釗轉遞，其事不妥，以其"走後門"也。予格于形勢，只得聽之。聞清華、北大兩校以爭權故仍在整風，安定團結一何不易！

十一月廿六號星期三（十月廿四）

看報。整理書桌。看馮沅君《古劇說彙》。

未成眠。寫施如雪、湲兒信。

按摩。服藥二次，十一時後眠。翌晨八時醒。

我國在封建社會之壓力下，女子不能發揮其才性，然女文學家尚多。至女史學家，前代除班昭外竟無其人。五四運動後，女性漸解放，乃有馮沅君之研究戲劇史，其條件有三：留學法國，一也。歷任大學教授，二也。無子，家事希少，三也。此書接踪王國維之《宋元劇曲史》，可貴也。

十一月廿七號星期四（十月廿五）

與靜秋、洪兒同車到歷史博物館參觀。十一時出，偕司機朱某同到仿膳飯。十二時歸。

未成眠。潮兒自徐水歸。看報。看《古劇說彙》。

續看沅君書一篇。服藥，十時半眠，翌晨六時醒。

歷史博物館集各省市新出文物及各博物館所藏珍品，地廣時久，今日參觀兩小時許，僅自原始社會迄秦統一，約尚須去三次方得遍覽一過也。

館中所挂歷史地圖，于武王伐紂，已取予說。將"濮"地寫在楚國附近。

十一月廿八號星期五（十月廿六）

看報。理家刻本及吴中故實書。

眠一小時。看宋徐大焯《燼餘錄》，點未訖。

起鈅來。看元陸友仁《吴中舊事》。十時半服藥眠，翌晨七時醒。

起鈅見告，學部已派人到中華書局商調回起鈅事，但尚待總經理金沙考慮。又聞毛主席對整理《尚書》工作定爲五年，亦以書中問題太多，非短時期所能竣工也。

大便又不通，昨晚服了多量石蠟油，今晨飲了三杯涼開水，仍不下，由静秋爲打開塞路乃下，然猶未暢也。此後擬每晚飲油，庶不積久愈結。

十一月廿九號星期六（十月廿七）

看報。點《燼餘錄》訖。

眠一小時許。點元陸友仁《吴中舊事》未訖。湲兒歸。

按摩。十時服藥眠，翌晨七時醒。

所以點吴中故事書者，爲作伯祥所鈔《清嘉錄》序也。大焯此書，記吴中南宋初末慘狀最爲具體。

十一月三十號星期日（十月廿八）

看報。記筆記一則。點元高德基《平江紀事》。

眠一小時許。湲兒返院。振聲自廊房歸。按摩。

看電視。九時半服藥眠，翌晨八時醒。

近日看馮沅君《古劇説彙》，甚佩其考索，喜王國維先生戲曲史研究有傳人矣。她任第三屆人大代表，去冬開第四屆會，聞錢昌照言，彼已于本年在山東大學以癌疾逝世。彼與我相識約五十年，知其行誼較詳，若余不記，後人將無從得其生平，爰寫記如下：

沇君本名淑蘭，河南南陽人，爲友蘭、景蘭兩教授之胞妹，約生于二十世紀初。地僻，幼猶裹足。惟其家文化較高，其父入翰林，早卒。渠在家鄉讀書，頗通文墨。五四運動起，受反封建思想之震蕩，追求自由。適其鄉人王貴鉁爲北大學生，遂與相愛，逃離家庭，受學于女子師範，其後學校升格，爲女高師畢業生，轉入北大研究所國學門，爲研究生。是時，郭沫若、成仿吾等在日本立創造社，出版月刊，提倡新文學，渠遂以叛逆女性態度，自述其逃出家庭之事實與心理，寫出小説數篇，投寄彼刊，署名"淦女士"，蓋取"淑""鉁"兩字之偏旁合爲一字。讀其文者皆驚駭其勇敢無畏之精神，以爲非避開戀愛、專寫海與母愛之"冰心女士"所能及也。顧其家諸人皆不贊成其與貴鉁之結合，甚至其兄友蘭且昌言"別人皆可嫁，惟王某不可嫁"，姻事遂不成，而王君且病以死＊。直奉軍閥開戰，張作霖入京，捕殺文人，予亦入黑名單，不得已去京。時予爲研究所助教，負責研究所刊物，不忍其停辦，遂介紹沇君繼予職（下缺）

一九七五年十二月

十二月一號星期一（十月廿九）

潮兒赴徐水。看報。

未成眠。點《吳中舊事》訖。記筆記一則。

看電視。湜華來。不成眠，服藥三次，翌晨七時半醒。

今日美國總統福特到京。

得高玉華信，知三姨于上月廿四日晚十一時許平安抵蓉。實行兩晝夜，爲之一慰。

＊ 此言與日記本年六月末所記不同。

十二月二號星期二（十月三十）

看報。録俞正燮《冪證》一文入筆記，并作一跋，以《天問》、《帝繫》二文證成之。

眠約一小時。

（下缺）

一九七六年

*1975 年 12 月來院見訪者：宋一平（學部領導小組），程文杰（歷史所總支書記）。熊德基，東光，林院長，白壽彝，劉起釪，張雲鵬，卜蕙蓀，吳義元。

伯祥于昨日以急性肺炎在協和醫院逝世。去年 4 月 17 是告別。

一九七六年一月

一月一號星期四（十二月初一）

前數日康生逝世。

聞徐旭生亦病逝（1 月 3 日逝），年八十八，渠腦已糊塗了十餘年矣。

一月三號星期六（十二月初三）

湲 27 足歲。

一月七號星期三（十二月初七）

德融侄來，告 17 日南旋省親。

---

* 自此至五月係記于臺曆者。

一月八號星期四（十二月初八）

周總理于今晨逝世。

一月十號星期六（十二月初十）

連日本市人民到天安門廣場哭周總理，達數十萬人，送花圈到人民英雄碑者不絶。

下午三時半到本院太平間向周總理遺體告別。

一月十一號星期日（十二月十一）

與劉偉談周總理病。

一月十五號星期四（十二月十五）

下午三時參加周總理追悼會，五時半返院。有一女解放軍站我旁，自始至終哭泣不止。有一條腿的軍官，堅持站立至終場。

一月十八號星期日（十二月十八）

湲偕武學斌來。

一月二十號星期二（十二月二十）

看《石頭記》。

一月廿一號星期三（十二月廿一　大寒）

張紀元來。

看《石頭記》。

一月廿二號星期四（十二月廿二）

自 19 日至今日，寫信與歷史所地理組及薛貽禄，討論編輯歷史地名辭典事。

一月廿三號星期五（十二月廿三）

葛志成來，知嚴景耀以血壓高去世，年七十一。囑静秋往吊。

一月廿五號星期日（十二月廿五）

到華羅庚處作別，晤其夫人吳。

一月廿六號星期一（十二月廿六）

尚愛松來。

看《石頭記》。與胡子昂談。

一月廿七號星期二（十二月廿七）

看《石頭記》。

與歐陽欽夫婦談。

一月廿八號星期三（十二月廿八）

瑞蘭來，贈水果。看《石頭記》。

起釪偕王毓銓來，談廿四史及《尚書》整理工作。

一月廿九號星期四（十二月廿九）

劉偉來作別。右足瘡烤電止。

看《石頭記》。陳述來，贈果汁兩瓶。

一月三十號星期五（十二月三十）

振聲、潮兒來。下樓理髮。

看《石頭記》。

一月卅一號星期六（丙辰正月初一　春節）

到家之客：吳豐培，王明，王世民，高瑞蘭一家，木蘭及其兩兒，陳華秋，卜蕙薆，尚愛松，張覺非，謝惠良夫婦贈日曆等。

木蘭來。看電視兒童歌舞。

一九七六年二月

二月一號星期日（正月初二）

家中來客：高文龍夫婦，金振宇、擎宇，楊向奎夫婦，林樾、林楠來。靜秋來院伴。

看戚序本《石頭記》畢。

二月二號星期一（正月初三）

邵恒秋到家。戴克光到家。武學斌到家。

看高續《紅樓夢》。

二月三號星期二（正月初四）

史樹青來家。看高續《紅樓夢》訖。

起釪來。潮兒來（明日返徐水）。

二月四號星期三（正月初五）

整理什物。

下午三時歸家，湲兒伴行。

夜看電視。

二月五號星期四（正月初六　立春）

在家理書桌。羅力來。牛夢成來。伴春雨玩。

夜看電視。

二月六號星期五（正月初七）

金竹安來，張秀齡來，均未見。看報，春雨要我講畫報，奪去我手中報紙，擲之地。予雖勉爲他講，心終不快。飯後眠休，心覺痛，服硝酸甘油。静急電北京醫院，王大夫、張惠芬大夫來作心電圖，呼急救車來，載歸院，仍住 211 室。錢、蔣大夫來，作心電圖（龔護士來作心電圖），囑臥床養。

華羅庚來（他出院一星期又來，我則三天耳）。鄉下人不識走馬燈——又來了。

二月七號星期六（正月初八）

作心電圖。堪兒來伴半天。

臥床，看《水滸》一回。

静秋來，伴宿。

二月八號星期日（正月初九）

抽血。錢、蔣大夫來。

臥床，看《水滸》一回。

湲兒來，伴宿。

公安部長華國鋒代總理，今日見報。聞鄧又犯錯誤，未詳其故。

二月九號星期一（正月初十）

湲返校。洪請假來。静來。錢、蔣、顧三大夫來。看報。上、下午吸氧各一次。

午眠片刻。看《水滸》至 9 回。劉起釪、崔文印來談。大便甚好。

九時服藥眠，終宵溺二次，翌晨七時醒。

二月十號星期二（正月十一）

作心電圖（小王作）。静秋來。上下午看雲南大學《思想戰綫》中《莊蹻》、《五尺道》、《吕覽·察今》三文。

蔣大夫來。傷風多痰。（看）《水滸》一回。

洪兒陪，九時眠，早七時醒。

二月十一號星期三（正月十二）

上下午，洪兒陪。夜，湲兒陪。看李希凡《紅樓夢》前言、《水滸》一回。吕大夫來診脉。

夜一時心痛作，吸氧，至三時迄。錢大夫來，待曉。夜小雪。今日寒，開暖氣。

腦中血多，即心中血少。

我真不能（看）理論書了。今日病由看李希凡文來。

二月十二號星期四（正月十三）

湲早去，堪來陪，午後去。錢、蔣大夫來，血壓159。張師傅來刮臉。

晨有小雪，終日陰。雪未止，但不大。看《水滸》四回。

夜，王震副總理由羅庚伴來談。頗緊張，即吸氧。

冠心病，冠狀動脉供血不足，加重心絞痛。賣老，賣狠！

二月十三號星期五（正月十四）

静來伴，晚洪來伴宿。上下午均吸氧。看《水滸》。

下午，熊德基來談。

看報，知去年夏季前後颳一股翻案風，而主使者爲曾經點名批判之人，迄不知其詳。

二月十四號星期六（正月十五　七九第一天）

今夜爲元宵，家中買粢團食之。静秋來，即赴診，知其病爲兩腿麻到脚，定于本月廿五號住院診查，作基礎代謝檢查甲亢。看《水滸》。上午吸氧，睡着了，下午又吸。

晚湲兒來。看報。九時上床不能寐，又吸氧，至十時後眠。

今夜難眠，當以看《水滸》太緊張故。

静失眠，説拉即拉，一日三四次。甲狀腺亢進（？）瘦。

二月十五號星期日（正月十六）

與湲兒談。看電視延邊歌舞團等片。與華羅庚談。

午後湲回家，予眠一小時。看報。蕙蕡來。静秋偕壽彝來，同車來去。看報。

洪來，帶到劇本數種，《水滸》停看，以其易致緊張胸悶也。

二月十六號星期一（正月十七）

錢、蔣大夫來，囑勿吸氧。看電視。静來伴終日。服西洋參粉，自今日始。吕大夫來診脉。

三時後，起釪偕王鍾翰來，王聲太響，由静遣去。看越劇折子數種，吕劇《李二嫂改嫁》。看報。

洪來。吸氧。九時眠，翌晨七時醒。

今日大便三次，瀉片又不敢服。

二月十七號星期二（正月十八）

静來，伴至下午三時。蔣大夫來，作心電圖，云：雖有問題，已比前好。上下午均吸氧。

得眠片刻。看《一部宣揚投降主義的教材——水滸》未畢。看吕劇《王定保借當》、《兩狼山》。看報。

洪來。

梅芳接家電催歸，靜又四出覓替人，愛松及蔣大夫各介紹一人。

二月十八號星期三（正月十九）

湲去。洪來終日，下午韓璐來與談。蔣大夫來。靜秋來，晚去。看揚劇、越劇十餘篇。

看《水滸》19 回訖。此書太緊張，與我心臟病不利。今日吸氧三次。

蔣大夫介紹保母一人，姓尹，宜興人，與梅芳同年。洪領歸，定後日試工。

蘇修出武備顧問 9 人。古巴出軍隊，助安哥拉人取得勝利，使歐洲各國震驚。全世界看清了蘇修的侵略面目及向全世界擴張的野心。唉，看你橫行到幾時？

二月十九號星期四（正月二十）

錢、蔣大夫來，仍囑我多躺。看論《水滸》文。看報。午，靜來。大便一次。

眠半小時。胡師傅來理髮。看報，略知此次運動由來。四時，靜去。

八時，洪來。今日吸氧四次。

正確：（綱）　　　　　　　　　（目）

無產階級專資產階級的政 $\begin{cases} 安定團結 \\ 發展生產 \end{cases}$

不正確：

1. 無產階級專政　2. 安定團結　3. 發展生產

二月二十號星期五（正月廿一）

蔣大夫來。静晨來晚去。看批《水滸》第二次訖、越劇。終日吸氧三次。大便二次。

愛松來談，贈花。振聲自徐水到京辦公。

洪晚來伴宿。九時眠。上午三時醒，良久又眠。

梅芳還鄉生產，尹粉妤來接班，春雨哭得喉沙啞了。

二月廿一號星期六（正月廿二）

蔣大夫來。終日吸氧三次。午，静來，晚去。

得眠片刻。看《越劇續編》及《明徽調輯佚》。大便二次。

湲來伴宿。九時眠，翌晨七時起。

今日晚十時半尼克松由中國派飛機接來北京。

每次進中藥，加進西洋參粉五分。

二月廿二號星期日（正月廿三）

錢、張大夫來。湲晨返校勞動。看報。終日未下大便，吸氧三次。

眠一小時。湲來，帶到閩劇《漁船花燭》、《煉印》，即看之。學斌來，飯後與湲返校。

洪來伴夜。

體重59公斤半。

華國鋒宴尼克松，并會談。

二月廿三號星期一（正月廿四）

下大便。静來，飯後去。看越劇《織錦記》。華羅庚來。吸氧。

蔣大夫來，作心電圖，云比前好些。呂大夫診脉。看《明代徽調輯佚》。眼澀。

毛主席會見尼克松。

二月廿四號星期二（正月廿五）

蔣大夫來。靜下午來，旋去。終日看報。

眠一小時，終日未下大便，吸氧三次。

看越劇三齣。八時，洪來，云已到牛夢成之母處去，取得對方相片，觀之甚魁偉。九時眠，翌晨七時醒。

今春陰晴無常，寒暖不定，予又病傷風，多痰與鼻涕。

二月廿五號星期三（正月廿六）

昨夜靜住門診部診查，尚未得結果。蔣大夫來，看靜亦是供血不足。看報。大便一次。羅庚來借越劇。

眠一小時。振聲來，送蘋果。起釪來，告將赴南京。堪來，囑多步行。湲來伴宿。

蘇修 25 大開會，勃列日涅夫大反華。

二月廿六號星期四（正月廿七）

錢、蔣、張、顧四大夫來。看報。大便一次。看《法家著作選讀》，記筆記數則，精神振奮。

未成眠。老胡來理髮。靜來，她有熱度三分，因勸其早歸。又看報。吸氧三次。

洪來伴。夜眠不佳，十二時即醒，再服藥，良久得眠，早五時即醒。心真不可用矣！

只許看故事書，不許看理論書，可奈何！

湜華到我家。

近日春雨說話頗有進步，如問以"爺爺在哪裏"，則云"在院"，問以"雞從何處來"，則云"媽媽買的"。他天好則常在院中與諸兒嬉戲。如在屋内則翻動書籍，蓋能動不能静也。

二月廿七號星期五（正月廿八）

蔣大夫來。有小雪。吸氧三次。始點眼藥，日三次。看嚴復《闢韓》。

午後看書，蔣大夫來爲拉窗簾，强予就眠，居然得眠一小時半。看《無産階級專政……》一章。

洪來伴。看報。十時眠，翌晨六時醒。

余目病多時，每越一小時恒須以涼水擦目，乃覺小愈。昨静秋來，訝予目無神。今日蔣大夫來，亦謂予目有病，須請眼科大夫觀察。大約予看書時間多，近年出版書報字又太小，年已衰老，乃發此病耳。如將來雙目竟盲，則苦痛極矣。

牛夢成之母爲洪介紹一張姓少年，前在解放軍，今在酒仙橋某廠爲二級工，約明晚會晤。

二月廿八號星期六（正月廿九）

看《無産階級專政學説概述》二章。蔣大夫來，許予出門，就近處散步。大便一次。看報。

看《明徽調輯佚》。

湲來伴，爲剝松子仁。九時半就眠。翌晨六時半醒。

春雨能喊"毛主席萬歲"口號了！

天氣陰晴無定，寒暖失常，以是感冒不易愈可。

二月廿九號星期日（正月三十）

與湲談話，食松仁。看報。蔣大夫來。看電視《金光大道》未畢即回，遵醫囑也。

眠一小時。終日未下便。晚服藥。點眼藥、吸氧各三次。德融侄來談南行所見。到羅庚處送劇本。

　　渼晚飯後去爲取《元曲選》來。洪來伴。九時半眠，上午二時醒，直至四時許復眠，六時半醒。

　　蘇——重、輕、農＼
　　　　　　　　　　　＞兩條路綫　　成敗顯然
　　華——農、輕、重／

　　體重 59．5 公斤。

　　蘇修手伸得太長了，處處是冤仇，如何逃得了天羅地網。

　　亞洲——占有日本北方四島。爲印度宗主國。

　　歐洲——以東歐各國爲其附庸，捷克尤甚。

　　非洲——進軍安哥拉，勾結索馬里。

　　美洲——取古巴爲其附庸。

無如各國人民日益覺醒何！

一九七六年三月

三月一號星期一 （二月初一）

　　看報（蘇聯二十五大：批判"三項指示爲綱"）。錢、蔣大夫來。點眼藥二次。

　　未成眠。大便二次。吕大夫來診脉。

　　洪來伴。看報。九時半服速可眠而睡。十二時尿濕褲。又眠，六時醒。竟打破一夜四尿之習。

　　静仍有一分熱，只得在家休息。

三月二號星期二 （二月初二）

　　蔣大夫來，自今日起停吸氧。看報。看元喬孟符《金錢記》。

　　眠一小時。三時静來，五時去。看《無產階級專政……》第五章。看元人《鴛鴦被》。

澄來，與談近日讀書所得，并同在廊中散步。夜，以服藥少，十二時醒，惟在半睡眠狀態中。

三月三號星期三 （二月初三）

錢、耿（主任）、蔣、張大夫來診。老胡來爲理髮。看元張國賓《殺狗勸夫》及張國賓《合汗衫》。

未成眠。看《無産階級專政……》第六章。看關漢卿《謝天香》。看《人民日報》池恒作《從資産階級民主派到走資派》。下午，堪來，同在廊中散步。

羅庚來談。洪來伴，道及牛夢成母介紹之田國民，已於昨晚初次會面。并提及鴻鈞之妻潘氏已與木蘭同來京，其子方三個月。

三月四號星期四 （二月初四）

看報。蔣大夫來。看馬致遠《漢宮秋》。

未成眠。草二十四史工作計劃（重點前四史）及《尚書》工作計劃。四時，静來，五時半去。蔣大夫來。看元人《爭報恩》。

七時，洪來，與談封建社會婦女事。十時眠，上午四時醒，待旦。

血壓：午後能睡時 70—120；不能睡時 80—130。

謝惠良爲洪介紹另一婚事。

三月五號星期五 （二月初五）

看報（文藝界批走資派）。蔣大夫來。看《無産階級專政……》一書訖（第七章）。

未成眠。看元人《陳州糶米》。四時半，静秋來，到門診部看病，五時半歸。看《賺蒯通》、《玉鏡臺》。下午，潮歸家。

羅庚來。洪來伴。九時藥眠，上午二時醒，約四時又眠。

下糞如一粒棗。

午後與晚上眠不好，大概是停吸氧氣之故。

春雨不喜歡新來尹阿姨，常纏外祖母，使她要交給他自己的親娘。

勃列日涅夫在 25 大報告中説："日本要求歸還北方四島是没有根據的非法要求。"真是强盗邏輯。

三月六號星期六 （二月初六）

錢、張大夫來。下糞仍如一粒棗。下午因昨服瀉藥，下稀便二次。静秋來。約定診期（同位素）。

蔣大夫來。看《玉鏡臺》。傍晚潮兒來，告後日攜春雨到徐水，端節再來。看報。

湲來伴，與談。九時，吸氧，得佳眠，翌晨六時半醒。

邵恒秋到家訪。

三月七號星期日 （二月初七）

稱斤。看《來生債》、《薛仁貴》。蔣大夫來。與湲談。午，湲歸家。

得眠一小時。看報。下稀便三次，腹中一空。三時，湲携物來。五時，静、潮率春雨來，初怕生，後在長窗簾内捉迷藏，漸活潑，作各種表現。

七時，湲返校。八時，洪來。九時，吸氧。服藥二次，十時許眠，翌晨七時醒。

三月八號星期一 （二月初八）

早，取耳血。羅庚來，換元劇。錢、蔣大夫來。大便一次，乾。

看報。

眠一小時。照心電圖。呂大夫來。看《張天師》、《救風塵》。

七時半，洪來。夜，小便多至五次，眠尚好，翌晨六時半醒。

潮携子到徐水，静與洪、堪到站送。

血壓 110/70，無乃太低？

三月九號星期二（二月初九）

看元人《東堂老》劇。看報。蔣大夫來。大便一次。

未成眠。看《燕青博魚》劇未畢。四時，静秋來，談。

七時洪來。上廳看電視歌舞會演，不敢受刺激，三進三退。服藥眠，甚好，小便三次，六時醒。

三月十號星期二（二月初十）

看報。錢、耿、蔣大夫來。洪伴到廊中散步二次。十一時，洪歸，待謝惠良。大便無，夜又得服藥。看《燕青博魚》訖。

未成眠。看《瀟湘雨》、《楚昭公》。愛松來，談邱柏平事。

看電視一小時。湲來。九時半就眠，湲拍睡，遺溺換褲。翌晨六時醒。

看昨《人民日報·重蹈覆轍》文，知蘇修在安哥拉殺十五萬人，使數十萬流離失所，憤憤！

三月十一號星期四（二月十一）

五級風，一掃數日陰雲。看報。華羅庚來辭行。静來，以同位素查甲狀腺機能亢進，歷四次。蔣大夫來。

由静拍睡半小時。胡師傅來，小周禁不令下樓，携具上樓修面。看《曲江池》、《燕青博魚》。

看電視《海潮》、《中國人在坦桑尼亞》等。晤王震。洪來，爲洗兩股。服藥二次，十時半眠。

　　今日爲孫中山逝世五十一周年，我分當出席紀念會，静以風大不令去。

三月十二號星期五（二月十二）

　　看報。蔣大夫來。静來，再往同位素室，知甲狀腺功能正常。與静同在廊散步，并在廳下五子棋。

　　未成眠。静歸。下糞甚多。看《梧桐雨》、《虎頭牌》。到王震處問候，知尚未痊。

　　看電視吕劇《支農曲》。洪兒來。九時半服藥眠，翌晨六時醒。

　　文懷沙關了十年，近日釋出，今日到家訪我。

三月十三號星期六（二月十三）

　　看報。蔣大夫來。看《凍蘇秦》。静來，同飯，午後由静拍眠，約半小時。

　　看報。看《兒女團圓》、《玉壺春》。大便未下。蔣大夫來看吃飯。

　　看電視《高山尖兵》。湲來，伴宿。九時眠，翌晨三時醒，良久又眠，六時醒。

　　加服軟化血管藥，每日十五丸（禦風寧心丸）。

　　得潮信，知春雨到徐水後，已入 1.5 ～ 2 歲班之托兒所，與同年齡者相比，顯得他特别結實。宿舍内又有許多小姐小哥和他玩，比在我家纏着姥姥好得多，他精神能集中，大了必是一個有所創造的人，可惜我已見不到耳。

三月十四號星期日（二月十四）

　　蔣大夫來，囑定菜不宜三個。湲兒回家，與學斌同搭葡萄架。

看《凍蘇秦》、《鐵拐李岳》。下大便。

　　朦朧一小時。看《小尉遲》。瑗偕學斌俱來談，同在廊間散步。看報。

　　看《風光好》、《秋胡戲妻》。九時服藥眠，翌晨五時半醒。

　　靜到施如雪家，談洪婚事。

　　過磅，正 60 公斤。

　　史樹青到我家。

三月十五號星期一（二月十五）

　　錢、蔣、張大夫來。看《神奴兒》。

　　未成眠。下大便。看報。呂大夫來診脉。眼矇，久滴眼藥不愈，奈何！王震副總理來談。

　　七時，與洪兒同看電視《冰雪競賽》等。九時服藥眠，上午二時醒，良久再服藥一丸，復眠，六時許醒。

　　近日寒暖無常，靜患傷風，予亦流清水鼻涕。

　　劉起釪到南京去，說十天，到今二十天迄未來。這個人好鬆懈也，如何能幫我工作？想起來真使我傷心，我可如何得到一個好幫手？

三月十六號星期二（二月十六）

　　與公安部副部長楊奇清及江西某君談話。看報。蔣大夫來診。

　　爲起釪事，越想越氣，越氣越緊張，他哪裏能幫我整理《尚書》！因此，《元曲選》看不下了。寫崔文印信。

　　看電視歡迎老撾總理凱山豐威漢等。洪來，知靜有些發燒。九時半服藥眠，上午二時醒，以明晨抽血，達旦不寐。

　　今日有小雨，天陰，鼻中流涕不已。

三月十七號星期三（二月十七）

五時半抽血。早飯後與洪在廊中散步。洪去堪來。錢、蔣等大夫來。午飯後與堪散步，下五子棋。十二時堪去。

服藥，得眠半小時。下糞成條。看報。與洪下五子棋，各贏五盤。起釪、文印來，起釪已暫入歷史所，在甲骨組工作。

看電視，湲來伴。十時眠，翌晨六時醒。

有西北風，降溫十度。

静咳得利害。

三月十八號星期四（二月十八）

看報。蔣大夫來。上午、下午各下糞一次，不稀。

服藥，未眠。胡師傅來，理髮。看《誠意伯集》二冊。

飯後到 205 室與黃振業談。看電視。遇煤炭部長徐今强。洪兒帶報來，即看。十時眠，翌晨五時半醒。

血糖 120，低得多了。

仍颳西北風，穿棉袍。

三月十九號星期五（二月十九）

蔣大夫來。看報。一日下便兩次，不稀。

服藥，得眠一小時，蔣大夫聞予鼾聲。翻《劉伯温集》一過。看《詩刊》。與公安部副部長弋陽汪同志談話。

看電視毛主席接見老撾代表團等。洪兒來。服藥眠，至上午三時半醒，遂待旦。

静仍咳多痰，臥床。

三月二十號星期六（二月二十）

看報。華羅庚來理療，見訪。蔣大夫來。錢、蔣大夫來，右足之蓋還不能脫，錢大夫謂是年老之故。看劉基《春秋明經》。

服藥眠一小時（前些時服安定兩片，今日減一片）。看元人《伍員吹簫》、《勘頭巾》二劇。

飯後與諸病友散步。看電視少年歌舞片。湲來伴。

蘇修到處占便宜，武力超過美國，遂乃急于稱霸。這次埃及撕毀條約，世界稱快，到了泰極而否之境。

三月廿一號星期日（二月廿一）

蔣大夫來。看報。與湲同步廊中，下五子棋，看電視《碧海風波》（抗美援朝劇）。

眠一小時。看報。看元人《黑旋風雙獻功》。大便一次。與湲下棋。郭敬來。起釪來。武學斌來。

看電視陝西歌舞。洪來伴。九時半眠，上午一時半醒。再服藥，又眠，六時醒。

近日吃、撒、眠三者都上軌道，此住院之效也。

三月廿二號星期一（二月廿二）

錢、蔣大夫來，要我再住一星期回家。看報。作心電圖。看《倩女離魂》劇本。

服藥未成眠。大便一次。呂大夫來診。靜抱着卅七度五的熱而來，四時半勸她歸去。看《陳摶高臥》劇。看報。木蘭偕潘淑霞（鴻鈞妻）、陸纓來，贈食物兩盒作予壽禮。

洪來伴。看電視《南征北戰》。

靜病已歷九日，爲了木蘭要帶弟婦來看我，故勉強來院視我。

三月廿三號星期二（二月廿三）

蔣大夫來，告昨作心電圖有進步。看元劇《救孝子》、《柳州夢》。

服安寧三丸，約眠一小時。大便一次。在廊散步。看《王粲登樓》。看《黃粱夢》未畢。

看電視《平原作戰》、延邊朝鮮族歌舞等。洪來。九時半服藥眠，翌晨七時醒，一夜四起溺。今日起停點眼藥。

過于寂寞，反致血上升，予亦亟思出院，使生活多樣化，奈天氣日夕差 15 度左右，有了汽爐還是咳嗽多痰何！

三月廿四號星期三（二月廿四）

與洪在廊散步。看《黃粱夢》訖，又看《昊天塔》。蔣大夫來。

服藥，未成眠，精神緊張。洪下午又來，對弈。看《漁樵記》畢，看《青衫泪》，未畢。看報。起釪來，談整理《尚書》事。

看電視《渡江偵察記》。湲來，商談出院事。九時半服藥眠，翌晨六時醒。

靜溫度 37.8，臥床，湲診視，謂待天暖自好。

三月廿五號星期四（二月廿五）

早陰霾，旋下雪。湲返校。蔣大夫來。看《後庭花》。老胡來，刮臉。

一九七六年四月

四月廿二號星期四（三月廿三）

今日予 83 足歲（以陰曆言）。

四月廿六號星期一（三月廿七）

今日春雨兩足歲。

一九七六年五月

五月八號星期六（四月初十）

今日爲予 1893 年之 83 足歲（去農曆生日 16 天）。

一九七六年六月

六月一號星期二（五月初四　兒童節）

小王開車來，送予到北京醫院，靜秋伴，就内科王大夫、中醫魏大夫診。遇王芸生、華羅庚、茅以升。

看報。王湜華來，談到其家工作事。寫史念海信。

湲兒歸，伴予到燈市口散步。得佳眠。

乾麵胡同居民委員會之老單，前作圬工，今年七十三，告予兩膝蓋已不濟，此正與予同病。予七十三時，夜至北海，忽腹急，即就厠，而便後竟站不起，亦無人可唤，此景猶如前日事，可見到此年壽自必犯此病，亦人生規律也。

伯祥没後，由湜華夫婦住入正屋，而以湜華住之兩間歸併潤華。予與言，我所欠彼之文債將携稿到彼處作之，渠歡迎。此事甚佳，予向日在京，無論住大石作、住成府、住西皇城根，皆別覓靜室作文，庶可不受外界擾亂也。

伯祥藏書，除解放後出版者外，皆捐入文學研究所，此則對予寫作頗不利。

六月二號星期三（五月初五）

與洪兒同到東安市場購物，歸乃大累，予足如此不濟，一嘆！看報。

眠一小時半。洪兒偕堪兒到政協禮堂看《開山的人》電影，予不能行也。

洪兒伴予散步。歸，尹阿姨爲予擦背易衣。

予前所用之七紫三羊毫，新文化運動以來，市上早已絕迹，使予不便作小字。今日在市場購得北京市製筆廠所出“堆雲”一種，七角一枝，可寫小字，甚愜予懷。

六月三號星期四（五月初六）

請東風理髮館李師傅來家爲予理髮。看報。

眠一小時。以經濟部研究手工業史之汪君向予借顧鐵卿《桐橋錄》，寫子臧信。

湲兒歸，携凳與予上街，俾得憩息。眠酣。

天氣日熱，飯菜易餿，洪、堪兩兒既在醫療器械廠作冰箱，因于前日買得一具，價八百卅元。此後羹湯瓜果悉可納入，不愁食品度夏之難。此我家又一現代化工具也。

六月四號星期五（五月初七）

翻看舊日記，有可補充者，即隨手寫入，此中甚有近代史料也。看報。

與静秋下棋。

與洪兒步至東單，息于藥店。歸，疲甚。睡佳，至八小時。

日前接行吉信，以在家待分配，無消息，空閑甚，願到京。今晚洪兒到東單郵局，匯去卅元車費。此兒能幹如其母，當可助予料理家務，予亦可予以輔導也。

潮兒幼時，能自找畫册、照片，細細覽之，正與今日春雨一樣，作事必須集中精神乃可有成，必非散漫優游者所可及也。

六月五號星期六（五月初八）

看報。翻舊日記，寫感想數條。

眠半小時。翻舊日記，書李石曾劣迹。看《遼史》。

湲兒歸，與之同到紅十字會門口憩息。看電視。

歷史所黨委副書記張顯清爲實際負所務責任之人，得閑當謀一晤。

李石曾，爲予所見之大學閥、大惡霸，而政協文史叢編中竟無人揭發，以其專在學界中搗亂，一般人不知之也。予在運動前已約焦菊隱同寫一文，而焦君今不知何往，故簡記之于舊日記中，備後人之掇拾。

六月六號星期日（五月初九）

下大雨。看報。趙乃揚來。起鈃來。與湲兒下棋。

眠一小時。看湲兒爲我理書，指點其安置處。看《文物》三期。看電視。眠䤘。

今日大雨，爲半年來所無，不但喜田疇得膏澤，即人們精神亦得一振奮矣。

予自取出一抽屜，理雜紙，不禁心宕，只得口頭指揮他人爲之。

起鈃告予，胡厚宣欲來看我，商量同事《尚書》工作。彼肯相助，自是佳事。又言起鈃住所內，可由他辦。

六月七號星期一（五月初十）

寫韓迪厚信，静秋與我爭吵，旋同出寄信。子臧送《桐橋倚櫂録》來。看報。

眠半小時。看《桐橋倚櫂録》子臧題辭，將全書誤字改正。與堪兒下棋。

　　與洪兒偕出，取牛奶，未得。歸，看《倚櫂錄》。眠不佳，約得五小時。

　　韓迪厚在新西蘭教學，頃到京，欲與予會談，而函寄中華，擱置已十日，昨乃由起鈐持來。予頃作答，囑其向歷史所接洽，則彼此可來往。静秋不欲予見之，因爭吵，幾使予又鬧心臟病。静秋對予管得太嚴，予所不耐。自醫院歸後夜眠本好，今日乃又睜目待曉矣。

　　洪兒得吳練青所贈《蘭亭序集帖》後甚愛之，予勸其每夜摹寫一紙。彼筆力較健，而工人生活日日年年一樣，太單調，必濟之以文藝技術，乃得有調濟之方耳。

　　吳世昌君讀書細密，《桐橋錄》一書，由彼提出若干有用資料，并改正若干誤字缺字。

六月八號星期二 （五月十一）

　　看報。湲兒回，告全校將到大興縣田間勞動一個月。與下棋。湲兒爲予理書、稿。

　　眠一小時半。補記日記八天。

　　與洪兒到燈市口坐談。眠近八小時。

六月九號星期三 （五月十二）

　　看報。與静秋下棋，覺疲憊，因臥床翻書。

　　臥床，看《桐橋倚櫂》，盡三册。

　　看電視《蛇島》等。爲無安眠藥生氣，湲兒爲吸氧。

　　今日萬分困憊，蓋六日下雨，近數日又陰涼，氣候一變，予氣管炎病又作也。又今日洪兒爲予到北醫取藥，遇王一（女）大夫，他藥俱照發，獨安眠藥三種（安眠酮、安定、安寧）不發，謂上星期已發過，認予爲一普通病人，照常規辦事也。不知予爲一特殊病人，他種藥可不服，而安眠藥則每夜必須飲六丸。以洪兒不能與爭，晚上生氣，心臟病又將發矣。

六月十號星期四（五月十三）

與靜秋、洪兒同乘車到北京醫院，就金、魏兩大夫診。抽血、作心電圖。晤季方、茅以升及錢、蔣兩大夫。十一時半歸。

眠一小時許。在床看報，翻小説。寫春雨信。

看電視。服藥，眠酣。

今天我第一次與春雨直接通信，以潮兒多日無信來，思之甚苦也。此信他固看不懂，只要其母肯講與他聽，他也可以懂得幾句。

今日作心電圖，與三月廿五日情況差不多，仍是心臟供血不足。醫囑我不要多勞動，不要多用心，不要多見客，即見客也不要多談話，總之把一切活動都堵住，把一個活人看成死人。這就將我一個生命力最強的人重重地捆綁在鐵柱上了！

六月十一號星期五（五月十四）

看報。在沙發上眠一小時許。

飯後未成眠，倚床看《喻世明言》。

看電視。服藥，十時半眠，翌晨六時醒。

予與靜秋同病神經，同服安眠藥過夜，然我爲神經衰弱，彼則神經官能症，故反應各異。

六月十二號星期六（五月十五）

看報。補記日記四天。

眠一小時。王載輿、高耀玥來。點《説苑》。

莫旗孫虹來，留宿。看電視。

得行吉來函，謂正在校學習中，初步定本月二十日北行。

六月十三號星期日（五月十六）

看報。看新出版之《南史》。

卜蕙裳偕頤萱嫂來，留宿。

看電視。一宵終須起溺四五次，上午三時是一關口，有時仍得眠，有時則待曉矣。

服酚酞片四分之一片，今日下便三次，腹中一快。近日予體甚感疲勞，當因天氣不正常之故。今日氣溫高至卅四度，即華氏九十度也。

自一九六六年後，即未與頤萱嫂相見。時越十年，今日重晤，背彎如駝矣。

陶弘景一生保衛己體，住山林中三層樓，不輕見客，服藥求長生。然年八十一而死去，此固人生自然規律。若予者，體雖不健，然壽已越彼，亦可自慰矣。

南斯拉夫總統鐵托，今年八十三，與予同，近猶奔走各地，視予為健。然各國報紙論及彼國，每云"鐵托死後"如何如何，蓋如此之年，在人心目中已為一倒即死之期矣。予之于學，愛好之情不弱于鐵托之于政治，可奈何！

六月十四號星期一（五月十七）

看報。與湲兒同看馮夢龍"三言"并作評論。邀馬師傅來理髮。與湲兒下棋，予大輸。

湲兒晚飯後出門，將步行五十里，到大興縣勞動及醫療。

湲兒此次赴大興兩星期，除割麥外又在農村任醫療工作，今晚步行而往，明早可到。青年有力鍛煉，可喜可羨。

六月十五號星期二（五月十八）

點《説苑》一卷許。邵恒秋來。看報。

爲與静秋生氣（事見本月末葉*），胸又悶，輸氧氣，得小眠。與洪兒下棋。洪兒爲吸氧。十時後眠。上午三時醒，待旦。

今夜雷雨，氣候較凉，然蓋被則仍是一身汗也。

六月十六號星期三（五月十九）

頤萱嫂返木蘭處，堪兒送。洪兒爲予取藥。看報。點《説苑》一卷。

眠一小時許。看吳世昌《論紅樓夢中人物命名的意義和故事的關係》。

與静秋下棋。九時半服藥眠，翌晨六時起。

今日終日雨，一凉，予即咳。氣管炎症逐年加重，恐將與伯祥"白首同所歸"矣。

每到下午，腿即有腫的感覺，諺云："女怕戴冠，男怕着靴。"此亦身體日走下坡路之徵兆也。

六月十七號星期四（五月二十）

元善來談。看報。辭尹阿姨，與談。看吳世昌《論曹雪芹佚詩》。

眠近兩小時。點《説苑》一卷。

得潮兒信，知春雨知道外公外婆想他，立即想回北京，此真天真可愛也。

元善長我半歲，而體健壯，穿衣少，行步捷，可羨也。

＊　編按：本月日記不全，所指末葉今未見。

六月十八號星期五（五月廿一）

此日起未記日記，則以病（嘔吐）又住醫院也。

此日行吉到京，而下午即伴予到院，亦一奇事。

一九七七年

一九七七年七月

七月一號星期五（五月十五 建黨五十六周年紀念）

翻李亞農《欣然齋史論集》。看報。丁姨帶其女紅雨來。

眠一小時。鈔黃以周《王曰又曰解》入筆記。

與洪兒携春雨到紅十字門口。服藥三次，十一時眠。翌晨七時半起。

許久不寫日記覺有不便，因于今日起續爲之，如病，則又將間斷矣。然作字手顫，終以爲苦耳。

自端午以來，不過十天，而天降大雨，無雨則酷熱，儼然如度南方"黃梅"。學斌言，此種氣候渠未度過。

七月二號星期六（五月十六）

潮兒伴至巷口"人民"理髮。看報。

眠一小時。翻劉毓崧《通義堂集》。

學斌來。服藥二次，十一時眠。翌晨七時起。

春雨來五天，鬧得不成樣子，蓋男孩初有知識而不解是非，遂以與人尋釁爲樂也。且不肯正常吃飯，實與彼本身不利，幸他明日歸徐水，使我得一輕鬆耳。

大便又秘結，服酚酞片半片，有效。

七月三號星期日（五月十七）

徐水汽車來。送潮兒、春雨行。看報。劉起釪來。

未成眠。翻雷學淇《介庵經説》、《陳學范集》。吳世昌來談。

高文龍來，送《李自成》小説。十時服藥眠，得睡。

今日報載上海人民出版社寫的一篇《四人幫與蔣介石》甚好，使人知蔣與四人幫失敗之所以遲速之時代情況。

七月四號星期一（五月十八）

静秋、溪兒堅欲予寫向所領導信，予不堪緊張，心臟病又發，服硝酸甘油二次，并吸氧氣，至三時許起床。

看談遷《棗林雜俎》。

十時服藥眠，翌晨六時醒。

予已甚衰老，經不得緊張，而家人不諒解，因起釪重托，必欲予寫信，致舊病重發。此心搖搖，恐不能久于世矣。

堪兒在工廠參加技術革新勞動競賽，天明即去，深夜方歸，歸後又看書到深夜，如此努力固堪喜，但眠食均不正常，在健康上實可憂也。奈何！

七月五號星期二（五月十九）

理抽屜，將半年來起釪所送工作報告整理。看報。

未成眠。看王士正《香祖筆記》。

吳世昌來，送《熙朝雅頌集》。十時服藥眠，翌晨六時醒。

子臧在鄭州時，適鄭州大學在滬買得大批彈詞，因得縱觀，發見《描金鳳》文筆描寫最好。此爲予幼年在慶叔祖母棚子上所見，惜當時未知欣賞也。

七月六號星期三（五月二十）

看子臧見假之《熙朝雅頌集》。看報。

眠一小時。看《棗林雜俎》。續看《熙朝雅頌集》。

服藥眠，翌晨六時醒。

檢舊時日記，缺第十二、十三兩冊，爲予接先父到京至獨到蘭州時事，不知何人所取，爲之悵悵。

報紙登出予整理《尚書》，爲一九六一年事。自《人民日報》始，《光明日報》來作詳細調查，且爲照相，直至南洋各報皆載此消息，則毛主席指示定在此前也。

七月七號星期四（五月廿一）

看《棗林雜俎》。看報。上街買物，遇李紫東夫人，知紫東去世已十年矣。

未成眠。記筆記二則。看《考古》。

洪兒爲擦身。服藥二次眠，翌晨六時醒。

作《國榷》之談遷，爲明末清初之掌故大家，其《棗林雜俎》則爲其隨手記錄之筆記，細大不捐，可見其勤。

于近期《考古》上，見安陽發得武丁妻婦好墓，獲得古物甚多。俟天氣涼時，當到歷史博物館一觀。

七月八號星期五（五月廿二）

爲起釪調職事，寫學部信，受靜秋干涉，心疾又作。看報。

未成眠。看趙萬里《校輯宋金元人詞》。

洪兒爲擦身。與湲兒在本巷散步。周武花來，留宿。服藥三次，十一時眠，翌晨七時醒。

天熱，流汗多，入眠愈難。服安眠藥多，則翌日頭暈，無力工作。過一夏天真非易事。

起釬本科學院工作人員，調至北京，助予整理《尚書》。乃尹達以私心令入中華，遂爲書局編輯。年來予纍函學部，請將其組織關係調至學部，然僅辦到"借調"，工資仍由中華發給，此真"名不正"也。予今日正爲作函，請領導辦此事，而静秋看我函稿，橫加干涉，使我一緊張，冠心病又作，只得輸氧氣及服硝酸甘油矣。

七月九號星期六（五月廿三）

周武花別去。看報。看章學誠《信撫》。

眠一小時。續看《宋金元人詞》、《香祖筆記》。

服藥二次，十一時成眠。翌晨六時醒。

日記第十二、十三兩册自予房内找出，乃去年予住醫院時，兒輩爲予整理屋内什物時插入架内者也。今日找出，心爲一寧。

七月十號星期日（五月廿四）

翻《新潮》中予舊作《對于舊家庭的感想》，因見魯迅以"唐俟"筆名所譯之尼采文，爲之一嘆。看報。

眠一小時。看姚鼐《惜抱軒集》。

侯仁之來，送《長城圖卷》索題。十時服藥眠。十二時醒。又服，乃睡至曉。

仁之言，北大中批判依附"四人幫"之大批判組，聲勢甚大。周一良一天批三次，魏建功則兩次，至馮友蘭，領導上以其年高，不欲其參加，而群衆不許，以江青曾數次到其家也。如此大熱天，八十二歲之人日日受批判，其何堪受。則以平日好高攀有以使之也。

七月十一號星期一（五月廿五）

起釺來。看雷浚《睡餘偶筆》，記筆記一則。看報。

眠一小時。鈔姚鼐《左傳補注》文入筆記。

洪兒爲洗澡。十時服藥眠。翌晨早醒，待至七時起。

江澤涵埋頭治數學，向不爲人注意，今天《人民日報》乃大書特書，可見今日黨與政府注重理論科學，力反"四人幫"造成之損失。

看《宋金元人詞》精神上輕鬆了幾天，心臟稍健矣。

洪兒從羡兆揚處得信，王雪瑩跌斷了腿，移住紅霞公寓。

七月十二號星期二（五月廿六　初伏）

蕙蓀來。與學斌同看侯君《長城圖卷》。看報。

未成眠。看《人民畫報》五月號。王湜華來，取《倚櫂録》。

湲兒伴出散步。看《雷雨》科學片。十時服藥眠，翌晨醒。

今日下午雷電交加，鄉間下雨，而城中無之，所謂"夏雨隔爿田"也。

蕙蓀見予，謂予氣色甚好。予果能好好兒再作幾年工作乎？

七月十三號星期三（五月廿七）

看報。静秋爲目疾，到奶子府西口扎針。

眠一小時。看宋王明清《投轄録》。洪兒伴至外面兩次。

看歌舞電視。十時服藥眠，上午二時醒。再服藥，七時醒。

清華、北大大批判組之被批判今日見報，此輩真是四人幫的走狗。而江青對于這輩人的籠絡亦無微不至，兩方醜態畢露矣。

静秋右目幾于失明，以蕙蓀介紹，用扎針治之，每晨一次，當去一個月。

七月十四號星期四 （五月廿八）

記筆記一則。看報。補記日記六天。

眠一小時許。鈔顧家相論"五霸"入筆記，未畢。

湲兒伴至本胡同看游街，遇胡厚宣，八時半歸。復爲洗澡。十時半服藥眠，十二時又服，眠達曉。

女工潘嫂，人甚沈静，已來三個月，以不會作飯，爲静秋辭去。

北京户口近千萬，壞人溷迹其間，作盡壞事。今晚警局以三人游街，一强盗，一小偷，一流氓。在一大卡車上，警察圍之，徐徐而行，聲言其罪，謂將送至邊疆，强迫勞動。惜聚觀者多，予看不清耳。

蕙葹子唐守文，長于數學，北京市會考得第一。文化大革命中，以其專也，排之出北大，到鄭州教中學。今晨得木蘭電話，詢其居址，知數學研究所欲用之也。風氣之轉如此。

七月十五號星期五 （五月廿九）

看報。誦芬弟自法國考察飛機歸，長談，留飯。

眠一小時許。看宋陳世崇《隨隱漫録》。

邀紅雨母女看電視。十時服藥眠，翌晨五時醒。

丁家小姨（蕭風夫人之妹），適張氏，生女名紅雨，二歲，頗與予昵，春雨不在此，我即以愛春雨者愛之，亦老年人所需者也。

七月十六號星期六 （六月初一）

翻馬叙倫先生《讀書小記》及《續記》。看報。

潘嫂辭去。眠一小時許。湲兒伴至南小街散步，遇夏鼐、楊向奎夫人。

湲兒爲洗浴。九時半服藥眠，十二時再服藥，眠達旦。

終日流汗不止，今年中伏有二十天，尚須受苦三十餘日。許多人夜不成寐，在街頭乘涼，況余有失眠疾者乎！

馬先生勤讀勤寫，故能有此巨制，但太零亂無紀，忽彼忽此，使人目眩，所謂務廣而荒者也。天熱，不能鈔書，姑以此遣日。

七月十七號星期日（六月初二）

翻馬叙倫《讀書續記》。看報。

未成眠，續看馬書。與静秋及洪兒、湲兒夫婦上街買瓜，并飲酸牛乳。

洪兒爲擦身。邀紅雨母子看電視。九時半多服藥成眠。翌晨六時醒。

今日熱甚，達攝氏表卅六度，華氏表則將百度矣。前數年夏日，予常住院，屋開冷氣，幸免此虐，今年在家，大感苦痛。

聞日前遲群在清華游街，有一青年跳上車，將刀劃破其面，流血甚多，可知人民劇恨"四人幫"之程度，苟江青游街，定被觀衆打死。

七月十八號星期一（六月初三）

寫張文虎《史記校勘記》籤。起釘來。小王車來，湲兒夫婦伴赴北京醫院，就魏、金二醫診，十一時歸。看報。

眠一小時許。看報。記日記五天。

看電視《糧食》。十時服藥眠，十二時半醒。又服，五時醒。

中華書局欲再版《史林雜識》，此于我爲一喜事。恨我手戰，否則便可編定以下諸册，一起出書矣。通知我者名張烈。

阿爾巴尼亞忽然與中國鬧翻，説劃分三個世界不合馬列主義，且將英文譯報向各大使館分送，所謂"海内存知己，天涯若比鄰"者竟得如此結果，可詫！

七月十九號星期二（六月初四）

看《紅旗》七期。看報。

眠一小時。看孫傳鳳《沒民遺文》、《沒民叢稿》。

與靜秋到紅十字會門口，子臧來談。擦身。九時半服藥眠，翌晨五時醒。

今日天陰，熱得較低，精神較好。但坐在椅上，一不小心就做夢，這似非好兆，我父臨終前一星期寫信給我，說"一閉眼就見祖宗"。

日前夢到健常處，但入室而不見其人，亦似非佳讖。

孫傳鳳爲伯南先生之父，研究經史、金石、目錄等學。予在中學時甚受伯南教導，即間接受其父之學。

七月二十號星期三（六月初五）

洪兒伴至"向陽"理髮。遇羡兆揚之母。看報。

眠一小時。集中力量，爲起釪組織之改歸歷史所事致林修德函，共八紙，約一千二三百字，即封口，交洪兒明日送去。

與靜秋、湲兒等談。十時服藥眠，翌晨六時醒。

起釪本近代史研究所工作人員，調到北京助我任《尚書》工作，當然是歷史所人。乃尹達因對我有成見，不願起釪入所，納之於中華書局，遂爲彼局編輯員。年來我兩致函與學部，請將其組織移轉，乃僅辦到"借調"，工資依然從中華發，故今日去函極論之，然而累矣。

七月廿一號星期四（六月初六　今日爲先父一百零七歲冥誕）

竟日大雨。看《胡適文存》三集及魯迅《華蓋集》。看報。

潮兒托人帶蔬果來。小眠。

看電視。十時服藥眠，翌晨六時半起。

近日氣候變遷過甚，予氣管炎又作，痰咳皆甚。老年人過夏冬兩季洵不易也。

今夜電視爲《熊猫》科技片及王昆、郭蘭英之歌唱，郭出山西梆子劇班，故手足動作亦助表情，故勝於王。然此二人年均逾五十，舞臺生涯恐不久矣。

七月廿二號星期五（六月初七　第一中伏）

看《華蓋集》及《續編》，未畢。看報。

眠一小時許。陳姨來試工。湲兒伴出外，歸，爲予擦身。

看電視。九時半服藥眠，翌晨三時醒，待旦。

今晚電視，記昨晚華主席開中央全會，宣布鄧小平同志恢復原職，將四人幫開除出黨。群情大悅，處處放鞭炮及游行。洪、湲均到天安門觀之。

自去年十月六日逮捕四人幫起，迄今十個月又半，政治上作一運動之結束，此真吾國人民之大勝利，亦見華總理與葉副總理之領導有方也。

七月廿三號星期六（六月初八）

看報。補記日記四天。鈔顧家相論"五霸"文訖。看報。

眠一小時。

邀張紅雨來看電視。十時服藥眠。十二時醒，再服藥，翌晨七時醒。

今日雨中，全市繼續歡慶游行，洪、湲均參加。聞周建人亦列隊，約行兩站（電車站）即現休克，幸有醫生施救得蘇。渠年八十有九，有此勇氣，甚可佩服，惟年紀不饒人，實爲自然鐵律耳。予以多病聞名，故組織上未來邀也。

七月廿四號星期日（六月初九）

起釫來。以《國語韋解》及《史記・楚世家》參考昆吾、大彭爲夏商伯之資料。看報。

眠一小時。

與湲兒夫婦出散步，歸擦身。十時服藥眠，翌晨六時醒。

湲兒夫婦今日游陶然亭，知已改造一新，俟天稍凉，當游。予已十年不到矣。報載去年地震，破壞北海白塔，今正修復，是亦有游覽之望也。

毛邊紙筆記本，以前琉璃廠榮寳齋賣八角一册，近來百物漲價，提高爲一元五角矣。

七月廿五號星期一（六月初十）

看報。以董增齡《國語正義》參考昆吾、大彭之史料。

眠一小時。看孫傳鳳《洨民遺文》。

洪兒伴出散步。歸後爲我擦背。十時服藥眠。十二時醒，又服藥。眠至七時醒。

今年之熱爲世界性的，報載美國某某等地皆高至攝氏四十餘度。北京高至華氏九十餘度。幸夜間尚稍凉也。

七月廿六號星期二（六月十一）

看報。以劉師培《姒姓釋》録入筆記。

眠一小時許。寫中華書局張烈信，又寫聖陶信。

與洪兒同出散步。歸，由她爲我洗浴。

湲兒逼我寫不可不復之信，幸近來手顫較好，在毛邊紙信箋上寫較大之字，尚可掩改其顫狀也。

七月廿七號星期三（六月十二）

讀《晋語七》。看報。

眠一小時。寫童教英信，告以修改丕繩《春秋史札記》事。

與静秋同出散步，歸，爲我擦身。覺倦，就枕得自然眠。

　　近日忽患便秘，服酚酞片一丸尚無效，洪兒爲打開塞露，雖下仍不暢。大約天熱致此。

七月廿八號星期四（六月十三　唐山地震一周年紀念）

　　盛杰昨晚自杭返京度暑假一個月。與静秋、湲兒同到北京醫院，就魏、金二大夫診。十一時歸，看報。朱士嘉來訪，未晤。

　　湲兒爲打開塞露。看《人民畫報》。眠二小時。看報。翻謝彬《新疆游記》。洪兒伴出散步。

　　學斌、静秋伴到紅十字會乘凉。歸，學斌爲洗浴。服藥二次，十一時眠，翌晨六時半起。

　　在門診部所晤人：榮毅仁、劉斐、胡愈之、沈兹九、史良、王芸生。史良袖圍黑紗，知其夫陸殿棟去年以腦冲血死矣，是我參觀丹江口之游侣也。

　　魏大夫好説笑話，上月謂予眉長爲壽徵，今日又云予耳聾爲壽徵，以郭老爲例。但願真的如此，將一生筆記整理出來，則不負一世之勤劬矣。

七月廿九號星期五（六月十四）

　　看報。補記日記一星期。

　　爲丕繩遺稿事生氣，心痛疾又發。急服硝酸甘油片及輸氧氣，卧床半天。

　　卧床，服藥早眠。翌晨七時醒，病瘥。

　　童書業遺著《春秋左傳史札記》一稿，三年前由其三女教英寄來，囑爲校訂。此事固予所願爲，因其稿紙過狹，不便加墨，因倩李希泌之夫人以大張紙重鈔一過。不幸前年受"四人幫"之干擾，各學術機關接踵來詢"儒法鬥争"史，及《管子》等書意義，應接不暇，無暇爲此工作，去年又終歲在病中，身在醫院，更不能爲，然此事未敢一日忘也。

前旬接教英來書，即答以俟秋涼動筆。乃彼不待我之復書，又去函歷史所，囑組織上索取此稿，恍若予將吞没之者，使予大怒，心疾又作。因囑湲兒作復，且將原稿寄還。此真吴諺所云"狗咬吕洞賓，不識好人心"也。

七月三十號星期六 （六月十五）

看徐仁甫昨寄來之《論劉歆作左傳絶句五十二首》。看報。

看報。眠一小時。盛杰爲我刮臉。

湲兒伴散步。歸看鄧小平出席運動會電視。十時，服藥眠，翌晨八時醒。

七月卅一號星期日 （六月十六）

朱士嘉來，送廬山雲霧茶。木蘭偕其女陸纓來。看報。

眠一小時。看報。德融侄來，長談。

湲兒伴出散步。木蘭、德融等去。九時半服藥眠，上午二時半醒。又服藥眠，六時醒。

昨夜竟夕雨，今日較涼。

士嘉此次來京可住半年。前些時在廬山開地震會議，仍繼續搜集地震資料。其《中國地方志綜録》一書編定稿，資料充實不少，已交中華書局付印。渠以一生治兹一學，真可謂有恒心、具毅力也。

聞德融言，北海公園將于十月一日開放，從此我有散步休憩地，或有稗于健康也。此園爲江青等干擾，關閉十年矣。

陸啓鏗到黃山開數學會議，可見今日黨政當局抓科學工作之緊，不審歷史學方面將如何推進也。

一九七七年八月

八月一號星期一（六月十七　第二中伏　建軍五十年紀念）

起釬來。與靜秋談保姆事。看報。補記日記三天。

眠一小時。靜秋遣陳姨去，與靜秋吵。記筆記一則。厚宣來。

洪兒伴出散步。歸，爲予浴。十時服藥眠，翌晨三時半醒，待旦起。

潘嫂來了三個月，人甚安分，而以不會做麵食，爲靜秋遣去。陳嫂會做飯了，而個性强，敢于頂，才來十天，又遣走了。我不願管家事，而靜秋日在予耳邊聒，弄得我精神緊張，自覺血液上升，睡不好了，因此和她吵了起來。因此與湲兒約好，到其臥室工作，俾心不旁騖。

厚宣之妻桂瓊英逝世後，雖有一女工爲他做飯，但因其兼職，上午十一時許纔來，故生活脫節。欲續弦，又緣年紀大了，不能得相當人物。

文學研究所所長何其芳前數日以胃病去世，渠年方壯盛，甚可惜。藏書之多，在院中僅次于我，不知如何處理。

八月二號星期二（六月十八）

大雨竟日。與盛杰、湲兒談家史。看報。蕙蕡來，贈南豆腐。

眠一小時。鈔劉師培《姒姓釋》，校《國語》、《左傳》中"晋平公夢黃能"事異同。

湲兒伴散步，爲予擦身。十時服藥眠，十二時醒。又眠。

八月三號星期三 （六月十九）

起釪來，送李約瑟《科學史·地學》。看報。

眠一小時許。鈔崔述《齊桓霸業考》入筆記，未畢。

洪兒伴散步，歸爲擦身。

聞北海公園將于本年十月一日開放，如街車不太擠，予步履又稍健，則有一休憩地矣。景山當亦隨之開放乎？

八月四號星期四 （六月二十）

中華書局張烈來談《史林雜識》再版事。木蘭偕陸縵來，留飯，夜去。看李約瑟書。

眠一小時許。德融俤自北大來，長談。看報。吳姨來上工。

與湲兒散步。歸，爲我浴。十時服藥眠，翌晨二時醒。又服藥，七時醒。

吳姨，安徽和縣人，向在中關村幫四家工。今日黃秉維夫人王愛雲介紹來我家，倘能好好工作，不但爲靜秋分擔家務，亦足使我生活安定，俾好好地擔任最後數年之工作也。

中華要在今年年內出版數種有分量之新著，以示十一年來四人幫扼殺我國學術文化之罪惡，故不欲余多改原書以延長出版時間。《雜識》二編亦當籌備矣。

八月五號星期五 （六月廿一）

鈔崔述《齊桓》文訖，點一過。王愛雲來。

眠一小時許。高瑞蘭來，長談留飯，晚去。羅力來談。看電視。

與湲兒散步。歸，爲我擦身。十時服藥眠，翌晨七時醒。

“中國社會科學院”的牌子雖挂起，但究竟誰爲負責之院長實難決定，故予爲起釪調職之函未能得覆也。

八月六號星期六（六月廿二）

與静秋、湲兒同出，本期看革命圖畫展覽，以待車不至，到"向陽"理髮。

因咳，未成眠。與盛杰同理書。看竹添光鴻《左氏會箋》。

與洪兒散步，遇孫素琴。歸，洪爲予浴。十時服藥眠，翌晨七時醒。

竹添氏《左氏箋》爲《左傳》學之總結，與瀧川氏之《史記會注》同。此等事，我國學者不爲而由異邦人代庖，此固吾國學界之耻辱也。予于文化大革命運動中曾默讀一過。今當再續以竟前功。

八月七號星期日（六月廿三）

看報。王緒芳自原平來，其叔湜華伴之，長談。

眠近兩小時。寫方紀生信。補記日記五天。

與静秋散步。歸，爲我擦背。九時半，服藥眠，翌晨六時半醒。

昨夜服酚酞片，今早又打開塞露，大便乃下，可見其乾結之程度。

近日氣候悶熱，感冒發燒者多。後院之方英、學斌之大娘皆是也。

湜華言，元善、聖陶兩君體均不健，聖陶病目出血，以是《角直閑吟圖》題詞雖稿成千字，竟不能寫，欲倩予代書。元善則不良于行。八十老翁皆成伏櫪之驥，此固自然規律，然將何以爲情乎！

八月八號星期一（六月廿四）

起釺來，與論學術源流。與盛杰談。看《笱軒文鈔》。

眠一小時半。潮兒爲辦機械零件，獨來京。鈔洪頤煊《春秋天子不頒歷説》入筆記。

　　與洪兒散步，歸擦身。十時，與潮兒同榻，翌晨六時半醒。

　　今日天高氣清，與前數日頓異，心神爲之一快。

八月九號星期二（六月廿五）

　　九時與静秋、潮兒同到美術館，看建軍五十年紀念巨型圖畫。十二時歸。

　　眠兩小時。鈔《老子》兩章及薛蕙《集解》入筆記。兩次偕洪兒散步。歸，爲我擦身。

　　九時半服藥眠，翌晨六時醒。

　　我真不能看展覽會了，才看了五分之一，兩脚麻痛，逢凳即坐，幾不能歸。上下公共汽車時尤苦，幸北京有讓坐之風，使我不致倒在車上耳。

八月十號星期三（六月廿六）

　　潮兒六時半出，盛杰送上徐水車。李光信夫婦自揚州來，其子李緯全導之，留飯。爲寫歷史博物館介紹信。

　　眠一小時半。方紀生自宣化河北師院來，談。記《五侯自謂孤寡》一則。

　　金大夫來，以予咳疾囑住院，遂往，仍住一〇三號室。

　　李光信爲予中山大學、北京大學兩校學生，又與余在誠明文學院爲同事。自分發至揚州師院後，一別二十七年矣。今以暑假，來京訪予，惜無力與之同游也。

　　予病胃出血，本非大病，而静以予年老，打電話到北京醫院，又喚小王以汽車至，遂成不能不去之勢。

八月十一號星期四（六月廿七　末伏）

無書與報看，終日在酣睡中。劉、田兩大夫來診。

洪兒來。

湲兒伴宿。

睡眠之酣，無如今日者，信乎心中不能有一事也。然此境實難到，尤以治學者爲然。

予病：一、咳嗽、多痰，有時有血。二、失眠。三、大便閉結。四、腿無力，足履地如踐海綿。五、易緊張、發怒。六、體溫下午偏高常至卅七度一。七、兩股間生瘡作痛。

八月十二號星期五（六月廿八）

静秋來。看報。擬筆記條目。

未成眠。看《陳毅詩詞選》。

服藥二次乃得眠。

大便兩日未下，悶甚，服麻仁歸脾丸，仍不下，湲兒爲打開塞露乃下。

八月十三號星期六（六月廿九）

静秋來，伴至午飯後。看報。

外科李大夫來，給藥。寫胡厚宣、譚健常信。

湲兒伴宿。九時半服藥眠。翌晨七時醒。

今日上午下便二次，下午又二次，腹中空矣。

八月十四號星期日（六月三十）

過磅，六十公斤。看報。湲伴散步，遇楊東蓴。

未成眠。寫自珍、德輝信。盛杰來，值陣雨，晴後去。

湲兒伴宿。夜雨。

今日朱毅同志心臟病劇發，在院107號逝世。他是國務院參事室副主任，去年即已住院，由一老保姆陪伴，予曾一接談。心臟病真絶症也！

楊東蓴傲慢無禮，相見若不相識者。予問其何病，彼答一字曰“腰”，即揚長而去。

八月十五號星期一 （七月初一）

看報。胡師傅來，扶予至理髪室。

静秋來。起釪來，與論《尚書》問題及老中青合作問題。陣雨。

十時湲來，即服藥眠。上午三時醒，又服藥，睡至六時半。

八月十六號星期二 （七月初二）

静秋來，帶到薛明揭發林彪、江青迫害賀龍之罪行文，覽之嘆息。

看報。午後未成眠。服瀉藥一丸。

湲兒伴宿。爲予窩兩股間。十時服藥眠，上午二時醒。又服藥，七時醒。

八月十七號星期三 （七月初三）

静秋來。看報。上下午共瀉三次，腹空，一快。

眠半小時。洪兒來。健常來談。季龍來談。寫王雪瑩信，由洪兒送去。

洪去湲來。服藥，十時眠。至十一時半，以咳醒。又服藥，無效。至上午三時始得朦朧，六時半醒。

與健常不見十一年矣，而渠體甚健，行步如飛，予遠不能及，遂未能送之出門。渠已遷居西便門外大街國務院宿舍，與其撫養之子女譚静、利民分居，静與利民已各有子女二人矣。

最望我將筆記編輯成書者爲譚季龍。惜彼不能常留北京，每次開會均匆匆來去，否則必易推進此一工作，使我無恨於此生也。

八月十八號星期四（七月初四）

七時抽腕血，又抽耳血。蔣國彥大夫來。静秋來，直至下午。看報。午飯忽厭食，僅半餐。

眠四十分鐘。到三層，透視，照片。

晚飯仍少，大便不通，湲囑服麻仁丸。服藥二次眠。

八月十九號星期五（七月初五）

得德輝、自珍信。看報。田大夫來。

約眠一刻鐘即醒。終日不拉，苦悶甚。

流汗多，易襯衣二次。洪兒伴宿。服藥三次乃成眠。

八月二十號星期六（七月初六）

拉稀，頗暢。静秋來。田大夫來。

得眠半小時。看報。

偕静秋到大廳，看十一大大會電視。九時服藥眠，上午一時醒。再服藥，五時半醒。湲囑再眠，遂七時半醒。

八月廿一號星期日（七月初七）

蔣國彥大夫來。静秋來，午飯後歸。田大夫來。

得眠一小時，爲多日未有事。看報。

末伏已完，而天仍悶熱。值十一大閉幕，市民慶祝三天，每日游行隊伍越百萬人。我雖耳聾，而金鼓聲盈耳。喜我人民之團結有如銅牆鐵壁也。

勃列日涅夫鬧了十餘年，損人利己，天怒人怨，幾無一友邦，故今兹鐵托往訪，不能不屈服，許其走自定路綫。真是强梁者不得其死，四人幫亦猶是也。

八月廿二號星期一（七月初八）

看報。田大夫來。略翻《左傳》，因蔣國彥大夫來，示以楚武王"心蕩"事。

飯後略一闔眼。静秋偕吳阿姨來。卜蕙蓀來。劉起釪來。

湲來伴宿。服藥二次，成眠，翌晨五時醒。

自十八日晚起，北京市人民列隊游行。敲鑼、打鼓、放鞭炮者不絕，大街通行至難。今日雖止，我耳中仍在作響。

八月廿三號星期二（七月初九）

看報。田大夫來。到理髮室刮臉。

飯後未成眠。看姚雪垠所作長篇小説《李自成》。吳阿姨送西瓜來。

湲來伴宿。服藥後一眠到曉。

理髮師胡師傅三日來皆在游行，謂從來無此高興。即此一事，可徵民意。

八月廿四號星期三（七月初十）

看報。田大夫來。静秋來，理物。

飯後未成眠。看報。三時，所中車來，由静秋、盛杰伴歸。

服藥二次，終夜未成眠。

日來報載華主席、葉副主席在十一大長篇講稿，喜我國整頓黨政，計劃周密，得見大亂後轉向大治，精神興奮之甚，遂致終夜不眠，自恨衰老，不能貢獻一些力量也。

八月廿五號星期四（七月十一）

看報。補記日記三天。

眠二小時。看報。寫自珍信，静秋伴出寄。

湲兒患盲腸炎，急電學斌來城，送至隆福寺醫院，開刀，住院。十一時服藥眠，翌晨六時醒。

美總統卡特遣國務卿萬斯來京，商談正式建交事，已與我外長黃華等談兩天，今日始見鄧副總理，然臺灣問題不易解決，此僅試探性之會談耳。

湲兒爲伴予住院，又每日午刻回家吃飯，匆匆來往，跋涉過勞，而醫院中治病、學習、游行又過勞，遂致病盲腸炎。

八月廿六號星期五（七月十二）

張烈來，商改地圖邊界事。看報。看陳夑《師友淵源錄》。丁世清伴其女紅雨來兩次。

眠一小時。看報。王湜華來，送陳從周贈予畫。

九時服藥眠，翌晨五時醒。

今日湲兒已退熱，醫院囑住一星期，此後當囑其在産院進午餐。

大便纍日不下，悶甚。

紅雨三歲，知我愛渠，見我即遠遠呼“老爺爺”，悅若我之親生孫女。

八月廿七號星期六（七月十三）

與盛杰談話。張烈來，商改地圖。李光信夫婦及其子來，辭行。看報（《人民日報》論劃分三個世界）。

未成眠。看《世說新語》及《語林》。到後屋理書。洪兒有低燒。

静秋伴散步。服藥兩次，十時眠，翌晨六時醒。

學斌爲拆去上年之防震床，以故今日將床頂之書仍搬進後屋，余爲理之。

聖陶本定游承德避暑山莊，臨行之日適發燒，遂未往。八十老人何有自由，思之一嘆！

八月廿八號星期日（七月十四）

静秋、學斌爲打開塞露，下大便甚多。看一九六六年《民間文藝》。補記日記三天。

眠二小時。鈔馬叙倫論ƧƐ兩文同義文入册。

看電視。服藥兩次，十一時半眠。翌晨六時半醒。

今日大便兩次，腹中頓暢。

洪、湲婚後，兩家新親都到我家，而我以病，静秋以忙，均未去過。今日上午，學斌伴静秋到廣渠門大街訪渠大伯，下午則盛杰與洪兒同伴静秋到朝陽門外訪其母與祖母，其祖母小予三歲。

一看電視，必是鬥争劇，神經緊張，必致失眠，此真非老年人事矣。

八月廿九號星期一（七月十五）

看報。翻《湖海文傳》，得顧棟高論吴越事文，喜而鈔之。

眠一小時許。起釪來。鈔《春秋時海道論》入册。

洪兒爲予浴。九時半服藥眠，翌晨七時醒。

八月三十號星期二（七月十六）

看報。鈔顧棟高考越都琅邪文入册。翻《春秋大事表》。

盛杰之妹秀蓮來。眠一小時許。看報。

張謳來，送盛杰赴杭。服藥兩次。十二時眠，翌晨七時醒。

湲兒在院，今日可拆綫。

日來天晴又熱，幾不可耐。今日下午四時雷聲作，五時雨，惟不大，僅霹靂聲高耳。

今日上午，南斯拉夫總統鐵托自朝鮮來北京，百萬人歡迎。

八月卅一號星期三（七月十七）

將顧棟高《春秋大事表》翻一過。學斌到隆福寺醫院，將湲兒接歸。看報。

眠約一小時。學斌之伯父武兆林來，留晚飯而歸。

蕙蕢來看電視。服藥兩次，十一時眠，翌晨六時醒。

連日便秘，昨服酚酞片一，今日得下。

顧棟高生雍、乾間，隨其舅父華君治《春秋》，兼及戰國以下各書，又身歷中原七省，編輯地方志，有實際之閱歷，故其所作《大事表》有科學價值。予數十年來屢繙其書而迄未精讀，今人事較少，當求晚蓋也。

一九七七年九月

九月一號星期四（七月十八）

爲靜秋胡鬧（學斌昨日下午外出故），予與之吵。看報。

眠近兩小時。與湲兒出門散步。看《人民畫報》及《文物》。整理筆記。翻雷學淇《介庵經說》。

看電視新聞。九時服藥眠，翌晨七時起。

從報紙及電視中，看鐵托雖年已八十五而仍健康，髮亦不白，聞仍能騎馬運動，不勝艷羨！

九月二號星期五（七月十九）

整理《湖海文傳》。湲兒伴赴"向榮"崔師傅處理髮。洪兒伴歸。學斌之父武兆珍偕其女學新來，長談，留飯，去。

眠一小時半。看報。

近日太陽熏灼，溫度仍高至卅度。據學斌之父言，此利于秋收，則亦樂于受之。

九月三號星期六（七月二十）

看報。高耀玥挈其長女王伊寧來，留飯。

眠一小時。張木蘭來。商承祚來。鈔雷學淇《夏都考》入冊，未完。

賈婉芝來。十時服藥眠，翌晨三時醒，待旦。

錫永自粵來，爲言劉子植（節）已于三個月前病故，其病食道癌已三年矣，聞之傷嘆。又言河北平山縣發見先秦中山王墓，將往觀。

九月四號星期日（七月廿一）

看報。湜華夫婦抱其撫養女王緖杰來。張令琦囑其子偕郅君來看我。

眠一小時。看報。湲兒伴出散步。起釪來，留條去。

九月五號星期一（七月廿二）

看報。八時，由靜秋、湲兒伴，乘汽車到北京醫院，抽血，由金大夫、魏大夫診，遇史良、劉耀民。

眠一小時。武兆林來。大便三次。洪兒伴到本胡同散步。

疲甚，早眠。至十一時起服藥眠，翌晨七時醒。靜秋以伴我，徹夜無眠。

前數天不下大便，悶甚。昨天服酚酞片一丸，今日仍不下，打開塞露，乃大下，至第三次，則憊不能興矣。

　　魏大夫謂予向來樂觀，今日爲何一變常態，入于焦躁。蓋一則予老年慢性病太多，體不能任，再則以整理筆記事急，而迄無一得力之助手。倘今年找不到人，則《史林雜識》明年即不能出第二冊矣。予命尚有幾年，安能輕易放過。是則予性情焦躁之總原因也。

九月六號星期二（七月廿三）

　　看報。

　　眠半小時。鈔雷學淇考夏都文訖。湲兒爲寫自珍信。湲兒伴出散步。

　　夜咳，有燒，靜秋電邀蔣國彥來診。予不願住院，未去。

　　上月廿四日乍歸家，不（下缺）

九月七號星期三（七月廿四）

　　看報。

　　臥床，翻看《湖海文傳》及《介庵經說》。湲兒與學斌爲予診脉，皆言心律不齊。大便一次。

　　九時服藥眠，十一時醒，吐血，即打電話，曾大夫來診，帶回醫院，住一〇四室，靜秋伴住。

　　此次發病，本爲氣管炎，忽轉爲心律不齊，竟以心臟病爲主要矛盾。晚眠醒時所吐之痰作黑色，顯係胃出血，因此不得不重入醫院。予體如此，能不灰心！

　　洪兒下月將產，近日心跳轉速，勢不能伴予入院。湲兒懷孕已兩月，自割盲腸炎後，在家休息一星期，今日已假滿，明日即上班，亦勢難伴予，以是靜秋自告奮勇，在院住宿。予患重聽，大夫所言每不了了，有彼在旁，即不難轉達也。

九月八號星期四（七月廿五）

田大夫來診。到三樓，作胃腸檢查。吳保姆來。耿主任來診，且談。

飯後未成眠。看《參考消息》。學斌來。略看《紅旗》九期。堪兒來。

得大便，不多。九時服藥眠。上午一時半醒，再服藥。眠至晨七時。

南斯拉夫總統鐵托，自蘇聯、朝鮮到北京會談五天，即到杭州、上海訪問。昨又飛烏魯木齊參觀，他年八十五，體壯如此，令我不敢爲自身悲觀矣！

九月九號星期五（七月廿六　毛主席逝世周年紀念）

田大夫來診。看昨《人民日報》所載中共中央辦公廳所作銘記毛主席文。到三樓，作透視。回室，作心電圖。補記日記。

午後眠半小時。學斌來，同到大廳看毛主席逝世周年儀式電視。看報。堪兒來。大便頗暢。

八時半服藥眠，上午一時半醒。又服藥，三時醒，遂待旦。

九月十號星期六（七月廿七）

田大夫來診。補記日記。大便一次。點《介庵經説》數頁。

眠一小時。看報。草致章郋函訖，鈔未畢，靜秋來，即停止，談話。堪兒來。

在廊散步。九時服藥眠。十二時又服一次，眠至翌晨六時半。

靜秋肯爲我于星期日親往和平街與章郋談，此事甚好。如談得攏則予憂可減輕多多矣。

九月十一號星期日（七月廿八）

湲兒來，偕散步。看《左氏會箋》。開取物單交湲兒。

未成眠。學斌來，送書物，同到南廊散步，且談。田大夫來。看報。覆看筆記一册。

與靜秋在廊散步。九時服藥眠，翌晨七時醒。

午後腹痛就廁，出糞甚多，腹爲一鬆。

得自珍函，悉其因病（心臟病）未能來，擬于明夏偕德輝同來。

湲兒已有孕兩月，計至明夏可產。此後醫務也，家務也，諸事纏身，予更不能望其相助矣。洪兒則今年冬初即生，劉家新屋已建，廠中下班即可往宿，予便不易與之相見。人生離合，大抵如斯。

九月十二號星期一（七月廿九）

抽血。田大夫來。覆看筆記一册。看報。

眠半小時。張覺非來。劉起釬來。洪兒來。靜秋伴宿。

八時半服藥眠，十二時醒。又服藥，上午六時醒。

昨德融偕其少弟德平來予家，高仲山亦自安徽出差來京，宿予家，虧得吳阿姨能幹，辦了六樣菜。

九月十三號星期二（八月初一）

陶、耿、劉、田、蔣諸大夫來會診。到老胡處理髮。靜秋爲打開塞露，下便。看報。

眠一小時。靜秋歸。覆看筆記一册。補記日記四天。

洪兒伴宿。服藥二次，翌晨六時半醒。

陶桓樂大夫謂予無大病，惟年老不堪受氣候變化，遂爲氣管炎所糾纏耳。

檢查結果，知予血糖已減低至一百十幾。

九月十四號星期三（八月初二）

田大夫來診。看筆記一册。

眠一小時許。起釪來，送所作商務八十周年詩稿。看報。

洪兒伴宿。與隔室陳君談。服藥二次，翌晨六時半醒。

香港商務印書館，在僑胞中甚有信用，故政府爲舉行八十周年紀念典禮，出版局囑起釪與予接洽，作詩張之，爲成五古一首。

九月十五號星期四（八月初三）

修改起釪代作詩，訖。看筆記一册。

眠約一小時。静秋爲磨墨，寫商務書館紀念詩横幅。看報。

湲兒伴宿。服藥兩次，翌晨六時醒。

連日大便閉結，甚覺悶脹。

予作大字，尚能掩蓋手顫。

九月十六號星期五（八月初四）

湲兒爲打開塞露，下便不暢。看筆記一册。劉、田大夫來。看報。

眠一小時。劉起釪來。高仲山來。德融、德平弟兄來。

静秋伴宿。服藥二次，九時眠，翌晨六時醒。

德平侄從未出門，此次積纍年假期，作一長途旅行。先由滬到九江，上廬山，繼至武漢，登火車到北京，下星期一將由津浦路到泰山，轉南京然後歸。獨身經行長路，而又第一次出門，可謂有志有膽。獨是年已卅六，尚未成室家耳。

仲山工作于肥東縣農業部門，出差到唐山，因到京游覽探親，今晚即返皖。

九月十七號星期六（八月初五）

昨晚服酚酞片一片，今晨得大便甚暢。看筆記一册。田大夫來診。

　　未成眠。看報。補記日記四天。寫章郇信。

　　靜秋伴宿。九時服藥眠。翌晨七時起。

九月十八號星期日（八月初六）

　　看筆記一册餘。蔣國彥大夫來。田大夫來。

　　眠約一小時。與國彥在廊談。

　　湲兒伴宿。九時服藥眠，翌晨七時起。

　　今日靜秋偕湲兒到安定門外和平街訪章郇，值其外出，因與其同居者賀姓夫婦談。留函及《史林雜識》而出。

九月十九號星期一（八月初七）

　　看筆記一册餘。田大夫來。李輔仁大夫來按脉、開方。理髮。

　　未成眠。與小張談就學事。

　　靜秋伴宿。九時服藥眠，翌晨七時起。

　　今日頗寒，午後脚冷甚，因囑護士小張取熱水袋暖之。小張甚沉靜好學習，因勸其明年投考醫科大學，使國家不失一人才。

　　今日靜秋在家，得章郇電話，謂渠取文聯工資而退休，現每日到文學研究所整理書籍，盡義務。又謂可爲任整理筆記工作，但不能寫文。又謂其妹某亦能相助。

九月二十號星期二（八月初八）

　　看筆記一册餘。田大夫來。與靜秋到南廊曬太陽。看報。

　　眠一小時。堪兒來，取歸存院書籍。

　　靜秋伴宿。張惠芬大夫來。九時半服藥眠，翌晨七時起。

　　在醫院中，將予筆記《愚修錄》十二册看畢矣。擬先將此交章郇寫卡片、排次第。

九月廿一號星期三（八月初九）

看筆記半册。田大夫來。與鄰居陳君道別。十時車來，回家。張覺非來。

眠約二小時。看報。看《史林雜識》初編。

服藥二次，十時眠。翌晨七時醒。

今日下午，静秋偕洪兒到王雪瑩處（紅霞公寓一四三號），謝其介紹章郇女士爲我理筆記。渠折足未愈，撐兩杖，一保姆扶之行院中。

九月廿二號星期四（八月初十）

看陳倬《戩堂筆記》。看報。昨服酚酞片一，今晨大便下甚多，下午又一次，腹中舒暢矣。

未成眠，至四時起。看《歷史研究》本年第三、四期。王湜華來，送裱就之陳從周畫。

看電視新聞。服藥，九時半眠。翌晨六時醒。

今年《歷史研究》第四期中《評梁效某顧問》，爲馮友蘭作也。此君受江青之延攬，甘於爲虎作倀。

《歷史研究》，今年市上竟買不到，不得已由洪兒親到近代史所向黎澍同志買，又未晤。今日來者贈閱本年度後四册，其編輯部移至鼓樓西大街甲一五八號。

九月廿三號星期五（八月十一）

記筆記一則。看報。羅力送蝦。

未成眠。補記日記五天。大便上、下午各一次。

看《花間集》。服藥，九時半眠。上午二時半醒，遂炯炯達旦。

今日《人民日報》登中共中央關于召開全國科學大會的通知，知此會定于一九七八年春召開。此後科學工作當可上軌道了！

聞數學所升陳景潤爲研究員，鄧副主席又親加"一等"字，有此提倡，風氣自能轉變。

九月廿四號星期六（八月十二）

大便一次。整理舊筆記。看報。黃河水利會王湧泉來。

未成眠，氣不止，静秋拉剥豆。

湲兒偕到紅十字會門口，遇夏作銘。九時服藥眠，翌晨六時醒。

爲章郇明日來，今日整理一生筆記册，孰意皆爲起釬翻亂，幸每册首批明甲乙，尚易理耳。終因此生氣不止。

九月廿五號星期日（八月十三）

章郇來，周明繼來，自八時談至十一時，交與《愚修録》十二册。紅雨偕其母來玩。

眠約二小時。下便。看報。

湲兒爲予擦兩股。八時許服藥眠，翌晨七時醒。

上海人民出版社來函，謂擬將予《秦漢的方士與儒生》再版，徵同意。打倒四人幫後，予又交運矣，一笑。

章郇年六十五，周明年三十八，精力旺盛，如真能助予整理筆記，使予生存時能出至第六編，則死亦瞑目矣。予自省此書價值不在《日知録》之下，以一生隨處留心也。

九月廿六號星期一（八月十四）

劉起釬來。洪兒之姑劉時氏偕其女劉秀華來談。静秋到北京醫院診。予記筆記一則。看報。

未成眠。獨到巷口寄信，静秋旋來，同到牛奶鋪坐，洪兒旋來，同歸。

與洪兒談。八時半服藥，九時眠，上午一時半醒。延至二時半，又服藥，眠至五時半醒。

今日獨行至巷口，以行速，不免心跳。以此知體力之衰。予性素急，獨行不能緩，亦一吃虧處。

起釘十餘年來隨手取余書作參考，然不負責任還書，經文化大革命，遂至散失。問之則茫然。

九月廿七號星期二（八月十五　中秋）

看報。翻看近十年中筆記。記筆記一則。

眠近一小時。

與湲兒在本胡同內看月，靜秋繼至。九時服藥眠，翌晨六時半醒。

前日聞章郇言，康同璧于文化大革命初期死，年約九十。死後其女羅儀鳳旋被捕，判以特務罪，處徒刑三年，釋出後旋亦病亡。此前之所未知者也。

九月廿八號星期三（八月十六）

洪兒伴至"向榮"理髮。看報，鈔報入日記。

眠一小時許。鈔盛百二《編審論》入筆記。

與靜秋、洪兒在胡同內散步望月。歸看電視民主柬埔寨農業。九時服藥眠，翌晨六時半醒。

今日民主柬埔寨總理波爾布特來京，華主席和十餘萬人隆重歡迎。藉此，知柬之共產主義之勝利實由中國援助，因得擺脫美、蘇兩霸之束縛也。

柬埔寨面積十八萬一千平方公里，可耕地占六百萬公頃，而人民只八百萬，就已開墾者言，平均每一農民家庭可擁有五公頃土地。按資源計，約須二千萬人口，才能支配這些資源。——波爾布特的發言。

九月廿九號星期四（八月十七）

元善來談。社會科學院黨部程文杰、王新民，歷史所黎然來，送水果。振聲領春雨來。蕙裳來。看報。

眠一小時許。與春雨玩，看《人民畫報》。

看電視。十時服藥眠，翌晨六時醒。

振聲昨自涿縣返徐水，以潮兒須卅日下午方能返京，今午挈春雨先來。

程文杰甚稱道劉起釪用功，此亦襯出社會科學院用功人之不多也。

九月三十號星期五（八月十八）

看報。看蘭大授課筆記。

未成眠。夏作銘來。看報。潮兒自徐水歸。早進晚飯。

六時車來，到人大會堂，赴國宴。由服務員扶之上下，九時歸。服藥四次乃成眠，已十二時矣。

今晚同車：賀麟、吳世昌。

今晚同會所見人：呂叔湘　羅爾綱　錢鍾書　俞平伯　侯外廬　尹達　丁聲樹　翁獨健　黃秉維　吳文藻　王昆侖　何思源　傅懋勣　梁漱溟

前兩次國宴中所有袁水柏、李希凡、高亨、黃帥等皆不見，而梁漱溟、周揚、夏衍等則被邀，蓋以示四人幫黑黨外一切人皆在團結之列也。

昨晚在人大會堂之國宴中與尹達接席，我問他一聲"聽說你也住醫院了"？他傲不置答，終席未交一言。他做定我的冤家了。我年已老邁，不能與之鬥爭，然彼腹中枵無一物，無論我之生死皆不足以勝我，我又何懼之有！上月在北京醫院遇楊東蓴，狂傲態度使我久久不快。然彼譯摩爾根《古代社會》，一請修改于張

栗原，再請修改于馮漢驥，三請修改于馬雍兄弟，足證其欿然不
自足，大勝于一物不知而忝顏居科技機關之領導地位之尹達其
人也。

　　表弟王大珩，任中國科學院長春光機研究所研究員，毛主席紀
念堂光學裝置，是他和復旦大學蔡祖泉等一起研究成就。九月廿六
日《人民日報》登載他的《爲出成果、出人才、攀高峰而奮鬥》
一文，其中述"四人幫"對于科學的破壞，云：

　　　　我國的科技事業……對于"四人幫"的嚴重破壞，尤
　　其不能低估。……有這樣一個研究機構，過去在毛主席革
　　命路綫指引下，廣大科研人員曾爲我國的科學事業做出了
　　好的成績。後來，領導大權被緊跟"四人幫"的人把持，
　　他把這個單位誣蔑爲"封、資、修的大染缸"、"復辟資
　　本主義的試驗田"。他對文化大革命前所取得的成績一概
　　抹殺，就連一九五八年大躍進期間，經過偉大領袖毛主席
　　檢閲過，具有一定水平的科研成果，也誣蔑爲"一堆廢銅
　　爛鐵"。他篡改黨的基本路綫，混淆兩類不同性質的矛盾，
　　把知識分子當作專政的對象。他胡説什麼"技術越高，權
　　威越大，知識越多越反動"。根據這個荒謬的邏輯，對科
　　技人員進行殘酷迫害，對科研工作橫加破壞。他借口下放
　　勞動，把人員趕走，撤銷了一些對國民經濟具有重要意義
　　的科研項目，連實驗室設備也全部搞光了。去年"四害"
　　橫行時，他更變本加厲，大搞什麼"知識公有化革命"，
　　把知識當做資本看待，竟胡説什麼"知識越少越革命，只
　　有把知識分子的知識剝奪了才能成爲無産階級"。這樣，
　　大大挫傷了科技人員的積極性，使這個單位的科學研究受
　　到了嚴重的摧殘。我們一定要徹底揭批"四人幫"反革命

的修正主義路綫，分清是非，肅清流毒，堅定不移地沿着
毛主席指明的發展我國科學技術的道路奮勇前進！

　　按大珩在長春本任光學儀器廠廠長，文中所舉"緊跟四人幫的
人"當是指毛遠新，此廠想是爲毛遠新所撤散，故有此深刻的慘痛
叙述。即此可知全國科技機構，無一不遇到此種痛苦，如高士其所
領導之全國科學普及協會即其一也。"四人幫"仇視科學、打倒科
學，至于如此之程度，真可駭詫！真如《北京日報》所云蓄意謀求
從人到猿也！

一九七七年十月

十月一號星期六（八月十九　建國二十八周年紀念）

　　振聲、春雨、學斌、吳阿姨到中山公園看慶祝會。看報。唐守
正、盛杰兩妹來取游園券。

　　未成眠。看報。湲兒伴出散步。

　　吳阿姨到清華。紅雨來，看電視天安門前烟火、歌舞。

　　昨夜歸家，湲兒按予脉搏爲一二〇，半小時後減至一〇〇，
以是服安眠藥雖多而終不成眠。及十二時則降至八五，又服速可
眠，方入寐。以是今日上午游園，晚上看放花炮，均不敢參加矣！

十月二號星期日（八月二十）

　　朱士嘉、沈燮元來。看報。静秋出門，逢大雨。

　　未成眠。胡厚宣來。偕湲兒、振聲、春雨在本胡同内散步。看
報。静秋自耀玥處歸。

　　禁春雨齕指。看中舒寄來之《思想戰綫》。服藥二次，十時眠，
翌晨七時醒。

十月三號星期一（八月廿一）

看報。看電視《孫行者大鬧天宫》。禁春雨吮手指，閉之後房。

眠近一小時。振聲回涿縣。劉起釪來，送還書。

與湲兒散步。歸看電視。九時服藥眠，翌晨六時半醒。

雨後天氣突寒，予足遂冰冷，午眠須用暖水袋溫矣。

十月四號星期二（八月廿二）

周春元自貴陽來，贈物。看報。以辣椒水塗春雨指，他哭了幾回，方不齗。

眠約一小時。謝惠良來。振聲又因事來京。

看電視。九時半服藥眠，翌晨六時半醒。

十月五號星期三（八月廿三）

看報。寫上海人民出版社信。

未成眠。侯仁之來。二時，潮兒夫婦挈春雨返徐水。錢世明來，索題其詩。德融夫婦偕其長子煒來，晚飯後返校。

静秋與吳阿姨吵。十時服藥眠。翌晨七時醒。

春雨自幼好嚙指，不知吸進多少微生蟲，毒害了腸胃，今三歲半矣，體瘦，進食不時。此來七日，予强迫戒其舊習，總算做了一件好事！

十月六號星期四（八月廿四）

看報。吳阿姨辭去。

眠近一小時。看《古史辨》第一册。

看電視。九時半眠，翌晨六時醒。

吳阿姨由王愛雲介紹，來我家工作兩月，開頭甚好，近來時發脾氣，昨晚遂與静秋破口，今早行矣。用人之難如此！

十月七號星期五（八月廿五）

看報。耀玥偕其次女王加寧來，留飯，至晚去。吳阿姨來，令其退還工資，斥之。

眠一小時半。點胡渭《洪範正論》十頁。

與耀玥談話。服藥無效，十二時服速可眠乃入夢，翌晨七時醒。

從來雇工，都是先做事，後發工錢，乃靜秋竟先發工錢。本月四日給吳阿姨卅五元，五日晚兩人即吵，六日晨彼即行，而置工錢于不問，在彼固懷吞沒惡意，而靜秋竟亦忘之。予以此爲我勞動所得，不當隨便放過，遂與之吵，結果退還了卅元了事。靜秋糊塗于此可見。

十月八號星期六（八月廿六）

看報。侯仁之來談，索題《長城圖卷》。

未成眠。點讀明程道生《九邊圖考》。謝友蘭來，還檢出書，因眠未晤。

看電視。九時服藥眠，翌晨七時醒。

予不能興奮，昨以與吳阿姨吵，遂不能入眠，幸有速可眠之烈性劑耳。

保姆事已於電話中與梅芳約定，于本月十五日來。在此期間，只得由靜秋多忙些。幸有學斌醫療所中休息數日，可分勞耳。

十月九號星期日（八月廿七）

尚愛松來，告四個月中訪古事。劉起釪來，談歷史所中事。

未成眠，四時起。續點《九邊圖考》，未訖。

看電視侯寶林相聲等。十時服藥眠。翌晨七時醒。

侯寶林相聲，予素喜聽，以其一笑可博精神鬆弛也。今日他說"關雲長戰秦叔寶"，予竟聽不出，只見其作手勢，可知予耳聾之程度矣。

十月十號星期一（八月廿八）

看報。耀玥進城醫牙，留飯。

眠二小時。點《九邊圖考》畢，爲編一目。

看電視。九時服藥眠，翌晨六時半醒。

十月十一號星期二（八月廿九）

静秋、學斌伴至北京醫院，抽血，打針，就西醫陳壽坡、中醫李輔仁診。歸，看報。羅力來，送周總理照片。

眠一小時半。記筆記一則。

九時服藥眠，十一時再服藥乃成眠。翌晨七時醒。

聞郭沫若先生跌壞了手，不能寫字，八十餘老人之不自由如此，可嘆也夫！

十月十二號星期三（八月三十）

包遵信來，談對《史記》之批判接受。寫孫琪華信，未畢。德融偕其婦、子來，待車返錫，留飯及宿。

眠近一小時。看報。點《洪範正論》第一卷。錢世明來。與煒孫散步。

看電視。九時服藥眠，翌晨七時醒。

包遵信君，畢業於北大古典專業，與黃葵爲同班，其人既通馬列主義，又能讀古書，又能作文，今年四十，不易得之人才也。

十月十三號星期四（九月初一）

六時，德融送其婦、子上車。看報。上海人民出版社古籍編輯室歷史組負責人張志哲來，自十時半談至下午一時半。

未成眠。看徐中舒"岷山莊王"文，未訖。

看電視書畫家合作。服藥二次，十一時眠，翌晨七時起。

今日張志哲同志來談三小時，大爲予打氣，并允出版予一切著作，大爲興奮。他去後靜秋爲予按脉，一分鐘竟至一百跳。使此事發生在二十年前，予精力充足，豈非至今已著作滿家，而無如現在精力衰頹，已不克負荷何！雖然，倘有得力助手在予指導下工作，而予生命尚能延長數年，則桑榆之收猶爲有望也。

張同志勸予將王煦華君調至北京，靜秋勸予將洪兒調出工廠，予甚然之。如能成事，真京劇中所稱"硬裹子"也。

十月十四號星期五（九月初二）

鄭梅芳來工作。看報。

未成眠。三時，洪兒伴至"向陽"崔師傅處理髮，并到雜貨鋪購物。

看電視新聞。姜敬地來。終夜服藥三次，翌晨七時起。

今日理髮，往返僅一華里耳，而已氣喘、流汗，膝蓋酸痛，予體之衰可知矣！

十月十五號星期六（九月初三）

看報。記日記三天。

潮兒帶春雨歸，因將春雨留住。作《大明詩鈔》序訖，即重寫一過。

看電視東方歌舞團歌舞。十時回室。十一時眠，翌晨七時起。

東方歌舞團，爲中國人扮演亞非拉各國之歌舞，王昆等主持，得周總理之支持，而爲"四人幫"所打擊者。今日在電視中見之，頗饒新味，惜節目太多，至晚十時猶未畢。家人強予歸室，而服藥至三次乃眠。

十月十六號星期日（九月初四）

以昨晚遲睡，精神不好。翻看《明史》。蕙蓂率其外孫李斌來，留飯。

潮兒獨返徐水。得眠半小時。看報。

從今夜起，予應服藥品由湲兒分配，作兩次服，如醫院例。

春雨甚聰敏，喜搭積木，愛看畫報，注意力甚集中。惜其父母愛子過度，養成不肯好好吃飯之習慣，不服大人之管教，奈何！

十月十七號星期一（九月初五）

起釬來。終日疲勞，不能勞作，臥床。靜秋爲打開塞露，上下午各便一次，腹稍舒。

未成眠。行吉之友姚某來。看報。

服藥兩次，十時後眠，洪兒赴院竟未知。翌晨七時起。

近日食不甘，拉不下，眠不酣，精神困頓。此有兩解，一爲文債逼迫，精神緊張，一爲霜降節將臨，老年身體已不能適應，或予之生命已到盡頭乎？

十月十八號星期二（九月初六）

仍疲勞，多臥床，下午起。得張志哲電話，促作《秦漢方士與儒生》重版説明，因定工作計畫。

春雨哭鬧，打之。看報。與學斌及湲兒討論予病。

九時服藥眠，翌晨七時起。

洪兒昨夜十一時腹痛，當由湲兒夫婦及堪兒送至隆福寺產科醫院。二時到，三時即產一男，重五斤八兩，甚順利。予爲題名"秋穀"，未知劉家能用否耳。

靜秋欲將洪兒所生子還家，而劉親家母不肯，頗生口舌。予謂今年暑假中，盛杰自蓋屋一間，即爲哺兒計，是此事已定，無須争論。且多一孩子，女工要挾必多，此後用人必愈難，此當考慮也。

十月十九號星期三（九月初七）

翻《越縵堂文集》，鈔與王益吾書，未盡。看報。

與靜秋出門散步，偕湲及春雨歸。眠約半小時。改題錢世明《大明詩鈔》序畢。補記日記四天。錢世明來。

看電視《逼上梁山》未畢。張振聲來。十時服藥眠，翌晨六時醒。

今日太陽好，天忽轉暖，予疲勞得暫解，一快。

十月二十號星期四（九月初八）

將湲兒所擬《秦漢的方士與儒生》重版前言重寫，約四百字。

約眠一小時。振聲去涿縣，春雨醒來大哭，嗓子哭啞了！

看電視。九時半服藥眠，上午五時醒，遂待旦。

服麻仁歸脾丸三天，今日得大便兩次，腹中通暢了。中午足冷依舊。

兩眼白內障似益甚，時時用藥水塗之。

靜秋今日上午入院視洪兒，知其乳水甚足。今日可拆綫，明日可返劉家，滿月後到我家小住。

十月廿一號星期五（九月初九　重陽）

看報。看《保傅》，記史鰌事入筆記。王鍾翰來。

未成眠。翻《論語正義》。鍾翰偕左景權來。送客，遇王戎笙。

看電視侯寶林《陰陽五行》相聲。十時服藥眠，翌晨七時醒。

予家已無客廳，今以洪兒分娩後移住夫家，由靜秋、梅芳將其床拆去，改作客廳，以便招待。

左景權，湖南人，留居法國三十年，研究漢學，以《史記》爲主。此次返國，兩年後彼地退休，當復來。

十月廿二號星期六（九月初十）

看報。翻《荀子》，記筆記二則。

未成眠。與靜秋携春雨在巷内散步。

楊旭夫婦來收水電費。九時半服藥眠，翌晨六時醒。

春雨前些日子常説：“北京太遠，以後不來了！”意謂離其父母太遠，不易見面也。日來不説，諒居此已習慣，又得外祖母之百般照顧，亦有温暖之感矣。

十月廿三號星期日（九月十一　霜降）

錢世明來，欲予題册，爲靜秋斥去。劉起釪來，爲予謄清《方士與儒生》重版前言，即寫張志哲信寄滬。吳覺農之婿鄭君挈其子來。湲兒爲予打開塞露下便。

未成眠。湲兒、春雨伴予到巷口發信，遇王湜華夫婦及其女。看報及畫報。看《荀子》，記筆記二則。

看電視《上甘嶺》。十時服藥眠，翌晨六時半醒。

擬作之書，擬名爲《法家的由來和儒法鬥爭的真相》，俟起釪將《商書》全部寫出後，由彼助我爲之。每成一章，即寄滬討論。

來客屢爲靜秋斥去，我心良不忍，但她亦是對我好意，怕我勞也。

十月廿四號星期一（九月十二）

看報。記筆記一則。蕙孴來。靜秋帶春雨就醫。

未成眠。大便下，乃工作。補記日記四天。搜集明長城材料。

略看電視。九時服藥眠，終宵又兩度服藥，翌日七時醒。

大便不通，苦悶欲死。昨晚服麻仁丸也無效了。今日上午，試進酚酞片一枚，到下午四時居然拉下來了，一快！

得劉家小姑打來電話，知洪兒產後乳汁特多，孩子吃不盡，此彼迥異于母及姊處。

章郇、周明持我筆記十二册去一個月矣，杳無消息，助手之不易覓如此！

十月廿五號星期二（九月十三）

上午大便兩次。看報。

下午又大便一次。搜集作文資料。

看電視《槐樹莊》，未畢。九時半服藥眠。翌晨七時醒。

今日大便暢通，昨服藥兩次故也。

今晨陰雨，冬將至矣，恐又不免投向醫院了。

十月廿六號星期三（九月十四）

爲侯友墨《關山萬里圖》作題詞，未畢。看報。

略一闔眼。李延增送花來，以筆記一部分交與整理。

趙乃揚來談。

天陰。

延增在燕大從予學，天分平常，今其夫婦（夫人張翔聲）均已退休，在家無事，養花自怡。以其篤於友誼，因試將筆記散帙托其整理，甚望其有以慰我，不致如章郇、周明之一去便無消息也。

十月廿七號星期四（九月十五）

静秋伴春雨就醫。續作《關山萬里圖》題詞，畢，約二千餘言。看報。

未成眠。大便一次。

翻《越縵堂文集》。

天陰。

爲作題詞翻《明一統志》一過，竟無所得，豈有所諱耶？抑修志者皆翰苑中人，不措意于此大建築耶？

聞高天寧已患神經病，不知由何事刺激成此。瑞蘭撫孤成立良非易事，乃得此結果，真大不幸也。

十月廿八號星期五（九月十六）

終日雨，又停電，悶甚。看報。修改長城圖題詞，略畢。

未成眠，寫童教英信。

以春雨不成眠，余亦難睡，至十時半服速可眠，十一時睡，翌晨七時醒。

昨日湲兒爲產婦接生，血濺及衣，就浴，遂感寒、心跳，今日請假在家休息一天。作產科醫師良不易也。

今日終日雨，湲兒謂于明年春耕有利。春旱多年矣，此可喜事也。

十月廿九號星期六（九月十七）

看報。大便一次，甚少。鈔清《關山萬里圖》題詞，未畢。振聲自涿縣來。

得眠一刻鐘。學斌爲予剃鬚。

爲春雨以其父來，必欲與同眠，鬧了好久。迫予用速可眠入睡，十時半成眠，翌晨七時醒。

侯友墨能畫，而又好游，在鐵路局工作，因得游歷各地，畫山海關至娘子關各段風景，殊開畫家生面。余生性好獎勵青年，因藉其求題機會，勗之更游長城西段，迄嘉峪關，庶明代人民勞動可以激厲後代人之勤勞。家人勸予節約，然予性難改，竟寫二千字左右。

十月三十號星期日 （九月十八）

天晴。將題《關山萬里圖》文鈔畢，寫侯仁之信。靜秋、振聲、春雨到洪兒處。

約眠一小時。看報。理書。

翻劉家立《淮南集證》。十時服藥眠。翌晨七時起。

昨晚服麻仁滋脾丸一整丸，今日下便四次，均乾結，腸中當一空矣。

予小便一夜輒四五次，而大便之難下如此，真不耐也。

洪兒生產後，大小均安，乳水充足，不似其母與姊之缺乳，殊爲可慰。

予文中所提長城史迹，恐有訛誤，因致函仁之，囑其費兩天工夫，在北大圖書館中覓資料訂補。

十月卅一號星期一 （九月十九）

看報。理書。振聲回涿縣。起釬來。補記日記數天。

春雨以父行，大哭大鬧，入夜不止，使予夫婦皆不能眠。靜秋憤甚，作函告潮兒，囑振聲此後勿來。湲兒亦書一紙。

辛樹幟先生於本月廿四日逝世于武功，年八十三，此實爲我當頭霹靂。他最知我，懂得我的研究方法，嘗謂《古史辨》與《禹貢半月刊》爲近代兩部大雜志，又將我《史林雜識》與油印本《浪口村隨筆》細細校勘，知除增入十篇外，其他各篇亦無一篇不加修改，非他人之泛泛翻覽者可比。昔莊周遇惠施墓，嘆曰："自夫子之卒也，臣無以爲質矣。"我于樹幟之殁亦有此感。本月華主席宣布明春開五屆人代，同時開五屆政協，方冀彼時可以相見，一道十餘年來契闊，不謂彼已先我而逝，傷哉！

一九七七年十一月

十一月一號星期二（九月二十）

周春元來。大便結。看報。

未成眠，三時半起。大便稀。楊廷福來，長談。看報載《毛主席關于三個世界劃分的理論是對馬克思列寧主義的重大貢獻》，以文長，粗讀一過。

失眠，十一時服速可眠入睡，翌晨七時醒。

廷福爲予北碚時復旦舊徒，勤于寫作，此次中華書局請其到京整理《大唐西域記》，以其熟于唐史，且曾作《玄奘年譜》也。

今日報載長文三萬五千字，實駁阿爾巴尼亞謂我接近帝國主義，且指出蘇修之帝國主義行徑，想此文發表必可激起全世界對于第一世界之認識。

十一月二號星期三（九月廿一）

天陰。大便結且少。看報。學斌來，請其按脉。

盛杰自杭州歸。武學良送蘋果來。王湜華來，又囑爲其所撫女緒杰題詞。

服速可眠而睡，自九時半至一時半。又服他藥，睡至三時醒，遂不能寐。至天明又睡。

春雨持其父母照片眠，低聲呼爸媽。如此哪得好睡。他直言我只愛爸媽，不愛爺爺姥姥，雖天真可愛，然以此擾亂一家安寧，亦可恨也。

盛杰以與師友參觀物理研究所及工廠來京，約可住兩星期。

十一月三號星期四（九月廿二）

天大陰。睡至八時半始起。大便一次乾結。看報。

未成眠。春雨仍哭鬧。大便一次，稀。

十一月四號星期五（九月廿三）

張烈來，告《史林雜識》重版情況。靜秋爲予到"向陽"，請崔師傅來爲予理髮。

未成眠。盛杰來。溲兒伴至華僑大廈，訪美籍華裔謝覺民教授及其夫人闞家蕡。

謝覺民夫婦于抗戰中皆畢業浙江大學，師事竺可楨、譚其驤，今在美國匹兹堡大學任教，合作繪中國歷史地圖。此次預備一萬美金，返國參觀。

十一月五號星期六（九月廿四）

程金造來。于思泊來，贈人參丁香茶四盒。張覺非來。李延增來。

未成眠。看報。壽彝來，長談，并教新氣功法。胡一雅送工資來。溲兒、梅芳爲予擦身。十時服速可眠入睡，翌晨六時醒。

程金造爲高步瀛弟子，甚好學，而有心臟病，今日到醫院後步至我家相訪，而靜秋頻頻驅之以去，吾心甚不安也。

十一月六號星期日（九月廿五）

看報。溲兒勸散步，因與春雨在院内玩。誦芬弟來，贈水果。

未成眠。侯仁之來，長談。劉盛杰來。

因仁之來，方知中央文史研究館主任武志平乃是學斌之叔祖，他愛我手迹，已將我致仁之函索去，作紀念。予此函實寫得筆勢飛舞，以文成急欲寄出，寫得快，故有氣勢也。

十一月七號星期一（九月廿六）

起釪來。搜集長城史資料。看報。河南歷史研究所趙豐田、申松欣來。北京市規劃局趙君實爲仁之送紙來。

未成眠。

近日氣管炎又劇發，痰吐不盡。大約爲前夕脱衣擦澡，又受了寒。此體日衰，可奈何哉！

十一月八號星期二（九月廿七）

今晨起床，十分不適，量温度爲三十七度二分，因卧床看報，并翻黄式三《論語後案》一册。趙君實再送紙來。

十一月九號星期三（九月廿八）

卧床，如昨。李延增來，退稿。

潮兒自徐水來。

潮兒本當到高陽作農業勞動，以得静秋、湲去信，來看春雨，勞動事放到明年。

延增人極忠厚，肯爲人服務，惟于學問一道則尚未入門，故予交與筆記鈔後，摸索一月，迄未得其門徑，只得退還矣。

十一月十號星期四（九月廿九）

今晨熱退，下午仍高出一、二分，依舊卧床，看報，看《論語後案》一册。

十一月十一號星期五（十月初一）

今晨量熱度，已無熱，仍倚床。看報。看《論語後案》半册。略得一刻闔眼。潮兒携春雨回徐水。

明日爲孫中山生辰，政協送請柬來，要我到中山堂行禮。予初退燒，明日又無人可伴去，故囑靜秋打電話去請假，而靜秋必欲待湲兒歸來商酌，予忍不住與之吵了一場，真無聊也。

十一月十二號星期六（十月初二）

起床。看報。翻《論語後案》一冊。

十一月十三號星期日（十月初三）

章郇來，還筆記并送所寫卡片，談半天，并以《高春瑣語》五冊交之。以彼聲低而予耳聾，由靜秋轉譯。洪兒及子大志由劉家大姑送來。

略睡片刻。翻上海人民出版社寄來之《大唐西域記》。

章郇甚有眼光，敢作批評，惜其不慣作文耳。周明無消息，想他對此不感興趣。

洪兒生子後乳多，故其子大志吃胖了，不多哭。

洪擬考北大考古專業，或圖書館專業，今正在準備中，下月應試。聞此次報名者理工科特多，文科寥寥，或有錄取之望。

十一月十四號星期一（十月初四）

鈔湲兒代起稿之上華主席、鄧副主席書，并加修改，未畢。

社會科學院牌子雖挂出，然迄無負責之人。予致林修德兩函，爲起釬正式入所事，迄不得復，今聞林君已返僑務機關。又前聞劉仰嶠將任副院長（正院長仍由郭老兼），而今聞劉氏將任中央黨校校長。又聞胡喬木將任副院長，而胡氏黨中央事忙，亦不實際負責。如此虛左以待，而迄無人實任。余年日長，身體日衰，迄不得一有力助手，稿子如何整理。故靜秋、湲兒商量，只得由我自己出面，寫信與黨中央，請求兩事：一、調上海圖書館之王煦華來京助我；二、換住一所有暖氣之房屋，使我減輕冬季之氣管炎。不知有效否耳。

十一月十五號星期二（十月初五）

鈔改上兩主席書，入夜方訖。約兩千餘字。又經靜秋提意見。

十一月十六號星期三（十月初六）

小王車來，學斌伴予到北京醫院，抽血，就中醫李輔仁、西醫陳大夫診，打球蛋白針。十一時歸。張覺非來。

覺非爲予診脉。略眠一刻。看報。翻姚雪垠《李自成》第一册。到洪兒室看大志。

李大夫及覺非均謂予肺、胃都有熱，故多痰咳，飯吃不下。初服羚羊解毒丸退燒。

驗血糖，白血球爲一萬一千三百，較高（正常爲一萬以内）。

覽報，悉復旦校長陳望道于前旬逝世，年八十七，周谷城等爲治喪，知谷城解放矣！

十一月十七號星期四（十月初七）

疲甚，翻《論語後案・子罕》篇，訖。陳玉符自津來。看報。

未成眠。靜秋以膀胱痛，入北京醫院看病。高倩倩自吉林來。盛杰爲予修面。盛杰上車赴滬轉杭。

到洪兒室，并晤潘美君。

靜秋之病，醫師謂其太勞，如果生活不改變，身體便垮了。實則勞其一端，暴躁則又其一端。

十一月十八號星期五（十月初八）

開始將《關山萬里圖》詞寫清，得四紙，未畢。趙君實來。

未成眠，三時半起。看報。

到洪兒處看大志。九時服藥眠,得怪夢。

服中、西藥後飯吃得較多,大便一日兩次,腹無滯積,亦一快事。

十一月十九號星期六 (十月初九)

題《關山萬里圖》詞寫訖,凡七紙。看報。

未成眠,三時起。補記日記十二天。

予寫較大之字,手尚不抖。

十一月二十號星期日 (十月初十)

劉起釪來。

未成眠。翻《論語後案》一卷。

十一月廿一號星期一 (十月十一)

看報。

未成眠。翻《論語後案》一卷。鮑昌、李先登來,談《詩經》工作。

鮑、李兩君服務于天津師範學院之學報編輯部,治《詩經》學多年,運動中仍不廢所學,今來質詢諸問題,具見批判精神。惜在津埠,未能常來北京耳。予以久不得于鶴年君來書,以其舊在該院圖書館工作,舉以詢之,乃亦不知其究竟也。

十一月廿二號星期二 (十月十二 小雪)

氣管炎作,略有燒,臥床。

未成眠,仍臥床,看《論語後案》一卷。卜蕙蓀來。

自今晚起,静秋住入西頭一間,湲兒夫婦住入予室。静秋可得静臥,不致爲予咳嗽及起溺所擾致失眠。然于湲兒則多一負擔。

得學部通知，哲學所副研究員吳則虞逝世，年六十四。

十一月廿三號星期三 （十月十三）

静秋到北京醫院診病。看報。看舊筆記。

未成眠。看《論語後案》一卷。

曉咳重，痰厚而多。

醫言静秋如不改變生活，則身體將垮。蓋渠性躁，遇事輒發怒，而近日環境不如意又多（如梅芳、德堪），渠既管家，便無法安定精神也。

十一月廿四號星期四 （十月十四）

看報。看舊筆記。下便順利。

眠近一小時。看黄式三書，盡《先進》一卷。德融侄偕趙洛來，留德融飯。

九時服藥眠。二時醒。再服藥，六時醒。痰咳較少。

德融來談批判四人幫事，知周一良作《再論孔丘其人》文，譏諷周總理，特罪最重。又謂楊寬與"羅思鼎"關係多，在滬亦大受批判。

予每夜十二時後必出一身汗，襯衫爲濕，予體陰虛可見。此後晚間當少蓋被以試之。

十一月廿五號星期五 （十月十五）

看報。看舊筆記。補記日記七天。

未成眠。翻《論語後案》一卷。

昨夜睡眠好，今晨大便好，遂覺精神一振。惜手顫，未能多動筆耳。

十一月廿六號星期六（十月十六）

鈔致胡喬木信，并摘録上華鄧兩主席函。訖，已下午二時矣。

未成眠。翻張雲璈《四寸學》，施國祁《禮耕堂叢説》等書。

看胡適《小説考證》。

夜少蓋被果有效，不出汗或少出汗了。

中午兩脚冰冷，故雖明知不能入眠，亦必上床將脚窩暖。

十一月廿七號星期日（十月十七）

看報。起釾來。

未成眠。趙君實偕武志平、郭亮來談。題長城畫卷交君實携去。

續看《小説考證》。

湲兒連值兩個大夜班，今日同餐，觀其顴骨突出矣，意頗憐之。

十一月廿八號星期一（十月十八）

看報。德融來，談與商鴻逵討論編《清代著述目》事，留飯。静秋送予函至學部，見吴亮平談。

未成眠。學斌爲刮臉。看章郇所爲編《愚修録》卡片第一册，加改定。

看胡適《我的歧路》。十時服藥眠，一宵起溺五次。翌晨八時起。

胡適好人吹捧，以是走入歧途。終被定爲戰犯，死于臺灣。日來翻其文集，所作小説考證實有勝人之處，而其所爲政論實甚空洞，徒成其爲政客而已。

十一月廿九號星期二（十月十九）

昨夜十一時得木蘭電報，今晨德堪到車站接頤萱嫂。看報。

眠四十分鐘。寫王玉哲、楊志玖信，托買《南開學報》。編排《愚修録》二册卡片。大便甚暢。

看《荀漢昌言》等書。十時眠，繼服藥二次，翌晨七時醒。

近日天不冷，故予痰亦較少。惟寒汛終不可逃，明春將開全國人大、政協兩大會，予廁其間，甚願氣管炎之不至劇發耳。

接上海人民出版社寄來一九七八年度出版計劃，已將予擬作《法家的由來和儒法鬥争真相》定爲十萬字，明年第四季度出版，從此工作有了一個目標了。

十一月三十號星期三（十月二十）

爲寫儒法關係問題立一專册，并將去年在醫院所記者鈔入。看報。

小眠一刻鐘。續記戰國各家思想，得五則。

看電視《黄山》等。

湲兒今日下午在産科醫院講課，足見其才識已爲院方同人所認識。從此，作正式大夫矣。

静秋今日下午温度爲卅七度四，渠連夜睡不好，心中永遠緊張，而實際環境并不如是。

一九七七年十二月

十二月一號星期四（十月廿一）

檢定《愚修録》卡片一册。記筆記一則。看報。

未成眠。看《論語後案》一册。

十時服藥眠。十二時醒，又服藥，得眠。翌晨六時醒。

洪兒所生子大志，飲乳既飽即睡，睡醒亦不鬧。予每日就觀三四次，他似認識予，輒以笑靨相向，以是予益愛之。

十二月二號星期五（十月廿二）

檢定《愚修録》卡片二册。記筆記二則。看報。

未成眠。寫王煦華信。

静秋、湲兒到政協看電影。九時服藥就眠，迄未入睡。又服三次，至上午一時後方朦朧。

日來作工作較多，既將章郇所寫卡片分類（原用鉛筆，今用鋼筆），又爲"儒法關係"集材，精神專注，失眠疾又作。年齡真不許予恢復舊日生涯矣，可奈何！

十二月三號星期六（十月廿三）

看報。章郇來談兩小時，將筆記己部卅二册帶去。

未成眠。歷史所政工辦事處李芳年來，告王煦華事已打電報到上海。檢定筆記卡片一册。

服藥三次，仍在半醒狀態中。

章郇讀書多，甚有批評眼光，惜其聲太低，而予耳聾，不克暢談，爲可惜耳。今日談之結果，擬將予歷年筆記分三類，如下（將五百萬字删去一半）：

甲，史林雜識——取予平生考史確有心得者，連前已發表者爲六册。

乙，《尚書》説叢——取前人説之善者及予創説，爲二册。

丙，緩齋見聞記——但叙聞見，自己意見不多者，爲二册。

十二月四號星期日（十月廿四）

看報。看電視《動物雜技》、《大鬧天宮》。看學斌砌儲藏室墙。起釬來。

未成眠。林小安偕蘭大教員劉滿來，商編輯《通鑑地名索引》及明年北京圖書館開"全國善本書展覽"方法。

翻新校《紅樓夢》。九時服藥眠，甚酣。翌晨八時醒。惟便溺頻仍耳。

今晨静秋偕蕙萛到中關村訪頤萱嫂，年近八十而甚健。

劉滿言蘭州皮筏已絶迹，交通用輪船。若是則予尚得攬其最後之一瞥，而保存其圖説于《史林雜識》中，爲惟一之記載矣。

起釪來告，中央已任命胡喬木爲中國社會科學院院長，于光遠、鄧力群爲副院長，從此院中負責有人矣。

爲前兩夜不能入眠，今日停工，果然入睡。

十二月五號星期一（十月廿五）

劉家親母及其女秀蓮來。崔士臣師傅爲予及静秋理髮。

未成眠。看報。看大志。記筆記一則。寫姚紹華信。

翻《紅樓夢》。九時服藥眠，翌晨七時醒，一夜小便五次。

日來天短，一天中做不了多少事，亦一恨也。

十二月六號星期二（十月廿六）

看報。將十一年前在楓林村中所記鈔入筆記册中，得三則。

未得眠。看《青學齋集》。

九時服藥眠，翌晨七時半起。

十二月七號星期三（十月廿七）

看報。以《左傳》校《國語》得發見，因記出之，未完。趙叔玉來。

未成眠。

與湲兒談。九時半眠，翌晨八時起。

今日静秋到蕙萛處，因同出至“烤肉季”午餐，大樂之，歸言换了一個人生觀。可見永遠關在家里尋氣生，終不是好事。

玩，是每人須要的。

趙叔玉來，謂其子丁存又在邯鄲一中學教書，因對農業機械有所創造，已被選爲第五屆人大代表。她日内即將到邯鄲。渠前年喪夫，而今年有此喜事，大足慰矣。

十二月八號星期四（十月廿八）

静秋伴至北京醫院，至則趙君實已先在。就西醫康大夫、中醫魏大夫診，抽血、打球蛋白針。帶早飯到院中吃。看《文物》中張政烺《春秋事語》文。

未成眠。看報。看大志。姚紹華來，談重編《崔東壁遺書》事，未肯定。

看電視《龍蝦》。九時服藥眠，十二時醒。又服藥，翌晨七時醒。

今晨醫院所遇人：周培源及其夫人王蒂澂，王芸生，周士觀。

今日查血糖，甚平穩，可慰。魏大夫按予脉，亦説好。康大夫謂予服 D860 片已十年，可易一藥。

閱報，科學院副院長吳有訓于十一月三十日逝世，年八十。

紹華謂東壁尚是尊孔人物，此書重出版怕惹人批評。予謂乾嘉人物誰不受歷史局限性，惟彼能打破戰國、秦、漢時所塑造之"孔聖人"，則其革命性之强烈終是不可泯滅之一大事也。

十二月九號星期五（十月廿九）

大便通暢。看《辛未訪古日記》。記日記五天。記筆記一則。

未成眠。看報。

九時半服藥眠，翌晨七時醒。

因魏大夫正在看予《辛未訪古日記》，故取出重觀，彼時兵荒馬亂，行路真不易，許多怪現象，不親見真不知也。

十二月十號星期六（十月三十）

洪兒到朝陽門外中學，應本年大學入學考試。看報。記筆記一則。

小眠。視大志。

翻《活地獄》。九時半服藥眠，翌晨六時半醒。

静秋今日到北京醫院診，知膽固醇高至七百以上。

大志每日必哭一場，今日白天睡得太好，晚間一時許大哭。

十二月十一號星期日（十一月初一）

天陰終日，似將下雪，予痰涕俱多。看報。

小眠。記筆記一則。寫煦華信。

校《方士與儒生》之重版前言。

今日學斌與堪兒共同砌儲藏室，大約再需一天勞動即可完成。

洪兒兩天來應大學考試，自惟答題尚可，惟考生太多，百人取一，則録取與否尚不可知耳。

十二月十二號星期一（十一月初二）

起釬來。看報。將《楚語上》與《左傳》襄十六年蔡聲子論"楚材晉用"一故事鈔入筆記作比較。

小眠。

看王玉哲寄來之《南開學報》。

中午，章郁送予筆記《高春瑣語》五册及卡片來，交湲兒，未會晤。

時近冬至，日子太短。下午三時半起床，才作一小時天即黑矣。

十二月十三號星期二（十一月初三）

比較《國語》與《左傳》"楚材晉用"故事訖。看報。

小眠。

看《越縵堂讀書記》。九時半眠，翌晨七時半起。

中午，章郇又代王雪瑩送靜秋之藥物交來，仍未見予，但云："可惜顧老和我的年紀都老了！"

十二月十四號星期三（十一月初四）

終日翻《越縵堂讀書記》。看報。

眠一小時。

勸堪兒勿任性。作息同昨夕。

終日下小雪，此數年來冬日未有之事也。

大志外孫近日頗懂事，室中不開燈則哭，無人陪伴則亦哭。昨天哭了一夜，害得洪兒不能安眠。做母親之苦痛乃至是。

十二月十五號星期四（十一月初五）

終日翻《越縵堂讀書記》。看報。

眠一小時。

九時服藥眠。翌晨七時醒。

昨日雪，今日雨，予氣管炎又劇。

今日大便，上下午各一次，甚暢。

十二月十六號星期五（十一月初六）

看報。覺非來，診脉。拍睡大志。寫上海人民出版社、李芳年信。

寫起潛叔信，告以爲整理予稿，有不得不然之苦衷，請上海圖書館原諒。未成眠。

看《青學齋集》。九時半眠，翌晨七時起。

晚間小便太多，每越一二小時一次，故恒每宵恒服藥數次，此當是腎虧現象。

十二月十七號星期六（十一月初七）

寫王煦華信，静秋不同意，與洪兒同改，發出。看報。

眠一小時。到洪兒處逗大志，遇羅力，談。看舊筆記。

張謳來。九時服藥眠。翌晨八時醒。

今日李芳年來電話，知調煦華到京信還是三天前方發出，而上次他來，則謂已發電，可見其辦公不上勁。芳年又謂調起釪到所，事已辦成，亦可慰也。

十二月十八號星期日（十一月初八）

馬伯煌自滬來。王利器、楊廷福來。王樹民來，贈其所點《宋史紀事本末》。呼醒大志，未成。看報。

眠一小時許。看《宋史紀事本末》。劉起釪來。

九時服藥眠，翌晨七時半醒。

十二月十九號星期一（十一月初九）

理抽屉，未畢。看報。静秋到學部，值其開會，未見人。

眠近兩小時。王文生、張海珊自滬來，爲紹虞贈其《漢語語法修辭新探》。理抽屉畢。學斌爲刮臉。

略翻紹虞新著。十時服藥眠。翌晨八時起。

紹虞在滬，有助手八人，故能大幹，其所作《語法修辭》一書，有四册之多。近又爲《歷代文論選》，亦大書也。惟足已不良于行，手亦顫與予同。

厚宣有助手十人，故能編《甲骨文合編》。季龍有一班繪地理人員，故能編《中國歷史地圖》。思泊有助手五人，故能編

《古文字總匯》。紹虞有助手八人，故能編這編那。余乃僅有一起釬，兩三年來用盡全力，自喬木任院長乃辦成，此皆尹達齮齕我二十餘年之所致也。推其主因，固由鄭振鐸、陶孟和、羅常培之詆毀，亦緣于范文瀾之傾軋，此事說來話長，當別記于一九五四、五五兩年之空白日記上，俾後人知其底細。總之，如無毛主席、周總理、陳毅副總理之保護，予必已被打倒二十餘年矣！

十二月二十號星期二（十一月初十）

九時，乘車到北京醫院，就魏大夫、康大夫及一外科大夫診。靜秋、梅芳同行。遇徐伯昕、茅以升。十一時半歸。看報。

眠一小時半。看報。喚大志醒，歷一小時，無效。

看電視：侯寶林、郭全寶相聲。十時服藥眠，翌晨八時起。

伯昕告我，楊東蓴已患神經病，近仍住院，勢不輕。又告，聖陶已任民進副主席。

十二月廿一號星期三（十一月十一）

看報。略翻紹虞所贈新作。

眠近兩小時。伴大志。

十時服藥眠。翌晨八時起。

上午八時起身，八時半進早餐，九時看《參考消息》，看完已十一時矣。時間不够用，可奈何！

十二月廿二號星期四（十一月十二　冬至）

看報。振聲從涿縣來京辦公事。

眠二小時。終日疲倦，倚沙發休息。

湲兒告我，東四產科醫院原只有幾個老穩婆，對她并無一點好處。頗欲調至兒童醫院，苦于沒有藉口。故聞院中要我住入三里河，甚爲高興，以彼處離兒院近，可以藉此調職也。

我的病：

一、兩足跟上都生瘡，這是糖尿病引起的。

二、後腦殼頸上作痛，不便轉動。

三、爲了大志，到他床上逗他，腰部兩側均痛。

四、大便不正常，有時乾結，有時稀。

五、午後很能眠，晚上却難，常服安眠藥兩次或三次。

六、精神困頓，甚至整理筆記卡片也無力。

十二月廿三號星期五（十一月十三）

看報。以洪兒母子將行，今日將大志抱至我床，供我玩逗。

眠近二小時。

小兒對母親之愛，成年人對異性之愛，老年人對孩童之愛，都是爲了種族繁衍，出于天性。大志胖得太可愛了，叫我如何不疼，又如何不惜別！

十二月廿四號星期六（十一月十四）

王毓銓來談，將到北師大編《中國通史》事。看報。

劉秀華來，偕洪兒抱大志歸其家。未成眠。振聲回徐水。

毓銓勸起釬，《尚書》工作須趕快做，因爲顧先生年齡究竟大了。又説我十年前發表的文字，如《大誥》、《世俘》、《史林雜識》等均非常切實，能解決問題。

壽彝在北師大，計畫編一六百萬字之《中國通史》，邀毓銓主持秦漢部分。此壽彝能用人處，不似尹達之專以壓服人爲能事，以致人皆不能盡其才也。

十二月廿五號星期日（十一月十五）

起釺來。看報。洪兒回家，飯後去。

眠二小時半。樹民來，談整理予筆記事。取筆記六冊去。

看《耄學叢記》一冊。十時服靜秋藥眠，甚酣，翌晨七時醒。

予後腦作痛，迄今已五日。自今夜起，湲兒令枕熱水袋而眠。如其無效，則只得到醫院診治矣。

今日樹民來，願爲我整理筆記，他學識才均夠，惟太遲耳。尚須覓一鈔手，俾他定稿後由我潤飾，再付鈔，如此一年便可出版一冊了。

十二月廿六號星期一（十一月十六）

看報。補記日記六天。洪兒今日到廠上班，以須下午看病，午前回家，飯後即回夫家。

以咳，未成眠。理臥室內書，雖少，亦覺勞累。羅力來。佟小明來。

看夏炘《炘弓辨誣》。九時半服藥眠，又服兩次，得安眠，翌晨七時半醒。

今日爲毛主席八十四歲誕辰，社會科學院在虎坊橋工人俱樂部開會紀念，予以脚上生瘡不能去。

社會科學院今日開會，由于光遠報告，以周揚爲學部顧問，全場鼓掌。

得木蘭及守默電話，知蕙蕢病中風，七十三歲了，此種病自不易免也。

十二月廿七號星期二（十一月十七）

看報。靜秋視蕙蕢病。湲兒歸飯。

眠近二小時。看報。看《檀弓辨誣》。

與湲兒下五子棋，予勝。木蘭來，與靜秋長談，留宿。

蕙蕒中風係輕性，尚可起床。守默之夫李君已自滬調京，可助料理家務，亦一慰也。

得洪兒電話，廠中以其月經不至，許續假五天。可見今日關懷女工人無微不至。

佟小明在中國科學器材公司修配部任職，人極能幹，昨日來，靜秋告以我家困難事，渠與白姓同居，而白家與胡喬木極熟，當夜即與接洽，胡答以助手事既由院部辦，即可繼續辦理，惟房屋則最多只有六間，書籍不能盡數放進耳。

十二月廿八號星期三（十一月十八）

元善偕其侄熊及北大中文系教師袁行霈來，討論《山海經》問題。紹華來，以客多，退出。湲兒歸飯。

眠近二小時。看報。學斌爲打開塞露針，下便不暢。

看《呂后篡權史料》。九時服藥眠，翌晨八時起。

十二月廿九號星期四（十一月十九）

靜秋伴至北京醫院，就魏龍驤、李春久、陳壽□諸大夫診，打球蛋白針。潮兒偕春雨回京。

昨晚吞酚酞片一丸，今日下便暢。眠二小時許。看報。起釪來。洪兒來。

看《辛未訪古記》。服藥二次，十一時眠，翌晨八時起。

中華書局要收回起釪任編輯，《尚書》工作勢將停頓。此皆尹達之"厲階"也，予必當爭之。

潮兒廠中元旦亦不放假，茲請假歸來，此可見全國工業界之努力。潮兒患傷風，久而不愈，此來由湲兒爲之打針。

十二月三十號星期五（十一月二十）

與春雨玩。看報。看任繼愈《秦漢的統一與哲學思想的變革》未訖。

眠二小時。葛志成來談。

九時服藥眠，翌晨六時醒。八時起。

十二月卅一號星期六（十一月廿一　二九）

看報。讀毛主席給陳毅同志談詩的一封信，論詩必有“比、興”的形象思維，及臧克家等人的討論。

未成眠。看黎澍《評四人幫的封建專制主義》。

鄭梅芳回溧陽，女工須另覓。眠不佳，服藥三次。

黎澍長文，擊中四人幫搞亂歷史罪惡之要害，得暇當再讀。

梅芳以家鄉辦手套廠名義辭去。

今年入冬不冷，而予兩足猶生瘡者，糖尿病之作梗也。此係無法根治之病。予服 D860 已十年，不過限制其不劇發耳。在舊社會中，五等有期徒刑爲半年，予每值冬及初春不得自由行動，等于年服徒刑一次，失去行動自由，亦是一種苦痛。所幸者，予手顫之疾有時不劇，則尚能以作字自遣耳。

邇來兩眼均澀，左目有紅絲，日塗眼藥水數次，但求不盲便佳。

又自九月十九日，午刻即感脚冷，近日更甚，飯後即忙上床，以熱水袋窩之，乃止。夜中却不冷。此當是老年血不下行所致。

予向來進食，葷素一樣吃。近日厭葷喜素，每飯靜秋夾猪肉、鷄肉入碗，予即推却，見豆腐、花生、素十錦則喜。此當亦老年胃中有變化。

今冬痰咳不劇，但每晨起即有一塊痰塞住喉嚨吐不出，必以手巾挖而出之。

外孫劉大志胖得可愛，予每就其床逗之，然以側身故常致腰痛。今彼已歸其家，予痛遂止。

　　老人愛小孩，此亦未能自已之情也。

一九七八年

一九七八年一月

一月一號星期日（十一月廿二）

吳玉年來，贈《廓爾喀紀略補》。劉起釪來。看報。趙君實偕李姓工人來。

未成眠。周大媽、潘大嬸來。洪兒來。

看電視《楊門女將》，未畢。

以我家女多男少，用男工不便，故靜秋命潮兒往謝趙君。

一月二號星期一（十一月廿三）

看報。伴春雨嬉。

未成眠。崔士臣師傅來，爲予理髮。堪兒偕趙靜澄來談，留飯。旋同到政協看電影。

潮兒、春雨伴眠，翌晨八時起。

春雨能集中精神作事，無論看電視或搭積木，皆全心全意爲之，將來或有成科學工作者之望。惟喜人誇，不樂人批評，是其所短耳。

一月三號星期二（十一月廿四）

看報。看春雨搭積木。寫鮑昌信，答論起興。

未成眠。劉仰嶠、劉導生來談。洪兒回，旋去。

以精神興奮，服藥三次始眠。翌晨八時起。

兩劉同志來言，我所上華主席信，已得李先念副主席批准，調王煦華來京及移居事皆許可，惟略需時日。王君來京，先以借調名義行之。起釪事由中華調歷史所亦不成問題。擾擾數月，至今得遂，心爲一慰。

一月四號星期三（十一月廿五）

姚紹華來，勸遲出《東壁遺書》。看報。章郇遣童淑芳來道意。看袁行霈《讀山海經札記》。

未成眠。三時許，潮兒携春雨還徐水，堪兒送登車。

湲兒伴眠，服藥較多，十二時溺床。七時醒。

潘大嬸來作臨時工，以俟正式保姆之來。

潮兒此次歸六天，非廠中放假，乃以傷風久不愈，故來京，天天由湲兒爲之打針。

政府開僑務會議，批評林彪與四人幫之隔絕内外政策，從此我敢與僑民及外國朋友通信矣。傷哉羅儀鳳之死與吳子臧長女之瘋也！

一月五號星期四（十一月廿六）

天晴好。看報。看"四人幫"下之"儒法鬥爭論"。

眠近一小時。補記日記六天。謝惠良偕其女兒來。

昨紹華來，謂《東壁遺書》中尚多尊孔文字，今日重刊，恐受批評，以此謝絕整理。夫誰一學人不受前代影響，馬克思所受德國哲學、英國政治學、法國空想社會主義至多，然只要能接受當代思潮，給予前代學者以批判接受，終不失其爲萬代宗師。紹華膽小如此，此其所以不能爲我摯友也。

一月六號星期五（十一月廿七）

看報。看孟心史《三大疑案考實》。

未成眠。續看心史先生書。

堪兒應趙家約，往飯。十時眠，翌晨七時醒。

一月七號星期六（十一月廿八）

看報。作古詩一篇，酬元善。

眠一小時。看孟心史書略畢。尚愛松來談。

趙乃揚來談此次大學考試笑話甚多。

今日家中無保姆，靜秋服務累甚。聞木蘭言，潘大嬸實犯子宮癌，如此則此來兩日，殆成永訣矣。

我家除老夫妻外，有三女一男。先前以其年幼上學，不覺其有矛盾，今除潮兒在外縣工作，一年只歸家一旬外，洪、湲二人皆已成婚，且皆孕育，其婿亦常住我家。只堪兒無偶，相處之間不免矛盾，家庭真不易處也。

一月八號星期日（十一月廿九）

起釬來談。看報。章郇介紹無爲縣人熊艷霞來作女工。

眠一小時。洪兒回家，旋歸。湲兒夫婦爲予買筆。閱姚雪垠《創作餘墨》。

木蘭挈陸纓來，留宿。看《中華文史論叢》。九時服藥眠。十二時溺床。翌晨七時醒。

劉家住東直門外左家莊，騎自行車到廠須二十五分鐘，路且不平。其家在農村，當然過農村生活，飯菜不好，洪兒既須到廠工作，又須回婆家哺兒，下部尚流血未止，以故歸家時淌泪，殊苦無以慰之。作女子身，既需哺乳，又須勞動，而產假兩月已滿，可奈何？

一月九號星期一（十二月初一　三九）

看報。翻本月分《紅旗》雜志。

眠一小時。熊艷霞來上工。題吳燕紹、豐培父子所編《廓爾喀紀略輯補》。紹華送章丹楓所贈《大唐西域記》來。

九時服藥眠，翌晨八時醒。

目濇，靜秋謂予眼紅，亟取眼藥水塗之。

得潮兒信，本月底有遷往涿縣新屋之望。如此往來北京較便。

覽報，民革中委王葆真於上月杪逝世，年九十八，在予所識人中可謂最高年矣。其子靜如，即專研西夏文者也。

一月十號星期二（十二月初二）

看報。上海科學教育電影製片廠蔣偉來，談《長城》問題。

眠兩小時。胡厚宣來。

看《中華文史叢刊》。九時服藥眠，翌晨八時起。

上海電影廠擬製《長城》一片，作世界宣傳。予告以道路艱難，渠云喜馬拉耶山且爬，遑云長城！豪語自可喜也！

厚宣來，謂傳聞洪兒應大學考試，成績甚好。此言若實，真可喜也。

近日予能眠而精神頗倦怠，倘即吳中人所云“老熟”者乎？苟若此，予心猶不甘，以一生筆記尚未整理也。

一月十一號星期三（十二月初三）

看報。翻《中華文史叢刊》。

朦朧一小時許。王湜華來，交黃頌堯《保聖寺》遺稿。

九時服藥眠，十二時溺床，翌晨七時醒。

越南侵略柬埔寨，聞其後台為蘇修，柬則以中國為後盾，兵器雖不利而民氣則甚壯。蘇修處處挑動戰事，多行不義必自斃，姑待之。

蘇州有史學家黃頌堯，抗戰前我在王謇處聞之，而未覿面，亦不知其何年去世。今日得洪駕時寄其遺稿來，惜當時失之交臂也。

一月十二號星期四（十二月初四）

看報。洪兒看病歸，旋為予取藥。

眠一小時半。記日記數天。

新來熊姨甚好，肯工作，不貪懶，且略有文化，甚望其能耽得長，只要靜秋對她不發脾氣即好。

一月十三號星期五（十二月初五）

看報。看蔣大沂《保卣銘考釋》。

眠一小時半。看《大唐西域記》。

日來目眚加劇，而左目更甚。或以室中烟火較甚，所謂"上火"也。日以眼藥水塗之，未知有效否耳。

一月十四號星期六（十二月初六）

看報。

眠二小時。尚愛松來。

羅力來談。看四人幫"評法"文數篇。

一月十五號星期日（十二月初七）

羅力來，余與談。

眠近兩小時。起釬來。

一月十六號星期一（十二月初八）

看報。大便乾結，苦痛甚，静秋以肥皂水下之。

略眠。早大便未暢，静秋又爲打肥皂水一次。看《紅旗》今年一期。覺非來。

　明日爲静秋七十整壽，彼自忘之，家中人亦盡忘之，而覺非記得，爲其族祖姑道之，乃定明午吃麵。

一月十七號星期二（十二月初九）

覺非來，爲買菜，作飯，下午去。看報。

略眠。服酚酞兩丸。看謝彬《新疆游記》。

一月十八號星期三（十二月初十）

大便下，甚暢。起釬來，訪問予對改進歷史所之意見。洪兒歸飯，旋去。

眠二小時，崔士臣來。

與湲兒長談。

　大志餓了不哭，只是叫，此又一進步。

　得潮兒書，知春雨“我大了，要上學”。

一月十九號星期四（十二月十一）

老楊、老雍、小王來，同到釣魚臺看屋。崔士臣來，爲予理髮。湲兒請假半天管家。

眠至四時起。魏明經來。看報。看《南開學報》王梓坤《科學發現縱橫談》下篇。

九時服藥眠。翌晨八時半起。

一月二十號星期五（十二月十二）

老雍來，與靜秋同出看屋。羅力來。翻章郇所理筆記。

二時半眠，四時醒。得洪兒電話，渠應大學試已錄取，尚須于下星期檢查身體。

看報載評唐曉文三篇文畢。十時眠。翌晨七時醒。

此次大學入學考試，應試者過多，致有百人取一之説。電冰箱廠中，應試者約四十人，而取四人，洪居其一，可見其程度不劣，而平日自詡之張謳反落選。亦足見理工科倍難于文科也。

一月廿一號星期六（十二月十三）

翻章郇送還筆記。

吳世昌來詳談。

今日手忽然大顫，書不成字，悲哉老也！

一月廿二號星期日（十二月十四）

起釬來，爲組織關係事，爲寫陳原信。羅力來。看報。洪兒歸飯。

眠近二小時。爲精神疲憊，未起床。

郭敬輝來談。鄧方來。服藥三次乃眠，翌晨八時醒。

洪兒來告，大志更乖，不哭，見人輒笑。大學分配何校，今尚未曉。

敬輝于抗日戰爭前爲天津某中學畢業生，以酷好地理，與予通信，予任之爲禹貢學會書記員，月薪廿元。勝利後予初次回京，他來訪，予但知其爲中學地理教員，不知其爲地下黨員也。迄今卅年，未一晤面，而渠已爲地理研究所副所長矣。

一月廿三號星期一（十二月十五）

看吳世昌《風月寶鑑的棠村序文鈎沈與研究》。靜秋與湲兒同到三里河看新屋。看報。

聽靜秋與湲兒談新屋情況。眠一小時半。看《歷史研究》本年一期中《論章太炎》的文字。

九時半眠，翌晨六時醒，七時半起。

十九日靜秋與老雍等所看之三里河房屋，昨日與王愛雲通電話，乃知其地在公共汽車站旁，夜中須到十一時後方靜，早上則四時又開車，不適于靜養，故昨日即與郭敬輝接洽，承其介紹國務院房産處長王立善商量，改在清靜處所，故今日又往，與王處長接洽，乃得易一安適之屋。辦事真不易也！

一月廿四號星期二（十二月十六）

看《歷史研究》中關于孔丘誅少正卯等篇。看報。

眠二小時。鈔《調配房屋通知》。寫煦華信。

九時半眠，翌晨六時醒。又眠，九時乃醒。

從院部得消息，派往上海邀約煦華之人員，廿一日方啓身，故今日致煦華一函，告以此事。煦華之父鴻儒于本月十五日以心臟病去世，并唁之。

一月廿五號星期三（十二月十七）

湲兒夫婦及堪兒到三里河新屋打掃。看報。

眠二小時。聽三兒報告新居情況。

九時眠。服藥二次，翌晨七時醒。

新屋傢具可向歷史所借用，乾麪胡同房屋又可保留，此對我工作至爲有利。惟日來眼矇愈甚，則爲可慮耳。

一月廿六號星期四（十二月十八）

此下六天事，以日久未記，竟思索不得，大概爲遷居西郊事，静秋各處接洽，諸兒助之，予則隨便翻覽書報而已。

昨日静秋打電話到歷史所，接電話者爲一轉業軍人萬姓者，謂需要木器時可借。今日打電話去，接者爲老雍，則謂什物均不能借。人性之異有如此者，惟有一嘆。

國務院機關事務管理局調配房屋通知

高房字第 140 號

房修一公司西郊處：

現將西城區三里河南沙溝七號樓二門一號房屋一套六間，分配給中國社會科學院顧頡剛使用，希予辦理手續，特此通知。

注意事項：

一、房租按 0.25/m 的標準，從二月分收費到户。

二、取暖費按 0.24/m 的規定收費到户。

三、熱水費每人每月 0.80 元收費到户。

四、原房不收，此房本人不住，交還我局另行分配。

五、此通知十天内不進住無效。

七八年一月十九日。

聯繫人　戚占雲　電話六六、一六八四。

國務院機關事務管理局房産處處長王立善

六六，六八八六（辦公室）　六六，一六八九（房管處）

西四大院胡同九號四門六號（家）

一九七八年二月

二月一號星期三（十二月廿四）

電邀崔士臣來，爲予理髮。與羅力話別。

眠一小時許。看報。魏明經來。

二月二號星期四（十二月廿五）

與静秋乘小汽車到北京醫院就中西醫診，并作心電圖及抽血。遇馮乃超夫婦及楚圖南。

眠一小時許。略理物。看報。

看《歷史研究》本年二期。九時眠，七時起。

報載郭子杰于上月下旬在京逝世。子杰名有守，抗戰中爲四川教育廳長，羅致朱自清、葉聖陶等在廳辦科學教育館，出版書刊，提倡新思想。予在齊大時，渠知予好訪古迹，給四百元爲旅費，予遂與李爲衡同游新津、大邑、邛崍等處，惜予事忙，未及將游記作好，遽離成都。解放時渠到國外爲某使館參贊，約于一九七一年自拔來歸，曾訪予兩次，而彼住東郊七層樓上，我不得往訪，遂成永訣。惜哉！

二月三號星期五（十二月廿六）

院部及歷史所派人來，商明日搬家事。

眠一小時許。略理物。看報。

九時服藥眠，翌晨七時起。

搬家非易事，予又無力理書，不得不聽人爲之。諺云：“上床搬下床，不見三年飯糧。”予亦未如之何矣。

二月四號星期六（十二月廿七）

歷史所來車，運物及人，到三里河宿舍。學斌、起釬來捆書物。

眠二小時許。隨手整理書物，不勝其勞，自嘆老矣。

九時服藥眠，翌晨八時起。

新居光綫充足，各室聯繫方便，惟面積不大，不能盡容我所藏書，猶是美中不足耳。離玉淵潭、釣魚臺、月壇均近，天暖後不乏散步處。恨膝骨不健，不得自由行動也。

二月五號星期日（十二月廿八）

歷史所第二次運書物來，與劉俊生等略談，并致謝。木蘭來。

眠一小時。潮兒、振聲偕春雨來。黃永年自西安來，談。不見廿餘年矣。

九時服藥眠，翌晨八時起。

二月六號星期一（十二月廿九）

出門散步，以不良于行退歸。潮兒爲理書兩架。寫應永深信。

眠一小時半。郭敬輝來。裝新屋電話，予與湲兒通話。王洪昌來。唐守默來。

看電視。九時服藥眠。翌晨八時起。

得煦華信，知調職事已辦成，不久來京，助我整理舊稿，聞之欣慰。

二月七號星期二（正月初一　春節）

郭敬輝來。黃秉維、王愛雲偕其孫來。

眠一小時。陸启鏗、木蘭、國光、陸繆來，長談，留飯。潮兒挈春雨同往。

看電視。十時服藥眠，翌晨七時起。

多年冬無雪，今晨居然霏霏而下，豐年之兆也。

自此又多日下雪，滿目皓皓。

二月八號星期三（正月初二）

趙君實來。林小安來，談版本學。起釪來賀年。

眠一小時。看楊德澤記永歷時事。潮兒奉頤萱嫂來。謝惠良來，贈畫片。

洪兒代寫王樹民信。湲兒爲磨墨。服藥眠。

大志又胖又乖，非餓及尿濕不哭，偶然伊啞學語，真喜人。

二月九號星期四（正月初三）

欲寫字贈崔師傅，以手顫而止。吳昊來，爲予理髮。黃永年來，留飯。

眠一小時許。王載興、高耀玥夫婦來，談至晚飯後去。

看電視，服藥眠。

永年來，談在琉璃廠中國書店買得王引之《經義述聞》初刻本六册，每段自爲起訖，與予前所得四册同，惜彼後日即回陝，不及一核也。

二月十號星期五（正月初四）

湲兒爲予寫金振宇、應永深信。爲理髮師崔士臣寫一條幅。

眠一小時許。潮兒返徐水。翻《古詩源》。春雨發燒，湲兒夫婦爲看病。

盛杰來，與洪兒同抱大志歸其家。

二月十一號星期六（正月初五）

張覺非來。春雨退燒。與起釬談予工作計劃，開目録。看報。未成眠。與春雨嬉棋。再與起釬談編書計劃。補記日記八天。看李清《三垣筆記》。

二月十二號星期日（正月初六）

頤萱嫂由盛杰送回中關村。王樹民來，取筆記卅册去。侯仁之來。

　未成眠。看樹民《漢代的黃老之學》。看報。

　九時服藥眠，翌晨七時醒。

　　仁之自上海歸，爲告譚季龍以工作及開會過忙，竟致中風。幸搶救早，旋愈，今仍住醫院。季龍在滬爲學界名人，諸事坌集，又負責心太强，工作常至中夜二三小時，遂至血壓過高，殊可憫也。

二月十三號星期一（正月初七）

　看蔣超伯《窺豹集》，記筆記一則。看報。

　未成眠。看《章實齋文鈔》，爲標目。看繆荃孫《雲自在龕筆記》。王湜華來。

　看《古詩源》。九時服藥眠，翌晨七時醒。

二月十四號星期二（正月初八）

　寫毛光義信。謝剛主來，長談，留飯。

　未成眠。看報。院部來函，囑作發言稿，因與起釪談，囑其代草。葛志成、張紀元同來，談。

　看《史記》。九時服藥眠，翌晨七時醒。

　　近日胃納更不佳，睡亦不好，手更顫，幾無生人趣。但天仍寒，不便外出散步，可奈何！

二月十五號星期三（正月初九）

　與起釪續談寫院部發言稿事。記日記四天。

一九七八年三月

三月十五號星期三

　　六時，護士來抽臂血。看戚蓼生本《石頭記》。李蓉生大夫來。靜秋與醫院算賬。

　　眠未熟。三時，堪兒、王國英來，出醫院。歸家看報。

　　郭敬輝來談。洪、湲兒來。九時半服藥眠。

　　今日驗血之結果，血糖降至八十餘，此爲發現予有糖尿病後從來未有之事，可喜也。

　　大治月來已發氣管炎三次，洪兒在師院其能安心乎？

三月十六號星期四

　　續看《石頭記》。與起釪談。看《光明日報》所載包遵信《二十四史》一文。

　　眠一小時。看報。

　　予上月寫陳原信，説明起釪調京，原爲助我整理《尚書》工作，與中華書局本不發生關係，乃不得復，仍要他前往審稿，此真無理取鬧矣。起釪欲予致周揚一函，以彼時周任文化部副部長，中華屬彼管轄，當能發生作用也。

三月十七號星期五

　　看報。章郁來，告將出門，暫停工作。

　　眠一小時。袁行霈來，長談北大史事。

　　袁君爲北大中文教師，常州人，喜讀《山海經》，遍讀予文。予當借此機會，將讀畢沅、郝懿行、吳任臣三家書，以繼續三十年前之工作。

堪兒之腳以工傷，出血甚多，廠中給假三天。其師傅亦來省視，而彼生活依然散漫，不在家吃飯，不知其何往也。倔強之性可見一斑。

三月十八號星期六

朱士嘉之女祖鈺來。看毛奇齡《經問》。

未成眠。看報。

三月十九號星期日

起釪之子、孫來。續看《經問》。

寫王煦華信。王愛雲率其孫來，浴。洪、湲兩兒來，湲伴宿。

看電視《楓葉紅了的時候》。服藥三次始成眠。

今日科學大會開會，出席者三千餘人，皆自然科學者及工、農勞動模範也。下月想當開"社會科學大會"，予當作準備。

煦華來京事一個月前已說定，乃今毫無消息，豈有人破壞乎？故作函詢之。

三月二十號星期一

寫胡喬木院長信，請將湲兒夫婦調職到西城區。

與靜秋上街寄信。眠一小時。看報，時久，竟溺褲中。

看電視新聞。九時服藥眠，翌晨三時醒，遂待曉。

今日爲予遷居三里河後第一次徒步出門，覺得環境良好，適于養老，當然更適于讀書寫作。

三月廿一號星期二（春分）

與起釪談。記日記一星期。看報。

未成眠。翻楊椿《孟鄰堂集》。看惲敬《大雲山房雜記》。記筆記二則。木蘭來，留飯。

看電視。

昨日下午，歷史所來電話，促起釪往開會。至則開甲文組會而厚宣竟未出席。此事廿年來由厚宣主持，今當《合編》出版偏不參加，甚可詫異。

尹達在會上說："我無權，哪能發揮積極性！"彼不想文化大革命前，權固在彼一人之手乎？彼時他的積極性何在？

三月廿二號星期三

王樹民來談。翻《熙朝雅頌集》，寫筆記三則。又寫吳世昌信還書。看報。

未成眠。王愛雲偕其孫及外孫女來洗浴。

湲兒來，伴宿。

三月廿三號星期四

起周揚信稿，爲起釪調出中華事。看報。

未成眠。學斌來，種葡萄。王愛雲來，留飯。

郭敬輝偕其夫人李澍杰來談。

三月廿四號星期五

看譚季龍所編《歷史地圖》第一册。看報。

眠一小時半。與靜秋出門散步。寫潮兒信。點《孟郊堂集》。堪兒歸，同飯。

洪兒歸，問古地理，留宿。

得黎然電話，悉本院已函滬，正式調煦華來京。又本所可與中華書局商量，將起釪組織關係調所。又林小安亦可能調所，助我工作。此皆近日科學院開六千人之大會，華主席、鄧副主席作明確號召之所致也。

又堪兒告，今晨聽廣播，將我及孫冶方等批四人幫之發言付播，此老年人所起之作用。

三月廿五號星期六

看報。

上海古籍出版社陳善祥、魏同賢來。

一九七八年五月

五月一號星期一（三月廿五）

洪兒夫婦挈其子大治來，湲兒夫婦來，全家合照相片。羅麗華來。徐健竹來，送《明初經略遼東考》文囑覽。夏延來。

民進幹部陳秉立來。陳中輔（次園）、王湜華來。

卜蕙蓀、余長泉來，留飯。

五月二號星期二（三月廿六）

吳昊來，爲予理髮。與煦華談整理筆記事。

寫樹民信。六時，潮兒歸涿縣。

羅麗華來，同看電視。

夜得學斌電話，知今晚八時，湲兒生一男孩。奇哉，我多生女兒，而我之女兒則專生男孩，今已有外孫八人矣！

五月三號星期三（三月廿七）

改起鈃所作《牧誓》校注，并提修改意見，未訖。

眠二小時。三時，車到，即與煦華同到華僑大廈，宴張蓀芬。六時歸。

　　今晚同席：張蓀芬女士（保加利亞某大學中文教師）　董道金（華僑總社職員）　應永深　王煦華（以上客）　予（名義上主人）

　　蓀芬爲星烺之女，惠芬之姊，以在燕大附設之醫預科中曾參加予在歷史系中所開之“古物古迹調查實習”課，同游各地，故當其返國省親時請于僑委，轉達歷史所，得作三小時之食談。

五月四號星期四　（三月廿八）

　　翻汪辟疆所編《唐人小説》，摘録其中《李娃傳》中之挽歌郎一段入筆記，未畢。

　　小眠。看報。元善來，同到平伯處，并見其夫人許寶馴。與元善同歸，留飯。

　　元善視予大半歲（壬辰九月），體力彌健，去冬曾跌一次，不能走路，意兩人相見大不易矣。而今日乘街車來此，竟未持杖，亦無人扶，何其勇也！晚飯後歸，初令堪兒送之，爲其堅却而罷。及其到家，打一電話，始令予夫婦釋念。

　　元善云：張志讓君已于上月逝世。此我老友也。

五月五號星期五　（三月廿九）

　　平伯偕其女來，送出，遇錢鍾書，致箴言。王樹民來，送還取去之筆記，交煦華收。

　　小眠。看報。録《李娃傳》文訖，并加按語。

　　鍾書勸予勿與社會上無聊人往來，浪費垂盡的精力。又謂吾一生爲衆矢之的，即因門下太雜之過。良友之言敢不遵受。我過于愛才，只要人家有一點長處，即不忍使其埋没。而其人一得社會地位之後即行反噬，固不獨楊向奎一人而已。

五月六號星期六　（三月三十　立夏）

看煦華所草上海古籍出版社囑予所作之論文。

中華送來改作之廿四史標點完成之書面發言，因加修改。寫史念海信。寫喻權域信，未畢。

　　成都新華社喻權域君，爲研究四川史地，實地考察，糾正李冰故事之誤，因謂其所鑿離堆即嘉定之烏尤寺，而非灌縣之都江堰。又詰予在《中國古地理書選讀》中之《禹貢》注釋，見中論"江"爲嘉陵江，大駭，來函詰問。而此注釋全出賀次君手，予在反右整風運動之密鑼緊鼓中竟未翻看，得函大駭，即向之道歉，且當另作一文，編入筆記中，向藏是書者與讀是書者作一明白之交代。

五月七號星期日（四月初一）

　　寫成都新華社喻權域信，畢。與靜秋散步，到郭敬輝及其夫人李澍杰處談。洪兒攜大治來，爲至兒童醫院療其氣管炎病，午飯後仍送歸家。

　　德融侄來，囑其代草致歷史所信。洪兒來，囑其將致本所信鈔正。

　　德融去冬來，曾爲予言，將調至江蘇師範學院教書，以便室家團聚，乃師院亦無房屋可給，只得仍歸北大，在歷史系任教。渠言蘇州人口驟加，吾家昔日之屋已爲數十家分住，工業勃興，自是可喜現象也。

五月八號星期一（四月初二）

　　改中華書局吳樹平代作之廿四史全部出版之書面發言稿，訖。與靜秋散步，遇鍾書及其夫人楊女士。姨甥吳鵬來。

　　潮兒攜春雨來，住。羅麗華來，留飯，導觀書室。

　　煦華來，長談。十時服藥眠。

　　鍾書夫人楊，係蔭杭之女。其父別名老圃，于二十年代常在《申報・自由談》中揭其所作歷史考據文字，予時頗愛讀，不知其能集成一書否。

五月九號星期二（四月初三）

　　寫吳樹平信，將書面發言稿寄去。看報。

　　看康殷《古文字形發微》未畢，此字過小，爲靜秋所阻，即交起釪摘録。

　　潮兒伴住。服藥二次，約十時半眠。翌晨六時醒。

　　今日潮兒携春雨到乾麵胡同視湲兒母子。歸言小兒隆準、貌美，不大哭。爲之一喜！

　　康殷，予向不知其人，而研究甲文、金文甚深入，且能繪圖，將古代造字者摹擬物象之心思以圖畫揭出之，實爲別出心裁。緣所寫字太小，看時太費力，只得請起釪摘鈔若干，以備《尚書》研究之用。

五月十號星期三（四月初四）

　　與靜秋、春雨上街買物、散步。歸，看報。記十日來日記。

　　眠二小時。靜秋、潮、春雨遊動物園。堪兒伴予散步。洪兒來。晚，潮兒行。春雨與予夫婦同室眠。服藥二次眠。

　　今日潮兒與其同事到瀋陽參觀，又將到山東淄博市參觀，約十日後歸來，在此期間，春雨由我夫婦管理。

　　洪兒之姑神經病發，不能照顧大治，每日由盛杰管，然彼每日自有工作，亦無力專管，擬倩人代領。與楊旭言之，雖承諾而靜秋未同意，洪兒心緒不安之甚。由此可見婦女地位雖提高，然于撫育嬰兒上反感棘手，此矛盾殊不易解決也。

五月十一號星期四（四月初五）

看報。與春雨散步，看玫瑰花。鍾敬文來，商進行風俗研究所事。

未成眠。徐健竹來，將其論《明初經略遼東》文交還，囑其修改。

麗華來。與靜秋、春雨同觀《三打白骨精》京劇電視，至十時許畢。服藥三次乃眠。

五月十二號星期五（四月初六）

兩郭師傅來，送特製凳。與煦華談修改論文事。看起釪所改作之《牧誓》一文，未訖。

眠片刻。寫聞在宥信。與煦華談。

翻看《北夢瑣言》。

木匠郭師傅來，特製一凳，供予出門時隨時可憩息。據言，此間百餘家，推吾年爲最長，此語可喜亦可懼也。

五月十三號星期六（四月初七）

與春雨散步。看報。

眠一小時。與靜秋到三里河理髮館，找吳昊理髮。洪兒來，旋返其家。潮兒回京。

堪兒爲洗浴。九時眠，翌晨七時醒。

越南在抗法與抗美兩次戰争中，我國在人力物力上幫了多大的忙，而今甘心作蘇聯的附庸，虐待華僑，没收其財産，且徵壯丁打柬埔寨，范文同、武元甲、黎笋、春水等越南領導人之忘恩負義、恩將仇報，達到了可驚的程度，其甘心與外蒙、古巴作蘇修之走狗，其"多行不義"所得之結果可計日而待也。

五月十四號星期日（四月初八）

木蘭偕陸縷來。與静秋携春雨到玉淵潭河旁看游泳，十二時歸。朱士嘉來。

眠一小時。與煦華到黃汲清家，晤其夫婦。看報。

看電視越劇《紅樓夢》，未訖而睡。

《紅樓夢》是一部長篇小説，而上海越劇團乃縮之爲三小時演畢之戲劇，遂使倏忽易幕，無一精采之故事，可謂白費氣力。

五月十五號星期一（四月初九）

爲起釪調轉工作崗位事，寫胡喬木及周揚信，起釪草稿，予改之，煦華謄清。

眠一小時。與煦華談工作。記筆記一則。王湜華來。

學斌來。九時眠，翌晨三時醒。良久又眠，七時醒。

近日有兩事足以自慰者：1. 每日午後得眠一小時或一小時半。2. 每日晨起或午後起皆下便，且不稀。此都爲久未有之事。

湜華將《桐橋倚櫂録》取去，以上海古籍出版社已允印行也。返觀此間中華書局，則自去秋謂將《史林雜識》再版，而迄今未出，其勤惰相去何若？

五月十六號星期二（四月初十）

寫丁敬（丁山長女）、王進珊、汪寧生信。看報。

眠一小時半。看起釪所作《牧誓》注釋。周懷湘偕其子許萌來，留宿。

與起釪談。看電視。九時半服藥眠。翌晨六時醒。

近日天陰，有小雨，氣候頓寒，予脚冷，痰多，氣管炎又發矣。且兩足如冰，如之何其可以過冬也？

五月十七號星期三（四月十一）

看報。寫行健、行吉信。前清華歷史系畢業生錢重六來。起釪、煦華偕至乾麵胡同理書，夜歸。

眠一小時。潮兒偕春雨返涿。湜華來，送陳從周《說園》。記筆記一則。

看電視。九時服藥眠，翌晨三時醒，天明後再睡二小時。

春雨來京十二天，着實活潑，惟喜狎侮人，此當爲看電視與電影中壞人太多所發生之反作用，他日必當矯正。

五月十八號星期四（四月十二）

寫人民文學出版社信。看起釪所作《牧誓》文，爲之評定。

眠一小時。老雍、小王、翟福辰來，丈量住屋面積。吳淞星來，致趙之雲信。與靜秋到迎賓館前散步。

九時服藥眠。翌晨三時醒，待旦，又眠，七時醒。

人民文學出版社來信，囑予寫出五四運動北大學生情況，爲予手顫，因請其到家訪問。

五月十九號星期五（四月十三）

發上海古籍出版社電，告發文日期。寫自珍、復旦大學《魯迅全集》注釋小組信。

眠二小時。看報。與靜秋到三里河郵電局發信。與湲兒通電話。

看報。服藥兩次，十一時眠，翌晨五時半醒。

接喻權域信，態度甚好，說明其有文而不得發表之苦，正與廿餘年前李希凡作文論《紅樓夢》，以觸及俞平伯，爲編輯者所壓抑之苦同。雜志、報紙之主編者不看文章，但務名望，雖累起運動，此習終不能改，可奈何！

五月二十號星期六（四月十四）

到煦華處看所作文。寫張令琦、自明信。看報。湜華來。

眠一小時。修改爲上海古籍出版社《文史論叢》所作批“四人幫”煦華代作之文。潮兒携春雨來。

看電視。以日間集中精力改文，服藥三次乃眠。翌晨七時醒。

煦華代草之文近五千字，予又增入數段，兼爲修辭，注意力過强，遂致失眠，可見作文之不易也。

煦華本意，以評論《史記》明作史之必須重視史料，而分別史料之真僞尤爲必要。前日接上海來電，告以批“四人幫”爲主，乃改作。幸其筆速，乃得趕出。

五月廿一號星期日（四月十五　小滿）

與潮兒同出，遇陳善祥、魏同賢，即歸，招煦華同談出版古籍事。

眠一小時。繼續改批“四人幫”一文。洪兒來。黃汲清夫婦來談。看報。

服藥兩次，十時乃眠，翌晨七時起。

上海古籍出版社特派二人催予作文，必須如此，乃能落實。若北京中華書局則暮氣沈沈，《史林雜識》之再版説了一年，竟未成事，如何不叫人短氣。

自潮兒歸，每夜伴予眠，乃使静秋得獨眠一室，好好地成睡。惜爲時太短耳。

五月廿二號星期一（四月十六）

静秋伴至三里河理髮館修面。寫喻權域信，贈以《史林雜識》初編一册。

眠一小時半。修改爲《文史論叢》所作批“四人幫”一文，訖。

九時半服藥兩次入眠，此文得繳出矣。

覽報，悉與予同住北京醫院之歐陽欽已于本月十五日逝世，年七十八。其病似係食道癌，住院五年矣。

五月廿三號星期二 （四月十七）

潮兒偕予及春雨游動物園，八時往，十一時半歸。

眠兩小時許。上海魏陳二君來取稿，未見。

九時服藥眠，翌晨七時醒。

予足力不繼，今日到動物園，游迹未及其半，歸後兩腿及膝蓋痛甚，竟站不起矣。

下午爲了連日疲勞，竟得酣睡，晚亦易入眠，此債務了訖，心神舒泰故也，一笑！

五月廿四號星期三 （四月十八）

與靜秋及春雨到三里河大街買物。看《人民日報》所載中華書局及予爲廿四史完全出版所寫文。

寫起潛叔信。潮兒赴滬。洪兒歸，爲予洗浴。

羅麗華來，同看電視。九時眠，翌晨七時半起。

潮兒此次出差，係到上海、南京、泰州、武漢等地，仍與周懷湘女士同行。

五月廿五號星期四 （四月十九）

與靜秋散步。湜華送吉林編刊之《社會科學戰綫》來，即看之終日，以量多，未及其半。

眠一小時許。大便三次。學斌來。

看電視中、日排球賽。九時半眠，翌晨七時起。

昨得趙叔玉信，知其舅朱章廣爲中華醫學會副會長，素來健好，前晨跑步後洗浴，暈在池中，竟不救，老年人真不當作強運動也。此公數年前曾到我家借覽《夢溪筆談》，亦一好學之士，可惜也。

五月廿六號星期五（四月二十）

與靜秋、春雨外出散步二次，遇郭師傅。看報。許毓峰自曲阜來。

眠一小時。黎澍來，談《歷史研究》集稿事。與起釪、煦華談寫稿。補記日記一星期。振聲來，偕春雨游動物園。

看電視。九時服藥眠。翌日六時醒。

黎君主持《歷史研究》，每期銷至廿七萬分。今日親來組稿，仍注意"四人幫"之批判。予允以"孔子殺少正卯"事爲題，爲作一文。

五月廿七號星期六（四月廿一）

學斌乞假半天來視我病。上海寄重版《秦漢的方士與儒生》來，略翻一過。看報。

眠一小時。

九時半服藥眠，翌晨六時醒。

近日寒燠屢更，予氣管炎又作，吐濃痰，因停止散步。時節已近端午，而予兩足又冷，知血液之不流通也。

今日上午一時半吐痰，内有些血，靜秋大爲吃驚，當即打電話到北京醫院，值班醫生囑再觀察，因之今日靜秋不令予起床，并請學斌來視，據他説，這血由胃中出，無大礙也。

五月廿八號星期日（四月廿二）

洪兒抱大治來玩竟日，晚飯後由盛杰抱回其家，洪兒留宿。

看報。

十時服藥眠，翌晨五時半醒。

大治胖得像個無錫泥人大阿福，我抱不動了，真像個關東大漢，可愛。

五月廿九號星期一 （四月廿三）

振聲挈春雨返涿縣。程金造來，邀煦華與之同談《史記》工作。看報。

未成眠。余長泉來，留宿。看報。予擬購物，而靜秋答以本月錢已用盡，因責其不記賬，致家用無所稽考。

與煦華談。服藥二次，十一時眠，翌晨五時半醒，七時起。

春雨此次又來八天，狹侮老人，達到可厭的地步，從好處說，則正是其聰敏處也。

自珍來信，仍不及炳墫。與靜秋談，乃知前數年自珍自京回寧，十八天後他就死了。彼時予方住院，靜秋乃秘不告予，今方言之，何其瞞予之甚也！炳墫爲人本爲予所不慊，與毓蘊之死大異，何必如此縮手縮脚乎！

五月三十號星期二 （四月廿四）

長泉還豐台。與煦華談，托其購物。看《孫中山選集》。看報。眠一小時半。

數日來天陰有小雨，天氣一變，我的氣管炎又發，吐不盡的痰，惟無血耳。眼亦澀，常須按以涼手巾，如竟失明，則待死矣。

五月卅一號星期三 （四月廿五）

續看《孫中山選集》。鈔柳宗元《時令論》入筆記。看報。眠一小時半。

　　静秋以予大便交呼阿姨送北京醫院化驗，知有陰性潛血二加
號，因决後日就診。此係胃血，當無大礙。静秋又以歸罪于潮兒
之伴予游動物園及洪兒之爲予洗浴。此無謂之遷怒也。

一九七八年六月

六月一號星期四　（四月廿六）

　　看《柳宗元集》。吴昊來，爲予理髮。看報。

　　眠一小時半。長泉來，允住乾麵胡同，代看屋子。

　　九時半眠，翌晨六時半醒。

　　覽報，悉金岳霖今年八十四，楊鍾健八十一。

六月二號星期五　（四月廿七）

　　八時，王國英駕車來，與静秋同到北京醫院，抽血，就中西醫
診。晤蔣國彦大夫。十時許出，到乾麵胡同，接湲兒及鵬雲到三里
河。學斌取中藥至。

　　眠二小時。與長泉談。看余冠英《唐詩選》。看報。洪兒來問
《史記》義，旋返校。

　　晚飯後長泉往乾麵胡同住。九時眠。翌晨七時醒。

　　鵬雲今日滿月，其目炯炯有光，個子亦大，將來是一北
（方）大漢，可愛也。

　　由外歸家，如入冰箱，可見近日氣候已甚熱。報載印度今年
大熱，死了百餘人，此亦失常也。

六月三號星期六　（四月廿八）

　　記筆記一則。蕙蓀來，留飯。平伯之女俞成來。看報。

　　眠近兩小時。晚飯後與湲兒散步到後門。

九時，學斌伴予眠，翌晨六時醒。

今日起釪、煦華二人同到乾麵胡同理書。

老舍（舒舍予）于一九六六年八月廿四日，以文化大運動中爲"革命小將"所打，自沈于積水潭。越十二年，今日乃在八寶山禮堂舉行骨灰安放儀式。慘矣！

六月四號星期日（四月廿九）

爲静秋與學斌、湲兒吵，予介入。看汪寧生《試論中國古代銅鼓》一文訖。看報。

眠一小時許。長泉來，留飯。

獨食。學斌別去。十時服藥眠，翌晨七時醒。

静秋昨日打電話到城，囑學斌到南小街買其前日所見菜，學斌未即接，又未買到菜，今晨遂與大吵，直至竟日。予不能忍，遂與静秋吵。此等不必鬧之矛盾，亦竟鬧個不完，可謂無事尋煩惱，亦見作女婿之難。幸其非贅婿，尚有人身自由，可一憤而走也。

六月五號星期一（四月三十）

程金造來，出其新著《司馬遷作史記的宗旨》見示。看報。長泉來，留飯。

眠一小時半。記筆記一則。湲兒伴予散步，遇汲清。

九時半服藥眠，翌晨六時醒。七時起。

今日發工資，煦華代予領，因將新寄到之《方士與儒生》數册托其代致院部領導人。得晤劉仰嶠，知吳亮平已離院矣。

予所請求于院部之事：1. 調尹如瀋來京任鈔寫。2. 調劉起釪從中華書局到歷史所。3. 調湲兒到兒童醫院。仰嶠告煦華，均須開會決定。

六月六號星期二 （五月初一　芒種）

俞成來，詢班昭、蔡文姬事。伴鵬雲一小時。爲起釪寫三箋，箋其所作文。看報。

眠一小時半。看報。始食西瓜，以有電冰箱，特涼。

九時半服藥眠，翌晨六時半醒。

六月七號星期三 （五月初二）

起釪、煦華進城理書。看報。

眠兩小時。看柳宗元文，記筆記一則。

史念海之媳及王毓瑚之子與婦來，談堪兒姻事。十時服藥兩次眠。

予夜間不能多談話，否則精神緊張，便難入睡。然一批中年人白天均有工作，非晚間不得訪友，爲堪兒親事，一番好意，如何拒而不見乎！

六月八號星期四 （五月初三）

翻看高士奇《左傳紀事本末》。看報。

眠一小時許。長泉來，留飯。大雨，留宿。

九時半服藥眠，十二時又服藥，六時半醒。

覽報，悉潘震亞先生逝世，年九十一，此吾復旦同事也。黎劭西先生逝世，年八十九，此吾北京老友也。

六月九號星期五 （五月初四）

看外交部及《人民日報》兩篇論越南虐待華僑事。

眠一時半。記筆記一則。曹雷來。下雹。

九時半服藥眠，十一時半又服，翌晨六時醒。

北京下雹，是少見事，然只限西郊。

六月十號星期六（五月初五　端午）

起釪、煦華進城理書。看報。記筆記一則。

眠兩小時。寫王樹民信。看《古史辨》第二册。

學斌來。十時服藥眠，十一時半再服。

六月十一號星期日（五月初六）

小王車來，由静秋、堪兒伴至北京醫院，由李蓉生大夫診。歸，看報。與煦華等論起釪。

眠近兩小時。撫鵬雲外孫。看報。補記日記五天。

洪兒來，伴予宿。夜半溺床。

醫院囑予于廿一日前透視，李大夫謂予大便有血，説不定還是結腸氣囊腫在發展。

六月十二號星期一（五月初七）

看《春秋時代之政治》一文。王毓瑚及其子、媳、孫女來。看報。湜華來。

看《商務印書館八十周年紀念册》。眠二小時。寫汪寧生、德輝、康殷信。撫鵬雲。

九時半服藥眠，翌晨六時半醒。

與毓瑚不見已逾廿年，渠在運動中受衝擊甚劇，書稿盡散失，然訖仍寫作，以論文稿四篇示我，可佩也。

毓瑚之子名王京陽，其子婦爲史念海之女，名史先義。念海之長子名先聲，其婦名郭秀勤，同在有色冶金設計院工作，有女六歲。

六月十三號星期二（五月初八）

寫辛品蓮信。俞成來，送代買物。看報。記筆記一則。

眠一小時半。看報。與湲兒到平伯處還錢。開失書名單，交煦華向中華索取。

與煦華談校勘工作。九時半服藥眠，翌晨六時醒。

越南排華事，全世界皆抱不平，謂其恩將仇報。其助越張目者僅蘇聯一國，"司馬昭之心，路人皆知"矣。

越南抗美時，中國給糧食、衣服及武器約一百億美元，無息無償，而竟得斯惡果，好人之不易作如此！

六月十四號星期三 （五月初九）

王樹民來，商談寫作計劃。起釪、煦華進城理書。看報。搖鵬雲眠。

湲兒到鐵道醫院，其子哭，撫之。眠一小時許。補寫日記八天。

九時半服藥眠。翌晨六時醒。

靜秋爲予大便及痰中均有潛血，每日到北京醫院爲予化驗，總得二個加號，此是衰老之徵，無如之何。而她在熱日中如此奔波，可感也。

靜秋陰道發炎，兩腿作痛，不便步履，其衰老正不弱于我。

堪兒昨夜發燒，高至卅八度六，今晨又泄瀉，熱稍降。一日不歸，想住工廠醫院了。

六月十五號星期四 （五月初十）

看明刻本《春秋四傳》。看報。

眠一小時半。湲兒爲寫兩信。看吉林出版之《社會科學戰綫》。

九時半服藥眠，翌晨六時半醒。

自《光明》、《人民》兩報登出廿四史整部標點出版而由予主其事，工、學、兵各界人多與予通信，有些交給中華書局作答，有些請煦華代復，有些交湲兒作復，有些無聊者則竟不復。

報紙宣傳之力眞大，使全國人爲之轟動如此。

六月十六號星期五（五月十一）

看報。記筆記一則。拍搖鵬雲。

眠一小時半。趙君實來。撫鵬雲。

九時半服藥眠，翌晨七時醒。

郭沫若大予一歲，久病肺，予與同住北京醫院殆歷五六年，今聞其于十二日逝世，爲文化界一大損失。他愛才，魯迅好獨霸，此兩人根本不同處。

六月十七號星期六（五月十二）

起釪、煦華進城理書，取關涉《左傳》書來。看報。章郇來，以方午飯未晤。

眠一小時半。昊昊來理髮。

洪兒來，問《史記》中疑義，伴予宿。

洪兒年三十，始入大學歷史系，近讀《史記》，疑問頗多，一歸來即就予與煦華詢問疑義，大有爭分奪秒之勢，可喜也。

六月十八號星期日（五月十三）

看報。拍搖鵬雲。長泉來，留飯。

眠二小時。三時，老宋車來，由洪兒伴我到人大禮堂，參加郭沫若追悼會。四時半歸，在西單買西瓜。

湲兒伴散步，遇鍾書夫婦。洪兒伴宿。

在人大禮堂所晤人：劉大年　華羅庚　呂叔湘　丁聲樹　侯外廬　于立群及其子女郭漢英等

郭沫若先生逝世，上海古籍出版社要我寫一追悼文字。予以他在中國史學上之功績莫大于發現有奴隸社會，因囑煦華搜集這方面的資料，準備寫文載入該社《文史論叢》第二期，在今年十月出版。

六月十九號星期一 （五月十四）

趙豐田、申松欣來，詢康梁著述。看《左傳》，記書中所記周公事，未畢。

眠兩小時。看報。搖鵬雲眠。

學斌來。九時半服藥眠。翌晨七時醒。

呼阿姨以子婚去，介紹梁阿姨來，揚州人也。呼，安徽和縣人也。

豐田來，他日前到北大，知齊思和已去世，如此史學專家，培養一個洵非易事。如聶崇岐、馮家昇，皆燕大中俊才，乃都在運動中倒下，可痛之至！豐田言，康同璧没于一九六九年，正是運動劇烈之際。

六月二十號星期二 （五月十五）

金擎宇來，囑看《大風歌》話劇本。寫夏鼐信，推薦沈文倬入考古所，未畢。

眠二小時。看《歷史研究》論太平天國史三篇。看報。

與靜秋在陽臺望月。九時半服藥眠，翌晨六時醒。

六月廿一號星期三 （五月十六）

空腹，與靜秋同到北京醫院，王大夫爲作透視，又就中醫魏大夫、西醫蔣國彦大夫診。遇劉斐，華羅庚。十一時半歸，老宋駕車。

眠二小時，看報。潮兒歸，講一月中旅行聞見。寫尹如澮及其公社信，促來。

湲兒伴出散步。服藥兩次，十時許眠，翌晨七時醒。

潮兒出門近一月，今日歸，爲講上海、太倉、無錫、蘇州、南京、九江、廬山、武漢之行，甚喜得此機會作一壯游也。

尹如潛已得學部批准，作臨時工，月六十元。

予不能先人而眠，今晚九時半，女工携洗脚水來，促予上床，而是時靜秋正浴，潮兒正整理什物，皆不能即眠，予遂更醒，不得不服劇性藥矣。

六月廿二號星期四（五月十七　夏至）

看張嘉謀《梅溪遺稿》跋。傅振倫來。補記日記七天。

眠兩小時。看報。撫鵬雲。予抱鵬雲，湲爲攝一相。洪兒來，爲解析書義。

與洪兒出外散步。九時半服藥眠，十二時醒。又服藥，三時醒。天明後又睡，七時起。

天熱如焚，恨家中之不能有冷氣也。湲兒言，天熱利于割麥，如下雨，麥即爛于田中，對生產殊不利。

昨到北京醫院，中西醫均謂無大病，透視亦然，所苦者老耳。宋司機謂人老從足上起，邇來予兩膝蓋皆無力，多走路即痛，其語洵然。

六月廿三號星期五（五月十八）

鈔張嘉謀文，準備寄世昌，未畢。寫夏鼐信，訖。學斌來。張秀齡來，留飯。

未成眠。撫鵬雲。湲兒抱鵬雲回乾麵胡同，學斌迎其大娘同住。與靜秋、潮兒散步。

九時半服藥二次，十時半眠。翌晨七時醒。

乾麵胡同予家電話已爲歷史所拆去，湲兒與予通話從此不便。湲兒擬調職兒童醫院或鐵道醫院，取其與三里河近，亦不得確息。

　　潮兒在滬買得"白毛鹿茸草片"丸五盒，煦華謂可治氣管炎，每日飯後服五丸。此疾倘可愈，予即可少住醫院矣。

六月廿四號星期六 （五月十九）

　　起釬、煦華進城理書。鈔張嘉謀文，訖。即寫吳世昌君信寄去。

　　眠兩小時。潮兒返涿。洪兒來，爲予洗浴，旋歸家。長泉來，留飯。

　　服藥二次，十時眠。翌晨六時起。

　　傅振倫來，贈我以馬衡《凡將齋金石叢稿》，張秀齡來，贈我以魚及麵包，均以我老，送物即走，可感也。

　　近覺兩腿發腫，當是腎虧所致。諺云："女怕戴冠，男怕穿靴。"殆不治之症乎？

六月廿五號星期日 （五月二十）

　　趙豐田、申松欣來，詢康有爲著作。朱士嘉來。看胡雲翼《宋詞選》。

　　看報。眠二小時。鈔宋人《九張機》詞入筆記。洪兒伴予散步。

　　靜秋伴予散步。韓璐偕其夫來。十時服藥眠，翌晨七時醒。

　　得聞在宥信，告汪寧生爲南京人，北大畢業歷史系，現年四十七歲。畢業後分發北京民族學院，參加歷史社會調查到雲南，遂被留於昆明歷史研究所，嗣又轉至雲南博物館。渠服膺《史林雜識》，來書言"最感興趣的是以民族學的材料解釋考古學和古代史上一些問題"。此我想不到的一個知己，將來必可恢擴此一門徑。

六月廿六號星期一 （五月廿一）

　　鈔《九張機》詞入筆記訖。看報。

未成眠。鈔崔述論"初稅畝"一文入筆記，未畢。

上海古籍出版社寄予斥"四人幫"文排樣來，覽之。十時服藥眠，翌晨六時半醒。

上海《文史論叢》定爲季刊，第一期定今年七月出。既託煦華索稿，予當逐期應之。

六月廿七號星期二（五月廿二）

改《文史叢刊》中斥四人幫一文，訖。交煦華再看一過，即寄滬。看報。

眠二小時。唐守文來。長泉來，留飯。續鈔崔述論"初稅畝"一文。

静秋伴予散步。十時服藥眠，翌晨六時醒。

湲兒自今日起，到東城區婦産醫院銷假續職，鵬雲由其大娘管。

日本史學家井上清來京，胡喬木院長招待之，詢及新出版物，喬木以予《方士與儒生》對。又一澳大利亞學者亦欲得此書，因派人來取二册去。

六月廿八號星期三（五月廿三）

金擎宇來，屬看其侄（緯宇子）所作之《大風歌》話劇本。鈔金鶚《井田考》，未畢。看報。

眠一小時半。李玉蘭來，爲予理髮。

堪兒爲我洗浴。十時服藥眠，翌晨七時醒。

得雲南博物館汪寧生、成都新華社喻權域兩君信，對《史林雜識》皆極推挹，且謂受啓發極多，予不期得此中年同調，可喜也。

董守義爲體育界老前輩，解放後與予同任民進中央委員，體本健實，不知以何病去世，年八十三。予本當參加今日之追悼會，而當此酷暑，實無勇氣，奈何！

六月廿九號星期四（五月廿四）

鈔金鶚《井田考》，仍未畢。王湜華來。看報。

眠一小時半。

洪兒歸，詢《史記》中疑義。爲予擦身。眠安。

湜華謂聖陶得黃膽病，已入院。未詳其實，甚念之。

六月三十號星期五（五月廿五）

鈔金鶚《井田考》，仍未畢。看報。洪兒今日整天參觀歷史博物館，僅半館。

眠近兩小時。尹如潛自饒陽來，宿客廳。

眠安。

得傅築夫君來電話，悉已調京，在經濟研究所任職，借調期八年。如此，予研究古代經濟，可得彼及毓瑚兩君之指導矣，快甚。

一九七八年七月

七月一號星期六（五月廿六）

與如潛散步，遇馮乃超。鈔金鶚《井田考》，仍未畢。

眠二小時。洪兒來，爲析《史記》疑義。如潛、静秋爲我洗浴。服藥二次，十時眠。

聖陶參觀成都，其子至善伴行。乃歸途中得病，回京即入首都醫院，不進飲食，日打葡萄糖針。静秋途遇俞成知其事，即打電話詢至善，云尚未脱險。老年人之不能有豪興如此。是可鑑也！元善本擬到福建，幸未成行。

七月二號星期日（五月廿七）

湲兒抱鵬雲來，盤桓竟日。與如潛散步，又與靜秋散步。

未成眠。予抱小鵬，湲爲攝影。盛杰來。洪兒與靜秋爲我兩次擦身。

與靜秋乘涼。服藥二次，十二時眠，翌晨六時醒。

天熱如焚，即不動亦流汗。

湲兒抱其子來。才生二月，已咿呀學語，又能笑，可愛也。

七月三號星期一（五月廿八）

洪兒返校。校如潛所鈔崔述《三代經界通考》訖。與靜秋散步。

眠一小時半。胡介生師之孫來，未見。與煦華談。

與靜秋散步。服藥眠，翌晨六時半醒。

予有志編一《考證文選讀》，爲初學入門途徑，乘如潛來此，煦華編予筆記付鈔之暇，選文交寫。即以崔述文付與，渠寫字速，五千字一日寫訖，予亦一日校訖，惟須加注，則非易事也。

七月四號星期二（五月廿九）

看汪中年譜及《述學》。煦華與如潛理書。看報。

眠一小時半。長泉來，未見。章郁來。與靜秋出門，以有小雨，即歸。

服藥二次，十一時半眠，翌晨六時醒。

得德輝來電，知其將于七日上午九時到京，以予與靜秋行動不便，即書一函致德融，請其到站接之。

七月五號星期三（六月初一）

諸戚友入城遷書。樹民來。胡蓮潔來，留飯。看報。

眠近二小時。看如潛所理書。洪兒來，詢《史記》中《魏其武安傳》事。

洪兒爲予洗浴。十時，服藥二次眠。翌晨五時半起。

胡蓮潔，爲徵蘭之弱妹之女，留學蘇聯，今在延慶康莊玻璃鋼研究所任技師。其夫名黃毓聖，與同事，已有一子一女。此吳家姻戚中之佼佼者也。

今日載重車開兩次，經煦華、起釪、盛杰、學斌、如瀋、宋金華（司機）六人之勞動，乃得攜萬餘册書來，良不易矣。

七月六號星期四（六月初二）

略理書。傅築夫、王毓瑚及其子及孫女、丁護士來。看報。

未成眠。德融侄來，談到石家莊看中山國墓事。點《述學》數篇。

飯後偕静秋、德融散步。九時歸。擦背。十時服藥眠，甚酣。翌晨七時醒。

經濟研究所及經濟學院合向南開大學借調築夫來京，研究中國經濟史。其舊稿略已配齊，并爲配一護士丁女士以保其健康，真可喜事也！住朝陽區之紅廟。

德融以校務將到江西，公事畢便往無錫家中度假。渠方自石家莊訪中山國王墓回京，正好托他明晨到車站接德輝也。

七月七號星期五（六月初三　小暑）

校如瀋所鈔文。十時，德融接德輝來。談。融飯後去。

眠近二小時。看報。潮兒携春雨來。

與德輝、潮、春雨出散步。歸，與德輝談。十時，服藥兩次乃眠。

潮兒又以業務，與三同事到武漢去，春雨將在此住數天。如此奇熱，偏到長江火盆中去。因囑多買些藥，以備中暑。

七月八號星期六（六月初四）

與潮、德輝、春雨到京密運河之支流散步。十時半，潮別去。看報。

眠近二小時。洪兒來，詢《史記》疑義。旋去。翻楊椿《孟鄰堂集》。

散步。爲德輝定參觀計劃。十一時，服藥兩次眠。

春雨不解事，看電影、電視及小人書，動喜與人鬥争。今日午後，予與彼已上床矣，彼忽跳上予床，以足踢予右脅，遂作劇痛。此可見今日之兒童教育太偏于捉特務，打擊反革命分子，遂起此種反作用，當改進也。

七月九號星期日（六月初五）

散步。看報。德輝參觀北海、景山、故宮竟日。洪兒抱大治來，午後返其家。

眠一小時半。續鈔金鶚《井田考》。

散步。湲兒來，旋去。與德輝談。

今晚與德輝談蘇州姻戚家事，精神激動，遂難入眠，服藥至三次。以後要當避免夜談，以安眠藥已近失效也。

下午有一陣大雨，天氣驟涼，可謂"一雨便成秋"，惜不久旋晴耳。

七月十號星期一（六月初六）

與静秋、德輝、春雨出散步。晨餐後德輝進城參觀。鈔金鶚《井田考》畢。湜華送王謇遺著《續補藏書紀事詩》來。李玉蘭來，爲予夫婦理髮。

眠近二小時。看報。與煦華談。記日記四天。

九時至十時，服藥兩次成眠，翌晨七時醒。

　　甲骨文組將于明日到石家莊、正定等處訪古。起釪、煦華同去。聞湜華言，聖陶病漸痊，但尚未脱險，膽石則已挖出。

　　家人催吃晚飯過急，逼予精神緊張，以此難于入眠，予（告）静秋、如潛切戒此類行動。

七月十一號星期二 （六月初七）

　　煦華、起釪行。看報。始鈔金鶚《軍制車乘士卒考》，未訖。

　　眠兩小時。

　　與德輝散步，遇錢鍾書夫婦。九時半服藥眠，翌晨六時醒。

　　歷史所甲骨文組今日到石家莊，參觀中山王墓發掘工程，并一路參觀正定等處古迹，起釪、煦華同行。

　　聞鍾書作《管錐編》，約一百萬字，已付印。此君博極中外各書，而又謝絶一切人事，年方六十，正是有爲之時，殊可羨也。

七月十二號星期三 （六月初八）

　　與静秋散步，遇平伯之戚陳穎女士。續鈔金鶚文，仍未訖。

　　眠近二小時。看報。與德輝散步。

　　静秋、如潛爲予浴。十時服藥眠，翌晨六時醒。

　　今日堪兒、盛杰伴德輝游十三陵，至長陵及定陵。

七月十三號星期四 （六月初九）

　　章郇偕錢世錦（上海舞蹈學校）來，長談。静秋携春雨到北京醫院爲予取藥。看報。

　　眠兩小時。理髮師吳昊偕三里河理髮館李文秀及新影製片廠周絲四來。與德輝、春雨散步。

　　九時半服藥眠，上午二時醒。又服藥，翌晨七時醒。

　　今日下大雨，炎威一殺。德輝獨自游香山。

德輝告我，上海演武劇成名之老演員□□□由于其自造生壙太好，爲林彪、四人幫挾至壙端推下，活活跌死。予因想及七八年前住北京醫院時，潮兒同學堵炳元君來，述其外祖父錢海岳在江蘇文管會工作，經多年搜集資料，作成《南明史》百餘卷，親自寫定，乃被誣爲"盡忠明朝"，拉至孝陵上推下，活活跌死，事與此正同，暴民專制，一至于此，真可詫可痛恨也！此外，武漢大學校長李達（參加第一屆中共會議者）、柴德賡（江蘇師範學院教授），均于極熱天氣中，戴了高帽，挂了黑牌在大街上游行以致死亡，同爲人間慘劇。陳伯達是時正作文化大革命中央小組主任，當負此殺人責任。

七月十四號星期五（六月初十）

張烈來，送《史林雜識》初編卅册。鈔《軍制車乘士卒考》訖。王湜華來，爲其所鈔《石湖竹枝詞》題簽。看報。

眠近二小時。陳秉立來。潮兒自武昌歸京。張鎧來。湲兒來，旋去。

看《孟鄰堂集》。九時半服藥眠。翌晨六時醒。

《史林雜識》，中華書局本定去冬出版，而乃遲至今日始送來，辦事緩慢如此，殊可怪也。

七月十五號星期六（六月十一）

與德輝出南門散步。李延增來。唐守正來。與静秋、輝、潮攝影。看《中國語文》、《人民畫報》。

眠一小時半。静、輝、潮、春雨到北海。予在家看報。記日記五天。

偕德輝散步。九時半服藥眠，翌晨六時醒。

昨告張烈，謂今正續編筆記，如你局能印，當于明年定稿。

今日得其電話，表示歡迎，然蕭項平君已逝世，未必能如初編之
得力也。

七月十六號星期日（六月十二）

潮兒携春雨伴德輝游天壇，先歸。鈔金鶚《千乘之國出車考》，
未畢。

湲兒携鵬雲來，半日。眠一小時半。潮兒偕春雨返涿縣。學斌
伴德輝游陶然亭公園。

學斌來，旋返。九時半服藥眠。上午一時醒，又服藥，五時半
醒，遂起。

陶然亭舊屋已全拆，另蓋新式樓房。予已十年不至其地矣。

梁阿姨來一個月，静秋嫌其不得力，而工資、飯食等項需月
五十元，決予辭退，令如瀋助之作家務，月給十元。

七月十七號星期一（六月十三）

六時起。七時，如瀋送德輝上車站。翻趙之謙《仰視千七百二
十九鶴齋叢書》初集。看報。

眠近二小時。續鈔《千乘之國出車考》訖。

振聲自涿縣來，留宿。九時半服藥眠，翌日六時起。

德輝以七日來，今日去，凡歷十天。予以日記示之，渠乃知
魯迅所以反予之故。此一往返，他和我各花五十元。

報載楊公庶在京去世，年八十一。此君聞是楊度之子，湘潭
人，學于德國，習化學。此君久列"全國政協"，開會及參觀時
常見面，而以多病，沉默寡言，且習"站功"，故未多通話。

七月十八號星期二（六月十四）

翻黎庶昌《古逸叢書》一函。王振華介紹賈汪煤礦張師傅來。

看報。

眠一小時半。鈔金鶚《禹貢九等賦解》訖。有風。

與靜秋出散步，遇錢鍾書夫婦。湲兒來，旋返城。十二時半，起釪、煦華、謝濟來。

鍾書以洪邁詩"不將精力作人情"語相勸，當勉力行之。我居三里河，實無異退休，惟有努力抓住此未來之五年，將筆記及論文集編好，庶不負一生勞力。

七月十九號星期三（六月十五）

翻徐積餘《積學齋叢書》。看報。與煦華談北方風土。

眠一小時半。下雨。鈔金鶚《說民》未畢。看《語文研究》第二期。洪、堪兩兒為予浴。

九時半服藥眠。翌晨六時醒。

近來腰痛甚，臥下易，起來則難，此亦老境之必然，擬在床架上繫一帶，援之以起。昔伯祥嘗為之，予當效之。

七月二十號星期四（六月十六）

李延增來，贈花數種。李玉蘭來，為予及靜秋理髮。長泉來，贈物，留飯。

眠一小時半。看報。看《齊魯學報》。

九時半服藥眠，翌晨六時半醒。

得四川大學來信，悉蒙文通先生為林彪、四人幫反動路綫迫害，于一九六八年七月卅一日逝世，終年七十四，迄今已十年矣。彼時正運動劇烈時也。

運動中死去之同行：李平心　蒙文通　陳夢家　童書業　錢寶琮　錢海岳　其他友人：陳萬里　王伯祥　柴德賡　陳乃乾　辛樹幟

七月廿一號星期五（六月十七）

起釪之子、孫來。程金造來。將煦華、如瀋爲予搜集之后稷資料寫入《雜識》，未訖。看報。

潮兒因公又來京。

與潮兒散步。史先聲夫婦來。服藥三次乃成眠。

予夜間見客談話輒致精神緊張，不易入眠，而郊外多工作人員宿舍，非夜不能訪人，此一矛盾無法解決，奈何？

起釪之子送辣椒來，起釪炒之，令我全家打嚏不止，雙方之所嗜不同如此。

七月廿二號星期六（六月十八）

翻徐乃昌《鄦齋叢書》。潮兒到地質學院接洽公事。看報。湜華來。

眠一小時半。爲史先聲欲入民族學院教書，爲寫翁獨健信。

洪、堪兩兒爲予浴。十時服藥眠，翌晨六時醒。

七月廿三號星期日（六月十九　大暑）

續寫后稷文，以天熱，未能成，揮汗不止，竟不能工作。

眠一小時半。看報。潮兒返涿。洪兒來，備課。

看李約瑟《中國科技史》天學部分。十時服藥眠，翌晨七時醒。

前在《參考消息》中見印度熱死人數百，以爲印度本處熱帶，宜其然也。今日讀報，知美國亦熱死人，則今年之熱普及全世界矣。

今年之熱，超過華氏百度，聞賈汪張師傅言，渠來京車中望見田間農人，輒有暈厥搶救者，可畏也。

七月廿四號星期一（六月二十）

宋金華駕車來，静秋伴予到北京醫院，就蔣國彦、魏龍驤二醫師診。十一時歸。

眠二小時。看報。翻《五胡、藩鎮兩指掌》。補記日記四天。

看電視。湲兒來，爲予擦背。服藥眠，半夜即醒。又服，翌晨七時醒。

上午在北京醫院，有冷氣，覺得一舒服，下午在家仍悶熱不可耐。洪兒于本星期考試，詢予以五胡及唐藩鎮事，因檢出張大齡書與看。

蔣、魏兩醫師均謂予體無大問題，活九十有望。如此，則予尚可定一個五年計畫。

七月廿五號星期二（六月廿一）

翻看《清史稿》竟日。高燕寧自吉林市歸，長談，留飯。

眠近兩小時。如濬爲予擦背。

十時服藥眠，約上午三時醒，又服藥，翌晨七時醒。

今日雨，但仍悶熱。明日爲初伏止日，中伏尚有二十天，又末伏十天，尚須揮汗一個月，不知如何過去也！

七月廿六號星期三（六月廿二）

遲起。看報。洪兒來，飯後去。鈔金鶚《説民》畢，續鈔其《邑考》。

眠一小時三刻。堪兒爲予浴。

夏延來，贈茶葉。十時服藥眠，翌晨六時醒。

洪兒在北京師院應學期試，自云考得不差。此兒實在用功，可喜。

近年買家具極難，不但木料缺供應，即竹料亦難找。幸此間有修理工，得交錘釘，舊日用具可以一新。

七月廿七號星期四（六月廿三）

終日鈔《邑考》，仍未畢。看報。

眠近兩小時。湲兒來，旋回。

起釪、煦華到壽彝處取書。

仍雨。

近日予腰痛甚，臥後至不能起。

七月廿八號星期五（六月廿四）

與煦華談，托到滬代買書、物。看報。上海斯君來訪。

眠近兩小時。趙靜澄來，與談，堪兒伴游天壇。翻《蔡元培六十五歲紀念論文集》。王煦華返滬，如濬送行。洪兒放假歸，伴予眠。腹瀉，下便三次。

覺疲，早眠，自九時迄翌晨六時。

近日多雨，有時覺凉，因之病咳病瀉，益見老年苦況。

七月廿九號星期六（六月廿五）

翻徐乃昌《隨庵叢書》兩集。看報。

考慮《尚書》工作，未成眠。馮世五來。吳昊帶其徒白俊英來，爲予理髮。與起釪談《尚書》工作。

堪兒浴我。看《方士與儒生》。九時半服藥眠，翌晨六時醒。

瀉止，但痰咳未瘥，曉來腰痛又加劇耳。

靜秋以夜看電視，雖服大量安眠藥，仍無效。電視中多階級鬥爭與民族鬥爭故事，我輩老人神經易緊張，尚以不看爲是。

七月三十號星期日（六月廿六）

與洪兒同看予所寫《共和》篇。洪兒返夫家。翻李光地《榕村語録續編》。看報。

眠近兩小時。翻宋人筆記《儒學警悟》。

武學斌來，旋去。十時服藥眠，翌晨六時醒。

今日瀉止，惟痰咳仍多。

今日星期，溪兒應來而不來，使予生氣。入夜，學斌來，始知她感冒了。然何不來一電話也？

從宋人筆記中，得其漸從迷信氛圍中獲得理性的解放，凡事要求得一實證，此實科學之發端。求其故，當由於刻板書多，有了比較的材料，故不復迷於一家之言。

七月卅一號星期一（六月廿七）

翻趙學南刻《峭帆樓叢書》。看報。

眠一小時。看《大風歌》電影劇本，未畢。余長泉來，留飯。靜秋偕予散步。

看《又滿樓叢書》。十時服藥眠，翌晨六時起。

多日以雨不出門，今日晴矣，故借送長泉在園中走半圈，所恨者一走路便一身汗耳。

近日予晨起輒腰痛如劈，下午則兩腿漸腫，入夜乃腫甚，故雖三個月未進醫院，而實則老態益甚。他人見予，謂吾氣色好，恐是回光返照耳。又兩眼昏光，繼日增高，此亦他人所不能知者。年到八十五六，總當同草木之枯萎，可以無憾。所惜者，一生之筆記論文未經清理，辜負數十年心血，此則不能不寄厚望于煦華、如濬兩君者也。

得上海古籍出版社信，知重版之《秦漢的方士與儒生》已經銷盡，故予索寄廿冊，只能將社中自存之十冊寄來。又史筱蘇君自西安來，亦言此書發到西安，在一天內即售盡。此事知予之學術性著作尚有市場，足爲予頹軀打氣。以此思予一生筆記，如能由予及身訂定，當可出七、八冊，論文亦可出五、六冊，此外游記及聞見録可輯二、三冊，總共十五、六冊，對于史學界之貢獻不爲少矣。此事只可寄希望于上海，若北京之中華書局則領導無人，殆已無望。若社會科學院能自辦一印刷所，則發排、校對、出版，皆可争取主動，如我昔日之辦樸社及禹貢學會然，自是最合理想。

　　　　　　　　　　　　　　　　　　八月十六日記。

一九七八年八月

八月一號星期二（六月廿八）

　　翻費經虞《雅倫》。看報。與起釪談工作方法。

　　與静秋吵，動氣，遂不成眠。看王仲犖《通鑑選讀》。與如溍談整理積稿事。

　　服藥二次乃成眠，皆劇性藥也。

　　《雅倫》一書，在資産階級改造初期得于隆福寺修綆堂書肆，彼時肆主孫君極道其善，以十八元得之。自是以後，遂無私家書肆，而予之足力亦不足以到玻璃廠中國書店矣。

　　今日之吵，則以上海斯君來書，他是一個工藝美術史家，上月廿八日，其子携其函來，適逢午飯，予僅匆匆一望，今日開抽屜則亡之矣，詢静秋，則謂已交煦華帶上海矣，如此隨意亂幹，其不爲江青者幾希，故與大鬧，彼服罪矣！

八月二號星期三（六月廿九）

　　頤萱嫂、木蘭偕國光、纓來，磨墨，予作字三幅。看報。

　　眠近二小時。看新寄到之《中華文史論叢》復刊號。

　　翻《論叢》。九時半服藥眠，翌晨六時醒。

　　伍鴻熙，廣州人，全家留美，近歸國，在數學研究所講學。

其祖爲康有爲弟子，知予名，故木蘭今日來爲予磨墨寫字，明日由啓鏗伴來。

八月三號星期四（六月三十）

整理屋子。九時半，啓鏗偕伍鴻熙來談，贈書及字。十一時去，木蘭、纓同行。

眠一小時半。看報。看《中華文史論叢》復刊號。

與頤萱嫂、靜秋在園内散步。九時湲兒夫婦來，旋去。予服藥後僅眠三小時。

今日美籍華僑來，已使我緊張，乃晚九時，湲兒與學斌來，予夜間不能見客，予與學斌原無共同語言，不得不敷衍數語，而神經益緊張，雖服速可眠，僅睡三小時，再服他藥無效，遂張目達旦。湲兒學醫，乃不體諒予病，殊可憾也。

八月四號星期五（七月初一）

以昨夜未能睡好，今日精神十分困倦。上午只看報。下午服藥後只睡半小時。隨便撿取湯志鈞《戊戌政變史話》覽之。長泉來，留晚飯。聽起釪傳達國務院報告。

服藥兩次，十時眠，翌晨三時醒。又眠，五時醒，六時起。

以昨夜眠少，今日精神大不佳，什麼事都不能做，僅翻報耳，終日如在雲霧中。予遷三里河，半爲避嚚計，俾集中精神讀書寫作，乃拂意之事紛至沓來，且出于最親愛之女兒，真“有苦說不出”。

八月五號星期六（七月初二）

翻看《戊戌政變史話》訖。爲章郇、章群、汪寧生寫字三幅。看報。

眠一小時半。續看《文史論叢》復刊號。長泉來，留飯。

以靜秋干涉予工作，服藥三次方成眠，已十一時半矣。

昨報載北大中文系教授游國恩逝世，年七十九。

盛杰來電話，謂洪兒在左家莊用功讀書，大治亦好。

予晚上不能見客，亦不能用心讀書，否則即不易入眠。乃靜秋不能體貼我，不許予看小字書，必易看《古逸叢書》之大字本，其實予每晚看書只是隨手翻翻，全不用心，看大字本古書反而用心了。以此失眠，毋乃冤枉！

八月六號星期日（七月初三）

與劉起釪談，勸之。看報。湲兒來竟日。

眠一小時半。續翻《中華文史論叢》復刊號。

翻《儒學警悟》。九時半眠。翌晨六時醒。

今日雨，遂涼，固可喜事，但氣管炎又作，可奈何！

八月七號星期一（七月初四）

獨出，步園中一小圈，遇陳穎。看報。看旅粵時筆記。

國光來，接其外祖母歸。連日眠不佳，疲甚，今日飯後，倚沙發眠半小時，上床，又眠兩小時，精神始一振。屈武之孫女屈季紅來視電表。

看谷霽光論王安石文。十時服藥眠，翌晨六時醒。

得起潛叔信，知受四川圖書館之約，前往審查善本書，八日啓行，一星期即返，當是乘飛機也。

頤萱嫂此次來我家住，首尾六天，苦無話談，惟助靜秋、如濬作飯耳。

八月八號星期二（七月初五）

看饒鍔《天嘯樓集》。看報。補記日記。

眠兩小時。潮兒因公到京，春雨同來。

與靜秋、潮兒、春雨等到園外散步。十時服藥眠，翌晨六時醒。

歷史所打電話來，爲聽傳達國務院報告後，須將前定之三年、五年、八年之計劃改定一下，以便確實能彀落實。惟此事須待煦華回京後方得互商確定耳。以前尹達主持所務時，只是討論政治，絶不注意業務。今一反其道而行之，看他以"不學無術"自豪之領導人將如何對付此新形勢也。

饒鍔爲饒宗頤之父，出身商人家庭而酷好讀書，所作具有見解，乃未及五十而卒。其藏書不知解放後如何處理，頗念之。

秋日至矣，日間蜻蜓成群，晚則蛙聲聒耳，每晚出門，如居荒野，此予一生所未經者也。

八月九號星期三（七月初六）

李玉蘭來，爲予理髮。看報。

眠兩小時。續鈔金鶚《邑考》，仍未訖。

翻《儒學警悟》。十時服藥眠，翌晨六時醒。

上海古籍出版社寄稿費來，以七千字之文得酬四十九元，已爲今日之最高額矣。予一生作文皆不取稿費，今日得此，不免受寵若驚。聞《方士與儒生》一書，出版兩月已銷罄，亦宜一樂。

八月十號星期四（七月初七　七夕）

看報。獨行，到平伯家，介紹謝剛主續姻事。長泉來，留飯。

眠近兩小時。翻王觀國《學林》。蕙蕡來談。記筆記半則。

與靜秋、潮兒、春雨出外散步。十時服藥眠，翌晨七時醒。

宋代有王觀國者，讀書既博，又能提出問題而解決之，只因其人職位不高，無人爲之揄揚，遂不爲學者所知。至清，《四庫全書》收之，《湖海樓叢書》刻之，乃稍稍顯，是可慨也。

春雨人本聰敏，惟其父母工作忙，幼兒園保姆又不善管理，遂至脾氣日壞，喜與人開玩笑，致人苦痛以爲樂事。使其入小學後再不得好老師，真將成流氓矣！

八月十一號星期五（七月初八）

六時半，潮兒携春雨還涿縣。看報。記筆記一則。看起釪論《甘誓》中的"三正""五行"文訖，即提意見交還。

眠一小時半。洪兒携大治來住。盛杰來，留宿。翻《清史稿》。

與靜秋、洪兒、大治在園內散步，遇鍾書。十時服藥眠。翌晨七時醒。

得民進函，知張紀元同志逝世，渠多年來患紅血球高，但年尚未滿六十，遽有此變，精神爲一振奮。因雜翻書，并出散步以解之。晚服藥多，幸得安眠。

大治本胖，此來稱之，不加分兩，知其祖父母出身貧家，捨不得化錢爲買滋養食物，遂致此，惜我家人力物力俱不足，不能留養耳。

八月十二號星期六（七月初九）

張雲鶴自瀋陽來，將至武漢大學任教。看報。看麗樸論對于孔子之批判。

眠近兩小時。看《清史稿》。洪兒與如瀋爲我浴。

與靜秋、洪兒同在園內散步。十時服藥眠，翌晨七時醒。

今日，中日和平友好條約在京簽字，主要條文是"任何一方都不應在亞洲和太平洋地區或其他任何地區謀求霸權，并反對任何其他國家或國家集團建立這種霸權的努力"，此爲對蘇修霸權主義有力之一擊，亦保證全世界人民得享和平生活之有力保證，快哉，快哉！勃力日涅夫横行多年，此舉實爲其在頂峰上摔下之兆矣!

八月十三號星期日（七月初十）

洪兒携大治到木蘭家，留宿。李民自鄭州來，長談。看《人民畫報》。湲兒携鵬雲來。看報。

眠一小時。王國英駕車來，與靜秋同到八寶山，參加張紀元追悼會，自三時至五時。看《清史稿》。

與靜秋、湲兒在園內散步。八時半湲兒携鵬雲返城。十時服藥眠，翌晨七時醒。

紀元做人好，政治性端正，故今日追悼會到人甚多，不限于民進。予穿裌衣入，及歸，汗透內衫矣。

今日所見人：徐楚波，顧均正夫婦，費孝通，謝冰心，毛之芬，陳秉立，鄺平樟，葛志成（以上皆談話者），其他有周建人、趙樸初、孫曉村、胡愈之等。

八月十四號星期一（七月十一）

與靜秋在園內散步，遇俞成，同歸，談陳穎婚事。洪兒抱大治來。看報。潮兒以公事返京，午眠起即返涿縣。

眠近兩小時。看谷霽光論王安石文訖。看《清史稿·吳三桂傳》。

史念海來。趙靜澄來。服藥二次，十一時後眠，翌晨六時半醒。

近日三個外孫來，熱鬧甚，張春雨調皮，劉大治老實，武鵬雲又白又胖，太可愛了。然此樂不常，他們一走即有寂寞之感，人生離合，洵難為懷。

八月十五號星期二（七月十二）

朱士嘉來，談方志整理計劃。看報。

眠近兩小時。看王元化《龔自珍思想》文，未訖。翻《古逸叢書》序目。湲兒來，長泉來，曹雷來，俱留飯。

　　静秋偕湲兒到江載芳家。十時服藥兩次眠，翌晨七時醒。

　　湲兒欲轉至兒童醫院，以離家近，可照料老父母也。然該院黨書記不贊成，故其科書記江載芳亦無能爲力。

八月十六號星期三（七月十三）

　　看吳世昌"秦女休行"本事文訖。王湜華來。看報。

　　眠一小時半。記筆記一則（嶧山與少昊）。洪兒爲予浴。

　　與静秋在園内散步。看《文藝論叢》。十時服藥眠，翌晨五時醒。

　　子臧遇學術問題能用苦功鑽研，又能靈活地聯繫各方問題，真文學研究所之第一流學者也。

　　我自遷西郊，已有時間研究問題，而精神已感不足，可奈何！

八月十七號星期四（七月十四）

　　與静秋到三里河街買物。看今日之《參考消息》，他報俱未來。

　　眠一小時。記筆記一則。續鈔金鶚《里考》仍未訖。如濬到乾麵胡同整理屋子。

　　看電影，見華主席到布加勒斯特時所受歡迎狀況。九時半眠，十二時即醒，再服藥，五時半醒。

　　今日《人民日報》直至晚飯前方到，使我懷疑華主席在赴羅馬尼亞途中受了蘇修暗算，及傍晚報至，心始釋然。以此知蘇修作壞事太多，使人無所不疑至此。

　　煕華將于二十日左右來，故静秋遣如濬前往整理西屋，長泉則移住中間一屋。予甚思前往取書，静秋堅不許，奈何！

八月十八號星期五（七月十五）

　　看昨日之《人民日報》。看今日之《參考消息》。洪兒到北京醫院爲予取藥。

眠一小時。續鈔金鶚《里考》。

八月十九號星期六（七月十六）

鎮日鈔金鶚《邑考》，尚未訖。

静秋因起釪説她"欺負人"，大生氣，肝胃炎突發，大吐，入阜外醫院，兩天後出。

我爲起釪事生氣，爲静秋病着急，終夜服安眠藥五次無效，耿耿到曉，湲兒量予熱，爲卅八度。

八月二十號星期日（七月十七）

卧床。湲兒、學斌伴予到北京醫院，就李蓉生大夫診，以院中無空床位，未留住。

湲兒爲予打退燒針、服藥。

湲仍伴宿。

八月廿一號星期一（七月十八）

静秋由洪兒接歸，仍卧床。在床看《清史稿·儒林傳》。

煦華挈其幼女宗美來京。

八月廿二號星期二（七月十九）

在床續看《清史稿·儒林傳》訖。看報。

八月廿三號星期三（七月二十）

李民來談。他與堪兒伴予赴北京醫院，以熱不甚高，蔣國彦大夫囑仍在家服藥打針。李民送至三里河別去，上車還鄭州。

看《清史稿·文苑傳》。看報。

八月廿四號星期四（七月廿一）

看《清史稿・文苑傳》訖。看報。

八月廿五號星期五（七月廿二）

臥床。傅築夫寄所編《中國經濟史論叢》來，因看其《盤庚遷殷》一篇，盡掃舊説，甚愜意，即轉與起釪覽之。

八月廿七號星期日（七月廿四）

今日低燒始退盡，爲起釪與静秋一鬧，又使予病了九天。

八月廿八號星期一（七月廿五）

翻民國修《吳縣志》三册。看報。

九時半服藥眠，翌晨六時半醒。

八月廿九號星期二（七月廿六）

王世民偕許景元來，出示洛陽新發現之《漢石經》殘石拓本。小眠。黎劭西之女黎澤渝、延安大學趙步杰來。藍菊蓀來。江載芳來。九時半眠，静秋同榻。翌晨六時半醒。

今日華主席到伊朗，受到巴列維國王之歡迎。

近日多雨，天氣驟涼，予氣管炎又作，多咳多痰，老態愈甚，雖未甚寒，兩足已冷。

許景元出示洛陽太學遺址新發見之《漢石經》，"朋淫"作"鳳淫"，可證《釋文》中記《莊子》"鵬"字異文。又《書序》無《康王之誥》，亦足證《今文尚書》只廿七篇，龔自珍之説非是。惟于冀州"厥賦下上上錯"之下多出一"黑"字則百思不得其解，以冀固"白壤"也。意者此經亦有衍文乎？

八月三十號星期三（七月廿七）

翻《吳縣志》至第十冊。看報。

看傅築夫《井田制》論文。洪兒自校歸。

九時，湲兒夫婦來，送茶几及新買書。十時眠，翌晨六時半醒。

八月卅一號星期四（七月廿八）

翻新從上海買來之《士禮居》、《經訓堂》叢書。看《參考消息》及《考古》今年八期。

看《宣和遺事》未畢。看報。

九時半服藥眠，翌晨六時醒。

一九七八年九月

九月一號星期五（七月廿九）

宋金華開車來。與靜秋、堪兒同到北京醫院抽血，就西醫蔣國彥、中醫呂大夫診，十二時歸。

眠近兩小時。看報。翻《宣和遺事》訖。爲遵院部命，予與起釫、煦華談三、五、八年計劃。

翻新購書，一快。九時半眠，翌晨六時醒，七時起。

今日湲兒夫婦自下班後，送其伯母及嬰兒到其伯家，至夜十一時方歸乾麵胡同。此兒服其母乳四個月，兼飲牛奶，故胖甚。今斷乳，專飲牛奶矣。

九月二號星期六（七月三十）

點孫詒讓《周禮正義》序例。

眠約兩小時。看報。洪兒自校來，旋赴東直門外之家。

湲兒來，到江載芳處接洽。歸，伴予宿。

　　近日又雨，寒燠無常，予痰咳頻頻，此真不治之病也！可奈何！

九月三號星期日（八月初一）

　　與静秋、湲兒在園散步，遇俞成。湲兒往其伯翁家，看鵬雲。長泉來，蕙蓀來，留飯。静秋與之長談至晚。

　　眠約一小時半。看報。看胡適《水滸傳考證》。

　　洪兒來，問功課。伴予眠。翌晨七時醒。

九月四號星期一（八月初二）

　　改定三、五、八年計劃，交煦華送院部。看報。

　　未成眠。鈔金鶚《邑考》訖。看齊思和《戰國策成書考》。

　　九時半眠，上午一時醒。又服藥，七時醒。

九月五號星期二（八月初三）

　　静秋偕我到園外散步，歸脱衣，受寒。看報。

　　長泉送代買魚來。眠一小時半。將《邑考》加標，訖。看齊思和《孟子井田説辨》。

　　静秋伴宿。

　　今日下午大便四次，皆粘沫，無糞，當係晨出感寒所致，此體已不能差一點了。痰咳亦增多。

　　日來下雨多，真是"乍暖還寒時節，最難將息"。此境爲予少年及中年時期所不瞭，自七十後始漸知之，今則爲所困矣。

九月六號星期三（八月初四）

　　堪兒送予大便到北京醫院檢查。翻杭世駿《續禮記集釋》六册。看報。

眠約兩小時。擬定《鄭樵及其著述》一目交煦華。

洪兒來，伴我宿。

醫院檢查，證明無病菌，一慰。

爲擬輯出姚際恒《禮記通論》，托煦華在上海圖書館將予舊藏之《續禮記集説》借來。

九月七號星期四（八月初五）

續看《續禮記集釋》四册。吴昊來，爲我理髪。

眠二小時。人民文學出版社五四文學組牛河、黄沫來。

看《燕京學報》上周汝昌發表之《紅樓夢》論文。

九月八號星期五（八月初六　白露）

與静秋在園内散步。終日翻杭世駿《道古堂全集》訖。

眠二小時。看報。

看《文物》中崔文印文。

《道古堂集》中所作傳志文甚多，而一字不及姚際恒。知杭雖對姚甚欽挹，而姚不好交游，知之者絶少，故杭亦不得其事實也。

九月九號星期六（八月初七）

尚愛松來談。看報。看上海古籍社新出版之《戰國策》。看《文物》論"利鼎"文二篇（唐蘭、于省吾）。

眠二小時。元善偕其孫章兆和來。劉大年來，詢范文瀾及《毛詩》事。長泉來，留飯及浴。

看電視《楊開慧》。洪兒携大治來，宿。十時眠，翌晨七時醒。

元善謂聖陶病時好時壞。上一日有燒，下一日無燒，再下一日又有燒。高年有此病，可慮也。

九月十號星期日（八月初八）

與靜秋上街，接湲兒及鵬雲，學斌亦來。兩外孫歡聚，與之嬉。看上海新出《戰國策》。

眠近兩小時。看報。洪兒送大治還宣武門外工人宿舍，旋回。

學斌夫婦送鵬雲回左安門家。洪兒伴予宿。

經月雨，昨有風，今日則天高氣爽，真佳日矣。

九月十一號星期一（八月初九）

李延增來，送花，伴出大門。填院部發來之履歷表，予事太多，取日記翻之頗費時。看報。

眠兩小時。長泉送蝦來。煦華聽院部之大報告，歸傳達。

看《中山靖王墓出土古物》。看過去之日記。九時半服藥眠，翌晨六時半醒。

九月十二號星期二（八月初十）

與靜秋同在園內散步。上海古籍出版社陳蔭、郭群一來談出版計劃。看報。

眠兩小時。繼續填寫履歷表，仍未訖。

看廿年前予所作論《周官》一文。湲兒歸，改履歷表，伴予宿。

靜秋以疲勞發燒，量之得卅七度四，然無法休息也。她的老比我快，可奈何！

九月十三號星期三（八月十一）

與靜秋同在園內散步。看報。劉盛杰來。看予舊作《周官》文訖。

眠二小時。靜秋爲予打開塞露，下便。振聲同事張治明來。

洪兒來，伴予宿。十二時醒，再服藥，翌晨六時醒。

靜秋今日下午熱高卅七度七分，疲甚。

九月十四號星期四（八月十二）

看報。以昨打藥，又下便一次。以履歷表交煦華代填。

眠一小時半。爲取窗檻上書，跌了一交，呼靜秋、如溍兩人扶起。

翻舊《燕京學報》。九時半服藥眠，翌晨六時醒。

今日下午，取書還坐，不想椅子已拉遠，落一個空，竟跌在地。開書桌抽屉，欲扶之而起。竟起不來。回身到床前，欲攀床沿而起，亦然。只得呼喊，由靜秋等扶了起來。人到老年，如此無用，真可悲也。

九月十五號星期五（八月十三）

看煦華代填履歷表，果妥帖，即囑送去，以今日爲交表截止日也。看報。

葛志成來談。

續翻《燕京學報》。同昨。

九月十六號星期六（八月十四）

看報。看起釪《洪範》文稿。荊三林偕其小姨熊籤來談，爲予夫婦及煦華照相。

看張穆《鬥齋文集》。看《夷夏東西說》未畢。洪兒歸，詢古書疑義。

洪、溲兩兒爲予洗澡。浴畢即上床睡，十二時醒。溲進藥，得酣眠。

九月十七號星期日（八月十五　中秋）

溲兒爲予在日記中整理樸社事，應劉大年同志之約也。看報。

眠一小時。傍晚，洪兒來，溲兒去。

洪兒伴宿。一夜服藥三次，仍未睡好。晨眠佳，八時始醒。

今日下雨頗大，中秋明月遂不能見。

郭阿姨來上工，予家月餘未用女工，累得静秋、如濬兩人要命。

三里河之河南飯館今日開門，樓下買普通飯，樓上買高級飯。擬往一試。

九月十八號星期一（八月十六）

吳昊來，爲我理髮。記筆記一則。看報。

未成眠。爲《周禮》文加一起頭。静秋高燒，如濬進城喚湲兒。湲兒來治母病，伴予眠。服藥二次成眠，翌晨七時起。

今晨大風，頓感腳冷。秋氣蕭殺，蓋謂此也。

九月十九號星期二（八月十七）

姨甥婿楚存海來，與談，留食宿。看報。

眠近兩小時。看《燕京學報》中《周官著作時代考》。

服藥二次，兼以湲兒之按摩，約眠四小時。

近日以多風雨，加以静秋之病，諸兒之忙，多日未出門行走，致睡眠越來越難，高年之苦如此！

聞煦華言，起潛叔到成都開會後，又到瀋陽誦芬弟家，故今尚未返滬。日記本十冊，已由煦華夫人朱一冰寄來，予一生用不盡矣。

九月二十號星期三（八月十八）

看報。寫樸社始末給劉大年，未畢。

未成眠。三時半，由如濬伴我散步，遇章郇、俞成，步至河南飯館而回。

翻《吳縣志》。洪兒來，伴宿。九時半眠。翌晨七時半醒。

以昨夜眠不佳，今日毫無氣力。下午散步一小時半，晚間服藥較多，遂得佳眠。

九月廿一號星期四（八月十九）

與存海略談。續翻《吳縣志》。崔文印來談，贈以《史林雜識》一冊。

得眠半小時。續交《周禮》文稿付鈔。潮兒挈春雨來京。湲兒來，旋去。

潮兒伴予宿。服藥兩次，十一時半眠，翌晨七時醒。

郭阿姨工錢，今日雙方議定爲每月廿四元。

天氣如此好，但予兩腳已發冷，蓋血不下降故也。

九月廿二號星期五（八月二十）

潮兒到天津開會。予偕存海、如濬、春雨到河濱散步。春雨旋隨存海到豐臺訪友。看報。高楣之子王家康偕其婦黃偉琍自徐州來，贈物，留飯。

眠兩小時。看上海新印本《聊齋志異》。張振聲自涿縣來。

與靜秋在園內散步，遇張覺非，同歸。湲兒來，伴眠。自九時半至翌晨六時。

九月廿三號星期六（八月廿一　秋分）

看報。存海、振聲挈春雨出游天壇、陶然亭。全國政協派徐盈來，接洽稿件。

計劃各機關向予組稿事，開出一單，與煦華商定分工合作事宜。遂不成眠，三時起。

與靜秋上街，遇陳穎。九時半眠，翌晨四時醒。良久又眠，六時半醒。

今日存海、振聲、春雨同到天壇、陶然亭玩了一天，晚又同到湲兒處進食。予晚上床，彼等尚未歸也。

九月廿四號星期日（八月廿二）

與洪兒在園內散步，遇崔君。將《周官》一文作訖，約寫五百字。看報。湲兒抱鵬兒來半天。

眠二小時。看《古史辨》第一冊自序。鄧方來。章郇來，將所寫字交與。洪兒返校，湲兒還城。

與存海、振聲、春雨到迎賓館前散步。十時眠，翌晨三時醒。

九月廿五號星期一（八月廿三）

存海經津返蜀。振聲返涿。作許鍔《石湖棹歌百首》序五百字，即鈔清，爲謝剛主作。

眠一小時半。記筆記一則。看《考古》《歷史研究》等雜志。與靜秋、春雨在園內散步。

潮兒深夜歸京。服藥二次，十時眠，翌晨六時半醒。

九月廿六號星期二（八月廿四）

便秘，靜秋以開塞露下之。看報。王湜華來，取昨題去。又託他代送夏瞿髯書。荆三林、熊餤來，送照片。

眠近兩小時。記筆記一則。潮兒偕春雨返涿。吳昊來，爲予理髮。余長泉來，留飯。

九月廿八號星期四（八月廿六）

看上海新印本《聊齋志異》會校、會注本。閱報。

眠二小時。四時，平岡武夫來，李克世、董應烈偕來。馬建民、宋勇誠、林寶根來，贈水果。

與静秋散步。湲兒來，伴宿。九時半眠，翌晨七時醒。

李克世——社會科學院外事局人員。

董應烈——中國旅游總局日本處人員。

馬建民——歷史所黨委書記。

宋勇誠、林寶根——均歷史所政工組工作人員。

九月廿九號星期五（八月廿七）

與静秋散步，遇錢鍾書、陳穎。閲報。

眠二小時。誦芬弟自瀋陽來。潮兒携春雨來。

湲兒來，伴宿。

九月三十號星期六（八月廿八）

與静秋散步。閲報。修改《周公制禮至周官成書》三分之一。

洪兒來，出示所作。眠二小時。張木蘭來。卜蕙蕒來。

一九七八年十一月

十一月一號星期三（此時在北京醫院）

劉大夫來。張惠芬來。看《曲海目》。

静秋來。看《参考消息》，王獻唐之子、媳携孫來。看《人民日報》。

堪兒來，與同看電視印度歌舞。

十一月二號星期四

劉大夫來。看《曲海目》。静秋來。看兩報。

眠一小時許。續看報。

湲、堪來，與同看日本片《狐之生活》。

十一月三號星期五

劉大夫來。下便極暢。呂、劉二中醫來。看《聊齋》。

静秋來。看《參考》。眠一小時。起釪來。煦華來，談《東壁遺書》工作。看《成都平原的天然河道與人工河道》一文。

與湲看木偶電視片。

木偶戲乃不牽絲，以電動之，此吾生所未見之創舉也。

十一月四號星期六

五時醒，六時起。看宦鄉所作世界經濟報告。劉大夫來。

眠一小時許。翻《曲海目》。看報。

洪兒來伴宿，爲予洗浴，并削右足拇指甲。

十一月五號星期日

洪爲予打開塞露，下便多。洪返其家。翻《曲海目》。劉大夫來。静秋來，下午四時歸。

眠兩小時。看報。

湲兒來，同看電視。

家中已有暖氣，但溫度低，故静秋仍要我多住幾天醫院。

十一月六號星期一

劉大夫來。看《聊齋志異》。看報。

覺非來，與静秋出。鄧昊明偕其夫人李君素來。荆三林之姨熊燄來，贈橘。言心哲偕其戚張女士來。

堪兒來，同看電視《鄧小平訪問日本》七卷。十時眠。

十一月七號星期二

六時起。劉、張兩大夫來。理髮師胡君爲予理髮。打强力黴素針。

　　未眠。看《編譯參考》第三期中我對外出版局專家愛波斯坦《從美國社會談我對外宣傳問題》。

　　溪、堪來，同看上海工人劇團所演話劇《于無聲中》。溪歸。予十時半眠。

十一月八號星期三

　　六時醒。劉大夫來。看報。續看昨報訖。

　　眠二小時。

　　堪兒來，同散步。看電視高爾基《童年》。

　　大便昨及今天上午不通，午後乃下，極硬。

十一月九號星期四

　　劉大夫來。翻《編譯參考》第二至第四冊。

　　堪兒來，同散步。看電視。

十一月十號星期五

　　劉大夫來。洪、堪兩兒俱請假到醫院，助予理物。到于樹德處辭行。

　　未成眠。二時許，宋金華來，接予出院，到家休息。翻平岡武夫所贈《史記會注考證校記》。洪兒返校。

　　八時眠，上午二時醒。又眠，早六時醒。

　　家中新用保姆楊姓，年四十九，揚州人，能做菜，省了靜秋許多心事。

　　此次住院月餘，所用飯費、伴宿者之取暖等費、理髮等開銷共約八十元，兼以三里河、乾麵胡同兩處房、電費，則百卅元餘矣。

十一月十一號星期六

李延增偕其夫人張翔聲來，贈所製鞋。看起釪所作《甘誓》校、釋、譯、論，略改。

眠兩小時。看報。起釪、煦華來談。

湲兒抱鵬兒來，留宿。十一時後就眠。

　　洪、湲兩兒以天將寒，將于明日邀其夫婿，抱其兩子來家一天，過此則將待諸春節矣。

十一月十二號星期日

洪兒抱大治來，玩一天。武學斌來。劉盛杰來。看起釪補《甘誓》注文，略改。

眠一小時半。看《中華文史論叢》第八輯。看報。北大商君來，未見。

洪湲等兩家俱去。看電視京劇《白蛇傳》。

　　鵬兒膚白、眼圓、貌秀，將來定是一美男子，可愛也。現在怕見生人，亦其知識之進步。

十一月十三號星期一

看《中華文史論叢》第八輯。與煦華談。

眠一小時半。看報。理書。

看電視湖南花鼓戲《追魚記》未畢。服藥兩次，眠至上午三時醒，待旦。

　　前所寄滬之《昆侖……》一文，擬改題爲《昆侖、蓬萊兩區的神話發展及其歷史事實的記錄》，雖長而較分明。

　　今晚歷史所來電話，謂美國漢學家集團定明日上午到所，討論“漢代今古文經學問題”，我既病，只得由起釪往，因囑其先讀我舊作《古史辨》第五冊自序。中國學問須待外國人推動有如是者，不可嘆耶！

十一月十四號星期二

鈔姚際恒《禮記通論》一頁，交如濬作樣。寫胡昌治、陶元甘、春雨信。

眠一小時。看報。理抽屜。盛成自美國來，偕其子盛勝見訪。

湲兒來，同看電視日本片《望鄉》，未畢。湲伴宿。上午三時醒，五時後又略眠。

十一月十五號星期三

覺非來。湜華來，改其所作《桐橋倚櫂錄》出版説明。補鈔上半月日記。

眠一小時許。爲《歷史研究》索《盤庚》譯注稿，向歷史所打電話。

楊姨得揚州家電報，其父病，促歸。覺非以其未婚媳來替，并謂其幫我鈔書。（後得電話，此事不成。）

美國華盛頓大學兩漢史專家杜敬柯（Jack L. Dull）于一九七八，十一，十四在北京飯店與歷史所林甘泉、黃宣民、田人隆、劉起釪等討論漢代思想與政治鬥爭時提出的問題：

古文學派是怎樣出現的？今文、古文兩派的爭執情況怎樣？今古文兩派的主要區別。許慎《五經異義》是否記載了今古文的全部歧異？漢昭帝是否支持古文派？《白虎通》究竟是哪一學派的？今古文兩派各代表什麼社會的經濟基礎？農民起義與漢代思想影響若何？讖緯之學是否就是今文學？宦官與宗教思想的關係如何？黨錮之禍反映的是什麼階級之間的利害冲突？宦官勢力代表什麼階級的利益？今古文兩派關于九族的不同解釋與外戚之禍有沒有影響？《四民月令》是否爲崔寔作？

會畢，杜氏以其近作 Marriage and Divorce in Han China：A Glimpse at "Pre-Confucian" Society 分贈同人，又以日人福升重雅所譯他七七年所著《新道教所含儒教諸要素》一册贈起釪。

[剪報] 一九七八年十二月廿三日《文匯報》

嚴冬過盡春光好

——讀《中華文史論叢》第七輯（復刊號）、第八輯

郭群一　于玉生　張道貴

　　書桌上放着復刊後的兩輯《中華文史論叢》（下簡稱《論叢》），首先映入眼簾的是郭老的封面題字，今日看來更感蒼勁有力！《論叢》是一本有一定影響的大型學術性集刊，是文學、史學工作者及其愛好者共同學習、爭鳴、切嗟的園地。它被萬惡的林彪、"四人幫"强令停刊達十餘年之久。《論叢》的復刊，受到了讀者和作者的熱烈歡迎。《論叢》復刊號上登載的上海十八位文史研究工作者在《論叢》座談會上的發言，篇篇都是聲討"四人幫"的檄文。其中不少人是我國文史研究工作的老前輩，各有專長。可是在"四害"橫行期間，他們挨着無數的帽子與棍子。他們似乎只得"沉默"，但這樣的"沉默"，正是復旦大學朱東潤教授所說的那樣，"沉默不是消極而是積極的，是積極地蓄積自己的力量，以便在適當的時期作出更强有力的爆發"。"爆發"之日終于盼到了。年近九旬的歷史學家顧頡剛先生，奮然握筆寫下了《徹底批判"幫史學"，努力作出新貢獻》一文；周谷城教授"醞釀了幾十年，也一直不敢發表"的觀點，今天"明確發示"了；八十二

高齡的朱東潤教授不再"沉默"，欣然擔任了《論叢》主編的重任。他們鬥志旺盛，充分顯出"烈士暮年，壯心不已"。我們深信復刊後的《論叢》在這些文史研究工作的前輩鼎力下，廣泛團結中青文史研究工作者，一定能盡快地彌補被"四人幫"破壞所造成的巨大損失。

正本清源，撥亂反正，是當前文史工作者的迫切任務。兩期《論叢》都以一定的篇幅刊登了這方面的文章，這是一個良好的開端。顧頡剛先生的文章以歷史唯物主義觀點，闡明了批判與繼承的辯證關係，引毛主席的從孔夫子到孫中山都給予恰如其分的評價為例證，有力地揭露、批判了林彪、"四人幫"一伙反對系統研究歷史、反對科學考證的罪行。

解放思想，大膽創新。文史工作者要在新的歷史條件下作出新貢獻，本身思想一定要解放。金景芳先生近年來根據文獻資料，提出《商文化起源于我國北方說》，這在考釋我國文化起源上是一個飛躍，文章本身順理成章，當然，要作出結論還有待于進一步的驗證。如果商文化起源于我國北方說得到更多的文物證實，這對弄清我國文化起源是有重大意義的；對蘇修誣蔑我國疆域從未超過長城以外的謬論，將是一個更有力的打擊。谷霽光先生的《王安石變法與商品經濟》也頗有新論，用商品經濟來剖析王安石政治思想，這在國內學術界中可算首創一格。

真理越辯越明。文史科學要有個大發展，必須堅定不移地貫徹黨的"百花齊放，百家爭鳴"方針。從這兩期的《論叢》來看，編者是花了不少氣力的。一組《水滸叢談》的文章，既批判了"四人幫"歪曲毛主席關于評論《水滸》的指示，也提倡對這部古典小說的評價展開討論。每篇文章着重一個角度進行分析，形式活潑新穎，很受讀者歡迎。陳毓羆、劉世德的《曹雪芹佚著辨僞》一文，以大量的資料考證作爲依據，提出和吳恩裕先生《曹雪芹的佚著和傳記材料的發現》一文進行爭辯。這種風氣大大有助于《紅樓夢》問題研究的深化。《論叢》在這方面確實爲文史工作者提供了"放"和"爭"的園地，活躍了學術空氣。

《論叢》在文章内容，體裁方面，確也盡力做到文章不拘一格，只要是言之有物、有所創見的長短論文、考證答辯、讀者札記或資料鈎沈等等，都給予發表。尤其應該贊揚的是，編者還注意到對我國已去世的文史工作者遺稿的整理，發表了文學家阿英同志《讀〈天雨花〉舊鈔二十六回本札記》遺稿、史學家陳寅恪先生《論再生緣》遺稿，這除了對他們的悼念之外，還使有價值的文史論文不被湮没。這是做了件有益的工作，起到很好的影響。

［剪報］一九七八年十二月廿三日《文匯報》

李平心同志骨灰安放儀式在滬舉行

上海師大爲李平心同志徹底平反昭雪恢復名譽

（下略）

王國秀同志骨灰安放儀式在滬舉行

上海師大爲王國秀同志恢復名譽

（下略）

一九七八年十二月，我在醫院寫兩信：

一、致胡院長函，爲湲兒調職事。經静秋與宋一平同志面談，此事不可能。因決定回二醫作教師。

　　二、致胡院長函，爲歷史所將於明年一月起停發尹如潛臨時鈔寫員工資事（每月六十元）提出抗議。經宋一平同志表示，此事不成問題，允通知歷史所繼續照發。（按此事甚怪，疑出尹達指示，彼固無時無地不反對我也。）

一九七九年

一九七九年七月，事尤體弱，日記暫停。

一九七九年八月，已有病，但尚可支持。

一九七九年九月，同上。

一九七九年十月，十六日，以白血球突高至一萬三千，遂爲北京醫院留住一一六號。經錢貽簡等大夫診斷，始知予基本疾病爲糖尿病及氣管炎兩種，而尤以糖尿病爲重。此前所未知者也。

一九七九年十一月十三日後病重，日記遂停。

一九七九年十二月，僅記日記三天。

一九七九年一月

一月一號星期一（十二月初三）

將中華送來之論《周官》與《管子》稿覆看一過。

潮兒夫婦及其子春雨來，晚去。張明養偕其夫人樓郎懷來訪。

略看電視。

予左足跟作痛，蓋又生凍瘡矣。外科大夫囑予坐時用足墊，臥時足下亦放一草圈，將足墊高。

一月二號星期二（十二月初四）

　　靜秋往看電視，予即集中精力，將評論《管子》中應加入之
"冬官李"一段作訖，約千二百字。

　　潮兒來，明日將返涿縣。洪兒來。

　　在醫院無書可據，尚能作考據文章，可知予雖老，腦筋尚不
壞也。然一集中精神便覺心悸，此倘為楚武王之病乎？

一月三號星期三（十二月初五）

　　將《周官》原稿及補作稿再看一過，打電話囑煦華來取。

　　小眠。洪、堪兩兒為我洗浴。煦華來取稿。

　　與靜秋同看巴金之《家》電視。

　　巴金（李芾甘）之小說《家》，予所未見。今日在電視中見
之，不免興奮，蓋予與彼同受封建社會之害，憤恨彼此同之也。

　　為看電視，不覺想起吾前妻吳徵蘭、殷履安均為宋氏繼母所
迫害，我亦當將事情寫出，以此精神緊張，今夜服藥二次。

一月四號星期四（十二月初六）

　　翻《戲考》數冊。

　　劉沈秋大夫來談。

　　中醫劉大夫來按脉，予問其可活到九十否，他說按脉理看恐
還可多活兩年。此固安慰我，但我身體還不太壞亦可知。

一月五號星期五（十二月初七）

　　又翻《戲考》數冊。寫一長信與自珍。

一月六號星期六（十二月初八）

　　抽血。又翻《戲考》數冊。

　　湲兒來，與數《紅樓夢》中為封建社會所殺之女子。

《戲考》在本世紀二十年代由王大錯等編輯，共成四十冊，我當時曾買全，但歷經喪亂，已殘缺，不知能覓全否耳。

一月七號星期日（十二月初九）

打針。終日點勘姚際恒《禮記通論》，以便回家交卷。

與靜秋同看電視《人民悼念周總理》。

昨抽血化驗，知血糖爲一一〇，不高。

今夜又服藥二次，以此予決定回家後輕易不看電視，以免緊張。

一月八號星期一（十二月初十）

錢貽簡大夫來。與靜秋同到理髮室，理髮。到于樹德室道別。

眠一小時。點姚際恒《禮記通論》之《曲禮》畢。

于樹德同志病糖尿，天天由其外孫女打胰島素，此實不是辦法，蓋一天不打就會病倒也。

一月九號星期二（十二月十一）

理物，算賬。堪兒來。

二時，王國英來車接予出院。三時到家，休息。

今日在車中望見西單南首一帶牆上所貼之大字報，密密層層，真所謂"民主牆"也。惜未能下車一覽。

一月十號星期三（十二月十二）

看報。在高士其家工作之周阿姨介紹其溧陽同鄉之丁阿姨來上工。

醫院中白天晚上一樣有暖氣，溫度變動不大。家中則暖氣時有時無，而火爐則有時太旺，使予出汗，熱得不可耐矣。

一月十一號星期四（十二月十三）

看報。

丁姨很少説話，老實，肯工作，第不會作菜耳。予每日眠起，亦由她幫助穿衣，緣予腰痛腿軟，力已不足也。

一月十二號星期五（十二月十四）

看報。

誦芬弟來。

今日得史樹青電話，知唐立厂（蘭）昨日下午在家突然去世。此真吾國文史學界之大損失也。

一月十五號星期一（十二月十七）

改起釪作《洪範校注》。

一月十六號星期二（十二月十八）

改起釪作《洪範校注》。

眠一小時。看報。與煦華商《東壁遺書》編輯事。

睡不安。

一月十七號星期三（十二月十九）

改起釪所作《洪範校注》。

未成眠。看報。吴昊來爲我理髮。木蘭偕其女纓來。煦華來，示"對崔東壁評論"稿。

服藥，九時眠，翌晨七時半起。

一月十八號星期四（十二月二十）

改《洪範校注》訖，續看《金縢校注》。

眠一小時。吳樹平來贈書，未見。湲兒來，伴眠。

服藥二次，眠四小時半。

今晚看《中國史簡訊》，中載越南攻擊中國侵略越南已兩千年，并謂福建、廣東、廣西諸省越族皆被漢族侵略得來，蓋其目的在於建立一越族帝國，見之憤甚，以此失眠。此等文字晚上必不能看。後當引以為誡。

一月十九號星期五（十二月廿一）

打碎溫度表，靜秋與予鬧。章郁來，贈物。起鈃來。定生活秩序。唐立厂追悼會，托起鈃代表出席。

未成眠。看報。洪兒校課訖，明日起放假，以其姑歸寧，即返左家莊視其子。

八時服藥上床，由靜秋拍睡。晨五時醒。

今日有風，予體溫便高至卅七度一。

以昨夜未睡好，今日頭腦覺暈，因定生活秩序以自警。

越南雖奪下金邊，但波爾布特將軍隊散入山區，作游擊戰，而越軍補給綫長，遂成被打擊之對象，死喪日甚，終不能長期逗留。加以越南壓迫本國農民過劇，致失去其勞動興趣，糧食生產不足，自古無不足食而能足兵者，其塌臺固可預料也。

一月二十號星期六（十二月廿二）

寫夏定域信，囑其代訪姚際恒遺著。白壽彝來，長談，還書。

眠一小時許。與煦華談。看報。

靜秋看《鍘美案》電視，予待之，至十時方返。服藥兩次成眠。翌晨七時醒。

上午溫度為卅六度三，此為昨日得眠結果。

待靜秋還房，自晚七時至十時在室內活動，終服藥三種而眠。

一月廿一號星期日（十二月廿三）

林小安自成都歸，來訪。寫起潛叔、王威、周谷城信。

眠一小時許。學斌來，打針。看報。煦華來，告別。

王仙洲、宋振鏞來。九時服藥眠。翌日七時醒。

王仙洲君今年七十八歲，華東大學教授，此次來京首即訪予，固爲靜秋老鄉（邳縣），亦以予爲“徐州姑爺”故也。

一月廿二號星期一（十二月廿四）

樹民來，以兩人皆聾，爲靜秋趕走。即作一書寄之。今日上午，煦華返滬，三星期後回京。

未成眠。寫徐盈信。看報。歷史所馬建民書記、宋勇誠、鍾允之（女）、黎然來。

湲兒來，九時後去。服藥兩次，靜秋拍眠。

近日目疾較劇，如果白內障急劇化，則大可憂也。

宋勇誠爲本所政治處主任，其電話爲五五・四五〇九。

予擬將筆記每成一篇先油印若干份送請各方專家審正，今日向本所馬書記言之，渠云可托本所科研組織處鍾允之辦，她的電話爲五五・一一二〇。

一月廿三號星期二（十二月廿五）

洪兒、劉盛杰抱大治來。盛杰飯後去。洪兒母子在此小留。看日本《古事記》。到起釪處談。

略眠。看報。看《喻世明言》一篇。與大治玩。

翻《吳縣志》。服藥兩次，堪兒拍眠。

湲兒返北京第二醫學院任教職，與脫離東四婦產科醫院事已成，雙方正在辦手續。此大好事，正可作研究也。

一月廿四號星期三（十二月廿六）

葛志成、吳榮代表民進來慰問。看《辭海·歷史地理》分冊。

未成眠。徐盈來，取鈔本《吳梅日記》去，轉交任二北。盛杰來。

洪兒爲我浴。十時眠，上午二時醒。

今夜吐痰二次，色均黑，静秋疑是血，當是氣管破裂所致，然脉象、體温則正常，因囑休息。

徐盈囑予爲香港《大公報》寫文，即以稿費買□□機，可托港友帶京。予頗有意寫《蘇州史話》，此係舊願，如身體許可，不難成數小册，備導游也。

一月廿五號星期四（十二月廿七）

休息，看《古今小説》二卷。鈔《詩·雅、頌》中關于周初事。洪兒拍睡片刻。姜又安自徐州來，談。看報。

多服藥，八時半眠，翌晨六時半醒。

予性本易興奮，近日更甚，遂不易眠。今晚服藥四種，乃得安睡，然此何可久也。總須待日暖花開，早晚出門散步，乃有濟耳。

静秋亦有病，臉發腫，脉搏百四十，眠亦甚難，有低燒，須休息。然家事多，性又躁，實不能息也。

又安年六十五，已屆退休之年，而原工作之廠方欲其復職，故來京接洽，欲以其子鯤代之。

一月廿六號星期五（十二月廿八）

看《古史辨》第一册。讀《詩經》，鈔出周初事迹，備作《公亶父非太王》文。

看報。李前偉來，報告其父身後事。

翻《吳縣志》。

楊鍾健君於昨日病故，年八十二。此古人類學專家也。

一月廿七號星期六（十二月廿九）

潮兒夫婦偕其子春雨自涿縣來。黃永年自西安來，留飯。吳昊來，爲我理髮。

看報。看史念海《禹貢著作時代》稿。

翻《吳縣志》。

一月廿八號星期日（正月初一　己未春節）

起釪、如濬來賀年。錢鍾書夫婦來。郭敬輝來。木蘭偕其子女來。

眠一小時。陳秉直來，未晤。看報。黃汲清夫婦來，靜秋見之。

看《吳縣志》。看香港《大公報》。

蘇州傳說，春節早晨打一個噴嚏的，其人將于本年內死。而我今晨六時忽打一嚏，姑記于此，待三百六十日後證之。

鄧副總理爲中美建交，今日偕其夫人卓琳、副總理方毅、外交部長黃華飛華盛頓。此國際間一大事也。

一月廿九號星期一（正月初二）

瑞蘭偕其子天寧來，留飯。吳玉年來，贈新印書。

耀玥偕其子、子婦、女、女婿來。張岱年偕其夫人馮讓蘭來。盛杰來。湲兒抱小鵬來。又安來，留宿。

解逢來，爲我全家照相十餘幅。

外孫武鵬生才七月，甚解事，見人輒笑。眼圓，清秀異常兒，將來上學必能有成，惜我已不及見耳。

潮兒同學謝慧良之夫解逢善攝影。

一月三十號星期二（正月初三）

林小安來。王湜華夫婦偕其女來。看報。

眠一小時。潘美君偕其女來。張明養偕其夫人樓朗懷來。張紫晨來，未晤。學斌來。

洪兒夫婦抱大治回家。看鄧副總理在美活動電視。

得煦華信，知到滬後已與上海古籍出版社之責任編輯葉岡聯繫，渠云《崔東壁遺書》中之胡適、錢穆二序不必刪，此亦今日形勢所需要，擬與蔡元培序同列附録中。聞起潛叔處存有胡適函十五件，已爲黨方借取矣。

一月卅一號星期三（正月初四）

凌燕來，堪兒與之打羽毛球。看報。

眠一小時半。尚愛松來，以臥未見。王世民來。看報。與振聲談往事。黎劭西之女黎澤渝偕其夫張天佑來。

湲兒夫婦抱小鵬回家。略看美國電視。十時服藥眠，上午二時醒。再服藥，六時半醒。

凌燕，鄧文如之戚屬，父凌大燮，母杜君秋，渠中學畢業後，分發至阜成門外百貨商店，家居復興門外真武廟四棟三門廿四號，去年由卜三姨介紹與堪兒，今日親到我家相見。事如能成，則堪兒精神可能得到正常。

中華書局欲爲予出論文集，因擬目于此：（下缺）

[原件]

科　研　簡　報　第2期

歷史研究所科研處　　1979年1月20日

顧頡剛工作規劃

　　甲　三年規劃

一、《尚書》整理工作：

指導劉起釪同志完成《尚書》今文二十八篇的校、釋、譯、論的簡稿。

　　二、論文、筆記的撰寫和編集：

1. 擬撰寫論文五篇，題目如下：

　　①鳥夷的部族與其圖騰；

　　②郡縣制的發生與發展；

　　③"烝、報"究竟是什麼一回事；

　　④孟姜女故事的發展；

　　⑤三年之喪的由來及其固定。

2. 修訂已發表的論文和未發表的文稿，編成分類文集。

3. 將筆記初稿按專題寫成《史林雜識》。此書前已出版初集，三年內擬寫成二集、三集。每集約五十篇，二十萬字左右。

三、重編《崔東壁遺書》：

崔氏爲清代中葉最能考辨史料真僞之一人，其存佚各書前已由本人搜集、整理、標點出版。今擬刪去胡適、錢穆等人有關部分及不需要之附錄，重新編訂出版。

　　四、續編《古籍考辨叢刊》：

第一輯已出版。第二、三輯材料均已搜集，需要整理一下，書寫前言。三年內擬先完成第二輯。

　　乙　五年規劃

一、《尚書》整理工作：

指導劉起釪同志對《尚書》中一些專題進行系統研究。

　　二、論文、筆記的撰寫和編集：

1. 撰寫論文五篇，題目另訂，主要的是孔子的評價問題和漢代的經學評價問題。

2. 繼續修訂已發表的論文和未發表的文稿，如《三皇、五帝的徹底研究》。

3. 繼續《史林雜識》的編寫，完成四集、五集。

三、續編《古籍考辨叢刊》：

完成第三輯的編訂工作。

四、《春秋史事勘》、《戰國史事勘》兩書的加工：

此兩時代的史事最多異説，初稿已完成，統一加工後，即可交稿。

丙　八年規劃

一、《尚書》整理工作：

指導劉起釪同志從事僞古文廿五篇的疏證工作。

二、論文、筆記的撰寫和編集：

1. 撰寫論文約可八篇，題目另訂，最主要的是《國語》與《左傳》的關係問題及《周官》的著作時代問題。

2. 繼續修訂已發表的論文和未發表的文稿。

3. 繼續編寫《史林雜識》，完成六集、七集、八集。

三、編輯《姚際恒遺書匯輯》：

姚氏爲清初最富批評性之學者，不肯爲傳統思想所束縛，以是受正統派之壓迫，其《九經通論》及其筆記都不得刊出。他的一百數十卷的大著作，其名僅見于對他表示同情的杭世駿所編之《浙江通志》。其中除《詩經通論》一種曾在四川刻印外，其他俱已散失。以我一生的注意，僅能從下列諸方面加以輯集：

壹　九經通論

1. 古文尚書通論可從閻若璩《尚書古文疏證》中輯出數條。

2. 詩經通論，中華書局已出版本人標點本，當編入本輯。

3. 儀禮通論，本人前借得杭州崔永安家所藏姚氏寫定本，鈔錄一部，旋爲北大馬裕藻教授借去。抗日戰爭中，馬氏逝世，遺書由其子捐贈北京大學圖書館，但現查北大圖書館善本書目中尚未見，有待續找。至崔家藏書則已全部爲日軍攫去，或將來能在日本書目中見到，當請本院交涉借鈔。

4. 禮記通論，杭世駿《續禮記集說》中輯錄比較完全，可從中鈔出。

5. 春秋通論，北京圖書館善本部藏有殘本五冊，擬請本院向之借出曬藍，加以標點付印。

貳　雜著

1. 古今僞書考，已有本人標點本，當編入本輯。

2. 庸言錄，原書未刻，但清代中葉尚在杭州流傳，如孫志祖《讀書脞錄》、梁章鉅《浪迹叢談》中所引可見。近世似已不存，今可從《四庫提要》及他書所引者輯出，以見大凡。又《毛奇齡集》、《西河詩話》中亦記及姚氏事，并可補充。

3. 好古堂書目，本人已向南京圖書館借鈔。

4. 好古堂書畫記，有《讀畫齋叢書》本，可編入。

四、《先秦地名匯考》的加工：

全稿已成十之七八，還需要核訂，附上地圖。此事擬與地理研究所合作。

五、《四百年來名著集錄》的編集工作：

以前已大體完成的《清代著述考》舊稿爲基礎，上溯明代後期，下及民國時期的有關重要名著，按著者匯列，加以介紹，其重要之序跋凡例以及後人對該書所作之批評并加輯錄，以見該書所發生之影響，供學術研究者探索讀書門徑之用。（自利瑪竇東來，徐光啓譯書，西方文藝復興後的科學思想與技術，在有意無意中形成了清代樸學家的注重實證的研究，故這一時代著作的中心思想迥與前代不同。我們懂得了這一點，就可把前人著作與今日的科學研究連接起來。）

一九七九年二月

二月一號星期四（正月初五）

天未明，潮兒夫婦挈春雨返涿。看報。理書。

眠一小時許。蕙蓀來，留飯。補日記。高文龍來，送書。

湲兒來，伴宿。

今日忽覺脚冷，添爐火。今夜天氣預告，將降温至零下十九度。

二月二號星期五（正月初六）

下雪，午止。看美國顧立雅論中國《縣之起源》。洪兒來，將學習歷史學。

未成眠。看報。凌燕來，與堪兒打球。

服藥二次。洪兒伴宿。

予近日極易興奮而不能輕鬆，故飯後及夜中俱不易入眠。今值洪兒寒假可兩星期，静秋獨眠一室，洪可拍予入睡也。

聞湲兒往訪黄秉維夫人王愛雲，知其不易入眠之程度尤在予上，往往數星期只眠數小時。她體胖，當易眠，而乃如此，或牽絆於家庭糾紛乎？

二月三號星期六（正月初七）

看報。寫佘雪曼、吳練青信。

静秋拍予睡，得眠約半小時。寫張紫晨信。

翻《吳縣志》。八時半服藥，由洪兒拍眠。

今日予又失手，打破一熱水瓶，甚矣老人動作能力之衰退也。

二月四號星期日（正月初八）

静秋到鍾書、汲青、敬輝家答訪，又到陳汲處。記筆記一則，并將以前所記略爲整理。

未成眠。看報。凌燕來，留飯。

翻《吳縣志》訖。九時服藥，由洪兒拍眠，翌晨五時醒。

　　今日静秋到郭家，駭悉王愛雲已于昨日去世，前日湲兒往訪，蓋最後一面，惜哉，年不及六十。

二月五號星期一（正月初九）

静秋附敬輝車，到中關村吊王愛雲之喪。洪兒爲余《羌戎》一文畫一地圖，就予商定增减。到起釪處，談“區夏”一題。

眠一小時。堪兒取録音機歸，爲唱“雪中行軍”一歌。寫張紫晨信。

翻思泊《吉金文選》。洪兒伴宿，九時眠，五時醒。

二月六號星期二（正月初十）

點姚際恒《禮記通論》之《檀弓篇》十餘頁。湲兒到殯儀館，吊王愛雲之喪。

看報，在録音機上唱唐詩兩首。包遵信來談。

吳昊來，爲我刮臉。湲兒伴宿。九時眠，翌晨五時醒。

　　包遵信在出版局編一哲學思想刊物，索予文，擬就筆記中《聖賢的初義和變義》聯綴爲之。又要我寫出《古史辨》之發動及其影響的回憶，他日有暇當陸續爲之，爲我《自傳》之一部分。

二月七號星期三（正月十一）

看周總理一九六一年《在文藝工作座談會和故事片創作會議上的講話》。

眠一小時。續點姚氏《禮記通論》十餘頁。洪兒爲擦身。

九時服藥眠，翌晨五時醒。

周總理是最能作統戰工作的人，也是最認識文藝工作的人。讀此一文，非常感動。惜乎爲林彪、四人幫壓抑以死，不能實行此一抱負也。

湲兒已辭去東四婦科職，就北京第二醫學院教師，預備任"辯證法與醫學"一課，定每星期到北大聽課二次。

二月八號星期四（正月十二）

草《蘇州史話》序文千餘字，即修改。

未成眠。

九時，靜秋伴眠，翌晨三時醒，待旦。

一寫文即緊張，僅千餘字耳，乃值得如許氣力，此可見予體已衰，遠不如在北大、燕大時可以作數萬或十數萬字之文也。

近來一想小便便須解褲帶，否則即溺在褲襠裏，此可見予膀胱功能亦在日下之中，可奈何！

二月九號星期五（正月十三）

起釪來述社會科學院昨日開會擬出高級刊物事。修改《蘇州史話》（序）訖，交尹如濬鈔。洪兒夫婦偕子大治來。

未成眠。到起釪處。林小安來。大治偕其父去。

服藥，八時許洪兒伴眠。一時許醒，待旦。

大治不愛笑，哄他亦不親熱，殊不及小鵬之逢人作笑靨也。

二月十號星期六（正月十四）

將民國《吳縣志》八十卷題寫封面。

未成眠。愛松偕其子剛、明來。蕙賞來，留飯。湲兒夫婦抱子來，湲晚飯後到木蘭處，予眠後始回。平岡武夫寄來書籍，翻之。

洪兒拍眠未成，自起添藥，乃至翌晨七時乃醒。

兩月來安眠藥不生作用，甚以爲苦。今眠自起增服速可眠一丸，乃得一夜好睡，然此胡可久也！

二月十一號星期日（正月十五）

書起釪代作之《追懷黎劭西先生》二絕。鈔樹民所作《區夏試釋》。

洪兒上學。眠一小時半。看報。張澤民來。史樹青夫婦來。凌燕來。湲兒抱鵬兒返城。

八時，服藥，九時入眠。翌晨五時醒。

今晚仍兩服速可眠乃睡。我想，這正同吸鴉片，癮增加了，但未必致死。

鵬兒見物即取，取即扔之，今日到我桌上，取我文具盤中物一一擲地。我父的一個水盂竟被他擲碎了。我愛他敢於毀壞，將來必能建設，猶晴雯之敢于撕扇，亦敢于補裘也。

二月十二號星期一（正月十六）

張紫晨來，談整理《山海經》事。鈔《區夏》文訖。

眠一小時半。寫樹民信，促其作文。看報。

社會科學院要出高級刊物行銷外國，我想作一篇《古公亶父決非周太王》文，與樹民《論華夏》文同時刊出，故促之，并以自警也。

二月十三號星期二（正月十七）

整理馮桂芬主編之《蘇州府志》上架。

眠一小時許。姜又安來。看平岡武夫所編《唐代長安與洛陽》各地圖。

二月十四號星期三（正月十八）

又安去。《光明日報》記者王晨來，爲索予作紀念周總理，詢予與總理有關係事件日月。

未成眠。看報。陳秉立來，告我國將與越南開戰。

看報，知我北大老同學孫雲鑄於日前去世，年八十四。他是一個地質專家，工作重，當前數年開人大三屆會議，我與他同在一組，竟成最後一面。兩月來連喪唐蘭、楊鍾健、孫雲鑄三人，皆專家也。造成一專家不易，乃連駢而死乎！感到年齡，予更高於三人，奈何！

二月十五號星期四（正月十九）

看《日程》，找予與黨及周總理的關係。

未成眠。看報。

二月十六號星期五（正月二十）

續看《日程》，找與黨及周總理的關係。

未成眠。

檢《日程》，想到有作《自訂年譜》之必要，當於暇閑中排日爲之。

二月十七號星期六（正月廿一）

續看《日程》，找與周總理之關係。

未成眠。熊焰來，贈食物，未見。

誦芬弟來，静秋與談堪兒婚事。

今日深夜，我邊防部隊被迫還擊越南，一下打下了越南之諒山、高平、黃連山、廣寧四省。越方小醜，得此懲儆，宜知挑釁之不足以成大事矣。

二月十八號星期日（正月廿二）

續看《日程》，找到我與總理長談之一日。

未成眠。看陸以湉《冷廬雜識》。洪兒來，夜伴宿。凌燕來。

今日找出周總理與予長談日子，一快。惜我日記太簡，未將所談問題記出耳。

我軍既入越南境，越方侵柬之軍隊不得不退出，是亦援柬之一道也。

蘇修對我打入越南之恫嚇，是亦想得到之事，不必怕也。

二月十九號星期一（正月廿三）

靜秋將湲兒所起稿從電話中通知《光明日報》記者王晨。黃永年來，長談，留飯。

未成眠。看報。看《新文學史材料》。看梁紹壬《兩般秋雨盦隨筆》。張澤民來。

湲兒來，爲打針。服藥兩次，得眠尚好。

自本月八日，靜秋強予寫《蘇州史話》起，至昨日覓到與周總理長談止，凡十一日，都在神經緊張中，推速予之衰老如此，當不再接受如此之文債，興來則寫，興盡則止，庶可多活數年，整理一生文稿，使無負平生志願！

黃永年云，渠可與史念海同編我之筆記，當作陝西師大之正常工作。此事若成，真一大好事矣。

二月二十號星期二（正月廿四）

整理近年筆記少許。看黃現璠《我國古史分期應該重新估定》。略一合眼。看報。補記一旬來日記。洪兒歸，談西周史，伴眠。九時服藥眠。翌晨五時醒。

以昨夜眠較佳，今日工作心不宕矣。

近日氣候寒，恨左足之瘡迄未愈，不便行動耳。

二月廿一號星期三（正月廿五）

整理一九七一年後所作筆記。夏延來別，渠將到哈爾濱專學外語。丁山之次女丁昆從南京來，談。

未成眠。看報。

丁昆來，談及其父母雖死（其母死于一九六六年），其兄弟姊妹皆已走上工作崗位，皆在理工方面，其父所作文聞已印出一冊，但我未見。

二月廿二號星期四（正月廿六）

以予略有發燒（三十七度一），靜秋打電話到北京醫院，以歷史所之車接蔣國彥大夫來診。終日臥床，翻看陸以湉之《冷廬雜識》、梁紹壬之《兩般秋雨庵隨筆》。

未成眠。

九時服藥眠。翌晨六時醒。

今日下大雪，報上說是北京二三十年中希見，且華北各省均然，此有利于夏收者也。

近日兩腳跟均生瘡，左腳尤甚，作痛至不能步履。因之臥床，看小本書。

天氣一變，我病又發，縱有汽爐及煤爐，均無濟于事，我體之衰亦可知矣。

二月廿三號星期五（正月廿七）

夏延來。黃永年來，長談，留飯。平伯送來吳世昌之論《曹雪芹題敦誠琵琶記雜劇詩》文，覽一過。

未成眠。記筆記一則。看報。

洪兒歸，詢古史問題，伴予宿。

二月廿四號星期六（正月廿八）

寫俞平伯信，送去後，陳穎即送宣紙來。煦華返京。

眠一小時。看報。湲兒夫婦抱小鵬來，留宿。

湲爲予灸足瘡。

今日報載人大常委會中設立法制委員會，費孝通、譚惕吾皆在，知一九五七年之冤獄一洗而空矣。爲之喜慰。

二月廿五號星期日（正月廿九）

終日與小鵬玩。王湜華來。

眠一小時許。鄧世民夫婦及其兩女來。看報。

湲夫婦抱小鵬回城。洪兒來，詢古史問題，伴宿。

老年人太愛小孩，何況小鵬之聰俊乎！

王伊同自美歸國，到歷史所訪我，打電話來。

自許子美劃爲右派，瑞蘭與之離婚，子美回安徽工作，另結婚。今政局一變，廿二年前之右派盡脫帽，重回《光明日報》工作，不知瑞蘭對彼之態度將如何之？

二月廿六號星期一（正月三十）

黃永年來，予以病未見。翻《冷廬雜識》訖。

眠近兩小時。看報。

湲爲予灸，伴宿。十時眠，翌晨六時醒，達到理想境界。

今日堪兒與凌燕已作結婚登記，爲之忻慰。堪兒求偶既成，焦躁之性當可漸變。

今日覽報，始知文化大革命運動之內幕，康生造反動理論，謝富治砸爛“公檢法”，林彪與江青則乘此機會篡黨奪權，而毛主席不予制止，僅周總理一人硬挺下去，卒以身殉。使無總理，中國不知將鬧到什麼程度。

二月廿七號星期二（二月初一）

徐州賈旺煤礦之孫君來辭別。記筆記一則。湲兒自北大聽課歸飯，又到二醫開會。

眠一小時半。看報。

洪兒歸，詢古史問題，伴予宿。晨七時醒。

欲買七紫三羊毫筆，請如澍到琉璃廠覓之，乃竟無有。中國文化受"文化大革命"之摧殘，于此可見。

今日大風。

二月廿八號星期三（二月初二）

吳昊來，爲予及靜秋理髮。得辛品蓮書，允來京助予理稿。

眠一小時半。凌燕來，靜秋爲彼及堪兒同攝影。看報。

今日仍大風，但太陽旺，室中既有暖氣，又生煤爐，使予不勝其熱，而靜秋又不許予解衣，真一苦事。

蘇修近日在歐洲擴張軍事力量，其進攻目標在南斯拉夫及羅馬尼亞，以其不甘爲附庸國，且與我國有交往也。此等惡霸行徑固必敗，但先發制人，巴爾幹半島又將作世界大戰之犧牲品耳。

黨領導對我的關係：

一九五一年，上海市文管會副主任委員徐森玉先生到我家送致委員聘書，月支工資二百萬（即二百元）。

一九五四年四月十一日，上海市市長陳毅爲討論毛主席在西湖所草憲法召集上海市代表討論，在茂名路設宴招待，以予列首席客位，問訊近來工作情況。

　　一九五四年八月二十二日到京，翌日到歷史研究所第一所及科學院院部報到。在滬在蘇各裝書籍家具一節火車北運，運費實報實銷，上海車由姜義安押運，蘇州車由顧德輝夫婦押運，運費約二千餘萬元。住家乾麵胡同卅一號，大小共十二間。

　　一九五四年九月十二日，歷史所會計楊品泉來，定予職爲一級研究員，工資爲八百卅六分（研究所所長多爲七百餘分）。

　　一九五四年十二月七日接中國人民政治協商會議全國委員秘書處來函，任予爲第二屆全國委員會委員。

　　一九五四年十二月十六日起，開政協預備會。廿一日起，開大會。廿四日予在大會上發言，始識周總理、毛主席、劉少奇、彭真，均稱道予發言之善。

　　一九五四年十二月廿八日，列席中蘇友好協會第二次全國代表會議。出席統戰部宴會。

　　一九五五年一月十一日，到科學院，出席胡適思想批判討論會。

　　自一九五四年十一月起，以北海畫舫齋中之得性軒爲工作基地，校大學教授齊思和等十人所點之《資治通鑑》。（下缺）

　　顧頡剛古史論文集

　　顧頡剛讀書筆記

　　顧頡剛見聞雜記

　　顧頡剛自訂年譜

　　顧頡剛自傳

　　顧頡剛雜文集

　　古籍考辨叢刊

　　編訂崔東壁遺書

　　編訂姚際恒遺書

　　古史料彙勘

我這十種書如都能出版，則死不恨矣！　　　一九七九，二，二十記。

蘇州史話

秦漢的方士與儒生

孔子何以有殺少正卯的故事

孟姜女故事的演變

春秋地名彙考

回憶錄

妙峰山香會

蘇州歌謠集

古本竹書紀年集校（此書當俟洪兒考取研究生後，由我指導爲之。）

皮錫瑞五經通論箋正

十三經句讀

［剪報］1979 年 3 月 1 日《北京大學》第 220 期

　　　　　著名的馬克思主義史學家、三屆人大代表、

　　　　　我校原副校長翦伯贊同志追悼會在京舉行

　　（下略）

一九七九年三月

三月一號星期四（二月初三）

整理室內書物。王伊同自美國回，長談至十一時半去。

眠近兩小時。章郁來，長談半日，予苦聾，彼音又低，不能盡聞也。看報。

洪兒參觀中山國出土古物歸。九時半服藥眠，翌晨七時起。

三月二號星期五（二月初四）

改煦華所作《聖賢》一文。《光明日報》記者王晨來，看其爲予所作紀念周總理一文，略改數字。

眠一小時許。檢文廟木主，略寫三百餘字。看報。盛杰携其子大志來，傍晚去。寫包遵信、譚健常信。

湲兒爲予灸兩脚跟。十時服藥眠。翌晨七時起。

三月三號星期六（二月初五）

程金造來，送其《司馬遷的軍事思想》一文來。改煦華所寫《聖賢》一文。

未成眠。看王樹民論"中華名義"文。吳樹平、李解民來，贈《文史》。盛杰來，同飯。看報。

看王觀國《學林》。洪兒伴眠。

三月四號星期日（二月初六）

爲新加坡周穎南及南京丁灝寫字。寫平伯信，即送去。木蘭來，留飯。

未成眠。羨兆揚偕其舅美國教師楊龍章來，談兩小時。看報。

毛光義次女懷娟來談。湲兒伴眠，爲予塗脚上藥。

我手已顫，而日來索字者頗多，亦以爲苦。

今日向木蘭言，又安取我賣去一座房屋所得價九百萬元，在上海開農場養羊，遂盡耗盡。

三月五號星期一（二月初七）

《民間文學》部馬捷來，贈新出版刊物。看起釪所作《讀洪範》，并爲修改，費了一整天。

未成眠。包遵信來，以煦華所作文未成，即去，未見。凌燕來，留宿。

服楚存海所贈西藥眠。静秋伴眠。

我寫文章，每次讀得它順口，缺去發頭字或結尾字必補，而樹民與起釪所作皆隨筆寫下，不再修改，所以送到各刊物編輯部輒予退還，以其"不起看"也。吾上了十年私塾，教師每在文字上推敲，故吾之文在當時已有名，到了五四運動後更有名，這十年時間，正如入了"科班"，故能隨處應弦合節，而他們則以"票友"上臺，不易刺激觀衆之感情了。

三月六號星期二（二月初八）

看王觀國《學林》，記筆記一則。看報。湲兒歸飯，旋去。

未成眠。借看《光明日報》。静秋到民進開會。

翻《學林》。湲兒伴宿，眠佳。

接山東大學電，盧振華（南喬）于本月三日去世，此亦廿四史標點之一員，聞風癱已多年，尚在臥床上寫作也。

三月七號星期三（二月初九）

看今年第二期《歷史研究》，甚有好文。續改煦華所作《聖賢》文。

未成眠。看報。盛杰來，留飯。爲起釪文寫介紹信。

翻《學林》。洪兒伴宿。九時眠，翌晨五時醒。

三月八號星期四（二月初十）

記筆記一則（河源）。看洪兒文，爲修改。

未成眠。看報。改《聖賢》文。

湲兒伴宿。服藥三次乃眠。

洪兒十分用功，日前竟寫出《周頌噫嘻篇之生產關係》一文，予喜而爲之修改，且加《載芟》一證。

三月九號星期五（二月十一）

北京市政協孔昭愷、毛智漢來，調查五四運動及北大舊事。

未成眠。看報。續改《聖賢》一文，尚未訖。

洪兒伴宿。服藥三次成眠。

三月十號星期六（二月十二）

記筆記一則。盡一日力，改煦華代寫之《聖賢的本義與變義》文，訖，即囑其交包遵信。

洪兒伴宿。服藥二次，睡安。

近數日天又陰，予咳頓劇，痰亦多，看來氣管炎必將致予之死命。但來客均謂予氣色好，則未必即死耳。

改人之文，總不如自寫之暢達。倘余年不老，正不需此床頭捉刀人也。

三月十一號星期日（二月十三）

朱士嘉來。今日爲堪兒與凌燕婚期，來客約三十人，分三處飯。予仍在室內食。來客知予年老，亦未多談。

未成眠。

潮兒伴宿。服藥二次，睡安。

今日來客：頤萱嫂、木蘭、國光、陸纓　王載興、高耀玥高瑞蘭、高樂寧　杜君秋、凌秀成、凌會成（此三人爲凌燕之母、兄、姊）　卜蕙蕈、凌大嫒（此二人爲介紹人）　李斌　劉盛杰、劉大志、洪兒　潮兒、張春雨　湲兒、武學斌、武鵬

三月十二號星期一（二月十四）

校《周禮》一文排樣，未畢。與煦華談作文事。宴起釪、煦華、如濬、又安。

未成眠。看報。

湲兒伴宿。服藥兩次，翌晨六時半醒。

中華書局送來《周禮》一文，未附原稿，而限於本星期內交去。又須補作《曲禮》內的官制一章，殊感迫促。

今日爲紀念孫中山先生五十五周年忌辰，竟未通知我，蓋主其事者亦知我年高多病，故不復以此累我也。此甚好事，我實該少出去了！

三月十三號星期二（二月十五）

潮兒挈春雨返涿縣。續校《周禮》一文，仍未畢。看報。

未成眠。看《曲禮》注疏及郭沫若《金文叢考》，備續寫《曲禮》中的官制。

與靜秋談。服藥二次，十時眠。洪兒伴。翌晨三時醒，五時又眠，六時醒。

近日北京流行性感冒盛行，凌媳亦以勞累致是病。予痰咳之多，恐亦因此。但體溫不高，脉搏正常，則即爲此病亦不算重也。

三月十四號星期三（二月十六）

校《周禮》一文訖，將查書事交煦華辦。美籍華裔"中國思想史"學者錢新祖及其夫人梅樂安來，旅行社王建國來。

略一闔眼。看報。程金造來。與煦華談。

湲兒來伴宿。九時服藥眠。十二時即醒。再服藥，晨六時醒。

程金造（建爲）爲高步瀛弟子，學有根柢，人亦勤奮，近以外語學院將於三月底以前，辦訖老年教員退休手續，欲有一枝之托，持其研究《史記三家注》校勘之手稿，欲乞予爲介紹一可供工作之機關，而静秋以其爲"不時行"之人，急急驅之出門，甚反予意。

三月十五號星期四 （二月十七）

補記日記一星期。補作《曲禮》六大一章，插入《周官》文中，交如瀋鈔。

未成眠。盛杰來。

洪兒伴宿。服藥二次成眠。

三月十六號星期五 （二月十八）

終日修改并續寫《曲禮》一節文字。湲兒在北大聽畢課來，同看報。

未成眠。

湲伴宿。九時服藥，十時眠，十二時即醒。再服藥，五時醒。

看京劇《蔡文姬》，又致失眠。予此後直不能看電視矣，哀哉！

三月十七號星期六 （二月十九）

翻陳奐《詩疏》，改《曲禮》一節文字。孔昭愷、毛智漢來，續談五四運動與蔡元培之關係，書一紙與之。

未成眠。看報。洪兒返，談《抑》詩。與煦華談。

洪兒伴宿。服藥三次乃眠。

此兩星期中爲改煦華集予《聖、賢之原義與變義》及增作《曲禮中之官制》以與《周官》相對勘，插入四千字，精神緊張甚矣，睡眠之困難益劇。年老不堪緊張，此是自然規律，予遷居三里河，本是爲脱出社會活動計，然自打倒四人幫後，雜志復刊多於雨後之笋，索稿者，訪問者，日益增加，予雖能拒絕開會，實不易拒絕寫稿，以本有稿在，且亦多腹稿也，此將如何而可耶！

三月十八號星期日（二月二十）

洪兒爲開録音機，予口述編寫《古史辨》情況，以應包遵信之要求。

未成眠。看報。翻看《新潮》。

洪兒伴宿。服藥二次成眠。

三月十九號星期一（二月廿一）

看一九一九年北大出版之《新潮》雜志。爲章郇之姊以保及邢逸民夫婦寫字二幅。寫聞在宥信。

眠一小時。看報。看小倉芳彦等所譯之《秦漢的方士與儒生》。與煦華談。

洪兒伴宿。

下午得日本寄來之《中國古代之學術與政治》，實即予抗戰前出版之《漢代學術史略》與解放後修改之《秦漢的方士與儒生》也。日本學者最善搜集資料，今日得此書，知有八種版本：

A1 一九三五年八月，上海亞細亞書局本

A2 一九三六年四月，上海文化服務社本

A3 一九七二年一月，臺北啓業書局本

B 一九四四年，成都東方書店本

C 一九五五年三月，上海群聯出版社本

D1 上海人民出版社本

D2 香港一新書店本

D3 一九七八年二月，上海古籍出版社本

綜合八種，當印數萬册矣，此余所不料者也。此一譯本在綜合八種校勘之下，作《改訂個所原文對照表》，益彰其異同之迹，又爲注出來源，述予生平踪迹，甚可感也。

三月二十號星期二 （二月廿二）

續看小倉芳彦所作予書之《解釋》及《改訂個所原文對照表》。看報。看《人民畫報》本年三期。

未成眠。張覺非來。

湲兒伴宿。眠佳。

三月廿一號星期三 （二月廿三）

看《新潮》。湲兒爲寫《古史辨》派的形成。旋返校。吳昊來理髮。

眠約一小時。看報。章郇來，取所書紙去。凌燕來談，扶我走路。

洪兒伴宿，眠佳。

三月廿二號星期四 （二月廿四）

洪兒約予談對於姚際恒的注意事件，録音。寫行吉孫女信。

眠約一小時。看報。得德國慕尼黑大學 U. Richter 女士論《古史辨》信。湲兒來，伴宿。

眠安。九時眠，翌晨二時醒。又眠，五時醒。

今日接德國女士列企探信，殊爲興奮，不意我討論古史工作，卅年來本國方面已無人齒及，而萬里外之西德人乃能如此深入，洵可驚也。

今日下雪。據氣象預報，明日將更大，這對於春耕是有利的。

三月廿三號星期五 （二月廿五）

煦華偕上海文藝出版社趙維慶女士來，談。毛智漢來，修改其所作《五四運動與蔡元培先生》訖。

眠一小時。看報。湲兒歸飯。

洪兒伴宿。九時眠，上午二時醒。又眠，六時醒。

洪兒爲預備考研究生，日夜用功，今晚至上午一時始眠。如此勤奮，將來必能有成，但本屆未必便被錄取，以外語一課尚未打好基礎也。

予近日大便暢通，睡眠亦上軌道，惟有數事可注意：一，早晨吐出之一口痰總是黑色，未知是否爲血。二，每日大便後擦糞已净，而總有一點紅色粒子，不知是否爲痔瘡，或結腸氣囊腫之繼續發生。三，眼花日甚，當是白內障之發展。四，每晨起床，腰痛如裂，兩膝蓋無力益甚。此皆老年身體退化之徵象也。

三月廿四號星期六（二月廿六）

看各方來信。寫賈芝信。填民間文學研究會工作計劃表。

眠一小時半。看報。到煦華處談。

湲兒伴宿。服藥兩次，十時後眠。翌晨六時醒。

今日寫賈芝一函，請其選派一員來，爲我編 1. 蘇州歌謠，2. 妙峰山香會，3. 孟姜女故事的演變。

三月廿五號星期日（二月廿七）

史念海偕廈大教授莊爲璣來，爲林超作《中國地理學史》填"禹貢學會發起與停止"的問題。寫吳樹平信。

未成眠。改洪兒代作之《我與古史辨》一文，未訖。

洪兒伴宿，眠安。

他人代作之"自述"，縱有錄音機作底，總覺不愜於心。然包遵信催促過急，無可奈何。

三月廿六號星期一（二月廿八）

改洪兒所作之《我與古史辨的關係》文，交煦華鈔。

未成眠。看報。

湲兒伴宿。眠安。

三月廿七號星期二（二月廿九）

續改洪兒文訖。

未成眠。看報。

凌燕之母來。洪兒來伴宿。眠安。

三月廿八號星期三（三月初一）

與靜秋、凌燕同上汽車，到北京醫院，驗尿、驗血、透視，就中醫呂大夫、西醫蔣國彥大夫診。遇王芸生、史良。十一時半歸。

眠近兩小時。看報。校《盤庚》四葉。湲兒回，同飯，伴宿。

凌家親家母來。九時眠，翌晨五時醒。

驗血糖，高至百五十，其它均正常。上午勞了半天，中午上床，立刻成眠，知動之有益也。

報載天氣預報，謂西伯利亞寒風將來，卅一日將降溫至零下四度。

三月廿九號星期四（三月初二）

終日校《盤庚三篇校釋》訖。煦華助之。湲兒到天文館聽講，歸飯。

未成眠。看報。與起釪、煦華談。

看《聊齋》。洪兒伴宿。九時眠，早四時醒，又眠一小時。

起釪作事隨便，應《歷史學》刊物之邀，將《盤庚》一文繳去，三次校對均未給我看，昨日我向他索取，自爲校之，則其中標點及文字均有錯誤。而此刊排印則在保定勞改工廠，如此則必須五校，出版期更延至下月矣。

三月三十號星期五（三月初三）

看煦華代鈔之《我是怎樣編寫〈古史辨〉的?》稿，重改一過，仍未愜意，擬自寫。

未成眠，看報。

看《文史通義》。湲兒伴宿。眠安。

爲插入論鄭樵對我編《古史辨》事之影響，看章實齋書。

三月卅一號星期六（三月初四）

重作《我是怎樣地走上了編寫〈古史辨〉的路子的》一千六百餘字。

看報。未成眠。李士釗來，未見。

洪兒來伴宿。眠安。

煦華近日無事，因以《新潮》兩卷交之，擬請其先作"我和新潮社的關係"一文之長編，應《新文學史料》之要求。

得木蘭電話，悉生物研究所所長童第周於昨日以心臟病突然逝世，年七十七。他喪妻後未續娶，缺人照顧，爲一保姆所管制，又新被邀入黨，負責心强，又開數次大會，遂致此。予正可以此爲殷鑑也。

[剪報] **1979 年 3 月 6 日《光明日報》**

良師　益友　親人
——記三位知識分子對周恩來同志的深切懷念

在周恩來同志八十一誕辰前夕，記者走訪了三位與他在不同時期有過接觸的老知識分子；聆聽了他們對往事充滿深情的回憶。在長期的革命征程中，周恩來同志一向重視和關懷知識分子，是執行黨的知識分子政策的光輝典範。如果把他與知識分子之間動人的故事比做一條長河，我們這裏擷取的就只是其中的幾朵浪花。

……

"使人欽羨的才幹　令人神往的魅力"

一九五四年，歷史學家顧頡剛先生剛從上海調到北京工作不久，就在政協的一次會議上見到了周總理。雖説是第一次見面，總理同他却一見如故。顧頡剛握着總理的手，想起進京前的耳聞，心情久久不能平靜。

那是頭年冬天，顧頡剛在上海聽到要調他去中國科學院歷史研究所工作的消息。後來他因事來京，便有朋友問他在滬掙多少錢。那時，他除了書店業務外，還在幾處兼課教書，每月可得五百萬元（舊幣），就照直答了。以後不知怎地，這話傳成了："顧頡剛要五百萬元，不然就不來北京。"就在那一年的最高國務會議上，周總理談到了這件事。總理説："中國有幾個顧頡剛？他要五百萬就給他五百萬，一定要讓他到北京來！"顧頡剛聽説後，被總理那樣寬闊的胸懷所深深感動，馬上要愛人來北京，向有關領導説明自己本無要高薪的意思，表示堅決進京，工資該多少就是多少，決不多要。

現在，當顧老對記者談起這件往事，感慨地説："總理對社會各階層的情況，都十分關心，瞭如指掌；對我們這些從舊社會過來的知識分子，都體貼入微，知人善任。從他身上，我看到了團結大多數人一道工作的真正共產黨人的光輝形象。"

對顧頡剛這樣的知識分子，毛主席、周總理一向是團結和愛護的。抗戰時期，毛主席專門從延安給他寄來過一本

《論持久戰》。周總理忠實地執行黨的正確路綫，一貫從工作、生活等各個方面關心知識分子的進步。一九六一年，政協文史資料編輯委員會成立，顧頡剛擔任了副主任委員。在慶祝委員會成立的宴會上，總理讓顧頡剛坐在他的旁邊，象老朋友一樣侃侃而談，邊談邊給他夾菜。總理詢問了他的工作和生活情況，又談到祖國疆域的遼闊，歷史的豐富，史家的衆多。總理拍着他的肩膀，十分親切地説："近代史方面的工作，現在有這個委員會來做了。古代史方面，要做的事還很多。郭老事情忙，我希望你能多寫多做一點。"聽着這樣素、誠摯的"家常話"，顧頡剛感到又激動又慚愧。他想："我該怎樣努力，纔能符合總理的期望啊！"

在顧頡剛的日記上，還記載着一九五九年四月二十九日的一件舊事。那天，政協第二屆全國委員會閉幕後，周總理邀請三百三十多位六十歲以上的委員參加茶話會。在會上發言時，顧頡剛説到，解放以後政治運動太多，不能專心搞業務，這是我們知識分子常有的苦衷。總理對這個意見極爲注意，對顧頡剛説："你談得很好。你并不老嘛！"又一次鼓勵他多做工作。

每當想起周總理對歷史科學和歷史學家的關懷，顧頡剛總是激勵自己：一定要多出"產品"，以不辜負總理的厚望。可是這些年來，一個好好的中國被林彪、"四人幫"一伙攪得一片混亂，人人不得安寧，哪裏談得上寫文章？寫不完的檢討和外調材料，使他患上了冠心病，不得不經常臥床，日子十分難熬。他并不怕死，然而工作還未作完，腹中還有文章没有寫出來，怎麼能死呢？可活着又不能工作，作爲"反動學術權威"，只能"一批二養"，真是度日如年啊！

正當他走投無路之際，一九七一年四月裏的一天早晨，周總理派吳慶彤同志到他家裏看他來了。吳慶彤同志帶來了總理對二十四史標點工作的重要指示："二十四史中除了有標點者外，再加《清史稿》，都請中華書局負責加以組織，請人標點，由顧頡剛先生總其成。"總理還説，要與顧先生商量。在一次會議上，總理還提出：不但二十四史要標點，十三經也要標點。這真是風吹雲散，紅日當空，使顧頡剛有絕處逢生之感。"敬愛的總理啊，您日理萬機，力排險阻，還惦記着中國歷史的研究，惦記着我這個垂老之人，您以驚人的記憶力，清楚地記得我已七十有八。您的心中裝着多少事啊！"

在周總理直接關懷下，組織上及時爲顧頡剛配備了助手，改善了工作環境，安排了最好的醫療條件，使他挑起"總其成"的重擔。經過各方面的共同努力，二十四史終於在一九七八年全部標點完畢。這是我國史學界一件意義深遠的大事。可是，非常關注這項工作的總理，却沒有能看到最後的成果。今天，人們讀到新版二十四史，怎能不想到我們的好總理呢！

當顧老和他的愛人結束動情的追憶時，記者看到兩位老人的眼裏都含着泪水。顧老説："總理的智慧才幹，使我欽羨；他的熱情魅力，使我神往。我們一見到他，就被他牢牢地吸引住，想要隨同他一起向前奮進，不管道路多麼崎嶇。他是真正做到了魯迅先生所説的'橫眉冷對千夫指，俯首甘爲孺子牛'的。周總理的精神必將爲世世代代的人民所紀念。靠了這種精神，我們中華民族一定會更快地繁榮昌盛起來。"

本報記者　王晨

一九七九年四月

四月一號星期日（三月初五）

堵仲偉來，談錢海岳事，出示《南明史稿》目録及引用書目。

未成眠。看報。李士釗來，談景陽崗、蒲留仙、海源閣三紀念館事，囑題。

洪兒伴宿，眠安。

錢海岳以四十餘年之力整理南明史，書方成而文化大革命運動起，以其曾表章鄭成功，被誣爲宣傳蔣介石反攻大陸，拉之至明孝陵，從上推之下，遂跌死。年才六十七耳。幸稿尚保存於其婿堵氏家，今日携來，觀其引書至三千數百種，可見其采集之勤也。

四月二號星期一（三月初六）

作"自述"五百字。看郭沫若《駁説儒》。

未成眠。看報。翻《文史通義》。湲兒爲予録"鄭樵"音，即續作。

湲兒來，爲"我與鄭樵"録音，伴眠。學斌來，爲按摩。九時眠，安睡到曉。

《人民日報》載社會科學院，提予及侯外廬、夏鼐等爲研究生導師事。此事若在前二十年則予精力充足，爲予所樂任，今則無能爲力矣。然報紙一登，則必有若干青年慕名而來，使予應接不暇，亦無力真作指導矣。

多日未作佳眠，今晚武學斌來，爲予作按摩，竟一夜直睡至曉。静秋亦然。足證按摩之術實有利於老人。不知三里河有此專家否？

四月三號星期二（三月初七）

看胡適《説儒》。人民文學社牛津來，未見。王湜華來，爲康殷題書簽。

眠一小時許。堵仲偉來，送《南明史稿》全部。鄭慶榮、鄭宏偉來，送張智駿信、物。

任翠萍來，贈甕器。洪兒伴宿，眠安。

李民之妻任翠萍素業陶甆，今在鄭州大學化學系任講師，贈予以日用甆器多品。

張又曾之子智駿服務於福建人民軍中，以看《光明日報》，知予近況，適其同事兩鄭君來，訪問於社會科學院，知予住址，贈予以罐頭食物五件。可知《光明日報》銷路之廣大及其宣傳之效力。

四月四號星期三（三月初八）

記筆記一則。寫德輝信。煦華來，告檢點《南明史稿》字數。煦華偕堪兒夫婦到堵仲偉家，留飯。看報。吳玉年來，贈書。湲兒來，將“鄭樵”一段爲予録音，備重寫。

寫德輝信，告我近來任務：一、寫文章，供各復刊雜志之要求；二、應付外賓，回復其提出之問題；三、指導今年社會科學院招收之研究生。精力不足，可奈何！

煦華檢點《南明史稿》，共三十三册，三千三百八十四頁，每頁五百字，合計一，六九二，〇〇〇字。加以整理，真一大工程也！

四月五號星期四（三月初九　清明節）

看《歷史研究》本年三月號《新民學會》及重評瞿秋白兩文，未畢。

未成眠。上海古籍出版社錢伯城、吳曼青，北京人民大學江辛眉，偕楊廷福來，談。丁阿姨返溧陽。楊阿姨來，未用。看報。

洪兒伴宿，眠安。

得潮兒信，振聲考留學，得分較多，頗有希望。惟他走後，春雨尚幼，潮兒管理太勞，擬接之到我寓，爲謀入附近托兒所。

丁阿姨來此三個月，人甚老實，但呆笨，今其夫來信，招之還鄉，故即任之，所謂"鷄肋"也。楊阿姨適與相反，人極機伶，賺錢手段亦辣，故静秋不願用之。

四月六號星期五（三月初十）

新保姆朱静文來。黎澤渝來，送其父著述目録。戈定邦偕陳國忠來訪。

未成眠。看報。看黎劭西著作目録。

湲兒來，作完"我研究鄭樵"一段，該文訖。眠尚安。

新來朱阿姨，徐州沛縣人，以逃荒至安徽和縣，遂嫁和縣人，有一子。静秋以其同鄉，予則喜其小學畢業，識字，可以檢取信件及報紙，故以樓朗懷之介紹而用之。

昨日江辛眉來，告知近年文化部所作之《紅樓夢》校勘工作，由人民大學接下重作，此事予甚贊同，以其校注太粗率也。江又云："此項工作，將重走胡適、俞平伯之老路。"以其不能不建基礎於歷史考證上也。

四月七號星期六（三月十一）

北大中文系教員商金林來，訪問聖陶少年事迹，備作傳。十一時半去。

眠一小時半。煦華將《古史辨》撰寫經過（一）送我覆閲，略加修改，約八千餘字，訖，送煦華重抄。看《隔膜》及《未厭居習作》。

湲兒夫婦來，學斌爲予按摩，得一佳眠。翌晨六時醒。

爲了包遵信辦刊物，要我寫出編著《古史辨》之經過，由洪、湲兩兒在錄音器中詢問予過去情況，由她倆寫出初稿，由煦華寫爲二稿，再由予改定爲三稿，事雖經營慘淡，費却她倆晚上時間不少，然終不如我一手寫下之有"氣"也。

自本月四日天未明，巴基斯坦總統齊亞哈克絞死前總理布托後，國内各市區游行示威者不絕。呼喊口號，要絞死齊亞及其子，且斥齊亞爲"狗"，衆怒難犯，於此可見。軍人之不適於作總統，亦可見。

四月八號星期日（三月十二）

湲兒回城，將小鵬送至左安門武家大爺處。補記日記五天。看報。

未成眠。記筆記一則。鈔聖陶《説書》未畢。

看《聊齋》。静秋伴宿。九時半眠，翌晨六時醒。

四月九號星期一（三月十三）

覆看煦華所鈔《我是怎樣編寫〈古史辨〉的》一文訖，即交與，以所改較多，更由如濬鈔，渠寫至晚十一時方畢。

未成眠。看報。

看《聊齋》。湲兒伴宿。眠安。

四月十號星期二（三月十四）

修改尹如濬所鈔之《我是怎樣編寫〈古史辨〉的》訖。共八千字。湲兒自北大聽講歸飯。

眠一小時半。看報。寫筆記一則。

與凌燕同飯，談。湲兒伴宿。九時半眠，翌晨四時醒。

這一篇文章今日方始定稿，歷兩星期矣，只八千字，此可見我精力之衰頹。亦可見文章不易倩人代筆。

四月十一號星期三（三月十五）

偕靜秋及德堪夫婦到北京醫院，抽血、透視（兩次），受中醫呂大夫、西醫劉大夫（女）診。遇國際問題研究所長孟用潛夫婦。

以渴飲濃茶，遂未入眠。湜華來，送《石頭記匯校》樣來，以臥，未見。看報。到起釫處談工作。

看《聊齋》。湲兒伴宿。眠安。

四月十二號星期四（三月十六）

再校《周官成書年代》一文未畢。辛品蓮來，長談，留飯。

未成眠。看報。洪兒來，飯後去。

湲兒伴宿。九時半眠。二時醒。續服藥，六時醒。

大治患腹瀉及發燒，以是洪兒住左家莊已多日。但明日校中作政治鑑定，故今日歸家一視，旋返校。即此可見，今日之婦女關係多，工作複雜，不易爲也。

品蓮早與其夫離婚，任中學教員多年，今年退休，月入百元，尚能自給，故毅然來京，助我寫《蘇州史話》，乾麵胡同屋子，日中無人，亦交與彼作主。

四月十三號星期五（三月十七）

校《周官》一文訖，交煦華續勘。

眠一小時。趙公紱偕吳尚懃（女）來，談。王進珊偕其夫人唐采湘及其同事鄭雲波、姨姪女李博真來。與煦華談心。看報。

以今日緊張，九時上床後，直至十一時後成眠，湲兒不得好好作夜工。

予之心事有三部書當表章：一、吳燕紹：清代蒙回藏典彙，二、孟森：明元清系通紀，三、錢海岳：南明史稿。因與煦華談之。他日有便，當更與胡喬木院長言也。

四月十四號星期六（三月十八）

寫李文實長信，囑其編《南明史稿》。續改《古史辨》一文。

未成眠。振聲來，渠將進石油學院學習英語半年，期滿經高教部錄取後出洋進修。看報。

振聲、洪兒爲予洗浴。早眠，體溫稍高，遂服發散藥。

公寓中四月初已停送暖氣，而予以兩股間常留餘溺，今晚遂倩婿、女爲予浴。當脫衣後驟覺寒冷，姑且受之。上床量體溫，遂達卅七度二，始知老年人不復有洗浴之自由矣。

四月十五號星期日（三月十九）

終日臥床，多服發散藥，晚退燒。

得眠三小時。振聲來談。報來，一望。

洪兒伴眠。予以多服藥，得眠七小時。

四月十六號星期一（三月二十）

續改《古史辨》一文。

未成眠。看報。爲題聊城海源閣，看《楹書隅錄》。

靜秋伴宿。眠安。

聊城海源閣藏書，得楊以增、紹和父子之畢力搜求，辛亥革命後董康爲之搜刻竣工，成八冊。吾父點讀一過，吾雖存諸案頭，事尤未能讀也。今以李士釗君來此，徵求題詞，發篋讀之，知其中十之八九皆吾吳故物，而黃丕烈“佞宋”故事尤栩栩欲活，大可在《蘇州史話》中占一章，當鉤稽之。

四月十七號星期二（三月廿一）

續改《古史辨》一文。看《楛書隅録》。湲兒自北大聽講歸，飯後即去。

未成眠。續改《古史辨》一文。看《楛書隅録》。看報。

洪兒伴宿。眠安。

四月十八號星期三（三月廿二）

續看《楛書隅録》。偕靜秋散步院中，看花。起釪、煦華、如濬、趙維慶、辛品蓮五人爲予作壽，贈物。吾家備菜供午餐，并照一相。

未成眠。續改《古史辨》一文。武學斌爲予理髮。

湲兒伴宿。九時眠，翌晨七時醒。

予半年未出門，今日上午，以天晴無風，由靜秋伴予出門，在南沙溝集體宿舍院中散步，迎春、丁香、榆葉梅等花均開。以腿軟未敢多行也。

予以多坐過，尻上生瘡作痛，湲兒爲予塗藥。天暖後當多出門散步。

四月十九號星期四（三月廿三　予足八十六歲生日）

改寫《古史辨》一文訖，交煦華。吉林師範大學教員汪玢玲（女）來。湲兒伴靜秋到積水潭醫院。

服藥，眠半小時。高玉舜自賈汪來，長談。留宿。看報、《人民畫報》。

洪兒伴宿。朱姨爲灸尻。十時眠。翌晨六時醒。

《我是怎么寫〈古史辨〉的》，三次改寫，今天完了，如釋重負。可是還有中、下篇呢。如非包遵信催作，予必不能成此。

予研究孟姜女故事歷六十年，材料與問題日多，而年老力

衰，事又忙，迄不能整理成一有系統之著作，引爲恨事。何意吉
林派一汪女士到北師大鍾敬文處專研究此事一年，則予之希望可
實現矣。

四月二十號星期五（三月廿四）

以天晴，與靜秋、凌燕到本院看花。看《春在堂全書》。潮兒
以出差，偕春雨來京。湲兒到北大聽課後歸飯。

眠近一小時。與玉舜、湲、春雨同到本院看花。李玉蘭來，爲
予理髮。看《明徽調輯佚》中《長城記》。與起釪商研究生試題。

看《聊齋》。湲爲予灸尻。伴宿。十時後眠，翌晨六時醒。

院中花發，頓現春光。花中最濃艷者爲榆葉梅，余所不喜，
以其若通體修飾若新娘，反覺不自然也。其它碧桃、迎春等均
好，最奇者，楓樹發葉，其中有花，花小而蕊多，爲予昔日所未
嘗注意者。

如瀋、玉舜皆爲吾家空地鬆土，可種花木矣。

四月廿一號星期六（三月廿五）

整理屋中書物。牟小東偕澳大利亞大學吳緝華教授來談。記筆
記一則。

未成眠。看報。玉舜到木蘭處。振聲來。洪兒歸。

與春雨戲。洪兒伴宿。十時眠。晨四時醒。

吳緝華君，山東福山人，爲牟潤孫之弟子，故介小東來訪，
謂澳大利亞之研究漢學者皆讀得我《古史辨》自序。

四月廿二號星期日（三月廿六）

湲兒抱小鵬來，與嬉。看《中國婦女》第四期。趙豐田之助手
申女士來，談康梁年譜出版事。

未成眠。與潮、洪、湲、春雨、小鵬到迎賓館門口看鐵梗海棠。歸，看報。湲兒抱小鵬回左安門家中。

洪兒伴宿。眠安。

約一九二九年，予初到燕大任教，從冼玉清認識康同璧，從其家取出康有爲稿件一箱，以其但有政治性文件，便交趙豐田君整理，渠作《康氏年譜》一篇，發表於《史學年報》中。繼而丁文江作《梁啓超年譜》未成，囑予介紹工作人員，予遂以豐田介，渠有恒性，在五十年來之動蕩生活中竟成百萬字之《康梁合譜》，可慰也。

四月廿三號星期一（三月廿七）

潮兒返涿。鈔聖陶《説書》文訖。煦華携代購之書數册來，即看近代史所編刊《中華民國人物傳記》，未盡一册。

未成眠。看報。

湲兒伴宿。眠安。

昨日與三個女兒、兩個外孫同到迎賓館門口看鐵梗海棠，其色正紅、其形狀大，爲我生所未見，疑其種由外國傳來。惜桃花已謝，無從追迹耳。

小鵬未周歲，而聰敏已露，喜怒哀樂皆能表現，可喜也。尤可愛者，其目甚俊，一笑極甜，將來必使若干女郎爲之顛倒也。

四月廿四號星期二（三月廿八）

卜三姨來，留飯。北大商金林來，詢聖陶事。湲兒歸飯。振聲來，留飯。潮兒到京辦事。

未成眠。陳秋子、汪玢玲來，以眠未晤。看報。院部科研組織局陳荷夫、樓靜波來。爲李士釗寫字。

與靜秋、潮、春雨同到北門外散步。潮兒伴宿。十時半眠，翌晨五時半醒。

社會科學院擬於五四紀念日集合當年參加此運動者開一談話會，地點在人大會堂，静秋可伴我前往。

聊城人李士釗熱心山東文獻，囑予寫蒲松齡故居、景陽崗遺址、海源閣故屋題字。余爲作《聊齋》聯曰："蕩氣迴腸疑屈子，主文譎諫勝莊生。"爲景陽崗題四字曰："英雄本色。"

四月廿五號星期三（三月廿九）

與静秋到起釪、煦華處共同討論寫稿問題。爲李士釗寫一條幅。爲高玉舜寫兩幅。

未成眠。看報。玉舜將於明日歸，今日與之長談。湲兒夫婦來，俱住。

湲兒伴宿。予服藥眠，尚佳。

昨日白壽彝君打電話來，謂北師大辦歷史研究所，出月刊，凡我一生所研究之各方面，此刊均可登載，因與起釪、煦華共同討論之。

今日雨頗大，但温度不降，余室雖已不生煤爐，猶覺穿棉衣已熱。

四月廿六號星期四（四月初一）

與静秋、玉舜散步，到玉淵潭公園。十時入門，十二時半歸。予累甚。潮兒爲照相。黎澤渝來，未晤。

未成眠。潮兒獨返涿。五時，堪兒夫婦送玉舜上站，還賈汪。看報。

洪兒伴宿。予服藥三次乃眠。翌晨七時起。

我等今日出，乃知玉淵潭公園已開放，惜道路過狹，車子太多，有待整理耳。余以老邁，未至潭，而脉搏已速至每分鐘百餘跳，遂歸。思予十餘年之健足，真有不堪回首之感矣。

四月廿七號星期五（四月初二）

以院部令予發言，略尋五四運動資料。

未成眠。湲兒自北大歸，爲予以録音機述"五四"時北大情況，由彼寫出。學斌來。看報。

湲兒伴宿。予服藥三次成眠，翌晨七時起。

今日又下雨，使我痰咳增多。靜秋爲我故，又燒起煤爐來。

四月廿八號星期六（四月初三）

鈔俞樾《慕清》一條、聖陶《昆曲》一篇入筆記，未畢。

略眠半小時。略看《歷史研究》四期。看報。靜秋拉出散步，以風大折回。

洪兒伴宿。眠安。

四月廿九號星期日（四月初四）

翻《春在堂全書》。

潮兒自涿縣來。看報。

潮兒伴宿。眠安。

四月三十號星期一（四月初五）

商金林來，詢聖陶事。李光珍來，爲予理髮。

未成眠。看報。湲、學斌偕小鵬來。振聲來。

潮兒伴宿。眠安。

今日撤去煤爐，想下月不會再冷了。

理髮師李光珍知予能寫字，向予索一張，予之書名竟流傳到理髮館，可謂奇事。

[**劉起釪寫**]

　　歷史所研究生學科

經學史　　　　　　楊向奎

金文　　　　　　　張政烺、李學勤

原始社會史　　　　尹　達

奴隸社會史　　　　尹　達

西周史　　　　　　顧頡剛、劉起釪

元史　　　　　　　楊　訥、陳高華

明史　　　　　　　王毓銓

中國思想史　　　　侯外廬

中西關係史　　　　孫毓棠、馬雍

[**原件**]

　　邀請出席“五四”時期老同志座談會名單

　　　　　　　（共三十人）

　　鄧穎超　許德珩　茅　盾　李維漢

　　胡愈之　傅　鍾　楊秀峰　葉聖陶

　　許　杰　嚴濟慈　潘　菽　王昆侖

　　楊　晦　張鴻浩　王一如　劉弄潮

　　楊東蓴　俞平伯　顧頡剛　馮　至

　　李汝祺　初大告　易禮容　唐　鐸

　　胡喬木　鄧力群　于光遠　周　揚

　　武　光　梅　益

一九七九年五月

五月一號星期二 （四月初六）

洪兒、盛杰偕大志來。乘公共汽車到月壇東街照相館，與全家人合照一相，又乘公共汽車歸。堪兒夫婦到木蘭處飯，并到耀玥處。

盛成父子偕馬松亭之幼女國中來談。振聲、春雨、洪兒一家、湲兒一家去動物園，因時已遲，未進園。振聲携春雨到木蘭處飯，洪、湲兩家去玉淵潭。

看報。洪兒伴宿。

今日合照之人：予夫婦，潮兒夫婦及子春雨，洪兒夫婦及子大治，湲兒夫婦及子小鵬，堪兒夫婦，共十三人。

予自住西郊，未嘗一登公共汽車，今日賴三個女婿之力，或推之，或挽之，始能上下，具見予兩足之無力已，可奈何！

五月二號星期三 （四月初七）

與靜秋、湲到三里河街上散步。鈔《學林》一則入筆記。

潮兒携春雨返涿，盛杰携大志歸其家。看報。

湲兒伴宿。眠安。

今日小鵬周歲，惜無由爲之“抓周”耳。

潮兒每離家時必流淚，此兒心腸太軟了。她此來爲大治、小鵬各製鞋一雙，亦見其責任心之重。

五月三號星期四 （四月初八）

到院中坐片刻，看學斌栽花，小鵬玩球。與靜秋出門散步，遇郭敬輝及黃汲清夫人。

未成眠。湲兒一家歸去。看報。

洪兒伴宿。眠安。

　　熱鬧了五天，今天散盡，不無戀戀，亦見小孩可伴老人也。

五月四號星期五 （四月初九）

　　自寫《我對於五四運動回憶》寫訖。靜秋又取去與湲兒及煦華商量，修改後交如濬續鈔。

　　略眠，暖脚。二時半，宋師傅駕車來，湲兒伴予到人大會堂。三時起開討論會，至六時半訖。予以耳聾，在會場中翻看《五四運動回憶録》。

　　湲兒伴宿。予九時眠，上午二時醒。再服藥眠，晨七時醒。

　　今日參加"五四運動"之老年人：鄧穎超　許德珩　沈雁冰　胡愈之　葉聖陶　俞平伯　初大告　楊東蓴　傅鍾（主席）等。于光遠　鄧力群　黎澍

　　今日參加會者約三十人，將年齡合起來恐超過二千歲，超過"香山九老會"多矣。

五月五號星期六 （四月初十）

　　將《廣西第二屆民間文藝會演節目》如濬原鈔者改訖，又將其新鈔者校對。洪兒歸，取准考證。

　　約眠半小時。民間文藝編輯部馬捷來索稿，并約予十一日上午前往參加會議。

　　洪兒伴宿。眠安。

　　今日洪兒爲准備研究生考試，到校作體格檢查。

五月六號星期日 （四月十一）

　　鈔《長城記》中"送寒衣"半截。洪兒伴在院内散步兩次。寫思泊、佟冬兩信，交起釪。

未成眠。看報。看新到之《中華文史論叢》第十輯。靜秋伴到北門外散步，遇凌燕同歸。

湲兒伴宿。九時眠，上午三時醒。至五時又眠。七時起。

起釪今晚上車，明日上午到瀋陽，赴遼寧大學教《尚書》課，約三星期回京。予囑其課畢後到長春，訪于思泊先生及佟冬同志，爲《尚書》工作聯係。

五月七號星期一（四月十二）

與靜秋到北門外散步。爲湲兒講予研究古史及歌謠、故事的經過，錄音。補記日記八天。看貝塚茂樹《中國古代再發現》。

未成眠。看報。續鈔《長城記》未畢。寫王樹民信。

汪寧生來，長談，送之出。看《雲南各族古代史略》。湲兒伴眠。十時眠，翌日六時醒。

今日大風，春事頓盡。

寧生到西安開考古學會，思泊、錫永俱至，因同游敦煌。昨來京，住崇文門外旅館，謂可住一旬，當再來。出所編《雲南各族古代史略》見贈，觥觥巨著，可羨也。

煦華得其夫人一冰書，告趙泉澄於前日沒於上海一醫院中矣，其病爲腦溢血。其妻陳懋恒則於四、五年前死。其長子亦前卒。其次子之雲正在蘇州作圍棋比賽，其滬寓中更無他人，燕大同學中此爲最慘！

五月八號星期二（四月十三　今日爲予之八十六周歲之公曆生日，自明日起度八十七歲之生活矣）

改湲兒及如濬文各一篇。與靜秋出散步。續鈔《長城記》未畢。

約眠一小時。看報。寫夏鼐信，請寄洛陽新發見《漢石經》與起潛叔。

洪兒伴宿。十時眠，二時醒。又服藥，六時醒。

五月九號星期三 （四月十四）

中華書局趙守儼、吳樹平來，商出版《南明史稿》事。與靜秋散步。毛智漢來，囑致函傅築夫，介紹其女抗美報考經濟所研究生事。偕堪兒訪平伯，不遇。

未成眠。看報。寫吳世昌信，請借脂硯評本《石頭記》。

湲兒伴宿。上午二時醒，再服藥，五時半醒。

朱姨又走了，計來一月〇三天，用人真不易，她投一個好主人也難。

守儼多年不見，今日來，謂予氣色較前爲好。關於錢海岳《南明史稿》一書是否中華書局編印，守儼表示要在局內開會決定。

平伯到中山公園看花去，足見其體力强於我。

五月十號星期四 （四月十五）

煦華來，帶到吳世昌所贈英譯《紅樓夢》兩册及胡適所印脂評《石頭記》等，即翻覽。鈔《長城記》中"尋夫"一折訖。偕靜秋散步。

眠半小時。看報。看楊憲益夫婦《紅樓夢》譯本。湲爲少年兒童出版社作了一本《腦》，爲看數頁。

洪兒伴宿。十時眠，翌晨四時半醒。待旦。

楊憲益之夫人，英國經濟學者戴樂仁之女也。兩人中、英文均好，故能翻譯《紅樓夢》，又得吳世昌君之校訂，益臻完美，此書當遍布於全世界矣。

五月十一號星期五 （四月十六）

八時半，馬捷以汽車來接，與靜秋同到民族宮，出席民間文藝紀念五四運動會，十二時半會散，即聚餐。照相後與維鈞同車歸。

疲甚，眠一小時半。改煦華代草之《五四運動及我的工作》初稿訖。

與湲兒出散步。湲兒伴宿。九時眠，翌晨四時半醒，待旦。

今日同會：賈芝（主席）　常惠　容肇祖　楊成志　鍾敬文　常任俠夫婦　于道泉　馬學良（等）　江紹原已臥床不能起，故未赴會。想不到一九七一年爲林彪事件開會，竟成最後之一面。

五月十二號星期六（四月十七）

陳碧笙來。看昨日報紙。蕙蓀來，送之出門，遇郭敬輝。與煦華談。

眠約一小時。李玉蘭來，爲予理髮。看報。翻杭世駿《道古堂文集》。靜秋偕散步。

洪兒伴宿。九時眠，翌晨三時醒。又服藥，六時醒。

昨日一會，今日猶倦。甚矣吾衰也！聞五屆人大二次會議本月下旬即開，予只得只赴大會，不赴小組會矣。

五月十三號星期日（四月十八）

靜秋偕予散步。重寫《五四運動給我工作的勇氣》，終日約寫四千字。聞在宥偕其孫紅來。

眠約一小時。看報。洪兒偕予散步。

湲兒伴宿。九時眠，上午二時醒。又服藥，翌晨六時醒。

《民間文藝》要我作文，如潛先作，爲孟姜女故事，予不謂然。煦華續作，多鈔予《古史辨》序文，予又不謂然。只得自寫，而靜秋與湲兒俱不謂然。如此，只得不做了！

五月十四號星期一（四月十九）

秦姨來上工。煦華來談。湲兒偕予散步，勸予勿作文，遂輟作。静秋又偕予散步，又打電話與馬捷，説予病了。

眠約一小時。看報。看《文史論叢》十輯所登予作《莊子和楚辭中昆侖和蓬萊兩個神話系統的融合》。

湲兒伴宿。九時眠，上午二時醒。又服藥，五時半醒。

新來之秦姨，年五十餘，安徽無爲縣人，似甚勤奮，願其勿輕去也。

下午雨，降温。予體又似不適，痰咳多矣，可奈何！

湲兒謂予，老年人體力勞動過甚有損健康，而腦力勞動則受損更甚。予昨日所寫，她説將來有暇當改寫爲《自傳》。

五月十五號星期二 （四月二十）

看《中華文史論叢》十輯。鈔李平心《保卣銘新釋》一頁。

眠一小時。寫張惠芬、李文實信。看徐中舒《論商於中、楚黔中和唐宋以後的洞》，未畢。記筆記一則。

洪兒伴宿。服藥三次，十一時後眠，翌晨五時半醒。

今日大風，又寒。

下午作事多，精神緊張，遂難入眠。記此自警。

五月十六號星期三 （四月廿一）

八時，王國英駕車來，静秋及堪兒夫婦偕，到北京醫院，抽血，西醫蔣國彦、中醫呂大夫診。又到二樓，就外科大夫看臀上瘡。遇張稼夫、魏龍驤。十一時歸。

未成眠。看報。與煦華談《水經注》事。

翻《道古堂集》。湲兒伴宿。九時半眠，上午二時醒。再服藥，晨五時半醒。

今日抽血檢查結果，血糖爲一百五十七，較上次檢查爲一百六十八者稍低。蔣大夫令飯前服蜂蜜，然歸家試之乃格不入口，蓋予以糖尿病，糖食已十年不入口。

五月十七號星期四（四月廿二）

鈔《日知錄》中《蘇松田賦之重》，未訖。與靜秋散步，以風大却歸。

未成眠。看報，并看《人民畫報》、《北京日報》。

洪兒伴宿。九時，服存海所贈藥眠。直至翌晨四時半方醒。

五月十八號星期五（四月廿三）

與靜秋、瑗兒看人家所植玫瑰花。整理筆記一冊。

未成眠。看報。囑如濬編此間書目。起釬歸，談瀋陽、長春兩地工作。辛品蓮來，與靜秋伴游本院，遇錢鍾書夫婦。

瑗兒伴宿。九時服藥眠，十二時醒。再服藥，晨五時醒。

今日天晴而仍有風，靜秋仍不令余脫毛衣，使予甚不耐。

鍾書參加代表團到美國周游，昨日方歸，云甚累。

五月十九號星期六（四月廿四）

換穿袷衣。與瑗兒在院內散步。遇鍾書夫歸。黃現璠來，長談，送之北門。崔文印來，小坐。看曾憲通《試談銀雀山漢墓竹書〈孫子兵法〉》。看于省吾《我國成文歷史的開始》。

得眠片刻。看報。王湜華來，約明日參加《紅樓夢》會。與靜秋及瑗兒夫婦偕小鵬在院內游覽。

翻《諸子繫年考辨》。瑗兒夫婦及小鵬返其家。洪兒伴宿。九時眠，上午一時醒。又服藥，五時醒。

小鵬已認人，到此只要爸媽，爸媽抱之玩則喜，若靜秋與予雖百計逗之終不樂也。不似春雨，生長我家，不忘姥姥。

五月二十號星期日（四月廿五）

看于思泊《論我國成文歷史的開始》。十時，湜華以汽車來接，與平伯同車到四川飯店，開《紅樓夢學刊》討論會，十二時半聚餐。下午二時歸。

未成眠。看報。覽《中國婦女》等雜志。

翻《民進》刊物。洪兒伴宿。九時眠，上午一時醒。又服藥，六時醒。

今日同席：馮其庸　沈雁冰　王昆侖　葉聖陶　俞平伯　楊憲益　戴乃迪　李希凡　藍翎　吳恩裕　郭敬　吳世昌　周汝昌　王利器　吳組緗　啓功　張畢來　林默涵　鄧紹基　周紹良　周雷　劉夢溪　胡文彬　蔡義江　王湜華　賀敬之　端木蕻良　郭豫衡　廖仲安　戴不凡　李厚基　劉世德　陳毓羆　朱彤　張錦池　陳玉綱　陶建基

今日大熱，汽車如行火中。

《紅樓夢》，六十年中形成之各派，至今日乃團結，可在《學刊》各各表示己意，不復厚彼而薄此，亦一可紀念之事也。

五月廿一號星期一（四月廿六）

金緯宇自滬來京，偕其兄振宇、弟擎宇來談。校《聖、賢的初義與變義》排樣訖。李玉蘭來，爲予理髮。

眠一小時。看報。湲兒回家，與同散步。

翻《諸子繫年考辨》。湲兒伴宿，九時眠。上午二時醒，再服藥，六時醒。

五月廿二號星期二（四月廿七）

與靜秋、湲兒出散步。鈔舊筆記中有關"諸夏"、"華夏"各條，未畢。看報。

眠半小時許。

湲兒來，伴宿。八時半服藥眠，上午二時醒，遂待旦。

今日又熱，下午颶風，氣溫較降。庭中十楓，若舞搖擺，靜中觀之，亦可賞也。

今日因專心研究"諸夏"問題，自覺胸悶，知心臟供血不足之症又發，晚上湲兒給硝酸甘油一丸含之。靜秋知其事，吵了一場，吾亦自知年老不勝研究工作矣。

五月廿三號星期三（四月廿八）

終日看《新文學史料》第三輯。元善來，留飯。

眠半小時許。看報。

與靜秋在院內散步，遇孫起孟。八時半服藥眠，上午二時醒。又服藥，四時醒。遂待旦。

元善長予半歲，而敢乘車且換車，其勇可見，其夫人亦敢於任其來，皆大勇也。

五月廿四號星期四（四月廿九）

湲兒偕至院內散步。看袁行雲《書目答問》和范希曾的《補正》。續抄舊筆記中有關"諸夏"、"華夏"各條，未畢。

眠一小時許。看報。李鏡池之長子念國來。

與洪兒在院散步，遇鍾書夫婦。九時服藥眠，十二時醒。再服藥，晨五時醒。

五月廿五號星期五（四月三十）

靜秋、洪兒、如濬同予乘宋司機車到北京醫院，先由宋護士抽予靜脉血，就中醫呂大夫、西醫蔣國彦大夫診。在院遇徐伯昕、王芸生、周士觀等。八時往，十一時歸。寫鍾書信，贈文。

眠約一小時。看報。續鈔舊筆記。盛杰抱其子大治來，與玩，傍晚去。

湲兒來，與同散步。八時半就寢。洪兒伴。翌晨五時醒。

今日大熱，年輕人穿單衣矣。

予尻上生瘡，前在醫院中作外科檢查，已説好了。但近日又作痛，至不能平睡。湲兒視之，則舊瘡旁復生一新瘡，湲嘆曰："是職業病也！"予曰："職業病，中青年可愈，而老年則不可愈。以兩腿無力，且一走即出汗，不如坐而看書也。若不令看書，則悶極了。"

五月廿六號星期六（五月初一）

與洪兒同散步。續鈔舊筆記。看報。起釬送《中國史研究》稿費。記筆記一則。

眠近二小時。看楊獻珍《論"合二而一"問題》。續鈔舊筆記訖。

在院内散步。湲兒伴宿。上午二時醒，又服藥，六時醒。

五月廿七號星期日（五月初二）

李延增來談，贈以書。到起釬室，檢章太炎所著書。

眠一小時許。看《中華民國解》。看報。

與静秋、洪兒散步。洪兒伴宿。九時眠，翌晨五時醒。

五月廿八號星期一（五月初三）

大百科全書出版社二人來，由煦華與談。汪國淑表妹托人送信來，由静秋接見。

未成眠。讀《左傳》，鈔出關於"華夏"問題者數條，入論文稿。記筆記二則。

振聲、溲兒伴予到人工運河休息，九時歸。溲伴宿，八時三刻眠，翌晨六時醒。

五月廿九號星期二（五月初四）

與靜秋、溲兒在院內散步。寫德輝信。鈔《左氏會箋》中有關"華夏"及"儒學"問題，未畢。

眠一小時半。梁寒冰、鍾遵先來，邀下月開會。史先聲來。

與溲兒到釣魚臺外散步，遇黃汲清。溲兒伴宿。八時半眠，翌晨四時醒。

五月三十號星期三（五月初五）

修改煦華代草之《柳毅遺迹》。郭敬輝來，送請帖。與溲兒同散步。寫煦華信，囑取還魏君稿。

眠一小時半。看報。鈔《左傳》中魯國保存之文獻資料之解釋。

與靜秋、洪兒同散步。八時半服藥眠，上午一時醒。再服藥無效，天明又寐一小時。

五月卅一號星期四（五月初六）

與靜秋散步。寫中國地理學會在西安召開之歷史地理學術會議之祝賀電。高平叔來，詢蔡子民先生遺稿。看報。

眠一小時半。寫史念海信。改《嫦娥故事》。

[錢鍾書來信]
頡翁大師道座：

晚一週來集中釣魚臺總結，昨夕歸，奉賜教，感甚。《中華論叢》承出版社贈送，故大作早已拜讀，極欽精博，公胸中無盡之藏，未盡之奇，雖得聖手書生腕脫指僵正難爲役，安能有千手觀音

供驅使乎！先此道謝，少閑當趨候起居。專叩

刻安，師母均此。

後學錢鍾書敬上。

七九、五、廿六。

一九七九年六月

六月一號星期五（五月初七）

王湜華來，送馮其庸信，囑寫稿。

侯仁之將於今晚赴西安開會，來談。

先與湲兒同出散步，後與洪兒同出，適有微雨，遂感寒。

六月二號星期六（五月初八）

今晨起便感不舒，勉強改起釪所作《金縢》稿十頁。下午量溫度，則爲三十七度，遂眠床。

近日天氣寒暖無常，孩子老人凡抵抗力差者皆發燒，春雨，一也。大治，二也。湲兒之翁，三也。予，四也。差幸未至西安開會，否則將大病於彼地矣。

静秋溫度亦微高，因同臥，一對病夫妻，相視嘆息！幸秦姨好，家事得井然不紊。

六月三號星期日（五月初九）

煦華夫婦來，贈物。臥床，看報。

六月四號星期一（五月初十）

臥床。看報。

韓儒林君寄南京大學所編《元史及北方民族史研究集刊》

來，中有彼自作之《關於西北民族史中的審音與勘同》及《元代的吉里吉思等部（烏梁海）史札記》。此君之學必至今日始能發揮，然亦南大校長匡亞明之知人善任也。

六月五號星期二（五月十一）

卧床，看報。

六月六號星期三（五月十二）

卧床，看報。

六月七號星期四（五月十三）

熱退，起床。看報。

六月八號星期五（五月十四）

校改《歷史學》二期起釪所作《盤庚》文下篇，訖。看報。

盛杰抱大治來，留宿。

今明兩日，本開歷史所學術委員會，病後體弱，只得謝絕矣。

大治聽得懂他人説話，但自己則只能以手指達意。

起釪滿足於其文理通順，而對於標點渾不注意，忽出忽入，未嘗加以修飾。此事爲予所不能忍，仍大爲改定，俾人易讀。此君詢不可以任雜志編輯也。

六月九號星期六（五月十五）

鈔《楚辭後語》中《胡笳十八拍》，未畢。看報。

振聲自石油學院來，留宿。

上海人民出版社將出《書林》雙月刊，囑予撰文，因擬將文學、藝術、圖書、文物等各寫短文與之，用語體文，名《玉淵潭談藝》。別寫古史考證文，沿《史林雜識》名，用文言寫，以是輔導青年得些讀書之知識與興趣，庶幾借此培養接班人。

六月十號星期日（五月十六）

鈔《楚辭後語》中《胡笳十八拍》訖，續鈔劉商作《胡笳十八拍》未訖。看報。

眠一小時。洪兒抱大治歸。平伯之女送顧毓琇來談。

振聲飯後去。湲兒伴宿。九時眠，晨三時醒。天明後又眠一小時。

六月十一號星期一（五月十七）

樹民來，以所集"華夏"資料交之。改樹民所作之《漢代黃老之學》。鈔劉商《胡笳十八拍》訖。

未成眠。看報。翻《王安石集》。

湲兒伴宿。九時眠，翌晨三時醒。天明，復眠一小時。

樹民能讀書，能整理史料，寫作論文，特字體不工，文亦平弱，故處處爲人退稿。予頗爲不平，當有以扶植之。

六月十二號星期二（五月十八）

改起釬代作之《尚書學淺說》訖。與起釬談。翻《適園叢書》。與煦華談。

眠一小時許。看報。草《蔡文姬與胡笳十八拍》三頁。看靜秋在院內所植的花果。

洪兒伴宿。九時眠，十二時醒。再服藥，翌晨五時醒。

六月十三號星期三（五月十九）

人代將開，汽車來，接予到宣外向陽第二招待所，靜秋及凌燕陪伴。予理髮。歸，補記本月一日後日記。看楊升南言《甘誓》五行。看報及《人民畫報》。湲兒來，同飯。

眠兩小時。鈔王安石集句《胡笳十八拍》訖。看報。

洪兒伴宿。九時眠，上午三時醒。天明後又睡一小時。

六月十四號星期四（五月二十）

王國英駕車來，靜秋、湲兒伴予到北京醫院，抽血、透視，就西醫蔣國彥、中醫呂秉仁診。遇徐伯昕、榮毅仁。湲兒、堪兒到崇文門，買彩色電視。

眠一小時半。看報。葛志成來。史念海來。史先聲夫婦來。

看電視越劇《胭脂》，至九時半。湲兒伴宿。予十時眠，翌晨六時醒。

今日檢查，予轉氨酶高至一百八十，超出平常人八十。湲兒云：此係肝病，如不降低，即犯肝硬化，病且不治，故禁予寫作。予聞其言，亦覺擔心，只得放下《胡笳十八拍》篇垂成之文矣。

昨日湲兒打電話來，京市有彩色電視機出售，日本造，價二千九百元。靜秋爲欲使予除讀書作文外精神有所寄託，故不嫌價貴，便買下。

越劇《胭脂》演《聊齋志異》所記平反冤獄事。劇係男女合演，打破舊規。今晚所見，頗有《十五貫》精神，因看完就睡，而此夜眠却甚酣，亦可喜也。

六月十五號星期五（五月廿一）

翻《千頃堂書目》及《道古堂集》。與煦華談。辛品蓮來。

眠一小時。看《民間文學》本年第五期。看報。

略看電視。看《豐豐在明天》。湲兒伴眠。九時就床，翌晨五時醒。

六月十六號星期六（五月廿二）

看《豐豐在明天》訖。翻《千頃堂書目》三冊。

不做工作，即感疲勞，吾體之衰如此！

[剪報] 一九七九年七月十四日《人民日報》第一版

嚴格按政策清理冤錯假案和歷史遺留問題

社會科學院爲八百多名科研人員和幹部恢復名譽

推翻了林彪、"四人幫"強加的不實之詞，全院出現安定團結的大好局面

新華社北京七月十三日電：中國社會科學院一年多來清理冤、錯、假案和歷史遺留問題的工作取得了重大成績。全院八百多名科研人員和黨、政幹部丟掉了林彪、"四人幫"強加在身上的政治包袱，心情舒暢。全院出現了安定團結的大好局面，爲把工作着重點轉移到科研上來創造了有利的條件。

中國社會科學院的前身中國科學院哲學社會科學部，是在黨中央和毛主席、周總理的親切關懷下建立起來的思想理論工作陣地。可是，文化大革命期間，林彪、"四人幫"却別有用心地給扣上"資產階級分子的一統天下"，"資產階級專了無產階級的政"等大帽子。那個所謂"理論權威"和陳伯達、姚文元以及王力、關鋒、戚本禹、遲群等人，先後直接插手進行過干擾和破壞。他們肆意對廣大哲學社會科學工作者和黨、政幹部進行摧殘和迫害。當時只有兩千多人的哲學社會科學部，立案進行審查的達五百五十六人；加上在清查運動中受過審查的四百八十六人，兩項合計約占總人數的百分之五十。其中有的人被迫害致死。此外，還存在一些歷史上遺留下來的問題。

一九七五年，鄧小平同志主持中央工作期間，原哲學社會科學部臨時領導小組曾着手對上述問題進行復查，但不久由於“四人幫”的干擾、破壞而被迫停止進行。粉碎“四人幫”以後，從一九七七年底開始，在院黨組的領導下，建立了專門班子，對林彪、“四人幫”造成的冤案、錯案、假案進行清理；并從去年下半年起對錯劃右派也着手進行改正。經過一年多的努力，現在這兩項工作都已基本結束。全院過去立案審查的人員，除極少數由於問題比較複雜，暫時尚未作出結論外，有五百三十九人的復查工作已全部結束。清查運動中受過審查的人員中，經過清理，已把四百七十三人的材料進行了銷毀。以上兩項共計一千零一十二人，占應復查人數的百分之九十七强。同時，對過去劃爲右派分子的，經過復查，除一人外，已有四十四名同志得到改正。

楊獻珍、張友漁、邵荃麟、楊述等十位同志，原被錯定爲叛徒，現已改正。孫冶方、劉大年同志，被錯定爲反革命修正主義分子，現已改正。原被定爲歷史反革命或因歷史問題被定爲敵我矛盾，屬於錯定現已改正的，有沈佩麟、劉壽林等十五位同志；原定性準確仍維持文化大革命前結論的有七人。

原被錯定爲現行反革命分子，現已改正的有四位同志。陳于彤同志在文化大革命中由於對林彪、江青和那個所謂“理論權威”不滿，被打成現行反革命分子，株連全家，這次經過復查，徹底平反，恢復名譽。

原被誣陷逮捕審查的杜任之、趙洵、林莉三位同志，現已得到糾正，恢復了名譽。陳冷同志曾被那個所謂“理論權威”惡毒誣陷，進行批判，含冤死去，現也恢復了名譽。

　　原被錯定爲反動學術權威的俞平伯、羅爾綱同志；原被錯定爲資産階級世界觀未得到改造的知識分子吕叔湘、丁聲樹、翁獨健、陸志韋、錢鍾書、嚴中平、朱謙之等同志；原被錯定爲資産階級史學家的顧頡剛同志，都已得到糾正，恢復了名譽。還有被錯定爲犯有執行修正主義路綫錯誤的關山復、劉導生、姜君辰、何其芳、黎澍、尹達、夏鼐、馮至、唐棣華、石明遠、韓幽桐、解鐵光等五十九位同志，也得到徹底糾正，恢復了名譽。

　　在受到林彪、“四人幫”迫害的同志當中，楊獻珍、楊述、孫冶方、侯外廬、邵荃麟、何其芳、黎澍、劉大年、陳冷、駱耕漠、羅爾綱、蔡美彪、林里夫、顧准等十四位同志曾被戴上各種帽子，在報紙上公開點名進行批判，這些都屬於不實之詞，已予以推翻。

　　在這次復查的案件中，有四百二十一人由於社會關係、出身成份以及參加反動黨團等問題而受到審查。對於這類問題，經過復查，其中原作結論不實而全部改正的有一百五十八人；原作結論不準確而重新作了結論的有一百零一人；文化大革命前作過結論，現維持不變的有一百六十二人。

　　原被錯劃爲右派分子，現已得到改正的有徐懋庸、林里夫、榮孟源、楊思仲、陳夢家、孫毓棠、許良英、李德齊、趙中立、吳其玉、顧准、荒蕪、章有義等四十四位同志。

　　温濟澤同志原在外單位被錯劃爲右派分子，經過院内外配合復查，已得到改正。王仲方同志在青海工作時，曾被誣陷逮捕審查。他到中國社會科學院工作後，院部對這起冤案進一步作了復查，現已徹底平反。

　　在清理林彪、“四人幫”造成的冤案、錯案、假案和歷史遺留問題的過程中，中國社會科學院黨組和各級黨組織堅決遵循實事求是的原則，嚴格區分兩類不同性質的矛盾，區分政治問題與學術問題的界限，切實做到全錯的全改，部分錯的部分改，不錯的不改。所作的復查結論，一律與本人見面，徵求和聽取本人的意見。凡屬搞錯了的，均宣布在政治上恢復名譽。凡被迫害致死的，均召開平反昭雪的追悼會。凡株連到子女和親屬的，通知其所在單位處理掉誣蔑不實的材料。同時，對含冤受迫害或被處理不當的同志的工作問題、職稱問題、工資待遇問題、生活問題，也都分別不同情況，采取措施，逐步處理，儘量做到組織、本人、群衆三滿意。現在，由於砸開了林彪、"四人幫"套在知識分子身上的精神枷鎖，全院廣大同志精神振奮，紛紛表示要團結一致向前看，爲改變我國社會科學研究事業的落後面貌，爲發揮社會科學在實現四化中的作用，貢獻力量。

一九七九年七月

七月十四號星期六（六月廿一）

錢貽簡、楊超元兩醫師來檢查。張仲實來談。到劉斐處作別。王國英車來，乘之歸寓。

眠近兩小時。看報。

此次院部招考西周史研究生，報考者五人，錄取者定三人，洪兒與焉。渠英文不佳，而專業則勝於人，故得取。數閱月之急就章，居然擠入專業隊伍，可喜也。

七月十五號星期日（六月廿二）

眠一小時。看老舍《正紅旗下》訖。李民來。

七月十六號星期一（六月廿三）

翻秀野公《元詩選》初集略訖。與起釪談李民事。

眠一小時許。

七月十七號星期二（六月廿四）

翻《適園叢書》中朱大韶《春秋傳禮徵》數頁。

眠近兩小時。

洪兒伴宿。

七月十八號星期三（六月廿五）

李前偉偕其夫人田玉來，出平心遺著目見示，囑爲編纂。

看報。

湲兒伴宿。

七月十九號星期四（六月廿六）

看報。看王謨《漢魏遺書鈔》及其《漢魏唐地理書鈔》。

眠一小時。馬迪璋、張毓芳來，長談，贈物。

學斌來，爲予製手推車。湲兒伴宿。

　　予每夜出汗多，尤以胸背爲甚。老年衰態，即此可知。近日寒燠不時，當然更甚。

七月二十號星期五（六月廿七）

看報。湲兒伴予散步。

未成眠。修改煦華代寫之《我的祖母》一文訖，約六千字。

看電視《秦香蓮》。洪兒伴宿。

七月廿一號星期六（六月廿八）

整理兩個月來日記，未畢。

七月廿二號星期日（六月廿九）

因病入北京醫院，此後事又忘掉了！

[原件]

上海古籍出版社

稿酬支付通知單

006194

1979 年 5 月 8 日

受款人：顧頡剛　通訊處：北京三里河南沙溝七號樓二單元 1 號

著作物名稱：中華文史論叢（2）

應付人民幣　壹佰叁拾伍元正　　　　　　　　　　（￥135. 一）

我撰文向不取稿費。《東方雜志》索余文，謂一般人投稿，每千字酬二元，若我文則可得五元。予遂以之周濟窮學生，是時李晉華、黎光明、楊向奎等皆貧，乃令作文，署我名以投稿，故該志所登予文五篇皆非我所作也。自林彪、四人幫作難，予死心不作文字。而華主席粉碎四人幫後，一時，雜志蜂擁而起，予時苦無以酬之，乃囑劉起釪、王煦華兩同志爲予草初稿而予加以增損，所得稿費均分之。現今稿費數量少，而四子成婚後在低工資下每家均苦不給，予不能不加以輔助，故望稿費之願望遂殷。此篇論昆侖、蓬萊兩神話系統之融合，係予夙稿，略加增删以成篇者，係一手所爲，故獨得百卅五元，記之於此，以示後人。

[照片]

此王伊同君由美歸國時攝於予所居室者也。

子臧云：文學研究所中以吳曉鈴爲最用功，向不上班，一意潛修，曾云《金瓶梅》一書爲明李開先作，與予揣測不謀而同，以此知《水滸》前半部之所以精彩，即出其修改臨安説書人脚本也。此爲我國文學史上一大題目，我與彼既所見相同，當與通函討論。

一九七九年八月

八月一號星期三（閏六月初九　建軍節）

吳子臧來。王湜華送還《元詩選》等。章元善偕其戚夏勇來。辛品蓮來。看報。

眠近兩小時。張舜徽、崔曙庭來，商辦刊物。

溪兒伴宿。

品蓮既退休，便擬借予乾麪胡同屋讀書，并作《蘇州史話》，無如歷史所既招研究生，便不能無宿舍，以此索取我之空房，去年計劃遂爲打破。

八月二號星期四（閏六月初十）

邀起釪到我室談話。看報。

眠近兩小時。玉舜之子高建明自徐州來，住我家。

溪兒伴宿。

此半年中，予多病，起釪《尚書》工作進行極緩，《康誥》以下竟未從事。

八月三號星期五（閏六月十一）

洪兒夫婦抱大治來，宿我家。看報。

劉起釪之女及其外孫周飛龍來，留宿。眠近兩小時。

盛杰爲修面。洪兒伴宿。

八月四號星期六（閏六月十二）

洪兒抱大治到木蘭處，宿。湲兒夫婦抱小鵬來。看報。記筆記一則。

劉子衡之侄曉林偕其戚魏淑君女士來談。

飯後偕靜秋、湲兒夫婦、小鵬到釣魚臺旁散步。八時歸，湲兒夫婦爲洗浴，并爲按摩，服藥三次乃眠。

八月五號星期日（閏六月十三）

看報。看近出《文史資料選輯》。

眠二小時。湲兒夫婦挈小鵬到玉淵潭水浴。晚還其家。

爲宴凌家，與靜秋吵。服藥三次成眠。靜秋伴宿。

今日始覺不可離扇。真入"大暑"矣。

八月六號星期一（閏六月十四）

張振聲携春雨來。看煦華代草之《十年私塾》，稍加修改。

眠近二小時。凌大燮來，長談。予與靜秋送之至大門。湲兒夫婦爲予浴。

由湲兒夫婦推車，與靜秋及三外孫游玉淵潭公園。湲伴宿。

今晚到玉淵潭望月，則一輪竟成兩輪，知我目之衰也。歸來看書，亦一畫成兩畫。我體日衰，可奈何哉！

八月七號星期二（閏六月十五）

爲"三墳、五典、八索、九丘"問題記筆記兩則。頤萱嫂、陸纓來，留飯。看報。

眠近兩小時。楚溪春之遺孀李淑君來。

看電視陳其通編《萬水千山》。十時餘畢，服多量藥乃入睡。

《萬水千山》，予前已看過話劇，未起激動。今夜所播則實地取材，大渡河也，臘子口也，絕險之區恍若親臨，始得真實印象。共產之勝利，洵可壓倒太平天國！

八月八號星期三（閏六月十六　立秋）

與靜秋、大治散步，遇雍文濤夫人。張舜徽、崔曙庭來，爲寫《文獻》標題。計劃寫"三墳、五典、八索、九丘"文。看報。

眠一小時。高建明去。上海《文匯報》駐北京辦事處職員施宣圓來，煦華同答。與靜秋散步。

看電視梅蘭芳三劇（斷橋會、貴妃醉酒、宇宙鋒）。十時服藥。湲兒伴眠。

今日下午，洪兒携大治、小鵬游北海，即送之各歸其家，寓中陡覺一靜。

天氣悶熱，流汗不已。

八月九號星期四 （閏六月十七）

與湲兒散步。記日記三天。學斌爲修面。凌大燮來，與靜秋送之出門。

眠一小時。卜蕙蓀來，出九龍某君書示之，大慰。

與兒輩在院中散步。

唐紹謨去台灣卅年，家人杳不得其消息。今幸有一商人，跋涉港台間，從九龍寄來一信，乃知其在彼安好，且多錢也。再待數年當歸矣。

八月十號星期五 （閏六月十八）

張舜徽、崔曙庭來，索稿，兼囑題簽。

眠一小時許。集"三墳、五典、八索、九丘"資料，備作文以應舜徽。

聽電視中美國小提琴手演奏。湲兒伴宿。

今日晚飯不慎，嚼斷上腭假牙，不能吃飯。靜秋爲予打電話到城，請胡厚宣轉達王國英，明日以車來。

八月十一號星期六（閏六月十九）

爲治牙，靜秋、春雨陪予到北京醫院，入保健科牙科室裝，八時往，十二時歸。王湜華來，爲《紅樓夢》期刊索稿，留飯。

眠約兩小時。翻《禮記》兩册。劉曉林、魏淑君緣劉子衡來。

靜秋、湲兒爲洗浴。洪兒伴宿。

今日有雨，驟涼，而北京醫院中又泄冷氣，以是予感寒泄瀉，體亦疲倦。

八月十二號星期日（閏六月二十）

續集"墳、典、索、丘"之資料。

看電視中黃文歡對記者談話。

自玉淵潭公園開一東門，自三里河去極方便，而近日大熱，以是晚間前往乘涼者多至十萬人以上。

黃文歡爲越南勞動黨中重要人物，今從越南逃出，由巴基斯坦至我國，公開向世界各國宣布黎笋等壓迫人民罪行，且言離越人民死於海中固苦；而未離越者則生活更爲悲痛。此一打擊直使越南糜爛自亡，可痛也。

八月十三號星期一（閏六月廿一）

修改起釬《西伯戡黎》一文訖。又看煦華《白馬論》一篇。

崔曙庭來，交之。

看《左傳》中所論“和與同”問題。高建明回徐，來辭行。

看電視中田漢所編《謝瑤環》劇，至十一時。服藥三次。

從今日起，洪兒助尹同志到乾麵胡同理書。以書太多，兩個月未知能竣事否也。

洪兒理書，亦即解版本，今日告我，理出兩部宋版《史記》（翻印）矣。

八月十四號星期二（閏六月廿二）

寫錢宗範信。看報。校上海寄來之“孟姜女名號”校樣一分。

未成眠。翻《禮記》一冊。湲兒夫婦抱小鵬雨中返左安門。

洪兒來，伴宿。看電視袁雪芬所演《樓臺會》。

八月十五號星期三（閏六月廿三）

郎晶津夫婦及其子來。與起釪、煦華談。

眠近兩小時。看報，鈔一段。翻《禮記》一冊。湲兒來，伴宿。

看電視上海京劇社所演《尼姑思凡》劇，平常。

八月十六號星期四（閏六月廿四）

天放晴。西北民族學院段克興來。看馮夢龍《山歌》。看報。

未成眠。補記日記一星期。寫劉子衡信。

看電視“加拿大海岸”。洪兒伴宿。

從十日開始，北京及華北南部、東北部出現陰雨以至大雨，持續至五天多。張家口達二百五十毫米以上，北京達一百毫米以上，這是多年中少見的。它導致了海河水系永定河上游水位的上漲，給大秋作物和秋菜之長帶來不利影響。

拉稀一星期矣，不免憊賴，幸一日一二次或二三次耳。倘在五次左右，恐不得生矣。

八月十七號星期五（閏六月廿五）

與靜秋、春雨同到院內散步，遇錢鍾書、陳穎。看報及《人民畫報》。

眠一小時半。翻《禮記》一冊。寫自明、廣順信。

看電視祝希娟《青山戀》。湲兒伴宿。

兩眼看物昏花，初期白內障信作矣。

今日覽《參考消息》，知王雲五日前死於台北，年九十二。此君在出版界方面，可稱一"混世魔王"。雖有計劃，但過於急功，古籍大被搗亂，害後學不淺。

八月十八號星期六（閏六月廿六）

與靜秋散步。看辛品蓮、吳世昌兩文。翻《禮記》一冊。看報。

眠兩小時。潮兒自涿縣歸。洪兒理書歸，談。

洪兒伴宿。

上午，湲兒伴春雨參觀天文台。

寒燠不常者旬餘，痰咳不止，至今日而喉嚨沙啞矣。湲兒囑服羚羊清肺丸。

八月十九號星期日（閏六月廿七）

自今日起，體溫又微高（卅七度一），只得休息。翻《禮記》二冊。

眠一小時半。

張政烺之子老虎及林楠自東北來。

予對氣候已無抵抗，一熱一涼，則氣管炎必發。大便溏薄，輒一日至三四次，以是身體倦怠，無力支撐。人生之衰如此。

八月二十號星期一（閏六月廿八）

搜集"八索"資料。學斌爲理髮。

大志、小鵬來。

看電視《楊門女將》，未畢。

　　梅蘭芳有子曰葆玖，唱旦角，有女曰葆玥，唱生角，皆其妻福芝芳所生。又有女曰杜近芳，則其妾孟小冬生，携以歸杜月笙，因襲其姓者也。三人中，技藝以杜近芳爲最，葆玥嗓子尚爽朗，惟葆玖不成材，唱作俱呆板，簡直似木偶，一如譚小培爲老譚之子然，真所謂"丹朱之不肖，舜之子亦不肖"，一嘆！

八月廿一號星期二（閏六月廿九）

辛品蓮來，贈物。翻外來期刊。

眠一小時。大志、小鵬歸其家。

潮兒伴宿。

八月廿二號星期三（閏六月三十）

熱仍卅七度一，時睡時起。看黃文宗寄贈之《流浪》。看報。

眠二小時。凌大燮夫婦及大挺來，留飯。予僅到外廳一晤。

洪兒伴宿。

　　一日下便三次，熱又不退，悶甚。

　　眼目昏花，較前爲甚。此甚妨予寫作也。

八月廿三號星期四（七月初一）

熱退。張鈺哲夫人陶强及木蘭來。看各種新到雜志。看《霧都孤兒》未竟。

眠一小時半。看報。看《光明日報》記者爲徐中舒速寫一篇。湲兒來。

湲兒伴宿。

今日天仍陰，惟不雨耳。

湲爲予量温度，不多不少，卅七度，因勸予休息。

今日我已睡，忽有叩門而送物者，静秋詢之，則連士升之遺孤，明日即行，留紀念册及雨傘兩把而去。士升多子女，迄不知其誰。其家在新加坡，又不便函謝也。

八月廿四號星期五（七月初二）

看《連士升紀念集》訖。潮兒携春雨返涿。

眠一小時許。以静秋囑，改《羌戎》文約十頁。看報。張秀玲來。

洪兒伴宿。

仍有微熱，大便亦稀。

士升做了一世好人，故身後有許多朋友爲作紀念文字，惜其未能盡其才也。

八月廿五號星期六（七月初三）

與静秋出散步。看報。改《羌戎》文約十頁。出散步，遇鍾書夫婦。

未成眠。改《羌戎》文十餘頁。到起釪室找"商人"資料。吳鵬偕周溪民來。與凌燕散步。湲兒偕小鵬來。

看電視《三毛流浪記》及《廬山》。湲兒伴宿。

今日體温稍降，惟下便三次。

天氣不好，煦華亦以患病不上班。

八月廿六號星期日（七月初四）

張覺非來。學斌來。到起釪處。德融來，談其母在上海八十壽事，留飯。看報。

眠近二小時。改《羌戎》文十餘頁。徐州圖書館長李崇禮及其夫人靖玲西來，爲寫字一幅。

湲兒夫婦爲我洗浴。小鵬歸家。九時，湲伴眠，翌晨六時醒。

今日溫度退至卅六度八，下便兩次。

八月廿七號星期一（七月初五）

静秋、洪兒伴至北京醫院，就中醫呂大夫、西醫蔣國彥大夫、外科周大夫診，遇王學文及其女。十二時車歸。

眠二小時。改《羌戎》文十餘頁。看報。

與静秋散步。歸，看電視新劇《千古奇冤》。九時，洪兒伴眠，翌晨七時醒。

今日未下便。

周大夫謂腿上作癢之紅點，係一種小蟲（比白蛉子還小）所咬。予因思住大石作之第一年亦然，蓋彼時近北海。今則近釣魚臺也。

予血糖，今日檢查已低至一百二十。

辛品蓮今日返滬，蘇州史料帶歸，不知其能有成否？

八月廿八號星期二（七月初六）

與静秋散步。

未成眠。修改《羌戎》文二十頁。與凌燕談。

看電視，蒙代爾來京。湲兒伴宿。

八月廿九號星期三（七月初七）

與静秋、凌燕在院內散步。

修改《羌戎》文訖。王湜華來，贈書，略談。

歸，看電視。洪兒伴宿。

《羌戎》一文，尚是寓滬時作，忽忽三十年矣。煦華謂可出版，因予修改，然書不在旁，無從對照。只得費八天工夫修改一過，再托煦華校訂矣。精力衰頹，視寫初稿時迥不侔矣！

八月三十號星期四（七月初八）

疲憊。看報兩份。洪、湲同歸。

眠近兩小時。理信札。起德國信稿。

看電視蒙古歌舞。湲兒伴宿。至十二時乃眠。

上午下便兩次，惟不稀。

兩眼益模糊，不知要否瞎掉，抑是白內障，可俟其全盲而割除也！

八月卅一號星期五（七月初九）

與湲兒散步。看報。看《歷史學》第二期。

眠一小時半。到起釪、煦華處談。

與靜秋、凌燕散步，遇鍾書夫婦。看電視《椰林戰》。洪兒伴宿。服藥二次。

一日下便三次，不甚溏。

膝蓋益僵化，將來恐不能行走，老年固當有此痛苦，而壯年情況又安可迴首也！

《歷史學》季刊二期來，翻《盤庚》篇一看，則第四十七頁二十五行中兩“徙”字一作“莅”，一作“徒”。以四校工夫而有此誤，爲之駭然。此刊要出國，爲中國文化界丟臉，真可痛恨。

一九七九年九月

九月一號星期六（七月初十）

看報。看《文物》八期。

洪兒昨與盛杰移住乾麵胡同，一以離歷史所近，一以盛杰讀日文已三個月，夫婦可共同鑽研也。

九月二號星期日（七月十一）

與靜秋在院散步，遇陳穎，以托送之《紅學季刊》第一期見交，遂以一日之力讀完，頗得啓發。

九月三號星期一（七月十二）

《文匯報》訪員郭志坤來訪廿四史標點事。

院中空地種花，我家因有靜秋、秦姨、如瀋三人之勞動力，每晚澆水，因視他家爲盛。

九月四號星期二（七月十三）

將《甪直閑吟圖題記》朱一冰所鈔者分段，略加修改，寫張舜徽信寄去。

眠一小時半。邵恒秋來談。

洪兒伴宿。

九月五號星期三（七月十四）

將《羌族史》煦華所分段寫在各段之首。

眠一小時半。

看電視日本片《生死戀》未畢。湲兒伴宿。

九月六號星期四（七月十五）

作《羌族史》補記，未畢。

眠近兩小時。與靜秋出散步。

看電視關鸝鷉之《鐵弓緣》。洪兒伴宿。

九月七號星期五（七月十六）

王國英車來，與靜秋同到北京醫院，就內科、中醫、外科、眼科、牙科診。遇劉斐。十二時歸。

未成眠。看新寄到之雜志及沈祖棻遺著詩詞集。劉盛杰來。寄德國里斯特夫人信及贈書。

看電視川劇《臥虎令》，至十時訖。湲兒伴宿。

眼科張女大夫爲蘇州人而長於上海者，邀予一查，而與另一眼科醫生所見迥殊，予亦自知兩睛皆如蒙紗，在急速衰退中也。

西德慕尼黑大學專修東方學之里斯特夫人之博士畢業論文以《古史辨》爲題，來書詢予對此舊著之態度，以予病（下缺）

九月八號星期六（七月十七　白露）

與靜秋、振聲步至月壇公園，乘十三路公共汽車歸。看《新文學史料》第四期。

眠近兩小時。潮兒、春雨來。

與靜秋、潮兒在院內散步。看電視《平壤》。洪兒伴宿。

九月九號星期日（七月十八）

與振聲、春雨、靜秋同到西墻外轉一周。歸，看報。看電視朝鮮歌舞。學斌、湲兒攜小鵬來，照像，下午回城。

眠一小時半。學斌爲刮臉。看上海《學術月刊》。振聲一家返涿。

與靜秋看花，知予家所植月季被竊。

振聲來兩天，以其好意，拉予散步，昨至月壇，今至釣魚臺外牆，予亦頗願活動，遂與偕行，而忘却自己年紀，故膝蓋及兩足掌均痛甚。

九月十號星期一（七月十九）

王國英車來，靜秋伴予到北京醫院，看牙科、耳科、外科。遇張稼夫。十一時歸。

眠一小時許。寫顧孟潔信，論宗教事。與靜秋在院散步。

待湲兒久不至，疑其撞車。至十時半乃歸。予遂服藥三次方成眠。

今晚湲兒爲洪兒到宣武門外取自行車，以各種阻礙久不至，余疑其出事，服安眠藥遂無效。天下父母心莫不疼子女，況如湲之慧而勤乎！

耳科周助理爲予測聽覺，謂予右耳較去年更差。年紀不饒人，聽之而已。

九月十一號星期二（七月二十）

看《文史》六期。與起釪談研究生事。與煦華談發表文章事。

未成眠。看張舜徽寄來各雜志。

看電視冰球未畢。洪兒伴宿。

舜徽以辛亥革命之年生，幼予十八歲，平生未嘗進學校，專在家讀書及寫作，故能卓然有成，可佩也。

九月十二號星期三（七月廿一）

疲甚。寫李文實信。看報。

眠二小時。湜華伴上海園林局設計室梁左松、顏文武、陸雍來。

與静秋散步。看電視。九時眠，澐兒旋來伴宿。

兩夜眠不佳，氣候寒暖又無常，服李醫之藥又每日下便二三次，予體遂疲困至不能工作。老年之痛苦如此！

上海園林局擬在徐家匯迤西多水之區仿《石頭記》所載形象築一“大觀園”，不但供游覽，且備食宿，以吸引世界游客，畫圖示予，予極贊之。第一期工程定三年完成，不知予在世否耳。

九月十三號星期四（七月廿二）

與静秋散步，遇鍾書長談。蕙蓀來。顧孟潔來，長談。又到煦華處談，留飯。

記筆記一則。眠一小時許。看報。起釪來，送看此次研究生考試并教學計劃。

看電視丹麥女王來華。洪兒伴宿。

歷史所今年考研究生，在西周史組，投考者五人，録取二人，洪兒得分最多。今日起釪取考卷視予，確實不錯，予自喜有此兒也。

九月十四號星期五（七月廿三）

與静秋散步。看洪兒及馬福生試卷。看報。

眠一小時半。搜集“八蠟”資料。看舜徽寄來雜志。

看電視丹麥及賀龍家鄉。澐兒伴宿。

今日下午，黨政界爲吳晗及其夫人袁震開追悼會，我分應出席，惟以高幹太多，休息室不敷用，囑在院内站，余恐受風致病，遂未往，意甚歉然。

九月十五號星期六（七月廿四）

中華書局總編室楊牧之、崔文印來，商出版古籍事。看報。

眠一小時半。看電視第四次全國運動會。與静秋出散步，遇平伯女。

看電視中朝電影界聯歡。洪兒伴宿。

馬寅初先生任北大校長時，以我國人口太多，慮食物不足，主張節育，遂爲當局者指爲馬爾薩斯派落職。今日形勢既變，遂爲洗刷，聘之爲北京名譽校長。其妻王、其女馬仰惠出席恢復名譽大會，而馬公年已九十七矣。

九月十六號星期日（七月廿五）

偕静秋散步。湲兒夫婦挈小鵬來，照相。寫自明信，寄照片。

眠一小時半。學斌爲修面。看電視第四屆運動會。湲兒夫婦携小鵬返城。

洪兒伴宿。

洪、湲兩兒，一考取歷史研究所研究生，須上各有關功課，一須在北京第二醫學院上"辯證法與醫學"課，又須自己選修功課，且各有家室，各生孩子，每日須繞北京城一周，又以父母年老，須輪流伴宿，我戲稱之曰"狡兔三窟"，實則窟猶不啻三也。此在從前爲想不到的事，而今日則度如此生活者不爲少矣。

九月十七號星期一（七月廿六）

洪兒伴予到北京醫院，就徐大夫治牙，就吕大夫開中藥方。遇包爾漢夫婦。十一時歸。

眠一小時半。集"八索"資料。看報。洪兒到醫學院視木蘭病。

與湲兒在院散步。看電視。湲兒伴宿。

九月十八號星期二（七月廿七）

與湲兒散步。打開塞露下便。洪兒到北師大，以研究生報到。

集"八索"材料。

眠一小時半。看報。補記日記。

看電視豫劇《陳三兩》。洪兒伴宿。

三日不下便，悶甚，今晨湲兒爲我下之，一快！

九月十九號星期三（七月廿八）

新錄取之研究生馬福生及劉翔來，與予及起釪談，留飯。看報。

眠近兩小時。寫自珍、德輝信，寄照片。靜秋往視木蘭疾。

湲兒、秦姨爲予浴。湲兒伴宿。

新錄取之"西周史"研究生馬福生，宣化人，河北師院畢業，發言爽朗，頭腦清楚，可培植也。又劉翔，係中山大學容、商兩君弟子，此來從張政烺、李學勤進修。

九月二十號星期四（七月廿九）

上海人民出版歷史二室劉伯涵、顧孟武來，催《書林》稿。看報。寫一查書單與煦華，囑查羌史料。

眠約兩小時。看莊學本《羌戎考察記》，未畢。寫筆記一則。

看四次全國運動會電視。洪兒伴宿。

馬毅（曼青）在重慶時與予頗熟，其夫人紀清漪，則北大法律系同學也。今日得水利部來函，則已於七六年四月十日爲四人幫摧折死，定於後日在八寶山開追悼會，予不良於行，當寄清漪一函悼之。

九月廿一號星期五（八月初一）

與靜秋出散步，無意中跌了一交，略有擦傷，歸塗藥。看報。

眠兩小時。看《羌戎考察記》略畢。學斌來視予疾。

湲兒伴宿。

本院六七樓間，有大塊水門汀磚不齊，予前已稍躓，今日不經意，竟跌了一交，擦破了左手指和右膝蓋，真無妄之灾也。

九月廿二號星期六（八月初二）

看本所《中國史研究》第二期。

眠一小時半。寫自珍、德輝信，寄小鵬照片。

看電視，早眠。洪兒伴宿。

昨日跌交，左手右膝均有擦傷，因之頓覺疲怠。

九月廿三號星期日（八月初三　秋分）

學斌携小鵬來，與玩。鈔“八索”資料。

眠兩小時。湲兒來，與學斌同携小鵬在院內散步。晚飯後，渠夫婦携小鵬到左安門其祖父母處。

寫紀清漪信，唁馬曼青死。洪兒伴宿。

九月廿四號星期一（八月初四）

看《歷史研究》本年第九期。

眠一小時許。看報。

看電視。早眠。湲兒伴宿。

九月廿五號星期二（八月初五）

看上海寄來之《書林》第一期。翻汪之昌《青學齋集》。

眠近二小時。看報。

看電視。早眠。洪兒伴宿。

九月廿六號星期三（八月初六）

静秋伴在院內散步。看李富孫《詩氏族考》。蕙薆來問疾，留飯。

眠一小時半。歷史所林英、鍾允之送推薦研究員名單來。静秋伴在院内散步。

看電視。早眠。湲兒伴宿。

我之跌跤，不知如何傳至城中，尚愛松告蕙蕢，她遂來看我。

九月廿七號星期四（八月初七）

静秋、煕華來談明日開會事。終日看歷史所推薦之研究員名單、表格訖。

眠一小時半。看報。

校《我怎樣編〈古史辨〉的》。洪兒伴宿。

九月廿八號星期五（八月初八）

車來，與鄧廣銘同到歷史所，開學術委員會，選舉若干人爲研究員及副研究員，在會晤張政烺、白壽彝等。十二時半，與廣銘及梁寒冰歸。

眠約二小時。看報。潮兒與春雨自涿來，與散步。到起釪處談，述今日選舉事。

看電視四屆運動會。湲兒伴宿。

今日當選爲研究員者：王毓銓　林甘泉　劉起釪　李學勤何兆武　牟安世　田昌五　當選爲副研究員者：馬雍　黃烈　王戎生

按投票者二十人，田昌五只得九票，尚未及半數，而竟得爲研究員，只以尹達作主席，而田爲尹之私人，故不避公開作弊也。此之謂"民主"！

本所先秦史組評選田昌五云："他文章數量雖多，但學術水平也不是都很高，論證不够扎實，有些論點走極端，因形勢變化而有所搖擺。寫文章很快，但不都是通過自己深入學習掌握詳盡的材料而提出看法，文風不是以理服人。他任本研室副主任，又是黨員，不怎麼管事，對青年人的研究很少關心和培養，只致力於個人研究。”

其實，他無所謂“個人研究”，只是鈔襲前人所著而已，所謂“謄文工”也。

九月廿九號星期六（八月初九）

孫次舟來，與談別後情況及其近狀，與到院內散步。送次舟行，與煦華談。

未成眠。三時，車來，與熊德基、東光同到人大會堂，潮兒伴，入二樓大廳，聽葉劍英副主席講話。六時許出，沿崇文門一帶新建屋行，七時歸。

略看電視，即就眠。洪兒伴宿。

人大會堂，自東門進，計四十級，潮兒扶我行廿餘級，江西人蕭女服務代之，陡覺胸前悶脹，似欲嘔血者，知到此年紀，只該由西北門進，由電梯上也。

九月三十號星期日（八月初十）

陳漢平來。與洪兒談，到院中散步。

以燒菜氣味，未成眠。到煦華處談。盧明遙來。與靜秋、潮兒散步。

盛杰、大治來，留宿。湲兒來，旋去。看電視慶祝卅周年。疲甚，早眠。洪兒伴眠。

一九七九年十月

十月一號星期一（八月十一）

　　馬福生來。静秋與三女同到中關村，視木蘭疾，則已外出，遂歸。看報。

　　未成眠。民藝會車來，與鍾敬文同到阜成門開會，潮兒伴。二時半往，四時歸。

　　看電視。湲兒伴宿。

　　　聞楊東蓴已以腎癌死於北京醫院。此人驕嬌二氣俱備，一身官態，使人無從接近。

十月二號星期二（八月十二）

　　湲兒携小鵬來，同在院內玩一天，并照相。晚，復携之還左安門。看報。

　　眠一小時半。

　　看電視。洪兒伴宿。

十月三號星期三（八月十三）

　　陸纓來。張振聲、劉盛杰、武學斌三家同游動物園，以人多退出，改游紫竹院。看報。

　　眠一小時半。潮兒返徐水。鄭德坤夫婦來。統戰部車來，與静秋同到人大禮堂赴宴。九時歸。

　　湲兒伴宿。

　　　今晚同席：香港新華社主任李君　香港中文大學副校長鄭德坤　中文大學講師黃文宗　予夫婦　謝冰心（以上客）　統一作戰部第一副部長劉瀾濤　副部長平杰三（以上主）　尚有港澳訪

華代表團四十人不詳其名，不書。

十月四號星期四（八月十四）

振聲携春雨六時半行，返淶。看報。

眠一小時半。

湲兒伴宿。

　五天出席會四次，頗疲乏矣。加上氣管炎又發，痰吐不絕，更顯老境迫人，此無可奈何之事也。

十月五號星期五（八月十五　中秋）

毛光義自上海寄月餅來，予勉吃其一。看報。

眠一小時半。

看電視豫劇《陳知縣審誥命》。洪兒伴宿。

　《陳知縣審誥命》一劇，予前所未見，大概是一命婦，縱子行凶搶親，致女父被殺，有一義士抱不平，殺死命婦之子，雙方告狀至縣，縣令秉公判斷，而命婦自恃門第，更告至上級，冤不得申。然此縣令倔強甚，卒以鐵鍊繫命婦到京，使觀者大快。此劇甚長，至晚十時半方畢，予不忍中止，今夜遂晚睡。

十月六號星期六（八月十六）

凌大燮來。看報。

眠一小時半。

湲兒伴宿。

十月七號星期日（八月十七）

張紫晨來。與靜秋在院散步。馬曼青夫人紀清漪來，談曼青銜冤而死事。

汪玢玲來，留飯，與同散步。眠一小時半。

洪兒伴宿。

上月末與本月初接連開會，已覺疲憊，乃近日靜秋仍以散步爲定課，直使予熱度增高，又不能支矣。

十月八號星期一（八月十八）

與靜秋同散步。看報。

眠一小時半。翻《別下齋叢書》。

湲兒伴宿。

十月九號星期二（八月十九　寒露）

九龍曾君寄其師何定生所作《詩經、孔學論集》來，翻之。

眠一小時半。

洪兒伴宿。

我在燕大時，定生曾偕其夫人來訪，知其肄業齊魯大學，自此五十年，杳不知其所在。今日得九龍寄來臺灣出版之《論學集》，乃知大陸解放後渠在台北大學任教，且已逝世十餘年。其所論《詩經》與孔學，實爲我論學諸文之發展。惜哉此人，如此早逝，真可悲也。

十月十號星期三（八月二十）

看《定生論學集》，未訖。看報。

眠一小時半。

學斌來，爲予按摩，八時即睡。湲兒伴宿。

凌大燮返南京林學院。

今日在定生文中，知我在杭州所鈔之姚際恒《儀禮通論》實在臺灣，不知其在臺大歟？中研院史語所歟？抑中央圖書館歟？

茫茫天壤，有此二部，而一在日本，一在台北，都不能見，恨之何似！

十月十一號星期四（八月廿一）

民進開第四次全國代表大會，本已報到，乃晨起軟弱殊甚，乃打電話去請假。

眠一小時半。看報。看《定生論學集》。

洪兒爲擦下體。洪兒伴宿。

十月十二號星期五（八月廿二）

教洪兒讀《關雎》。理書。看報。

眠一小時。煦華來，送到《文史》第六期，略翻。

夏延來，未見。湲兒伴宿。

久不握筆，今日補記日記，乃顫不成字，嘆衰之甚也。

十月十三號星期六（八月廿三）

修改《題伯祥書巢圖記》，未畢。看報。看《文史》及《社會科學戰綫》。

眠近兩小時。

史念海來，贈物。洪兒伴宿。

十月十四號星期日（八月廿四）

湲兒携小鵬來。張舜徽來。學斌來，爲我理髮。看報。

眠一小時半。湲兒爲打針。與家人在園内與小鵬玩，且照相。看電視黄山及宜興瓷器。

飯後湲兒夫婦、母子俱去。洪兒伴宿。

小鵬生於去年五月二日，至今十七個月餘，非常敏慧，他的小腦子裏永遠在想問題，想到即作，永不休息，將來不是一個好工人，便是一個藝術家。願其父母以教之成材爲主要職責也。

十月十五號星期一（八月廿五）

再改《題伯祥書巢圖記》訖。看報。

眠一小時半。

八時半眠，早二時醒。湲兒伴宿。

十月十六號星期二（八月廿六）

車來，與靜秋、如瀋到北京醫院，抽血，就中醫李輔仁、西醫張大夫（女）診。

今日本以各民主黨派即將開會，先來一診耳，乃抽血檢查結果，白血球竟至一萬三千，西醫乃令住入病房，而民進大會遂無法參加矣。

十月十九號星期五（八月廿九）

起釬來。煦華來。

十月廿一號星期日（九月初一）

煦華夫婦來。蕙蕖來。贊廷叔祖之女顧和來。湲夫婦偕小鵬來，學斌爲予理髮。洪兒來。

十月廿二號星期一（九月初二）

煦華來，送金德建《九一八後的章太炎》一稿，因覽之。洪兒來。

十月廿三號星期二（九月初三）

陶桓樂、耿大夫等來會診。張大夫來，視我脚疾。李文瑞中醫師來診。

眠未久即醒。而靜秋、秦姨堅不令余起，余怒，與吵。看《中國史》三期諸人筆談。如潛來，秦姨偕歸。

與靜秋同觀電視華總理訪德。

白血球已降至九千，氣管炎無大患，惟痰吐仍多耳。

靜秋今天一日間拉稀至六次，可見其腸疾之重。

十月廿四號星期三（九月初四　霜降）

尹如潛來，送文具及來信。張大夫來。看昨日報。蕭護士來，同到二樓劉大夫處視目疾。

看定生遺著。鄧昊明偕其夫人李君素來。湲兒夫婦來。堪兒夫婦來，六時去。

與靜秋看電視華總理訪馬克思紀念館。

十月廿五號星期四（九月初五）

洪兒來，就電視室讀書。如潛送昨報來。丁護士來，同到二樓就劉大夫診目，某大夫診足。

眠一小時許。看定生論"詩樂"文。

與靜秋看電視華總理訪德，早歸。

何定生君多年不見，不知其何往，今得其弟子曾志雄寄其遺著《定生論學集》來，乃知其大革命設教於臺北大學，且病癌症死已十年矣。傷哉，此係余中山大學中最能集中精神以治學之一人也！書中有《詩經與樂歌的原始關係》長文，將《詩經》與《儀禮》詳細關係鈎索而出，以駁正余倉卒所爲之《論詩經所録全爲樂歌》之説，使我心服。

十月廿六號星期五（九月初六）

　　續看定生論"詩樂"文，未畢。張大夫來。尹如潛送報來。看《中國婦女》。

　　眠二小時。蕙蕡來。盛杰携大治來，浴。洪兒來，旋同去。湲兒來，七時同上電視廳，即去。煦華送報來。

　　與靜秋同看電視華總理參觀德國及《金玉奴》劇，十時歸。服藥眠。

　　聞王芸生住院，其病係肝硬化，此症不輕。又靜秋遇于樹德夫人，如樹德病糖尿，打胰島素針，迄不痊，而臉日加腫，亦可危也。

　　近日又患便秘，今晚服麻仁滋脾丸一丸。

十月廿七號星期六 （九月初七）

　　張大夫來。補記日記約一星期。錢貽簡大夫來談。看各民主黨派新選舉名單。

　　秦姨來，伴宿。眠一小時半。校改《秦漢時代的四川》未畢。看今日報。

　　與靜秋看電視華總理訪慕尼黑。服藥二次乃眠。

　　今晨下便甚暢，蓋必恃藥物如此。每晨小便必不能忍，遺於褲中，日須換褲。又領間、胸前、背後，汗如泉涌，上衣亦須換。

十月廿八號星期日 （九月初八）

　　靜秋到李君素處談。秦姨爲我沐。

　　眠一小時半。愛松送靜秋歸院。法國施博爾教授及其夫人來，贈菊花一盆。社會科學院外文局盧曉衡、楊志棠（女）伴來。

　　與靜秋同觀電視華主席訪法。

　　施博爾篤志研究《道藏》，予告以同志者有王明，則彼所久知。又告以上海白雲觀有完整之一部，勝於商務印書館所印北京白雲觀所藏爲劉師培所剪破者，則彼尚未知也。

十月廿九號星期一（九月初九　重陽）

大便不下，打開塞露無效。

煦華偕吳樹平來，問辦《文史》事。汪玢玲來。

與靜秋同觀電視華主席訪法。

　　近日天氣，忽陰忽陽，殆所謂"滿城風雨近重陽"者。此在年輕時讀之，固覺其美，而今日則爲膽戰心驚矣。老人處境，真不能自己掌握矣。

十月三十號星期二（九月初十）

大便仍不下，今日一天服麻仁歸脾丸三次。看報。

與靜秋同觀電視華主席訪法。

十月卅一號星期三（九月十一）

大便一次，甚暢。張大夫來。看報。

眠近兩小時。洪兒來。湲兒來。

煦華來，堪兒夫婦來，同看電視華主席在英國。渠等先去，八時許，予與靜秋亦歸室。

[剪報] 一九七九，十，十三《人民日報》第六版文化生活
"搶救"漫談　　　　　　　家欽

　　《百科知識》第三期刊出顧頡剛撰寫的中國大百科全書試寫條目《尚書》。刊物在介紹作者時，特別標明了"現年八十七歲"。這幾個字看似平常，出版界同行讀了都有百感交集的滋味。

　　介紹文章作者要特別標明年紀，在我國出版史上是并

不多見的。編者用意在於提醒大家，我們文化戰綫上"搶救"老專家、作家的工作，的確是刻不容緩了。

　　十多年來，我國文化知識界經歷了一段秋風蕭瑟的不平凡時期。不少學者、專家、作家被趕進牛棚、幹校去消磨苦難歲月，甚至含恨九泉；僥幸留在崗位上的人，也很難繼續從事研究、創作。直到粉碎了"四人幫"，才結束了文化界萬馬齊暗的局面。然而，儘管大地春回，繁花似錦，老一代學者、專家畢竟都已上年紀了。你看：《百科知識》還没有排完戴文賽的文稿，這位天文學元老已離開了人間；編輯部請童第周教授寫稿的信還未寄出，電訊裏已傳來童老逝世的噩耗。好容易請參加中共一大的包惠僧寫了一篇建黨史料，文章剛印出來，就接到訃告，要去向作者遺體告別了。去訪宋雲彬先生，剛到他家便聽説宋老頭一天已在醫院病逝。要把他們畢生鑽研的學問整理出來，成爲中華民族科學文化的一份寶貴財富，我們就面臨着一項搶救的任務：趁老學者、專家還健在，趕快讓他們多留下一些宏文巨著。不要等到人琴俱杳，才來嘆息"廣陵散"成爲絶響！

　　人們想到我的年紀了！

　　予自七十八歲起，年年以痰咳入院，自謂予之主疾爲氣管炎矣。乃此次入院，經錢貽簡大夫等之診治，始知主疾爲糖尿病。病根在於抽血檢查，知白血球經常升高蓋爲是也。此病却比氣管炎爲難醫，以氣管炎只須室内溫度高，兼不常出門，不受風雨襲擊，則一年四季即可敷衍下去，且咳嗽多痰，徵象顯著，可以預防，亦可以服藥調理也。若糖尿，則其疾隱而不顯，既不知其所從來，亦無法速其離去，只能謹於飲食，節制勞動而已。此病有特效藥一，曰

"胰島素"，然一打此針，則必日日打之，且有促進此病之力，觀吾友于樹德之病狀可知矣。噫，余其將與司馬長卿同其歸宿乎哉？

一九七九年十一月

十一月一號星期四（九月十二）

抽耳血。大便一次。中醫李大夫來，西醫張大夫來。看報。
眠兩小時。大便又一次。補記日記四天。
與靜秋同看電視，華主席訪英，受女王伊利沙白招待情況。
近日口腔與舌均乾甚，舌苔血紅，此症狀前所未有，殆衰狀之進一步乎？
抽血結果，白血球爲一萬〇七百，比初入院時固低，然仍不能不謂之高也。

十一月二號星期五（九月十三）

如濬來。看報。張大夫來。看民進大會簡報。到理髮室修面。洪兒爲領文藝會議文件。
眠二小時。蕙矞來。洪兒來。湲兒來。煦華來。
與靜秋同看電視墨西哥"二女爭夫"。上午二時醒，則溺瓶已淌出，褲皆濕，狼狽甚。

十一月三號星期六（九月十四）

看文學藝術會議第四次大會文件。錢、張大夫來診。看吳晗《朱元璋傳》。
眠兩小時。看報。大便一次，暢。補記日記。
與靜秋同看電視華主席訪英。

十一月四號星期日 （九月十五）

湲兒來，以新購録音機爲予録編印《古史辨》之經過，交煦華改，予再改之。看吳晗《朱元璋傳》。張大夫來。

眠近兩小時。蕙嘗來。湲兒來。起釪來，以王世舜《尚書譯注》交之。

與静秋同觀電視華主席訪英農村。

湲兒將以全國醫學界與自然辯證之關係在廣州開大會，定於本月十五日南行。與會者四百餘八，湲兒爲會中幹事。

十一月五號星期一 （九月十六）

看民進四屆大會簡報，未畢。張大夫來。與静秋同到二樓，請徐大夫再爲治牙。

眠近兩小時。王煦華來。洪兒來，飯後去。

與静秋看電視華總理至意大利，北京動物園。

近來半夜必醒，醒來滿身是汗，而頸、背、胸爲甚。醒後必醒一二小時，及天明復熟睡，此種現象不知是好是壞。

吳恩裕爲作《紅樓夢》文，來信囑我將《桐橋倚櫂録》送去，而此書爲王湜華取去已久，只得囑煦華往索。

十一月六號星期二 （九月十七）

抽血。看報。張大夫來。静秋至李君素處，飯後歸。

眠一小時。記日記三天。看周揚在文藝會發言。

看電視華主席在威尼斯游船。

今日驗血，白血球降至七千五百。

十一月七號星期三 （九月十八）

看報。張大夫來，魏龍驤、李大夫來，易中藥。到二樓徐大夫處治牙。今日静秋再至乾麵胡同，與昊明夫婦同到上海小食堂進午飯。

　　眠一小時許。愛松來。洪兒來。堪兒夫婦來。湲兒來。煦華來。

　　看電視華主席最後訪意一天。夜中溺床，兩次。撒屎一次。

　　予每日必服麻仁滋脾一丸，方得於次晨下便。今日魏大夫來已易通便藥，而予不知，臨睡仍服此藥，遂致一夜三易褲，窘甚。

　　魏大夫診予脉，謂我除氣管炎及糖尿病外，無他疾，心、肝、胃諸臟俱好，可多活若干年，不知其言有驗否？予非憚死，惟恐胸中數篇文章未能寫出耳。

十一月八號星期四（九月十九）

　　看《中華書局出版動態》一册。張大夫來。

　　眠一小時半。看《周公制禮……》一文。與静秋在廊内散步。

　　煦華與中華書局接洽，予之《古史論文集》送去即可付排，惟用簡體字，則破壞古書原樣，與心有不快耳。

十一月九號星期五（九月二十）

　　與静秋、秦姨同上二樓就徐大夫治牙。看報。

　　眠一小時半。秦姨與静秋爲予洗浴。堪兒後至，亦相助，一身頓爽。

　　予夜中小便多，往往沾濡褲、褥，雖以熱水擦之，終覺不舒。今日得浴盆中大洗，爲之一快。

十一月十號星期六（九月廿一）

　　錢、張兩大夫來。看報及文藝會中發言。

　　眠近兩小時。

　　與静秋同看電視《寶娥冤》，十時訖。

十一月十一號星期日（九月廿二）

開始修改《詩經在春秋戰國間的地位》，未畢。看報。

眠二小時。湲兒夫婦抱小鵬來，傍晚去。洪兒來。煦華偕謝巍來，贈物。

與靜秋看電視"敦煌壁畫中之舞人"。

十一月十二號星期一（九月廿三）

繼續修改《詩經在春秋戰國間的地位》。

眠二小時。洪兒來。用開塞露下大便。

與靜秋同看電視《白求恩》。

近日大便又不通，靜秋爲打開塞露，方下兩大塊。暫時爲之一快，到明日又是問題了。

魏大夫按予之脉，謂予比俞平伯好得多，蓋予除糖尿、氣管炎兩病外，心、肺、胃等臟腑均無病也。

十一月十三號星期二（九月廿四）

張大夫來。蕙霙來拔牙，靜秋伴之。修改《詩經在春秋戰國間的地位》，仍未畢。

眠近二小時。補記日記五天。劉護士來看。

潮兒寄來春雨所寫的第一封信，寥寥數語，殊可喜也。

一九七九年十二月

十二月三號星期一（十月十四）

張大夫來，李大夫來，王大夫來。上三樓，作肺部透視。

眠二小時。王守真來，吳世昌來，皆靜秋與談。

堪兒來伴宿。予八時眠。翌晨七時醒。

十二月四號星期二（十月十五）

張大夫來。看報。看吳晗《朱元璋傳》。

眠兩小時許。鄧大夫來，察前列腺。

湲兒來伴宿。予八時眠，翌晨七時醒。

堪兒晏起，予責之，彼反脣曰：“我爲了你半夜起溺，待至今日上午二時始眠。”旋又向予道歉。此兒真調皮，以至上午二時眠之責加於予，而實爲其自己之興致也。

十二月五號星期三（十月十六）

看昨日報。張大夫來，李大夫來。看吳晗《燈下集》。

眠兩小時許。服中藥玉泉丸後，上下午各拉一次。

一九八〇年

一九八〇年一月至四月均臥床，未寫日記。

一九八〇年五月，又續寫日記，但時寫時停。

一九八〇年六月，續記。

一九八〇年五月

五月一號星期四（三月十七）

予在醫院病，靜秋鄉居亦病，一日恒下便四五次，予心亦不安，醫既謂予大好，予亦亟思歸家矣。

五月四號星期日（三月二十）

近日體似較硬，惟兩腿及兩膝骨仍無力，兩眼亦花。日記已久停記，擬重新整頓爲之。

五月五號星期一（三月廿一）

填五月分陰陽曆。

五月七號星期三（三月廿三　予八十七足歲）

靜秋來，下午回家。老尹來買菜。堪兒來，拍予睡，不酣。

起釪、煦華來送禮物。

潮兒伴宿。

五月八號星期四（三月廿四）

今日天氣晴朗，春日乃至。小李來噴冷氣。

未成眠。看報。看洪兒所譯日文。

潮兒伴宿。

五月九號星期五（三月廿五）

魏、呂兩大夫來，診脈。張、王兩大夫來，小李來噴冷氣。看洪兒所譯《顧頡剛與日本》半篇。

眠近兩小時。看各報。洪兒來。潮兒吃喜酒去，洪兒伴。

八時半潮歸，洪去。

今日太陽大烈，試與洪兒在南廊一走，趕速歸室。

五月十號星期六（三月廿六）

看今日報。以病號有重病，王大夫匆匆即去。用開塞露打下大便，仍不暢。

五月十一號星期日（三月廿七）

看《中國哲學》第一期。曾毅公之女在本院爲護士，與談。

雷潔瓊伴張滬來。湲兒獨抱小鵬來，振聲携春雨來，飯後去。起潛叔自上海來，住國務院招待所，長七個月。

五月十三號星期二（三月廿九）

服藥，致旋。張、王二大夫來。看昨天報。

今日正式商之兩醫，請於本月底或下月初出院。兩醫謂病情如無變化，即可。至兩腿無力走路，則須慢慢行動以求恢復。

五月十四號星期三 （四月初一）

拉稀。張、王二大夫來。王姨扶出散步。看報及黃紹竑自述。小眠。又拉稀一次。靜秋自家來，與同在廊內散步。

今日天氣晴和，無風，亦不甚熱，今年之第一好天也。

五月十五號星期四 （四月初二）

今日天又變，多風，又不敢出矣。

五月十六號星期五 （四月初三）

靜秋來。魏、呂二大夫來，張、王二大夫來，商出院事。

眠兩小時。王煦華來，商《顧頡剛古史論文集》草目。鄧師傅來修面。靜秋與煦華同去。

湲兒來，伴宿。

兩中醫、兩西醫均謂予病已好，至於腿軟腳痛，乃老年人之通症，不可謂之病也。予因請於本月底出院。

五月十七號星期六 （四月初四）

用開塞露下大便。看潮兒向木蘭借來之本年《北京晚報》。

四時，偕潮兒、王姨看電視追悼劉少奇主席。五時回室。

潮兒伴宿。

五月十八號星期日 （四月初五）

用開塞露下大便。看《定生論學集》未畢。

湲兒夫婦攜小鵬來，六時去。

洪兒伴宿。看洪兒所譯之《顧頡剛與日本》。

　　何定生，廣東潮州人。學於中山大學，天分絶高，爲一班首。曾以半年之力作《尚書各篇之時代分析》。予爲之請於校當局，給以獎金二百元。一時忌者蜂起，謡諑紛來（可指名者爲伍俶、羅庸、羅常培等）。渠不安於位，遂請退學，隨予至蘇、至京，又以作文批評胡適，激起北大方面之口舌，遂捨予而試入齊魯大學。曾到燕京大學視予，匆匆而去。此後僅一見面耳。病前接其弟子曾志雄寄來《定生論學集》一册，研究《詩經》與孔學，知其在臺灣大學任課。然已死十年矣，傷哉未盡其壽也！

五月十九號星期一（四月初六）

　　静秋來，與同飯。張、王二大夫來。看報。用開塞露下大便。未成眠。看報。

　　潮兒伴宿。

　　　晴，有小風。

五月二十號星期二（四月初七）

　　看《定生論學集》，仍未畢，足見其工作之細。

　　洪兒伴宿。

五月廿一號星期三（四月初八）

　　静秋來。看報。潮兒到中關村學計算機。

　　眠一小時許。煦華來，商編予《古史論文集》。劉鴻賓、郭錦蕙自青島來。

　　湲兒來伴宿。静秋回家。

五月廿二號星期四（四月初九）

　　静秋來。由王姨推車，與静秋游院内花園。

眠一小時半。看報。潮兒來。

静秋與王姨回三里河。潮兒伴宿。

今日爲予入院三季中第一次出門看花，轉了一圈，不勝疲憊，足見不運動之害也。

今年入夏以來，每日上午晴朗，至下午則陰，起西南風，潮兒在肅寧時亦若是，麥收即枯黃，是國家一大損失也。

五月廿三號星期五（四月初十）

由潮、王姨推車上二樓，由王大夫介紹，視耳、牙二科。歸室，魏、呂二大夫來診。

未成眠。下大便一次。補記日記五天。潮兒赴中關村。

看電視《海濱鹽場》。湲兒伴宿。

今日不由服開塞露而得之，誠大快事。

助聽器，予於一九七九年已由醫院爲之診斷，并由大柵欄爲之配用，但價僅四十餘元，套上不起作用。因此，静秋必令予趁予住院之際，出重價重配一副。然予年已八十七矣，能好好用幾年乎？

五月廿四號星期六（四月十一）

看報。静秋來。

未成眠。看胡喬木在全國史學會上發言，未畢，甚欣賞之。與潮兒在南廊散步。静秋回家。

潮兒伴宿。眠不安。

喬木院長文甚細膩，又甚通暢，使予所讀文皆如此，予早入馬克思主義之門矣。

《海濱鹽場》，科學片也，不動感情且只一小時，故上床即安眠。今晚爲《居里夫人》，予亦觀其研究態度，然散場必將十點，又不敢觀，爲此屢進屢退，遂不敢觀，以此眠遂不安矣。

五月廿五號星期日 （四月十二）

看胡喬木院長在全國史學會上發言，畢。張、王大夫來。

以咳，未成眠。劉起釪來，談西周時遷國問題。

今日上午大雨，驟寒。予又病咳。幸下午晴，咳遂止。

與起釪談，想及《鄭語》中"申、繒方强，王室方騷"二語，足見屬王後王室并未平靜，申也鄫也，皆直逼王室，使新封之鄭不能安於國中，亟謀外徙。所奇者使王室騷動者乃申鄫諸國，然則申鄫何不奪周之王畿而亦亟謀東遷耶？觀去年隨縣出土之鄫國大量樂器，其富可知，其强亦可（知）。

五月廿六號星期一 （四月十三）

看報。張王二大夫來。

潮兒伴宿。

近日晚間多夢，夢中輒見縹緗千萬叠，大喜而醒，依然空手。予之痴於書者如此！

五月廿七號星期二 （四月十四）

看報。張師傅爲予理髮。

洪兒伴宿，問予《左傳》疑義，爲解析。

五月廿八號星期三 （四月十五）

靜秋、王姨伴予到二樓，先作聽力檢查，又作牙科檢查。步歸。眠二小時。看煦華所擬予之《古史論文集》目録，略加增删。

湲兒來，伴予至院内看花，又看華總理訪日。

予室前爲南園，後爲北園，均栽花木，此不及一里地之路，向來不在眼中者。今日偕湲兒慢步其間，見凳即坐，而已不勝其勞，且出汗不止，甚矣其衰也。

五月廿九號星期四（四月十六）

看《文史資料》六十四輯（石友三等）。看報。

眠二小時。外科醫生二人先後來房，作前列腺檢查，均謂較上次好。

潮兒來，伴我看電視半小時。

五月三十號星期五（四月十七）

看《文史資料選輯》六十四輯（孫殿英、周佛海等）。魏、呂二大夫來診。王大夫來。看報。

眠三小時。補記日記一星期。王大夫來，談。高級黨校教務長范若愚來談。

今日上午四時，堪兒婦凌燕在北京醫學院附屬醫院生女子一人，重至六斤。

静秋偕王姨今日在家中打掃，未至北京醫院。

五月卅一號星期六（四月十八）

静秋來，伴予到晚。

終日陰霾，使人不歡。夜有小雨。

新生孫女，外家屬予題名，因名之曰端，以其近端午也。

一九八〇年六月

六月一號星期日（四月十九）

與潮兒到二樓，訪范若愚，并見其夫人。

眠二小時。湲兒夫婦偕小鵬來。

洪兒伴宿。

六月二號星期一 （四月二十）

用開塞露下便。看范君所贈《人物》第一期。

眠二小時。王大夫來。潮兒偕春雨來。

潮兒伴宿。服安眠藥二次。

六月三號星期二 （四月廿一）

看報。看《復旦學報》八○年第三期五十年前予與譚季龍論學書。潮兒到中關村。靜秋來。不藥下便。王大夫來。

眠半小時。張主任來。

洪兒伴宿。

　　五十年前，予在燕大授課，譚其驤君爲研究生，因上予課，提出問題，互相切磋，遂成好友。今春我書爲《復旦學報》編輯所見，爲提倡討論風氣計，選登數篇，并發稿費五十元。對之宛如隔世事矣。

六月四號星期三 （四月廿二）

靜秋來。張、王二大夫來。看報。

眠二小時。看煦華爲予擬文集目錄，略爲删改。

范若愚夫人來，靜秋晤之。湲兒伴宿。

六月五號星期四 （四月廿三）

靜秋來。到理髮室，就鄧師傅理髮。到二樓牙科，就徐大夫換新牙。

眠二小時。看報。洪兒來，旋去。

潮兒伴宿。

六月六號星期五（四月廿四）

静秋來。張、王兩大夫來。抽血兩次。看報。潮兒送《文史》六期與范若愚。魏、吕二大夫來。

未成眠。服藥得大便。

湲兒伴宿。

六月七號星期六（四月廿五）

張、王兩大夫來。看報。静秋來。大便服藥不暢。

眠一小時。整理書、稿。

六月八號星期日（四月廿六）

静秋來，晚去。看《社會科學戰綫》今年第二期。

未成眠。王大夫來。小劉、老武、潮、洪、湲、春雨、大治、小鵬來，晚同去。

洪兒伴宿。

六月九號星期一（四月廿七）

張、王兩大夫來。静秋來，晚去。看《紅樓夢學刊》第三期終日。

眠一小時。看報。

潮兒伴宿。服藥兩次。

六月十號星期二（四月廿八）

王大夫來。看報。到一二〇室小憩，爲一一六號打掃故。

洪兒伴宿。看電視《楊三姐告狀》未畢。眠醋。

一二〇號室爲大室，須副總理階級方得居。今日以掃除一一
六號室，囑予遷往半天。王大夫見予，笑曰："你做了半天副
總理！"

六月十一號星期三（四月廿九）

看報。張、王兩大夫來。重作《我是怎樣寫〈古史辨〉的》
（下）四百字，以靜秋、湲兒反對，輟作。

眠二小時。靜秋、潮兒、春雨到正義路訪小凌及其所生女。

湲兒伴宿，同看電視《聶耳》未畢。眠酣。

王大夫問予："你看電視，聽得見否？"予應之曰："耳聾，
聽不見了。"彼曰："既聽不見，爲何還要看？"應之曰："只當
靜坐。"

六月十二號星期四（四月三十）

王大夫來。與湲兒談。湲兒出，潮兒來。看報。

潮兒伴宿。看電視，忘其名。

今日頗熱，予咳痰又作，吐痰甚多。此無奈何事也。

六月十三號星期五（五月初一）

靜秋來，治牙。王大夫來。打針。看報。

未成眠。爲潮兒寫范若愚信，未畢。

與湲兒同看電視《鑑真大師》。湲伴宿。

六月十四號星期六（五月初二）

魏、呂兩大夫來。張、王兩大夫來。看報。到理髮室，鄧師傅
爲理髮。

眠一小時。修改致范若愚信。潮兒來，湲兒去。潮兒以手推車

推予游園，遇范若愚夫婦。

看電視京劇《九江口》未畢。潮兒伴宿。上午二時後屢醒，以出汗多也。

王大夫告予，予血糖已大低，此後惟在多休息。

近日天色灰暗，有風即冷，無風即熱，而醫院已開冷氣，天人矛盾，如之何也。

六月十五號星期日（五月初三）

王大夫來。看報（何叔衡革命事略）。不藥下便。

眠二小時。起釬、煦華來。

洪兒伴宿。

六月十六號星期一（五月初四）

爲潮兒寫范若愚書，擬請調京職。以振聲可望留學，春雨行將上小學，渠一人留涿，不能負家中責任，須有人爲之説情，而范君昔爲周總理秘書，交游頗廣，可進言也。稿成，約二千字。

湲兒伴眠。

六月十七號星期二（五月初五）

以致范君函稿，交静秋、潮兒、湲兒覆看，提意見修改，并由我鈔清。

潮兒伴眠。

六月十八號星期三（五月初六）

再鈔致范君書，由潮兒上樓交與。整理留院物件，備帶歸。

到張惠處辭行。三時，王國英車來，三時半到家。與起釬、煦華等談。

看電視。洪兒伴眠。

今日天極熱，坐車如在火中行。

到家，惟花木葱蘢可怡情。

六月十九號星期四（五月初七）

看電視。湲兒伴眠。

六月二十號星期五（五月初八）

看電視。潮兒伴眠。

六月廿一號星期六（五月初九　夏至）

看《明史》一册。

看電視。洪兒伴眠。

六月廿二號星期日（五月初十）

翻舊藏書。看報。

眠一小時。振聲、學斌、湲、潮、春雨、小鵬到動物園，歸飯。湲兒夫婦及小鵬飯後歸。堪兒歸飯，旋到凌家。

看電視。湲兒伴眠。

六月廿三號星期一（五月十一）

振聲返涿。看報。

眠一小時。堪兒歸飯，旋到凌家。與静秋、潮兒到門口閑眺。

看電視。服安眠藥三次。洪兒伴眠。

歸後僅到門口耳，而已憊甚，手顫又書不成字，直當以邃古文字視之，然何言哉！

初歸一日拉三次，自今日起一日又多拉一次。予之腸疾可知。

六月廿四號星期二（五月十二）

看報。到起釪室談。

眠一小時。與煦華談。起釪偕馬福生來。

看電視。湲兒伴眠。

明日研究生考日文。自後日起放兩個月暑假。是時馬福生歸宣化，洪兒在家，當多多與談論。

六月廿五號星期三（五月十三）

看《新文學史料》第三册，《紅樓夢學刊》第二册。

眠一小時。洪兒夫婦攜大治來，湲兒夫婦來，同游玉淵潭。予夫婦未往。看報。

看電視。湲兒夫婦送手推車來。湲與予同榻。學斌回乾麵胡同。

六月廿六號星期四（五月十四）

試用手推車。歸，煦華來，述上海人民出版社意，欲予爲作小引，立寫千字與之，以慰趙豐田於地下。

眠一小時許。看報。補記日記數天。

看電視。

一九二九年秋，予晤冼玉清女士於燕大，由其介紹，得識羅夫人康同璧，渠以康長素遺稿貽我，歸而檢之，大抵政治零稿，非學術文字，但可作年譜資料。班上學生趙豐田，誠實可托，因以康氏年譜托之，渠以一年之力成此一文，未見有大出色處，因付《史學年報》發表。爲丁文江先生所見，適梁任公一生信札，其家盡捐入北平圖書館，欲爲作一詳盡之年譜，而手頭工作忙，無力爲之，托予覓人排比爲長編，予因以趙君薦，兩方均愜意。及蘆溝橋事變起，彼此奔馳道路，不相聞問。不期越五十年，此稿復現，竟得出版，不禁喜極而涕也。

六月廿七號星期五 （五月十五）

試車一小時，春雨推，遇孫起孟夫人。社會科學院人事局幹部一處馮志正、邱建偕女醫黃筠峰、屠敏珠來訪問。

眠兩小時。以天氣熱，不敢外出，隨便翻書。

六月廿八號星期六 （五月十六）

潮兒以戶口移京事，寫歷史所所長梁寒冰信，囑予修改。

眠近兩小時。振聲來京。

蕙蓀來，旋去。服藥三次乃眠。潮兒伴眠。

天氣炎熱，一身如淋水，痰咳加劇，又如罹重病矣。

煦華不知在何處碰了一下，腰痛請假。

振聲已考取美國留學，此次返京豫辦手續。

六月廿九號星期日 （五月十七）

八時醒。湲兒夫婦偕小鵬來，晚飯後去。看報。

眠一小時許。與傅淑文談。與潮、洪、湲三家人看電視及小兒游戲。

湲兒一家回乾麵胡同。洪兒、大治伴予眠。

六月三十號星期一 （五月十八）

靜秋與洪兒吵。四川冉光榮、李紹明來訪，值予瞌睡遂去。

眠兩小時。洪兒伴春雨、大治到玉淵潭游泳。看報。以開塞露下便，較暢。補記日記五天。振聲返涿。

湲兒伴宿。

今日溫度高至攝氏三十度矣。上午向不打瞌睡者亦打瞌睡矣。

一九八〇年七月

七月一號星期二（五月十九）

煦華來，渠腰痛已好。潮兒爲戶口移京事，訪梁寒冰。

眠近兩小時。看報。不藥得下便。

七月二號星期三（五月二十）

洪兒夫婦及大治來，坐手推車出門。十時半歸，盛杰爲理髮。堪兒歸飯。

眠近二小時。看報。不藥得下便。

看電視。湲兒伴宿。

今日洪家到正義路凌家，視凌燕新生女兒，亦"新親上門"之意也。

今日雖仍熱，幸有微風可解。

七月三號星期四（五月廿一）

與静秋、潮兒、春雨坐手推車游本園。不藥，下便。看報。

眠兩小時。不藥，下便，便不多。

今日天陰，雖仍熱，稍得喘氣。然即因冷暖不定，入夜（下缺）

七月七號星期一（五月廿五）

社會科學院人事局趙烽來。

我語趙女士，就（下缺）

七月八號星期二（五月廿六）

文化部部長周揚來。陶桓樂醫師率女醫五人來會診。

歷史所副所長林甘泉偕所員王競業來。

七月九號星期三（五月廿七）

歷史所黨委副書記吳友文來，長談。

七月十號星期四（五月廿八）

洪兒來，潮兒去。看報。大便一次，未用藥。

眠一小時半。蔣師傅來，同到理髮室理髮。王大夫來。潘大夫來。

發燒，服藥。一夜眠佳。

七月十一號星期五（五月廿九）

潮兒來，洪兒去。魏、呂二大夫來。范若愚來。大便一次，未用藥。看報。眠一小時。

眠一小時半。吃西瓜。記日記五天。

洪兒伴宿。

一夜出汗，天明退燒，可謂速戰速決。然因此又須打四天針。此無謂之痛苦也。

七月十二號星期六

看洪兒所譯之《顧頡剛與日本》。

夏護士長爲予打針。

湲兒去，洪兒來。

日本學者對於中國方面出版之報紙雜志極度注意，然邊地總不能搜羅完全。如我在蘭州所辦之《老百姓》，在昆明所辦之《邊疆》，在成都所辦之《責善半月刊》，在重慶所辦之《中國邊疆》，彼國人皆未之知也。

七月十三號星期日

潮兒携春雨來，擬考遂安伯胡同小學。結果未去。看昨日報。

眠二小時。吳護士長爲予打針。起釪偕其新夫人李瑛來。應永深來，長談古史問題。湲兒携小鵬來，旋去。

洪兒伴宿。

　　春雨考了兩個小學，結果決定進三里河的中古小學，校舍即在河南飯館後面，取其近也。

七月十四號星期一

抽血。用藥，下便。呂大夫來，易方。看洪兒所譯日人《顧頡剛與日本》畢。

眠二小時。又下便。爲洪兒問，翻《聊齋》集校本。看昨日報。王大夫來，張主任來。

湲兒來，潮兒去。九時服藥，翌晨六時醒。

七月十五號星期二

用藥，下便。看《聊齋》數則。王大夫來。潮兒自三里河來，湲兒去。

七月十六號星期三

看《弟子箴言》。看報。

七月十七號星期四

范若愚來兩次，找潮兒不得。魏大夫、呂大夫來。張主任、王大夫來。看報。

湲兒來，與同出散步。到理髮室，由蔣師傅理髮。

七月十八號星期五

静秋來，辦出院事。看報。十時上車，十時半歸家，看新生孫女夢錫。

眠二小時。看各處來信及近日報紙。

七月十九號星期六

在家休息，隨便翻書報。

七月二十號星期日

湲兒一家到玉淵潭浴，來，晚飯後去。看報。林小安來，談四川大學事。

天大陰，將雨，急出門找湲兒一家，但仍不雨。

小鵬極聰敏，湲兒告我，每星期六下午渠即到家門口待母歸，不知渠以何術知七日爲一周也。但性兀傲，不肯叫人，是一缺點耳。

七月廿一號星期一

困於熱，看《聊齋》一卷。看報。

眠兩小時。不藥，下便兩次。學斌來，取鐵絲去。

七月廿二號星期二

看《文史》第七期。看報。

眠二小時。未用藥，下便兩次，不稀。上海古籍出版社寄新印《桐橋倚櫂録》十册來。

看電視至九時。九時半眠，翌晨五時醒。潮兒伴宿。

七月廿三號星期三

與静秋、潮、春雨到五樓林中休息。洪、劉盛杰來，同坐。洪兒一家及春雨到玉淵潭浴，十一時半歸飯。

眠二小時。看報。與洪兒夫婦談。看堪兒喂夢錫乳。仍下便兩次。四時半，堪兒夫婦挈夢錫去凌家。

與湲兒出外談。十時服藥眠。湲兒伴宿。

今日仍三十四度，聚不起精神來作事。如此生活，不知尚可過若干天。

七月廿四號星期四

與靜秋談。用藥下便。

眠二小時。補記日記四天。堪兒仍返家宿。

湲兒來，與同散步，遇吳仲超。湲兒伴宿。

晨雨頗大，以爲可轉涼矣，而雨旋止，日仍出，無如之何！

七月廿五號星期五

與靜秋、潮、春雨到五樓林中休息。看報。

眠近二小時。堪兒返宿。

洪兒伴宿。

七月廿六號星期六

看報。

眠近二小時。看《中國哲學》中之《我是怎樣寫〈古史辨〉的》。與堪兒談此後事。

潮兒伴宿。

七月廿七號星期日

看報。起潛叔、誦芬來，長談，留飯。飯後他們到江家去。洪兒來，到河南飯莊買烤鴨，十二元。

　　湲兒夫婦及小鵬來，飯後偕潮母子到動物園。林小安來，與談。洪兒歸其家。

　　看電視《猩猩》。湲兒夫婦挈其子去。九時眠，潮兒伴。

　　我三女兒均用功，幾無一刻休息，夜就寢亦必近十二時。惜生男乃無所濟耳。

　　昨晚出外散步，遇隔壁金小姐，及其友人西德羅梅君女士，（羅）進修於北大，備作博士論文，久欲訪余，茲乃不期而遇，遂同照相，并到我家談話。

七月廿八號星期一

　　與靜秋在園内散步。

　　與潮散步。

　　洪兒伴宿。

七月廿九號星期二

　　與靜、潮、尹到玉淵潭，十一時歸。張慈倫一家來，留飯，同食瓜。

　　用藥下便一次。湲來，旋去。

　　潮伴宿。

七月三十號星期三

　　洪兒夫婦、大治來。在園内散步。王湜華來。盛杰爲予理髮。

　　未成眠。慈倫一家又從香山來，同食瓜。洪、湲兩家又到木蘭家，留宿。不藥下便三次。

　　潮伴宿。

　　今日夢錫雙滿月，甚望其順利成長也。

七月卅一號星期四

與潮兒散步。不藥下便一次。

未成眠。看《中國史研究》。到起釺處。

一九八〇年八月

八月一號星期五（六月廿一）

應永深來，長談《左傳》問題，以明日他將在歷史所將以此題作演講也。

未成眠。不藥，下便三次，大快。洪兒抱大治來。看報。

看電視《柴達木盆地》。洪兒伴宿。

八月二號星期六（六月廿二）

早有小雨，靜秋强我小臥半天。平伯偕其外孫來，贈《詞選》。今日潮兒帶陸縷、春雨游香山。一藥，一不藥，下便兩次。看《新文學史料》中胡適在商務印書館之日記。

未成眠。與兒輩在園內散步。看報。湲兒帶小鵬來。

飯後與家人散步。返看電視《捕魚》。

八月三號星期日（六月廿三）

與家人在園內散步。爲洪兒改致小倉芳彥信。看報。

未成眠。記日記六天。看報。右股生瘡，湲爲塗藥。

八月四號星期一（六月廿四）

與靜秋、潮、洪、湲、春雨、大治、小鵬到玉淵潭，兒輩下船，孩子也不怕了。

未成眠。看報。與湲兒散步，遇吳仲超。

滿身作癢，苦腿弱不能浴。湲兒伴宿。

八月五號星期二（六月廿五）

國光、陸纓來。潮兒買票，十二時上車赴北戴河，振聲所招也。國光兄妹亦去。看電視《居里夫人》。

上床兩小時，迄不能睡。上下午俱不藥下便壹次。盛杰來。

昨出行受寒，不舒服，早眠。湲伴宿。

洪兒對圖書館大有興趣，每日得暇即去，有不能解的問題，見我即問。好學如此，太可愛了！

八月六號星期三（六月廿六）

盛杰携大治歸家。不藥下便。與洪兒看家譜。與洪散步。凌大燮來。爲找元凱公事，翻家譜。

眠一小時。又不藥下便。看報。看家譜。

洪兒伴宿。

今日風起，陡爽，節氣之可信如此。

八月七號星期四（六月廿七　立秋　熱得苦了，該休息了）

不藥下便，一日三次。看報。

洪兒與秦姨爲予洗浴。爲求安眠，多服藥睡。洪兒伴宿。

連月未浴，滿身痱子，坐立不安。然浴則上下池均難，又恐一跌而隕，躊躇若干，乃於今日下決心行之，後人當知我之痛苦也。

八月八號星期五（六月廿八）

與湲兒在樹叢中散步，談平伯選注之《唐宋詞》。看報。

不藥下便，一日二次。翻《責善半月刊》準備《史林》二編材料。到起釪處談。

與湲兒散步。湲兒伴宿。

八月九號星期六（六月廿九）

卜蕙蓂來，留飯，下午雨，留宿。看報。不藥大便，一日二次。

洪兒歸，繼續找馮道材料。

看電視。八時眠。洪伴宿。

八月十號星期日（六月三十）

黃璇文來，留飯及宿。湲兒夫婦及小鵬來，下午與璇文同游玉淵潭。看報。改洪兒代書廣西人問。學斌爲予理髮。

有大雨，旋止。看報。

潮兒伴宿。

八月十一號星期一（七月初一）

爲起釬致胡院長書簽字。然以其太潦草，誡之。看報。

眠一小時半。寫德輝信，擬仿曲園例，辦一文物館，不畢。

湲兒伴宿。

　我寫重要之信無不起稿，故接信者無不一看就明白，而起釬乃看得如此輕易，宜其一世蹭蹬也。

八月十二號星期二（七月初二）

林樾、王晞、黃璇文來，與予及湲長談，留飯。

眠二小時。續寫德輝信，仍未畢。看報。

洪兒伴宿。

八月十三號星期三（七月初三）

劉盛杰携大志來，爲予及春雨、大志理髮，并在園内散步。

眠一小時半。續寫德輝信，仍未畢。望見錢鍾書夫婦。

盛杰、洪兒携大志歸其家。湲兒伴宿。

洪兒擬作一"馮道"論文，故放假後天天到各圖書館搜集史料，此兒真有志也。

八月十四號星期四（七月初四）

翻看予《日程》第一册。

眠未着。續寫德輝信，仍未畢。

看《林彪及江青》電視，未畢。洪兒伴宿。

今晚電視爲《林彪及四人幫》，其中有江青，描寫其失勢後之神情畢肖，惜時間在九時後，予不克觀耳。

八月十五號星期五（七月初五）

天雨，精神不振，工作暫停。看報。看日本出版之《道》季刊。

楊寬正自滬來，將至佛山。

湲兒伴宿。

今日湲兒到北京醫學院聽費孝通講社會學。學問之道，無所不通，卅年來，將社會學一門課壓得出不得氣，其教師則全戴了右派帽子，使之失其學術地位。幸近年轉變得快，使孝通等又露頭角，這才像個國家，爲之鼓掌。

八月十六號星期六（七月初六）

不藥，下便。天陰，有小雨，鬱悶無力，休息。幸午刻即晴。

眠二小時。熱稍殺，坐車在園內小游。遥見鍾書夫婦。

洪兒伴宿。

八月十七號星期日（七月初七）

翻看馬非百所著《管子輕重篇新詮》，洋洋數十萬言，確定爲西漢著作，博而能精，艱苦不易其志，真可佩也。

眠二小時。

潮兒伴宿。

八月十八號星期一（七月初八）

吳玉年來，贈其所編《景紋奏稿》兩册。

眠二小時。看報。以藥下便。

洪兒伴宿。

八月十九號星期二（七月初九）

看電視《居里夫人》，未畢。看報。

侄女雪如從其夫陳元弘到京，今日下午到我家談，留晚飯，送之到大門，但溺屎已不支，趕回家下。

潮兒伴宿。

居里夫人之有成功，實歷千辛萬苦，他日當購其小傳讀之。

余一生腸胃無大病，而近年乃忽通忽塞，了無一定。今日送雪如侄出門，不過數百步耳，乃歸途忽內急，即手捂陰旋焉。及到家門，乃撒屎於褲中，不可忍矣。此體之衰，即此可證，無可奈何耳。

八月二十號星期三（七月初十）

不藥，下便。堵仲偉來，長談。其女與我家小兒同游玉淵潭。

整理抽屜中積存照片。看報。

看電視《轅門斬子》，未畢。湲兒伴宿。

潮兒以赴涿縣運回家具，故以春雨囑托洪湲兩姨。但此兩人自己工作亦甚忙耳。

八月廿一號星期四（七月十一）

用藥下大便。與靜秋、湲兒看園中所植花。看報。

眠約二小時。補記日記六天。

洪兒伴宿。

今日更熱，至攝氏卅度。

洪兒伴春雨游歷史博物館。下午歸來，疲倦已極，蓋天氣太熱之所致也。此熱是世界性的，故美國報紙稱之爲"地球的發瘋"。

八月廿二號星期五（七月十二）

高瑞蘭偕其女燕燕來，留飯。

煦華自滬歸。

看電視《轅門斬子》全本。潮兒伴宿。

聞上海已兩月未見太陽，有時大雨，何南北旱潦之異也？

八月廿三號星期六（七月十三　處暑）

不藥，下便兩次。

王英男來按摩。

八月廿四號星期日（七月十四）

湲兒接小鵬來。不藥，下便兩次。

湲兒送小鵬還左安門家。

大志以生熱瘡，故今日洪兒不至。聞其所作《論馮道》一文已得萬餘字，可喜也。

八月廿五號星期一（七月十五）

黃璇文偕楊德華來談，準備寫入《北京晚報》。不藥下便三次。

校《孟姜女故事的轉變》半篇。托煦華買文具。

與潮兒到園中看花。洪兒伴宿。

八月廿六號星期二（七月十六）

校《孟姜女故事的轉變》訖。不藥，下便二次。藍菊孫來照相。
卜蕙蓀來，未見。看報。
看電視《聊齋》劇《胭脂》。潮兒伴宿。
　今日攝氏卅度。

八月廿七號星期三（七月十七）

昨夜雨，今晨停。八時，老宋車來，到北京醫院門診部抽血、
打針、診斷，遇周而復、于毅夫夫婦。十一時歸。
眠二小時許。看報。靜秋、潮、春雨為我到海軍大院報到。
王英男來按摩。湲兒伴宿。
　今日抽血檢查，白血球為一萬〇三百，仍高。
　以雨後行車，如行橡皮之上，軟而顛，歸家不勝其憊。

八月廿八號星期四（七月十八）

不藥，大便一次。看電視《哈姆來特》劇。補記日記六天。
看報。
史念海以開會來京，談。洪伴宿。
　當胡喬木未接手時，學部事務由劉仰嶠主持，曾到我家面談
兩次，并介紹中醫，頗有知己之感。今日覽報，悉已逝世，年僅
六十九，真可惜也。
　自今日起，潮兒每日到海軍大院憑證領取文件，不再由辦事
人員送至家。其他飲食汽車等事一切從儉。聞如此開一次大會可
節省四十萬元。如此為政，真加速四化之道也。

八月廿九號星期五（七月十九）

整理抽屜中信札雜稿，未畢。看報。

眠約二小時。與煦華到園內散步看花，談起鈺與我關係之經過。

看電視。湲伴宿。

八月三十號星期六（七月二十）

不藥，大便一次，校《孟姜女故事的演變》，未畢。潮兒送春雨到中古小學報到。看報。

眠約二小時。飯後到門外閑坐。王英男來按摩。

看電視中外各片。九時眠，潮伴宿。

八月卅一號星期日（七月廿一）

黃璇文來，同看花，留飯。洪兒攜大志來。湲兒夫婦攜小鵬來。洪、湲、學斌、春雨、大志、小鵬同游玉淵潭搖船。看報。終日不下便，苦甚。

眠約二小時。起看電視中相聲。補記日記四天。諸人伴孩子到月壇公園看馬戲。

洪、湲各攜其子歸其家。潮伴宿。

大志熱瘡已痊，在三外孫中，他的性情最和平。

小鵬心性聰敏，而偏於傲慢，不肯叫人。然記憶力強，他日讀書必有成也。

小鵬有一怪事，每星期六下午，常到家門外待其母歸。他未入幼兒園及上學，怎知有星期六乎？以此各事伶俐，記憶力強。然如不善導，則爲非作歹亦擅長如志堅然。當叮囑其母，處處注意，使之作一大好人。

[剪報] 一九八〇，九，四《北京晚報》

"貪多務得，哪有閑時"
——訪著名歷史學家顧頡剛

在一個細雨輕飄的夏日，我們來到三里河，拜訪了著名歷史學家顧頡剛先生。

顧先生和他的夫人張靜秋在客廳裏熱情地接待了我們。顧先生今年八十八高齡，霜眉雪髮，穿一件用毛巾自製的襯衫。身容雖顯老弱，精神却還旺健。顧夫人笑着跟我們說，顧先生由於患有呼吸系統疾病，常年住院治療，前幾次出院，都呆不上一個月，這次出院到今天還沒犯病，情況看來還不錯。

顧先生的客廳簡潔、樸素，墙壁上，醒目地挂着一副他自擬的對聯，是著名金石學家容庚用大篆寫成的："好大喜功終爲怨府　貪多務得哪有閑時"。

這副帶有自嘲意味的對聯從某個方面寫出了顧先生始終一貫的勤奮和進取精神。他出身書香門第，祖父在古文字學方面造詣頗深，父親喜作詩詞歌賦，叔父又對近代史極感興趣，這使他從小就受到很好的古典文學的熏陶，兩歲識字，四歲讀經，五歲進私塾，後來經過小學、中學、大學的學習，28 歲時畢業於北京大學文科中國哲學門（即後來的系）。在以後的二十多年的動亂歲月中，他先後在十幾個大學任教，足迹遍於大半個中國，他主編的《古史辨》學術討論集、《禹貢》半月刊等，在整理和研究古代史料、在研究歷史地理學和民俗學等方面，都作出了相當重大的貢獻。

解放後，周總理曾多次關切地提到"希望顧先生多寫些書"。顧先生十分感動。可是在很長的一段時間裏，顧老的工作沒有得到應有的重視，前幾年，老年人知道他，年輕人不知道；國外瞭解他，國内却不瞭解。不少人以爲他早就成了"歷史人物"。"史無前例"的十年浩劫，更使他蒙受不白之冤，遭到不堪忍受的冷遇。即使在那樣的情况下，顧先生也還是從不間斷勤奮的學習、縝密的思考和頑强的寫作。直到 1971 年，周總理指名要顧先生負責標點"二十四史"，才使他逐漸得到社會上的重視。粉碎"四人幫"後，在領導上爲他配備的幾個助手幫助下，顧先生發表了一些著作：《從古籍中探索我國的西部民族——羌族》，《〈莊子〉和〈楚辭〉中昆侖和蓬萊兩個神話系統的融合》等。遺憾的是現在顧先生年近九旬，無論體力、精力，都遠遠不如從前了。

顧先生説："現在我眼花、耳聾、手抖、脚軟，這些我都不算作病，我的腦筋還是清楚的。我過去寫的關於古史文章，現在正編集爲《顧頡剛古史論文集》。我腦子裏有十幾篇文章，還準備寫寫自傳，就怕時間不够了。"

顧先生可以説是"桃李滿天下"，許多著名的學者、教授如譚其驤、侯仁之、鄧廣銘等人都是顧先生的門生。當我們向顧先生請教治學經驗的時候，他説："考據學不是光憑腦子聰明就能想出來的，懂得了治學的方法之後，還要多多讀書，要'讀破萬卷書'才行。現在北京條件很好，有很多圖書館，很多書都能找到。年輕人要多讀書。"

顧先生侃侃而談，越來越興奮，爲了不使他過於疲勞，我們只好戀戀不捨地向他告辭。臨行前，我們祝願他活到一百歲。顧先生爽朗地笑着説："那只是一種願望。人嘛，總要從活人變成老人，從老人變成死人。對這一點，我并不悲傷。只可惜我老了，要不然真想跟你們年輕人出去走走。全國只有新疆、西藏兩個自治區我没去過，還有臺灣，臺灣將來請你們替我去吧!"

　　大家都笑了,顧先生也仿佛年輕了幾歲。在女兒攙扶下,他從沙發上站起來,對我們熱情地説:"歡迎你們以後常來,好好聊聊!"

　　　　　　　　本報專訪　璇文　王晞　林樾

一九八〇年九月

九月一號星期一 (七月廿二)

　　潮兒送春雨上中古小學。校《孟姜女故事研究》,未畢。
　　看報及人大提案。

九月二號星期二 (七月廿三)

　　校《孟姜女故事研究》第一册未畢。

九月三號星期三 (七月廿四)

　　校《孟姜女故事研究》第一册畢。
　　看電視。王英男來按摩。

九月四號星期四 (七月廿五)

　　續作《我是怎樣編寫〈古史辨〉的》(下),約得千字。去年所作之(上)篇則七千字也,將如何趕作?
　　眠二小時。
　　與潮兒在園内散步,遇韋君種花,接談下乃知去年由章鬰介紹予爲寫字者也。
　　《北京晚報》將林樾、王晞、黃璇文訪問予之記事登出,而報不送來,親友紛紛打電話來詢,只得囑湲兒到林家去索取了。

九月五號星期五（七月廿六）

潮兒伴予在園內散步。解學恭自雲南來，王載輿、耀月夫婦伴來。不藥，下便。

眠兩小時。續作《我是怎樣編〈古史辨〉的》千餘字。黃雲眉夫人徐飛卿來，贈《明史考證》。

又與潮兒散步。八時半睡，洪兒伴。

解學恭君只上得我半年課，乃此次來京必欲見我，洵乎雲南人之厚道。又他記得同游妙峰山，可見予當時開"古物古迹調查實習"與青年實有裨益。而他校史系主任皆不知此，宜乎只能爲予造謠言耳。

聞魏建功已死半年，此人不足惜，已做北大副校長矣，乃又加入"梁效"團體，作其顧問而不恥，尚能博得他人之同情乎？

九月六號星期六（七月廿七）

潮兒伴予在園內散步，遇袁君。用藥，下便。看報。

眠兩小時。爲毛光義題册子。用藥，下便。補記日記六天。

看電視。王英男來按摩。

九月七號星期日（七月廿八）

黃璇文來，留飯。看報。湲兒夫婦携小鵬來。

眠近兩小時。用藥下便。潮、春雨、學斌、小鵬到月壇公園看馬戲。學斌爲予理髮。黃璇文先歸。

與姜姨出外散步。學斌夫婦及小鵬歸其家。洪兒伴宿。

九月八號星期一（七月廿九）

看人代會發言及提案，未畢。記筆記一則。用藥下便。

眠約兩小時。

　　與靜秋等散步，遇吳仲超。看電視山西越劇片。湲伴宿。

　　此次人大之發言及提案特多，一日所發文件盡一日之力來不及看，洵中國之大與人事之複雜也。

九月九號星期二（八月初一）

　　與潮兒在園內散步。續寫《我是怎樣寫〈古史辨〉的》，約兩千字，仍未完。手顫，不便寫。不藥下便。看報。

　　以咳未眠。蕙蕓來。看人代發言。

　　看電視中風景片。服藥三次成眠。潮伴宿。

　　夜得電話，知小倉芳彥等已於今日到京，住招待所，定明日下午三時到我家，遂不成眠。知予夜中絕不能有一心事也。

九月十號星期三（八月初二）

　　整理書物，以待客來。

　　眠二小時。四時半，客來，談至五時半去。

　　潮兒伴散步。王英男未來。看客所贈書報。

　　今日來客：小倉芳彥（東京學習院大學大學部教授）　小松原伴子　原宗子（兩女均在學習院博士課程學習中）　姚曉春（中國旅游局日本處）

　　今日爲五屆三次全國人代之結束期，一個新局面展開了。

九月十一號星期四（八月初三）

　　潮兒伴出散步，靜秋亦來。看《响沫集》（日本研究漢學者）。

　　以咳，靜秋伴眠，至四時醒。看人大提案及報紙。張志哲自滬來。

　　散步。看上官雲珠之舊片。八時就眠，以湲兒出屋三次，至十二時始眠。

　　天仍熱，咳不止，我其終死於氣管炎乎？

九月十二號星期五（八月初四）

修改《我是怎樣編寫〈古史辨〉的》（下），未畢。

王英男來按摩。

九月十三號星期六（八月初五）

續改《我是怎樣編寫〈古史辨〉的》（下），仍未畢。便秘，用藥下之。

郭敬輝伴客來談，自九時至十時。多服安眠藥，得眠。

敬輝以汽車載來之客：譚其驤、史念海、侯仁之，共四人。

九月十四號星期日（八月初六）

于省吾偕其二女來，贈書。林小安同來。湲兒偕小鵬來。

眠一小時。學斌、潮兒、春雨、大志、小鵬同到月壇公園看馬戲。

外孫輩俱歸。潮兒伴宿。

九月十五號星期一（八月初七）

改《我是怎樣編寫〈古史辨〉的》（下），未畢。爲静秋搶交煦華。此文遂不改。便秘，用藥下之。

眠二小時。看報。到八樓韋家看花。

潮兒伴宿。

静秋見予數日來孜孜改文，恐予又病，今日下午，乘予眠時，亟取稿交煦華，囑其付包遵信，聽其如何辦理。如此，予對此文遂不負責。此固好心，但咈予意。甚矣物之不能兩全也。

九月十六號星期二（八月初八）

盛杰來，爲予理髮。洪兒買得《胡適來往書信選》上、中兩册來，竟日翻看未盡。上下午兩次大便，均不藥。

眠二小時。

王英男來按摩。湲兒伴宿。

三里河原有一理髮館，其中有一黨員，女性，初中畢業，捨知識分子之架子而爲服務行業，上級嘉之，給以入黨，又任爲北京市政協委員。外事既多，遂不能專心服務，又以資格高，無人敢與談戀愛，而年已日長，仰面求人，雖靜秋亦不敢邀之爲我理髮，只得乞求於兩女婿矣。此亦悲劇也！

九月十七號星期三（八月初九）

湲兒伴至園中散步。翻看《胡適來往書信選》上、中兩册未畢。上下午兩次大便，均不藥。民進陳秉立、李□□來，靜秋不令予見。

眠二小時。食月餅。

按摩。看電視各地風景。洪兒伴宿。

近日咳不止，痰甚多，天尚未涼，我衣已加，而猶如此，可奈何？

九月十八號星期四（八月初十）

寫史念海、黃永年信，交洪兒帶去。葉聖陶、至善父子來訪。上下午兩次大便，均不用藥。

眠二小時。看報。何覺非來。

洪兒定於明晨偕劉起釪（團長）、馬福生等共五人，先到安陽訪殷墟，再到洛陽游龍門，然後至西安訪碑林等地，約一個月歸來。此爲她的第一次修學旅行也。

何覺非來，知湖北省政府立通志館，以朱士嘉爲館長、覺非爲屬員。士嘉子女皆在北京，而跋涉數年，迄不能如其志，今則善矣。

九月廿二號星期一（八月十四）

静秋、潮兒偕予到北京醫院驗血糖，又到内、外科門診，十二時歸家。

眠約兩小時。看報。看《胡適往來信札》。

今日驗白血球，竟高至一萬三千，以是静秋決令予住院。然不與予談住院事，知予之不願也。

九月廿三號星期二（八月十五　中秋　秋分）

看《胡適往來書札》。

眠二小時。二時，車來，静秋强予上車赴北京醫院，仍住一一六室。冰島大使陳楓來談。王大夫來。

與潮兒望月，并看電視。

今晚望月，予眼花，至一個月亮化爲四個或五個，甚矣我衰也！

九月廿四號星期三（八月十六）

看《胡適往來書札》。

今日張惠主任來，謂予白血球已低至八千餘，限予一星期内出院。予是以囑静秋，必如張大夫言。

九月廿五號星期四（八月十七）

看《胡適往來書札》。

九月廿六號星期五（八月十八）

看《胡適往來書札》。

九月廿七號星期六（八月十九　出院）

潮兒伴至花園看花。潮、湲兩兒一同理物。

與陳楓道別。下午二時，老宋駕車來接，三時歸家。余長泉自泰安來，住予家。

看報。八時半就眠。湲兒伴宿。

九月三十號星期二（八月廿二）

歷史所吳友文、常明生、黎然來。

一九七三年，毛光義君以手冊托人携京，邀予書其上。彼時予已手顫不便，擱置案頭者久之。

一九七四年五一節，適有他人邀予作書者，因取出此冊，爲光義寫毛主席詞三首，然以手顫甚，仍置書櫃中。（是時適王碩甫姨丈家之七姨母病重，自珍於暑假來京，到北京醫院詢病，已不能對談。）

一九七七年五一節前夕，湲兒爲予理書櫃，得此，以光義累次來催，即寄與。

一九八〇年九月，光義以予書毛主席詞，於"四海翻"下脫一"騰"字，又將此冊托人帶京補填，予喜其處事之不苟，因如其請。總計此事先後已達八年矣。光義作事有恒，將來必有成功也。

光義工作於上海市化學工業局設計室。地點爲成都北路五八六弄七號。

一九八〇年十月

十月一號星期三（八月廿三）

湲兒夫婦携小鵬來。留住。盛杰携大治來，大治發燒，湲爲之醫。看報。

潮、湲携諸兒游動物園。眠二小時。上下午各大便一次。

按摩。湲兒伴宿。

十月二號星期四 （八月廿四）

坐園内看花。姜義安自武功來，與同在園内游，留宿。看報。堪兒夫婦携夢錫來。

陸縹來看電視。湲兒携春雨、小鵬游動物園。馬蔭良之女肖馨來談，她在四機部工作。上下午各大便一次。

湲兒夫婦携小鵬歸家。潮兒伴宿。

十月三號星期五 （八月廿五）

疲甚。長泉到蕙冀家。義安到體育館劉家。晚歸。

眠二小時。下午大便二次。與煦華談。

潮兒伴宿。

十月四號星期六 （八月廿六）

指點老尹理書。静秋、潮兒爲予推車，經半園。看報。

眠近兩小時。下便一次。荆三林自鄭州來，爲予照相。

陳興光來。王英男來按摩。潮兒伴宿。

予兩腿力大差，時須人扶持乃得行，甚矣吾衰也。

陳興光爲陳可忠之子。可忠爲予中山大學同事，後於北碚爲毗鄰，當時病肺甚重。全國解放前即赴美講學。今年八十二。回想當時辛樹幟何其壯，今不期樹幟乃先之而去，此則林彪、江青之爲害也。

十月五號星期日 （八月廿七）

湲兒夫婦携小鵬來。梁寒冰來。學斌爲修面。

眠約二小時。湲兒夫婦携小鵬游中山公園。

大治發燒兩天，送回左家莊，聞今已痊可。

十月六號星期一 （八月廿八）

看《居里夫人傳》。

得揚州師範學院來信，知揚州師院中文系教授李光信於十月二日晚九時以冠心病逝世。此君爲我中山大學時之學生，其後我來北京彼亦隨至，由我介紹至北大研究所。抗戰後期任教誠明文學院，與我爲同事。解放後被分發至揚州師院，每逢其家屬入京，即囑其訪我。三年前又親自來。其人在學術上無所建樹，而性甚誠篤，以七十三歲去世，可惜也。

十月七號星期二 （八月廿九）

看亡友連士升所贈《閑人雜記》訖。

眠近兩小時。

潮兒伴宿，眠不安，屢醒。翌晨醒後無力。

十月八號星期三 （八月三十　寒露）

胡道靜自滬來，范楚玉（夏緯瑛之助手）同來。與潮兒同到平伯處，并晤其夫人許寶馴。一日兩便，未下藥。

看平伯所贈《古槐書屋詞》。王英男來按摩。

湲兒爲照安眠燈。八時半眠，翌晨六時醒。

十月九號星期四 （九月初一）

翻《大唐西域記》。與静秋出散步，與潮兒同歸。寫洪兒信。一日兩便，不稀。

眠兩小時。看新寄到書。振聲自北戴河來。與煦華談。

今日始生火爐。

十月十號星期五（九月初二）

看報。

潮兒伴宿。

閱報，政府立辛亥革命紀念會，以每年十月十日舉行。蓋以此爲與臺灣團結之憑藉。視名單爲百七十一人，葉劍英爲委員長，宋慶齡等爲副委員長，屈武爲祕書長，我等爲委員。此後當注意近代史，而惜予一生所集之近代史料半失於抗日戰爭，半贈於上海圖書館，在手頭者僅尚秉和之《辛壬春秋》等數種耳。欲往圖書館搜集而足已不能行，可奈何？

予在林、江作亂之前，爲民進所苦，每星期至三四次，業務至不能作，故周總理在政協立文史研究會，以予（下缺）

十月十一號星期六（九月初三）

看報。

振聲自秦皇島歸，此後在北京外語學院學習。

按摩。潮兒伴宿。

十月十二號星期日（九月初四）

湲兒夫婦携小鵬來，同玩。學斌爲予理髮。

兩家人游動物園。

兩家人飯後又洗浴，然後歸。潮兒伴宿。

小鵬上次來，曾吃肉鬆，感其鮮美。此次來，猶未忘，而失其名，思其狀如馬糞，因謂其母曰：“我要馬……”言未畢而忽省其非，乃改口曰“我要肉鬆”。三歲之小兒，腦力乃如此敏，將來必可在科學界中有所建樹也。

十月十三號星期一（九月初五）

不藥，大便一次。看報。

眠二小時。又大便一次。

湲兒伴宿。

十月十四號星期二（九月初六）

潮兒到木蘭處，携《北京晚報》歸，因加翻閱。又閱今日報。潮兒伴宿。

　　商業部長王磊恃其官勢，到豐澤園吃飯，應付百元只付十元，爲該館所控。部中聞之，即批判之，彼亦自認，願退還。然彼倚部長銜以勒索之商店多矣，能盡退還乎，凡管商業者多矣，能盡退乎！數千年之積弊能一朝而盡制之乎！可爲浩嘆也。

十月十五號星期三（九月初七）

卜蕙薆來視余長泉，留飯。下午又同到三里河電影院。看報。按摩。

十月十六號星期四（九月初八）

大便又不通，姑忍之。王湜華來，未見。看報。

眠二小時。

得洪兒信，知他們在西安已竣事，將赴山西參觀。惟近日多雨，行走恐不便耳。

　　尹如潨爲予整理筆記目錄已訖，奮其餘勇，欲爲予作文聯繫，静秋謂之曰：“此事于鶴年尚不能爲，汝乃有此能力乎！”此所謂“人苦不自知”也。

十月十七號星期五（九月初九）

大便不通，用開塞露打之，仍不暢。看報。看《歷史研究》中遼國烝報之俗，喜其與我同心，因交煦華與予舊作合併。

眠二小時。

前些日子，大治感冒發燒，由湲兒往醫。乃至今日，小鵬亦病，幸其父母皆從事醫療，可保無虞。當此"換季"，寒暖無常，小兒尤易犯病，爲之父母者，往來奔走，殊感勞累矣。

得德輝書，知馬迪璋以癌疾去世。此人予於游富拉爾基時識之。及一九六〇年返蘇，又曾始告我，即彼幼女毓芳之婿，於照片上認識我，自後渠每到京，即來訪我。及我遷三里河，渠夫婦又同來一次。其後又調職至上海，仍事鐵冶。一英俊少年，竟爲惡疾攝去，其可惜爲何如哉！

十月十八號星期六 （九月初十）

靜秋邀長泉、義安游頤和園，午後歸。遇一雅夫婦。大便不通，一日服麻仁歸脾丸三次。

眠二小時，以咳，不成睡。看報。與煦華談。與義安談。與湲兒散步。振聲從外語學院歸。

義安乘七時車南行，潮兒偕春雨送之。按摩。潮兒伴宿。

十月十九號星期日 （九月十一）

晨醒，以昨眠藥多，屎流於褲，急令秦姨擦盡。看報。春雨在室胡鬧。

眠二小時。又大便一次。補記十數日來之日記。

振聲爲予刮臉。靜秋伴宿。眠佳。

早飯時，春雨入我室，予三呼其名，傲然不理。繼而不知因何事哭，則到我床上，且滾且號。此等嬌驕二氣之孩子，必當有以懲之。

十月二十號星期一 （九月十二）

寫李光信夫人唁函。與煦華談。看報。堪兒送夢錫照片來。大便一次，未服藥。

眠兩小時。

[**尹如潛寫**]

紫狼毫小楷 2 枝	2.20
信封 1 扎（小）	0.11
又　1 扎（大）	0.12
信紙 1 本（好）	0.32
又　1 本（次）	0.23
練習本 2 個	0.26
圖書夾子 2 個	1.34
日記本 1 個	0.63
狼毫小楷 2 枝	1.96
墨汁 1 瓶	0.17
郵票	1.00

共用 8.34

收先生 5 元

多用 3.34 出賬

爲買七紫三羊毫小楷，文化服務部和百貨大樓文具部都沒有，到琉璃廠榮寶齋也沒有，到東琉璃廠戴月軒湖筆店買了二枝紫狼毫小楷，在西單文具買了二枝狼毫小楷。

一九八〇年十一月

十一月廿三號星期日（十月十六）

卜蕙賞來，與鄧昊明及其内侄李君同來，留飯。上海承名世、劉旦宅合畫松鶴，托某君帶來。

眠一小時。與煦華及起釪談。

六時，温度突高至卅七度八，静秋急打電話到北京醫院，派醫師及早來接，入四一四號病房。

予第一次住四樓，殊較一、二樓爲清静。

今晚醫院車來時，適堪兒回家吃飯，因由他扶上車，遂送至四樓，指點他家正義路之房屋，一天塵障，從此消釋，亦巧事也。

十一月廿九號星期六（十月廿二）

張惠芬主任、金大夫來。

十一月三十號星期日（十月廿三）

堪兒來。

學斌、湲兒携子小鵬來，晚飯後回乾麵胡同。

小鵬來，湲兒謂其上星期六與春雨游中山公園，初不敢登滑梯，既而因春雨教習之，則謂其父母曰："讓我再玩半個鐘頭然後走可乎？"以兩歲多之孩子，能説"半個鐘頭"之定時語，不謂之聰穎得乎！

劉家以遷工地，移家至西郊，離三里河較近，從此我可多見大治外孫了。

一九八〇年十二月

十二月一號星期一（十月廿四）

以藥下便。看青年出版社新出之《愛因斯坦》。金大夫來。

眠一小時許。與静秋談家事。

湲兒下課來。潮兒來，静秋去。湲兒伴宿。

十二月二號星期二（十月廿五）

抽血。以藥下便。湲去，潮來。看昨日報、《百科知識》。金大夫來。王蓮蓮大夫來。

眠二小時。看小人書《牛頓》訖。

洪兒伴宿。

十二月三號星期三（十月廿六）

以藥下便。静秋來，洪兒去。看昨日報。

眠兩小時。看《愛因斯坦》，未畢。應永深來，談整理《左傳》事。

湲兒來，静秋去。湲兒伴宿。

十二月四號星期四

以前兩夜服滋脾丸，今晨下便。蔣師傅來修面。金大夫來診。湲兒去，潮兒來。蕭老師來整理被褥。看昨日報。

眠二十分鐘，旋醒。静秋來，帶到舊作一篇，囑改好後寄閩刊出。

静秋去，洪兒來。看報。洪兒伴宿。夜眠不佳。

十二月五號星期五

老尹送注疏來。抽血三次。魏、呂兩大夫來。看《愛因斯坦》。晨及午後打開塞露兩次，乃下便。

予有內熱，故目略赤，大便不通順，眠不佳。

十二月六號星期六

改《鄒衍與大九州説》一文，未畢。

静秋伴宿。

福建人民出版社將出文史一類刊物，特派一人來京，到予家，限星期日交與一稿。煦華以予卅年（前）舊稿應之，然此特長文中之一章耳，獨立爲一文則必須改也。

十二月七號星期日

改《鄒衍與大九州説》一文。

劉起釪來。洪兒偕大治來。湲兒夫婦偕小鵬來。堪兒夫婦來。潮兒偕春雨來。家人咸集。

潮兒伴宿。

今日包遵信到三里河予家，囑予自明年年初起，到年底止，必寫出一本自傳，因現在全力研究史學者只我與侯外廬二人，故一九八二年必爲此二人各出一本自傳以鼓勵青少年也。此事我本有意作，抗戰中曾已擬出一個目錄矣。但作（下缺）

十二月八號星期一（昨夜大雪，今日晴）

寫史念海信。改《鄒衍與大九州》一文，訖。

煦華來，即以交之，俾以塞福建人民出版社之責。

静秋伴宿。

十二月九號星期二

張主任、金大夫來診。

洪兒伴宿。

十二月十號星期三

用藥下便。看德融侄"人殉""人牲"一文，略訖。

眠兩小時。静秋來，洪兒去。德融來，爲告作文法，渠仍不悟。金大夫來。

静秋歸。湲兒伴宿。

十二月十一號星期四

抽血兩次。用藥下便。看昨日報。到一樓理髮，遇高士其。潮兒來，湲兒去。

看《販書偶記補編》。補記日記六天。

昨夜下雪，稀薄，今日又大太陽矣。

十二月十二號星期五

寫史念海信，交洪兒付寄。

潮兒伴宿。

十二月十三號星期六

看電視一小時半。湲兒伴宿。

十二月十四號星期日

侯仁之來。湲與小鵬來。洪與大治來。潮與春雨來。起潛叔與其孫衡來，留飯。

看電視一小時。潮兒伴宿。

十二月十五號星期一

金大夫來。校《孟姜女故事之通訊》，未畢。

與靜秋談。靜秋伴宿。

十二月十六號星期二

服藥下便。校《孟姜女故事之通訊》，仍未畢。

眠二小時。看《北京晚報》。

洪兒伴宿。

十二月十七號星期三

下便，未用藥。張主任、金大夫來。寫徐中舒信，交洪兒寄。靜秋來。金大夫來。老尹以整理《山海經》方案見示。

又便一次，暢。眠二小時。看兩日來報紙。堪兒夫婦來。

靜秋歸，湲兒來。湲伴宿。夜眠不安。

十二月十八號星期四

與湲兒散步。看康殷《文字源流淺釋》。補記日記一星期。

今日大晴。

康殷，我疑爲"滿洲國"溥儀近臣。"康"，康德之簡稱也。"殷"，亡國之遺民也。其甲、金之研究，蓋得之于羅振玉也。